中国社会科学院学部委员专题文集
ZHONGGUOSHEHUIKEXUEYUAN XUEBUWEIYUAN ZHUANTI WENJI

科学发展与经济发展

汪海波◎著

中国社会科学出版社

图书在版编目(CIP)数据

科学发展与经济发展 / 汪海波著 . —北京：中国社会科学出版社，
2013. 1

（中国社会科学院学部委员专题文集）

ISBN 978 - 7 - 5161 - 1839 - 9

Ⅰ.①科…　Ⅱ.①汪…　Ⅲ.①中国经济—经济发展—文集
Ⅳ.①F424 - 53

中国版本图书馆 CIP 数据核字（2012）第 296355 号

出 版 人	赵剑英
责任编辑	刘晓红
责任校对	林福国
责任印制	戴　宽

出　　　版	中国社会科学出版社
社　　　址	北京鼓楼西大街甲 158 号
邮　　　编	100720
网　　　址	http：//www.csspw.cn
发 行 部	010 - 84083685
门 市 部	010 - 84029450
经　　　销	新华书店及其他书店

印刷装订	北京七彩京通数码快印有限公司
版　　次	2013 年 1 月第 1 版
印　　次	2013 年 1 月第 1 次印刷

开　　本	710×1000　1/16
印　　张	27
插　　页	2
字　　数	429 千字
定　　价	82.00 元

凡购买中国社会科学出版社图书，如有质量问题请与本社营销中心联系调换
电话:010 - 84083683

目　　录

一　科学发展观

二　经济结构

三　经济发展方式

四　经济运行

五　经济效益

自　序

关于科学发展观的内涵，2005 年党的十六届五中全会首次明确提出，并作过阐述。2007 年党的十七大对此作了更精确的概括和阐述。"科学发展观，第一要义是发展，核心是以人为本，基本要求是全面协调可持续，根本方法是统筹兼顾。"① 可见，发展在科学发展观中居于首要地位。改革以来，笔者在经济发展方面做过一系列新的探索②。正是基于这些考虑，笔者以经济发展为主题，围绕这个中心选择了改革以来已发表的一部分有关这个问题的文章，汇编成这本专题文集。

具体来说，包括以下：科学发展观、经济结构、经济发展方式、经济运行、经济效益五个部分。

为了清晰地凸显文集的这个主题，收入文集的各篇文章顺序的编排，不是文章发表时间的先后，而是问题的内在逻辑联系。

在我国转轨时期，确立社会主义市场经济体制的改革目标，经历了一个过程。大体来说，从 1978 年年底到 1982 年党的十二大，还是沿用了 1956 年党的八大的提法，即"计划经济为主、市场调节为辅"。③ 当然，这期间在经济改革问题上也有许多重要发展。1984 年党的十二届三中全会提出"计划经济，即有计划的商品经济"④。这是迈向社会主义市场经济理论的重大进展。但最终确立作为改革目标的社会主义市场经济体制，是 1992 年党的十四大⑤。笔者对社会主义市场经济的认识也经历了一个过程。比如，收入本书的 1984 年写的《积累和消费结构对策》一文，在论述控制积累基金和消费基金膨胀的某些措施时

① 《中国共产党第十七次全国代表大会文件汇编》，人民出版社 2007 年版，第 14 页。
② 参见《汪海波：学术自传》，《中国社会科学》，中国社会科学网，2011 年 10 月 18 日。
③ 《中国共产党第八次全国代表大会文件》，人民出版社 1956 年版，第 84 页；《中国共产党第十二次全国代表大会文件汇编》，人民出版社 1982 年版，第 25 页。
④ 《中共中央关于经济体制改革的决定》，人民出版社 1984 年版，第 18 页。
⑤ 《中国共产党第十四次全国代表大会文件汇编》，人民出版社 1992 年版，第 22 页。

带有明显的计划经济色彩。但为了保持文章原貌，未作修改。就收入本书的各篇文章来说，也只是限于少量文字修改。

中国社会科学院学部工作局组织编辑出版《中国社会科学院学部委员专题文集》，对于宣传和传承学部委员重要研究成果来说，是一种具有长远意义的重要举措。为此，特向中国社会科学院学部工作局和科学局表示深切感谢！

汪海波

2012 年 7 月

二

科学发展观

科学发展观形成的条件及其意义

——学习党的十七大报告的一点体会

关于科学发展观的内涵，2005 年党的十六届五中全会首次明确提出，并做过阐述。2007 年党的十七大对此做了更精辟的概括和阐述。"科学发展观，第一要义是发展，核心是以人为本，基本要求是全面协调可持续，根本方法是统筹兼顾。"[①]

综观经济理论发展的历史，任何一个重大理论的提出，都有它赖以形成的经济思想来源，经济发展的历史经验以及现实经济发展环境的需要等方面的条件。科学发展观这一重大理论的提出亦复如此。

一 继承了马克思主义

把经济发展作为无产阶级夺取政权以后的首要任务，是马克思主义一以贯之的基本观点。马克思和恩格斯早在 1948 年发表的《共产党宣言》中就已指出：在无产阶级夺取政权以后，要剥夺全部资本，"并且尽可能快地增加生产力的总量"[②]。列宁在十月革命以后不久也曾指出，无产阶级在取得政权以后，应当解决双重的任务。一是领导被剥削劳动群众粉碎资产阶级的反抗；二是组织社会主义的大生产。列宁强调第二个任务比第一个任务"更困难"，也"更重要"。归根结底因为，"只有用社会主义大生产代替资本主义生产和小资产阶级生产，才能是战胜资产阶级所必需的力量的

---

① 《中国共产党第十七次全国人民代表大会文件汇编》，人民出版社 2007 年版，第 14 页。
② 《马克思恩格斯选集》第 1 卷，人民出版社 1972 年版，第 272 页。

最大泉源，才能是这种胜利牢不可破的唯一保证"①。这是第一。

第二，可以毫不夸张地说，马克思主义从它产生的第一天起，就把人类的全面发展作为共产主义社会发展生产的根本目的。恩格斯在1847年撰写的、作为《共产党宣言》初稿的《共产主义原理》中写道：在共产主义社会，"把生产发展到能够满足全体成员需要的规模"，"使社会全体成员的才能得到全面的发展"②。

第三，马克思对共产主义社会的经济，按比例发展规律做过这样的表述："如果共同生产已成为前提，时间的规定当然仍有重要意义。社会为生产小麦、牲畜等等所需要的时间越少，它所赢得的从事其他生产，物质的或精神的生产的时间就越多，正象单个人的情况一样，社会发展、社会享用和社会活动的全面性，都取决于时间的节省。一切节约归根到底都是时间的节约。正象单个人必须正确地分配自己的时间，才能以适当的比例获得知识或满足对他的活动所提出的各种要求，社会必须合理地分配自己的时间，才能实现符合社会全部需要的生产。因此，时间的节约，以及劳动时间在不同生产部门之间有计划的分配，在共同生产的基础上仍然是首要的经济规律。这甚至在更加高得多的程度上成为规律。"③ 可见，恩格斯在这里既论证了节约劳动时间规律，又论述了按比例发展规律。但是如果现在据此来论证计划经济体制存在的必要性，那就十分不妥。这不仅违反了马克思主义的方法论，也从根本上脱离了中国社会主义初级阶段的实际。但据此来说明按比例发展规律，从而说明要求社会生产各部门需要协调发展，则是完全可以的。这既符合原意，也符合马克思主义方法论，更符合中国社会主义初级阶段的实际。

以上三点说明：科学发展观具有深远的思想渊源。

科学发展观，不仅继承了马克思主义的发展，还继承了中国化的马克思主义。

毛泽东在新民主主义革命即将在全国取得胜利的1949年3月，曾经着重提出："从接管城市的第一天起，就要把生产建设作为中心任务，城市的

① 《列宁全选》第四卷，人民出版社1972年版，第12—13页。
② 《马克思恩格斯选集》第1卷，人民出版社1972年版，第223—224页。
③ 《马克思恩格斯选集》第46卷上，人民出版社1972年版，第120页。

其他工作都是为这个中心工作服务的。"① 在这个时期，他还强调："新民主主义国民经济的指导方针，必须紧紧地伴随着发展生产、繁荣经济、公私兼顾、劳资两利这个总目标。一切离开这个总目标的方针、政策、办法，都是错误的。"② 在这里，既指出了发展生产、繁荣经济的重要性，又指出了公私兼顾、劳资两利的重要性。在体现了毛泽东思想的《中国人民政治协商会议共同纲领》中，这些思想又得到了进一步的发展。《共同纲领》规定："中华人民共和国经济建设的根本方针，是以公私兼顾、劳资两利、城乡互助、内外交流的政策，达到发展生产、繁荣经济之目的。"③

到了社会主义革命时期，毛泽东在其名著《论十大关系》和《关于正确处理人民内部矛盾的问题》中全面地分析了"为把我国建设成为一个强大的社会主义国家"的经济、政治、社会以及国内和国外的关系，并明确提出了"统筹兼顾、适当安排"的方针，在这些方面做了种种探索。

诚然，无论是在新民主主义革命时期，或者社会主义革命时期，毛泽东的上述思想都带有时代的特点，都有特定的内涵，并有某种局限性（比如没有摆脱计划经济体制的框框）。而且由于各种因素的作用，其中有些思想并没有得到完全实现。但从方法论的角度，这些思想对形成科学发展观无疑起到了指导作用。

邓小平依据"大跃进"和"文化大革命"两次"左"的错误教训，深刻地指出："社会主义的首要任务是发展生产力，逐步提高人民的物质和文化生活水平。从1958年到1978年这二十年的经验告诉我们：贫穷不是社会主义，社会主义要消灭贫穷。不发展生产力，不提高人民的生活水平，不能说是符合社会主义要求的。"他强调："中国还有个台湾问题要解决。中国最终要统一。能否真正顺利地实现大陆和台湾的统一，一要看香港实行'一国两制'的结果，二要看我们经济能不能真正发展。中国解决所有问题的关键是要靠自己的发展。"他还说出过铿锵有力、震撼人心的名言："发展才是硬道理。"④

---

① 《毛泽东选集》第四卷，人民出版社1991年版，第1428页。
② 《毛泽东选集》第三卷，人民出版社1991年版，第1256页。
③ 中国人民大学编：《中国人民政治协商会议文件选辑》，1952年版，第44页。
④ 《邓小平文选》第三卷，人民出版社1993年版，第116、265、377页。

　　还要指出，在发展问题上，邓小平还提出了许多极重要的思想。诸如，在速度和比例、效益的关系问题上，他提出："我国的经济发展，总要力争隔几年上一个台阶。当然，不是鼓励不切实际的高速度，还是要扎扎实实，讲求效益，稳步协调地发展。""现在，我们国内条件具备，国际环境有利，再加上发挥社会主义制度能够集中力量办大事的优势，在今后的现代化建设长期过程中，出现若干个发展速度比较快、效益比较好的阶段，是必要的，也是能够办到的。"在经济发展与科学、教育的关系上，他提出："经济发展得快一点，必须依靠科技和教育。""科学技术是第一生产力。"①"教育是一个民族最根本的事业。"②

　　但在发展问题上，从根本上和整体上来说，还在于：在党的十一届三中全会以后，以邓小平为核心的第二代中央领导集体制定了一个中心、两个基本点的党在社会主义初级阶段的基本路线，提出了社会主义现代化建设三步走的战略目标，开辟了中国特色的社会主义道路，为中国特色的社会主义理论体系奠定了最重要的基础。

　　可见，处于改革开放时代，并作为改革开放总设计师的邓小平理论，对形成科学发展观起到了极其重要的指导作用。

　　继第一代和第二代党的中央领导集体之后，以江泽民为核心的第三代党中央领导集体在形成科学发展观方面作出了更为直接的贡献。摘其要者有：进一步提出了把发展作为党执政兴国的第一要务，要坚持用发展解决前进中的问题，要建立完善的社会主义市场体制，要实施科教兴国战略、可持续发展战略和西部大开发战略，要坚持依法治国和以德治国相结合，要坚持不断推进社会主义的物质文明、政治文明和精神文明建设，以促进社会的全面进步和人的全面发展等。总之，是坚持并发展了党在社会主义初级阶段的基本理论、基本路线、基本纲领和基本经验，进一步拓展了建设有中国特色的社会主义道路和中国特色的社会主义理论体系。

---

　　① 《邓小平文选》第三卷，人民出版社 1993 年版，第 274、375、377 页。
　　② 中央财经领导小组办公室编：《邓小平经济理论》（摘编），中国经济出版社 1997 年版，第 258 页。

二 借鉴了国外的适合我国情况的有益经验

如果把第二次世界大战前后经济发达国家的经济发展情况做一下对比，就可以清楚看到这期间发生的重大变化。在经济周期方面，实现了由战前多次发生的强波周期到战后向轻波周期的转变；在提高剥削率方面，实现了由战前先后相继发生的以提高绝对剩余价值率为主和以提高相对剩余价值率为主，到战后的这两种剩余价值率的双双下降；在城乡关系方面，实现了由战前的城乡对立到战后的城乡差别的逐步消失，甚至在一定范围内发生了"逆城市化"；在社会保障方面实现了由战前很薄弱的基础到战后相当完善的社会保障体系的建立；在环境方面，由战前的严重破坏到战后的逐步恢复；在科技教育方面，继续发展在这方面的优势，支撑了其在经济方面的优势。这些重大变化就导致了经济发达国家在战后实现了长达60多年的经济持续发展。

这些变化并不是偶然的，主要是由下列条件决定的：第一，战前长期进行的剧烈阶级斗争，已经产生了极重要深远影响。这些影响除了战后在欧亚两洲出现了一大批社会主义国家以及帝国主义殖民体系瓦解以外，还迫使经济发达国家在资本主义基本经济、政治制度的范围内，有限度地放松剥削和发展民主。第二，经济发达国家普遍实行了在维护资本主义基本经济制度前提下的经济体制改革，实现了由古典的自由放任的市场经济到现代的有国家干预的市场经济的转变。这是资本主义经济条件下经济周期发生重大变化和经济获得持续发展的主要原因。第三，战后多次发生的新科技革命，极大地推动了社会生产力的发展。这样，在"蛋糕"做大的条件下，为经济发达国家在某种限度下放松剥削、发展社会保障和环境保护事业提供了极其重要的物质基础，先进的信息技术也是推动资产阶级民主的一个重要手段。总之，上述重大变化是战后资本主义物质文明、政治文明和精神文明发展的结果。

因此，这些变化绝不意味着资本主义的基本经济、政治制度及其本质有什么根本变化，不过是这些制度和本质在新的历史条件下的一种特殊表现。

上面讲的只是战后国际经验的一个方面，与此同时存在的还有另一个方面，战后在帝国主义殖民体系瓦解的基础上，在亚洲、拉丁美洲和非洲产生了一大批新型工业化国家。其中有些国家在经济高速增长过程中，注意了各项社会事业的发展，社会比较稳定，经济持续发展。而有些国家在经济高速增长过程中，贫富差别急剧扩大，导致政治、经济危机的发生，引起经济的停滞和倒退。

毫无疑问，我国基本的经济、政治制度，不论是与经济发达国家，或者是与新型工业化国家都是有本质区别的。但在发展现代市场经济和推进工业化、现代化等方面，又不同程度地存在某些共同点。因而这两类国家的经验和教训对我国都是有警示和启示作用的，事实上，这些经验和教训对科学发展观的形成也起了有益的作用。

三 吸收了我国优秀历史文化传统中的精华

在我国历史优秀文化中，以人为本或类似以人为本的思想屡见不鲜。诸如"民惟邦本，本固邦宁"；"天地之间，莫贵于人"等。

这里的问题是：按照唯物论的观点，任何思想都不是凭空产生的，都是有其根源的。那么，这种反映人民（主要是劳动人民）利益的思想为什么在古代社会（包括奴隶社会和封建社会）产生呢？按照作者的理解，最重要的原因有两个：一是物质资料的生产和再生产是人类社会存在和发展的基础；二是人本身的生产和再生产，又是物质资料生产和再生产的主要要素。而这两点都是主要依靠人民（主要是劳动人民）。以人为本的思想正是这些客观情况在古代优秀思想家头脑中的反映。

但这些思想家是在脱离具体的社会经济条件的情况下提出以人为本的思想的，他们看不到（也不可能看到）与体现人类社会共同利益①的以人为本思想同时存在的还有阶级利益和体现阶级利益的思想。按照辩证法的观点，这种共同利益和阶级利益是一个矛盾统一体，既有矛盾的一面，又有统一的一面。而且在矛盾两方面中，阶级利益是矛盾的主要方面，处于支

---

① 从古至今，人类社会的共同利益主要表现为：物质资料的生产、人口的生产、抗御自然灾害和治理环境等。

配的地位。这样,在阶级社会中,以人为本的思想就不可能得到广泛的社会认同。不要说统治阶级不会认同这一点,就是在劳动人民中由于受到统治阶级思想的影响也很难被广泛认同。至于在阶级社会中以人为本思想的实施,从根本上和整体上说,是不可能的。当然,任何事情都不是绝对的。在特定情况下(比如在中国封建社会中,有贤明君主主政)也可能在一定的领域、时间和程度上实施。

这样,以人为本的思想不仅在古代社会的经济发展中起过一定的积极作用,并且成为作为科学发展观核心的以人为本的思想的重要来源。

当然,科学发展观以人为本的思想与中国古代社会朴素的以人为本思想相比,发生了根本性的变化。第一,科学发展观以人为本的思想,是建立在历史唯物主义基础上的。历史唯物主义正确地阐述了人民群众是历史的主要创造者,是推动社会发展的决定性力量。第二,在社会主义初级阶段,不仅社会的共同利益,而且与社会主义基本经济、政治制度相联系的根本利益,都要求实现以人为本,从根本上和整体上说来,二者是统一的。第三,在这个阶段,以人为本的思想是作为科学发展观核心的,是作为执政党的中国共产党的基本发展理念,是能够比较完全和充分实施的。

四 从根本上说来,科学发展观的提出,全面地反映了新中国成立以后社会主义建设的经验、社会主义初级阶段的客观实际和现阶段经济社会发展的迫切需要

科学发展观是新中国成立以后社会主义建设经验全面、整体、高度的概括。在这方面,我们只要把科学发展观涵盖的内容与新中国成立以后经济社会发展的实际做一下对比,就不难看出:什么时候我国经济社会发展状况比较符合科学发展观的要求,其发展就比较顺利,成就也比较大;反之,就会遭受严重挫折,成就也比较小。

关于科学发展观真切地反映了社会主义初级阶段的客观实际和现阶段经济发展的迫切需要,党的十七大做了深刻的分析。"科学发展观,是立足

社会主义初级阶段基本国情，总结我国发展实践，借鉴国外发展经验，适应新的发展要求提出来的。进入新世纪新阶段，我国发展呈现一系列新的阶段性特征，主要是：经济实力显著增强，同时生产力水平总体上还不高，自主创新能力还不强，长期形成的结构性矛盾和粗放型增长方式尚未根本变化；社会主义市场经济体制初步建立，同时影响发展的体制机制障碍依然存在，改革攻坚面临深层次矛盾和问题；人民生活总体上达到小康水平，同时收入分配差距拉大趋势还未根本扭转，城乡贫困人口和低收入人口还有相当数量，统筹兼顾各方面利益难度加大；协调发展取得显著成绩，同时农业基础薄弱、农村发展滞后的局面尚未改变，缩小城乡、区域发展差距和促进经济社会协调发展任务艰巨；社会民主政治不断发展，依法治国方略扎实贯彻，同时社会主义民主法制建设与扩大人民民主和经济社会发展的要求还不完全适应，政治体制改革需要继续深化；社会主义文化更加繁荣，同时人民精神文化需求日趋旺盛，人们思想活动的独立性、选择性、多变性、差异性明显增强，对发展社会主义先进文化提出了更高要求；社会活力显著增强，同时社会结构、社会组织形式、社会利益格局发生深刻变化，社会建设和管理面临诸多新课题；对外开放日益扩大，同时面临的国际竞争日趋激烈，发达国家在经济科技上占优势的压力长期存在，可以预见和难以预见的风险增多，统筹国内发展和对外开放要求更高。"这些情况说明，经过新中国成立以来特别是改革开放以来的不懈努力，我国取得了举世瞩目的发展成就，从生产力到生产关系、从经济基础到上层建筑都发生了意义深远的重大变化，但我国仍处于并将长期处于社会主义初级阶段的基本国情没有变，人民日益增长的物质文化需要同落后的社会生产之间的矛盾这一社会主要矛盾没有变。当前我国发展的阶段性特征，是社会主义初级阶段基本国情在新世纪新阶段的具体表现。[①] 这里所说的两个"没有变"，是科学发展观赖以提出的客观基础，同时也说明了正是中国现阶段经济社会发展的迫切需要。

科学发展观的伟大意义，主要包括两个方面：一是在理论方面，概括地说，"是马克思主义关于发展的世界观和方法论的集中体现"[②]。按照作者

---

① 《中国共产党第十七次全国人民代表大会文件汇编》，人民出版社 2007 年版，第 13—14 页。

② 同上书，第 12 页。

的认识，这个命题包括三层意思：1. 它是马克思主义关于发展的世界观的集中体现，就在于它集中体现了作为唯物论基本要求的实事求是，具体来说，就是反映了中国社会主义初级阶段的这个基本国情；2. 它是马克思主义关于发展的方法论的集中体现，在于它集中地反映了作为辩证法的主要内容之一的主要矛盾，具体来说，就是反映了中国社会主义初级阶段的主要矛盾，即人民物质文化需要同落后的社会生产之间的矛盾；3. 它是马克思主义关于发展的集中体现，在于它概括地回答了为什么发展，为谁发展，怎样发展，如何分配发展成果这样一些有关发展的全局问题。二是在实践方面，科学发展观是我国社会主义初级阶段关于经济社会发展的根本指导思想，是各项经济社会发展战略的基础理论和总纲。所以，科学发展观是马克思主义（包括中国化马克思主义）关于发展理论的一个历史性的重大发展。

（原载《中国社会科学院院报》2008 年 5 月 15 日）

二

经济结构

积累与消费的比例关系

　　积累和消费的比例关系，是社会主义再生产的一个重要的比例关系，是社会主义国民经济结构的一项重要内容。第一，这个比例关系是直接同社会主义生产目的相联系的：它既同当前人民物质、文化生活的提高有关，又通过扩大再生产同将来人民物质、文化生活的增长相联系。第二，这个比例关系是一个综合的比例关系：国民经济其他重要比例关系（如农业、轻工业和重工业的关系）的变化最终都要反映到积累和消费的比例关系上，后者的变化又总要引起前者的变化。就前一方面说，确定积累和消费的关系，应该成为社会主义再生产运动的出发点；就后一方面说，它又是正确处理国民经济各项重要比例关系的关键。社会主义各国的建设历史也证明：能否正确地规定积累和消费的比例关系，是一个涉及社会主义生产能否持续地增长和人民生活能否稳定提高的问题，是一个涉及安定团结的政治局面和无产阶级专政能否巩固的问题。所以，积累和消费的比例关系问题，是一个具有重要的经济、政治、理论意义的课题。它在社会主义国民经济结构的研究中，居于十分重要的地位。当前正在贯彻执行党中央提出的调整、整顿、改革、提高的方针，探讨这个问题，具有更强烈的现实意义。

　　像其他的国民经济比例关系一样，积累和消费的比例关系，既有质的规定方面，也有量的规定方面。我们的研究，要涉及问题的前一方面，但主要还是探讨问题的后一方面。我国积累和消费比例关系的演变，已经经历了30年的历史。我们的探讨，要涉及这个历史变化，但侧重点将在它的现状和今后一个时期的发展趋势方面。

一　积累与消费关系的根本变化

马克思主义政治经济学认为，一定的生产资料所有制是一定的生产关系（包括直接生产、交换、分配和消费四个方面的关系）的总和；一定的积累和消费的关系，又是一定的分配关系的重要内容。因此，新中国成立后，随着生产资料所有制方面发生的历史性变革，积累和消费的关系就有了根本的变化。

第一，按照马克思的定义，资本积累就是剩余价值的资本化，即"资本家用他总是不付等价物而占有的别人的已经物化的劳动的一部分，来不断再换取更大量的别人的活劳动"①。所以，资本积累反映了资本家和无产者根本利益的对抗。这对旧中国的帝国主义资本、官僚资本和民族资本来说，都是如此。但对帝国主义资本和官僚资本，仅仅这样说，还是不够的。因为他们的收入和资本，不只是来自剥削无产阶级创造的剩余价值，而且来自剥削农民以及农民以外的小资产阶级的劳动收入，甚至有一部分是来自瓜分民族资本的利润（当然，这一部分归根结底还是来自无产者的剩余劳动）。所以，帝国主义资本和官僚资本的增长，不只是反映了他们和无产者的根本利益的对抗，而且反映了他们同农民和小资产阶级的利害冲突，在某种程度上也表现了他们同民族资本的利益对立。

在社会主义制度下，消费基金是用来满足劳动者当前的物质和文化生活需要的；积累基金是扩大再生产的源泉，而扩大再生产又是以后提高劳动者生活水平的物质基础。所以，二者在根本上是一致的。当然，二者也有矛盾，但这是劳动者的当前利益和长远利益的矛盾，是根本利益一致基础上的矛盾，是非对抗性矛盾。它同旧中国积累和消费之间那种对抗性矛盾，是根本不同的。这是社会主义制度下积累和消费关系的质的变化。

第二，旧中国经济在收入分配方面的一个突出特点是，不仅积累率低，而且积累总额和消费总额的增长极不稳定，有不少年份甚至是下降的。

---

① 《马克思恩格斯全集》第22卷，人民出版社1972年版，第640页。

据巫宝三同志等对旧中国 1931—1936 年国民收入分配所作的估算[1]，我们可用表 1 表示这期间积累和消费的变化状况。

表 1　　　　　　　　旧中国 1931—1936 年积累和消费的变化

年份	所能支配的国民收入的增减（以上年为100）	消费的增减（以上年为100）	消费和投资占所能支配的国民收入的比重（%）	
			消费	投资
1931	100.0	100.0	104.1	-4.1
1932	101.7	95.2	97.5	2.5
1933	84.9	88.8	102.0	-2.0
1934	91.8	98.2	109.0	-9.1
1935	115.8	108.1	101.8	-1.8
1936	126.4	116.6	93.6	6.0

表 1 说明：第一，在 1931—1936 年的 6 年中，只有两年是正投资，投资占所能支配的国民收入比重，最高的年份为 6.0%，最低的年份只有 2.5%，积累率很低，而且极不稳定。另有 4 年是负投资，负投资占所能支配的国民收入的比重，最多达到 9.1%，最少也有 1.8%。第二，在有正投资的两年中，1932 年外国资本投资 8.63 亿元，1936 年至少有 10.33 亿元。如果扣除这部分外国投资，那么，1932 年负投资 280 万元，1936 年正投资只有 693 万元[2]。这深刻地表明了旧中国经济的半殖民地性质。第三，在六年中，三年消费总额是下降的，只有两年是增加的，消费的增长也是极不稳定的。

这些就从收入分配方面深刻地表明了帝国主义、封建主义和官僚资本

---

① 巫宝三主编：《中国国民所得》（1933 年）上册，中华书局 1947 年版，第 20 页。这个材料虽然是估算的，但是以 1933 年对旧中国经济的详细调查为依据，不仅是系统的，而且有某种可靠性。另外，作者采用的是西方资本主义国家通用的统计方法，即不仅认为物质生产部门的劳动者创造国民收入，而且对非生产领域的工作者亦作如是观，这样，国民收入就有某种虚假性。但从主要方面来说，并不影响它的可靠性。比如，1933 年农业、矿冶业、制造业、建筑业、交通运输业和商业等物质生产部门创造的净产值占全部国民收入的 89.6%，而金融业、公共行政等非物质生产领域提供的收入只占 10.4%。所以，为了说明这里的问题，我们还需要使用这个材料。

② 巫宝三主编：《中国国民所得》（1933 年）上册，中华书局 1947 年版，第 20 页。

主义在经济上的极端腐朽性。

在社会主义制度下，积累和消费的量的方面也发生了一系列变化：积累率比较高；在正常情况下[1]，积累基金和消费基金有可能稳步地持续地增长；积累基金和消费基金的增长速度比较快；二者的规模有可能越来越大。分别说来就是：

1. 如果拿积累率比较适当的"一五"时期（为24.2%）同1936年相比，前者积累率比后者要高出18个百分点。

2. 在1952—1979年中，绝大部分年份的消费额都是增长的，下降的年份只有两年，即1959年和1968年。这是由于经济政策上"左"的错误和"文化大革命"破坏造成的。在这期间，多数年份的积累额是增加的，下降的年份只有8年，即1955年、1960年、1961年、1962年、1967年、1968年、1972年和1976年。其中1955年那一次，虽然也是由于国民经济计划工作不周造成的[2]，但是难免的。至于其他7年积累额下降，同前述消费额的下降原因是相同的。值得指出的是：尽管我国经济的发展遭受了两次严重的挫折，某些年份积累额下降，但毕竟没有发生旧中国那样的负积累状况。在正常情况下，社会主义消费额和积累额可能稳步地、持续地增长，同国民收入可能稳步地、持续地增长是直接相联系的。在上述期间，大多数年份国民收入都是增长的，下降的年份共有6年，即1960年、1961年、1962年、1967年、1968年和1976年，究其原因，同消费额和积累额下降的原因是相同的。

3. 在1952年到1979年期间，消费额增长了3.6倍，积累额增长了7.6倍；前者每年平均增长4.9%，后者为7.8%。

4. 如果把各个计划时期每年平均的消费额和积累额作一下比较，还可以明显地看到；消费规模和积累规模都有越来越大的趋势。如前所述，在正常情况下，社会主义的国民收入是有可能逐年增长的，积累率是会平稳地变化的。就我国的实际情况来看，由于经济发展几经波折，某些年份消费额和积累额下降，但从整个计划时期来看，二者又都是增长的。而且除

---

[1]　比如，没有帝国主义大规模的武装入侵，错误政策干扰和特大自然灾害等。

[2]　参见周恩来《关于发展国民经济的第二个五年计划的建议的报告》，《中国共产党第八次代表大会文件》，人民出版社1980年版，第192页。

了 1963—1965 年的调整时期年平均积累额有所下降外，各个计划时期每年平均的消费额和积累额也是越来越大的。所有这些变化，同旧中国多年发生的那种国民收入和消费额下降，乃至负积累的情况，都是截然不同的。

第三，资本主义积累规律作用的结果，一极是资本家资本的积累，一极是无产者贫困的积累。关于这一点，马克思作过很深刻的分析。他写道："社会的财富即执行职能的资本越大，它的增长规模和能力越大，从而无产阶级的绝对数量和他们的劳动生产力越大，产业后备军也就越大。可供支配的劳动力同资本的膨胀力一样，是由同一些原因发展起来的。因此，产业后备军的相对量和财富的力量一同增长。但是同现役劳动军相比，这种后备军越大，常备的过剩人口也就越多，他们的贫困同他们所受的劳动折磨成反比（马克思亲自校订过的法文版中是：'成正比'——引者注）。最后，工人阶级中贫苦阶层和产业后备军越大，官方认为需要救济的贫民也就越多。这就是资本主义积累的绝对的、一般的规律。"[①] 在社会主义制度下，情况则完全相反。社会主义积累规律作用的结果，一方面是社会主义公有财富的增长，另一方面是劳动者物质文化生活水平的提高。新中国成立以后，随着积累基金和消费基金的增长，我国社会主义的生产建设和公有财富有了迅速的增长，人民生活比新中国成立初期有了较大的改善。

新中国成立以后，我国进行了大规模的基本建设。基本建设投资总额 1950 年是 11.34 亿元，1979 年增长到 500 亿元；从 1950 年到 1979 年累计达到 6517.29 亿元。这样巨大的基本建设投资规模，自然是旧中国望尘莫及的。

巨额的基本建设投资为社会主义生产的发展提供了强大的物质基础。新增固定资产 1952 年为 31.14 亿元，1979 年增长到 418 亿元；1952—1979 年累计达到 4513.31 亿元。此外，在这期间还积累了 3000 亿元流动资金。这些都远远超过了旧中国。旧中国经过近百年的积累，到新中国成立前，全国工业固定资产只有 128 亿元，而 1979 年我国工业固定资产将近 3500 亿元，为旧中国的 27 倍多。

在社会主义生产建设发展的基础上，我国人民的生活也有了提高：

1. 城乡人民的消费额增长了。全国城乡居民的消费额，1952 年平均每

---

① 《马克思恩格斯全集》第 23 卷，人民出版社 1972 年版，第 707 页。

人为 76 元，1978 年达到 174 元，1979 年又上升到 197 元。剔除物价上涨因素，1979 年比 1952 年大约增长了 90%。

2. 全民所有制职工平均工资也上升了。职工平均货币工资 1952 年为 446 元。1978 年上升到 644 元，增长了 44.4%。扣除生活费指数上涨因素，职工实际工资平均增长了 23.1%。1979 年职工平均货币工资又增加到 705 元，比上年增长 9.5%，扣除生活费指数上涨因素，职工平均实际工资比上年增长 7.6%。三十年来，职工平均工资增长不多，但就业人口增加，每个职工家庭的总收入增长是比较多的。根据城镇典型调查，每个职工赡养的家庭人口（包括本人），由 1956 年的 3.4 人下降到 1978 年的 2.1 人。

职工生活的提高还表现在劳保福利费和各种补贴的增长上。1952 年全民所有制单位职工劳保福利费为 9.52 亿元，相当于工资总额的 14.1%；1978 年上升到 66.91 亿元，相当于工资总额的 15.7%。据有关部门计算，1978 年全民所有制企业职工从国家得到的劳保福利费和各种补贴达 526.7 元，相当于该年平均工资的 81.71%。

农村社员每人平均从集体经济分得的收入也有所增长。1957 年为 40.5 元，1978 年达到 73.9 元，1979 年又上升到了 83.4 元。1979 年比 1957 年提高了 1 倍多。

3. 除了粮食、食用植物油等消费品以外，大部分消费品的每人平均消费量也都有增长。其情况见表 2。

表 2 表明：猪肉、棉布的每人平均消费量增长的幅度较小，食糖、针棉织品较大。自行车、缝纫机、手表、收音机更大。近年来，城乡人民消费的生活资料又有了较大的增长。据有关部门统计，1979 年城镇居民消费的猪肉为 38 斤，比上年增加了将近 7 斤[1]。城乡居民中高级耐用消费品的平均拥有量，1980 年 6 月末比年初又有明显的增长。自行车由平均 12 人一辆降为 11 人一辆，缝纫机由 25 人一架降为 23 人一架，手表由 10 人一只降为 9 人一只，收音机由 11 人一台降为 9 人一台，电视机由 280 人一台降为 216 人一台。[2] 这表明：党的十一届三中全会以后，我国人民生活水平有了较大的提高。

---

① 《人民日报》1980 年 7 月 26 日。
② 《人民日报》1980 年 7 月 22 日。

表 2

	1952 年	1978 年	1978 年比 1952 年增长（%）
猪肉（斤/人）	11.8	15.4	30.5
棉布（尺/人）	16.4	23.2	41.4
食糖（斤/人）	1.8	6.6	266.6
针棉织品（棉布，尺/人）	2.2	6.2	181.8
自行车（辆/万人）	5.8	85.1	1367.2
缝纫机（架/万人）	1.8	46.2	2466.6
手表（只/万人）	6.8	145.9	2045.6
收音机（台/万人）	0.3	145.9	48533.3

4. 科学文化水平有了提高。全民所有制单位的自然科学技术人员，1952 年为 42.5 万人，1978 年增加到 434.51 万人，1979 年又达到 470.5 万人。1979 年比 1952 年增长了 10.1 倍。平均每万人口中自然科学技术人员，1952 年为 7.4 人，1978 年上升到 45.4 人，1979 年又增加到 47.4 人。1979 年比 1952 年增加了 5.4 倍。

高等学校在校学生 1949 年为 11.7 万人，1978 年上升到 85.6 万人，1979 年达到 102 万人。1979 年比 1952 年增长 7.7 倍。普通中学在校学生，1949 年为 103.9 万人，1978 年为 6548.3 万人，增长 61 倍。1979 年中等教育开始进行结构改革，普通中学在校学生为 5905 万人，比上年减少 643.3 万人。中等专业学校在校学生 1949 年为 22.9 万人，1978 年增加到 88.9 万人，1979 年又上升到 119.9 万人。1979 年比 1949 年增加了 4.2 倍。小学在校学生 1949 年为 2439 万人，1978 年增加到 14624 万人，1979 年为 14663 万人。1979 年比 1949 年增长了 5 倍。平均每万人口中的大学生，1949 年为 2.2 人，1978 年为 8.9 人，1979 年为 10.5 人。平均每万人口中的普通中学学生，1949 年为 19.2 人，1978 年增加到 683.5 人。平均每万人口中中等专业学校学生，1949 年为 4.2 人，1973 年为 9.3 人，1979 年为 12.2 人。平均每万人口中小学学生，1949 年为 450.2 人，1978 年增长到 1526.3 人。

5. 医疗卫生事业有了发展。全国专业卫生技术人员 1950 年为 55.5 万人，1979 年为 264.2 万人。1979 年比 1950 年增加了 3.7 倍。1979 年全国农村赤脚医生达到 157.5 万人。全国医院病床床位 1950 年为 10 万张，1979 年为193.2万张。1979年比1950年增长了18.3倍。平均每千人口中的专业卫生技术人员1950年为1人，1979年为2.7人。平均每千人口中的医院病床床位1950年为0.2张，1979年为2张。

6. 随着人民的物质文化生活水平的提高和卫生医疗条件的改善，人口死亡率大大降低，平均寿命大大延长。全国人口死亡率，1950年为18‰，1979年下降到6.2‰。据有关部门调查推算，目前全国人口平均寿命68岁，比50年代的57岁延长11岁，比抗日战争前的35岁延长近1倍。

上述情况表明：我国人民的物质文化生活与新中国成立初相比有了较大的改善。党的十一届三中全会以来，党中央采取了一系列正确的调整积累和消费关系的政策，人民生活有了较快的提高。

所有这些变化，都表现了社会主义经济制度的优越性。但由于种种原因，我国社会主义制度的优越性还远没有充分发挥出来。特别是由于积累率长期过高，社会主义在提高消费水平方面的优越性更是没有充分发挥出来。

二 积累与消费比例关系的严重失调

前面仅仅在新旧中国对比意义上，在社会主义制度的优越性有所发挥，但又没有充分发挥的意义上，说明了新中国成立后积累和消费关系的根本变化。但这绝不是说，我国积累和消费的关系不存在问题了。实际上，长期以来，我国积累和消费关系已经处于严重失调状态。

但要正确地认识这种严重失调状态，需要明确两个理论观点：第一，必须依据社会主义生产目的的要求，而不能依据实际上长期存在的为生产而生产的观点。社会主义生产的目的是满足人民的物质文化生活需要。要实现这个目的，不仅需要消费，而且需要积累。当然，二者在根本上是一致的，但也有矛盾。任务就在于"必须使二者达到最完满的结合"①（或称最优的结合）。所谓"最完满的结合"（或最优结合），就是要在一个长时期内使得积累和消费二者都得到较快的增长，集中起来说，就是要使人民的物质文化生活能够稳定地、持续地、较快地增长。因为社会主义生产和

---

① 《联共（布）第十五次代表大会关于制定国民经济五年计划的指示》，《苏联共产党代表大会、代表会议和中央全会决议汇编》第3分册，人民出版社1956年版，第379页。

扩大再生产的目的是这样，作为实现扩大再生产手段的积累也应如此。所以，所谓依据社会主义生产目的的要求，也就是依据这个最优结合的要求。显然，只有依据这一点，才能判明我国积累和消费失调的严重性；反之，如果依据为生产而生产的观点，失调的严重性就会从人们的视野中悄悄地消失了。

第二，考察积累和消费关系的严重失调，是必须研究积累率的。但是，如果单纯根据积累率的高低来作判断，那是很不够的。

（1）积累率究竟多高合适，取决于许多因素，其中最主要的是社会生产力的发展水平。如果抛开其他因素不说，那么，在社会生产力发展水平较低的情况下，会引起积累和消费比例失调的某种积累率（即积累比重过大，消费比重过小）；在社会生产力发展水平较高的情况下，却可以表示积累和消费的协调状态。要准确地判断某种积累率是否引起积累和消费的比例失调，必须联系社会生产力的发展水平和其他因素才能说明，必须联系由这种积累率而引起的生产和生活两方面的情况进行分析。

（2）积累的使用方向，对于积累和消费的比例关系是否协调也有重要的影响。这里首先是生产性积累与非生产性积累的安排。后者虽与前者一样同属于积累基金，但它是为满足人民的物质文化生活需要直接提供生活资料的。如兴建居民住宅、学校和医院的建筑物等等即是。在我国，对全民所有制单位职工来说，医疗是免费的；教育在很大的程度上也是免费的；住宅还没实行商品化，房租很低，在一定程度上也是免费的。所以，在一定意义上说，非生产性积累实际上就是消费基金，不过它是需要经过一定建设周期、并可长期使用的。因此，如果生产性积累安排过多、非生产性积累安排过少，就会影响人民生活的改善。就我国当前的实际情况来说，如果不看到积累使用的这一方面，那就无法说明居民住宅建设和城市公用设施以及文化、教育、卫生事业远远不能满足人民生活需要的状况。在生产性积累中，生产资料生产积累和消费资料生产积累之间的比例安排，对于人民生活的影响，也是不能忽视的。如果前者安排过多，后者安排过少，那就会使居民的购买力超过消费品的可供量，结果势必引起消费品价格上涨，消费品质量下降，使人民的实际生活水平降低。如果看不到这一点，就很难说明一个时期内职工实际工资的下降。但上述积累使用的两个方面，都是积累率所不能包括的。所以，要全面地把握我国积累和消费严重失调的情况，还必须考察上述积累使用的两个方面的情况。

现在我们依据上述的理论观点，具体考察长期以来积累和消费严重失调的情况。

第一，积累基金比重过大，消费基金比重过小。我国"一五"时期积累率为24.2%，"二五"时期为30.8%，1963—1965年为22.7%，"三五"时期为26.3%，"四五"时期为33.0%，1976—1979年为33.4%。事实表明：除了"一五"时期和三年调整时期以外，其他各个时期的积累率都超过了社会生产力的承担能力。国民收入总额，特别是按人口平均计算的国民收入额，是社会生产力发展水平的综合指标。但是，"二五"时期以来（三年调整时期除外），积累额的增长速度都大大超过了国民收入总额（特别是按人口平均计算的国民收入）的增长速度。表3可以说明这一点。

表3   国民收入与积累增长速度的比较

时期		"一五"时期	"二五"时期	1963—1965年	"三五"时期	"四五"时期	1976—1979年
平均每年国民收入	总额（亿元）	807.0	1096.0	1184.3	1606.2	2280.8	2868.7
	比上个计划时期增长（%）	—	35.3	8.1	35.6	42.0	25.8
按人口平均计算的国民收入	总额（元）	131	165	167	205	258	321
	比上个计划时期增长（%）	—	25.9	1.2	22.8	25.8	24.4
平均每年消费额	总额（亿元）	624.8	776.8	922.3	1147.6	1482.0	1876.2
	比上个计划时期增长（%）	—	24.3	18.7	24.4	29.1	26.6
平均每年积累额	总额（亿元）	169.4	346.4	270.3	409.4	728.8	947.7
	比上个计划时期增长（%）	—	73.7	−22.2	51.4	78.0	30.0

表3表明："二五"时期每年平均积累额的增长速度为国民收入总额增长速度的两倍多，几乎为按人口平均计算的国民收入增长速度的三倍。"三五"时期平均每年积累额的增长速度比"二五"时期低一些，"四五"时

期比"二五"时期稍高一些。但是这两个时期都处于"文化大革命"十年动乱时期,许多生产单位几乎处于瘫痪状态,因此这样的增长速度仍是惊人的。粉碎"四人帮"以后的头几年,积累的增长速度有所下降,但仍然超过了国民收入总额和按人口平均计算的国民收入的增长速度。在这样一个长时期内,积累的增长速度大大超过国民收入的增长速度,必然使消费的增长速度低于国民收入的增长速度,使二者的比例关系长期处于严重失调状态。

如果考虑到我国积累率骤然升高的特点,那么,对于积累基金和消费基金比例失调的严重性,还可以看得更清楚。

表 4 　　　　　　　　　　　　　　积累率的上升幅度

年份		1957	1958	1959	1966	1970	1977	1978
国民收入总额	总额(亿元)	908	1118	1222	1617	1926	2659	3011
	比上年增长的百分比(%)	—	23.1	9.4	—	19.1	—	17.7
按人口平均计算的国民收入	总额(元)	140	169	182	201	233	281	314
	比上年增长的百分比(%)	—	20.7	7.7	—	15.9	—	11.7
消费额	总额(亿元)	702	738	716	1180	1258	1741	1877
	比上年增长的百分比(%)	—	5.1	-2.9	—	6.6	—	7.7
积累额	总额(亿元)	233	379	558	357	618	832	1083
	比上年增长的百分比(%)	—	62.7	47.3	—	73.1	—	30.1
积累率(%)		24.9	33.9	43.8	23.2	32.9	32.3	36.6

表 4 说明:1958 年积累率比 1957 年陡升了 9 个百分点,1959 年比 1958 年又连续猛增了 9.9 个百分点。1970 年积累率比 1969 年骤然上升了 9.7 个百分点。1978 年在 1977 年积累率高达 32.3% 的基础上,又上升到 36.6%。积累率的这种猛增是以积累额的增长速度以更大的幅度超过国民收入(特别是按人口平均计算的国民收入)的增长速度、消费额的增长速度以更大

幅度低于国民收入的增长速度为前提的。特别是 1959 年，积累额的增长速度分别为国民收入和按人口平均计算的国民收入的 5 倍多和 6 倍多，以致消费额比上年减少了 2.9%。这些更突出地表明了积累基金和消费基金比例关系严重失调。

第二，生产性积累比重过大，非生产性积累比重过小。

由表 5 可见，除了"一五"时期和三年调整时期以外，其他各个时期生产性积累和非生产性积累的比例关系也是严重失调的。

这种严重失调更明显地表现在：生产性基本建设投资和非生产性基本建设投资的比例关系上。

表 6 表明：生产性基本建设投资在基本建设投资总额中的比重，除了"一五"时期以外，其他各个时期（包括三年调整时期）都是过高的；这种比重最高达到 89.4%，最低也有 83.0%。

表 5　　　　　　生产性、非生产性积累在积累总额中的比重　　　　单位:%

时期	生产性积累	非生产性积累
"一五"时期	59.8	40.2
"二五"时期	87.1	12.9
1963—1965 年	65.5	34.5
"三五"时期	74.5	25.5
"四五"时期	77.6	22.4
1976—1978 年	78.2	21.3

表 6　　　　生产性、非生产性投资在基本建设投资总额中的比重　　　单位:%

时期	生产性基本建设投资	非生产性基本建设投资	
		合计	其中：住宅
"一五"时期	71.7	28.3	9.1
"二五"时期	86.8	13.2	4.1
1963—1965 年	83.0	17.0	6.9
"三五"时期	89.4	10.6	4.0

时期	生产性基本建 设投资	非生产性基本建设投资	
		合计	其中：住宅
"四五"时期	86.6	13.4	5.7
1976—1978 年	83.6	16.4	6.9

党的十一届三中全会以后，非生产性基本建设投资的比重逐渐上升，1979 年已经达 27.0%，其中住宅投资上升到 14.8%，大大超过了过去任何一个计划时期的水平。

第三，在生产性的基本建设投资中，主要生产生产资料的重工业投资过多，主要生产消费资料的农业、轻工业投资过少；直接关系到人民物质文化生活的文教、卫生、科研部门和城市建设部门的投资也过少；在重工业的投资中，为重工业本身服务的投资过多，为农业、轻工业服务的投资过少。情况如表 7 至表 8 所示。

表 7　　　　　　农业、轻工业、重工业的投资占基本建设投资总额的比重　　　　单位：%

时期	农业	工业	其中		在重工业中	
			轻工业	重工业	农业机械	化肥农药
"一五"时期	7.8	52.4	5.9	46.5	0.5	0.9
"二五"时期	12.3	61.S	5.2	56.1	1.4	1.8
1963—1965 年	18.8	53.7	3.9	49.8	1.6	3.3
"三五"时期	11.8	61.4	4.0	57.4	1.6	3.6
"四五"时期	11.3	60.2	5.4	54.8	1.4	4.1
1976—1978 年	12.1	61.3	6.7	54.6	1.4	5.1

表 8　　　　　　　　　　　国民经济各部门投资构成　　　　　　　　　　单位：%

	"一五" 时期	"二五" 时期	1963—1965 年	"三五" 时期	"四五" 时期	1952—1979 年 合计
工业部门	52.4	61.3	53.7	61.5	60.2	59.3
运输、邮电部门	17.3	15.1	15.0	18.1	19.6	16.8

	"一五"时期	"二五"时期	1963—1965 年	"三五"时期	"四五"时期	1952—1979 年合计
农、林、水、气部门	7.8	12.3	18.8	11.8	113	12.0
商业、粮食、外贸部门	3.6	2.7	2.2	2.5	3.1	3.0
文教、卫生、科研部门	5.5	2.5	3.2	1.9	2.3	2.9
城市建设部门	2.6	2.0	2.4	1.4	1.4	2.2

　　表 7 至表 8 表明：在"一五"时期，重工业投资所占的比重已经偏高，但在后续几个计划时期不仅没有下降，反而大大上升了。农业、轻工业、文教卫生科研、城市建设以及重工业中农业机械和化肥、农药的投资，原来也都是偏低的，但在后续几个计划时期，农业投资比重虽有显著提高，然而由于农业经济政策上"左"的错误和"文化大革命"的破坏，农业投资效果很差。轻工业投资比重不仅没有上升，反而下降了。只是"文化大革命"结束以后，才有所上升，并超过了"一五"时期的水平。至于文教、卫生、科研和城市建设部门投资的比重，下降的幅度就更大了。重工业中农业机械和化肥、农药的投资比重虽有显著上升，但整体来说，在重工业中，为农业服务的投资比重不高。所有这些都说明：在这些方面，比例失调的现象非常严重。

　　上述三种情况必然导致生产增长虽不慢，但人民生活并未得到相应改善的不协调状态。当然，形成这种不协调的原因是多方面的。比如，由于经济工作指导上的失误，经济体制和经济结构的不合理以及经济管理落后、人口增长过快、过多等原因；生产和建设中的消耗多，浪费大，中间产品多，供人民消费用的最终产品少；已经生产出来的产品，呆滞、积压的现象又很严重。但上述的三方面无疑是直接原因。

　　在 1958—1978 年期间，我国工业总产值平均每年增长 11.6%，农业总产值平均每年增长 3.1%。这种增长速度不仅是旧中国望尘莫及的，就是同当代经济发达的国家相比，速度也是比较高的。据统计，在 1950—1977 年，日本工业总产值每年平均增长 12.4%，农业为 2.7%；联邦德国工业为6.9%，农业为 1.8%；美国工业为 4.5%，农业为 1.9%；苏联工业为

9.7%，农业为3.3%。可见，在这期间，只有日本的工业增长速度和苏联农业增长速度超过了我国，其他都比我国低。所以，如果单从这种数字对比看，似乎还可以说："二五"时期以来，我们仍然在某种程度上赢得了生产发展高速度。但在这期间，人民生活不仅没有得到相应的改善，而且在某些方面和某种范围内还存在着严重的困难。

1. 实际工资下降。"二五"时期以来，全民所有制单位职工平均货币工资增长很少。1957年职工平均货币工资为637元，1978年为644元，21年只增长了1.1%。但在同一期间，职工生活费指数却上升了5.9%，从而引起实际工资的下降。1957年职工平均实际工资为582元，1978年下降到549元，减少了5.7%。

2. 城乡居民按人口平均消费的粮食、食用植物油等基本生活资料也下降了。在"一五"期间，城乡居民平均每人每年消费粮食399.8斤；但在1976—1978年期间，只有387.3斤，下降了12.5斤。其中占全国人口绝大多数的乡村居民平均每人每年消费粮食从394.2斤下降到377.3斤，减少了16.9斤。在同一期间，城乡居民平均每人每年消费的食用植物油，也从4.5斤下降到3.2斤，减少1.3斤，其中乡村居民从3.42斤下降到2.03斤，减少了1.39斤；城乡居民平均每人每年消费的棉布，虽然从21.34尺上升到22.76尺，增加了1.42尺，但乡村居民却从18.74尺下降到18.43尺，减少了0.31尺。

住宅也是居民的基本生活资料。但长期以来，城镇居民每人平均的居住面积下降了。据有关部门1978年对182个城市统计，平均每人居住面积为3.6平方米，比1952年的4.5平方米减少了0.9平方米，下降了20%。这些城市的缺房户共达689.1万户，占总户数的38.6%。但缺乏住房，不仅是城镇居民，也是乡村居民生活中的严重问题。

3. 当前城乡居民中还存在着相当部分的困难户。根据1977年16个省、市、区对88000多个职工户的调查资料，职工家庭每人每月生活费收入在20元以下的占调查总户数的39%。另据武汉市的调查，买足定量供应的消费品，加上房租、水电等生活必需的支出，每人每月需要22.74元，北京市则需要24元左右。这样，上述收入20元以下的家庭，则难以买足定量供应的生活必需品。据统计，1978年社员从集体分得的收入每人平均在40元的基本核算单位有 77.02 万个，占基本核算单位总数的 16.5%，从集体分得的粮食每人平均在 300 斤以下的基本核算单位有 46.3 万个，占基本核算单位总数的 10.6%；超支户 3294 万户，占参加分配总户数的 19.5%。

4. 教育事业发展缓慢，远远不能满足人民提高文化生活的需要。学龄儿童入学率 1957 年达到 61.7%，事隔 21 年，到 1978 年仍然只有 94%，而读完小学五年的普及率只有 67.8%。高小毕业生的升学率 1957 年为 44.2%，1978 年也只达到 87.7%。初中毕业生升学率 1957 年为 39.8%，1978 年还不到一半。高中毕业生升学率 1957 年达到 56.7%，1978 年只有 5.9%。高中毕业生升学率这样大幅度下降，同高中毕业生人数大大增加有关，但高等教育事业发展缓慢无疑也是一个重要因素。

所有这些都证明：长期以来，我国积累和消费的关系是严重失调的。说它是严重的，有三层意思：（1）它对人民生活的影响广度不只限于某些方面，而是涉及整个物质和文化生活。在物质生活方面又扩及衣食住行各个基本方面。

（2）它对人民生活影响的程度是很深的。多年以来，我国积累率的确定，不仅不能保证人民生活的不断提高，就是维持原有的生活水平也做不到（实际工资的下降表明了这一点），甚至维持劳动力的再生产所必需的基本生活资料都减少了（城乡居民中相当一部分困难户以及按人口平均计算的粮食、食用植物油的消费量和住宅面积的下降，表明了这一点）；

（3）这种影响的持续时间是很长的。在 1958—1978 年的 21 年中，积累率在 25% 左右的只有 8 年，在 30% 以上的有 13 年。这样，如果积累率在 25% 是合适的，那也只是占 1/3 多一点的时间。而且，在这 8 年中，有 5 年（即 1961—1965 年）是处于经济调整时期[①]；有 3 年（即 1967—1969 年）是处于"文化大革命"动乱期间，许多生产几乎陷于停顿状态。对这 3 年来说，积累率在 20% 以上（这 3 年的积累率分别为 21.3%，21.1% 和 23.2%）也是够高的了。积累率过高的年份则占了将近 2/3 的时间，特别是在 1970—1978 年，积累率连续 9 年高达 30% 以上。这样高的积累率，不仅二十余年来对人民生活产生了严重的影响，而且这种影响在今后仍然会

---

① 一般把 1963—1965 年算作经济调整时期，但实际上，经济调整工作从 1961 年就开始了。

持续一个时期。

我们从社会主义生产目的出发，可以把社会主义积累率设想为 4 种类型：（1）积累率比较适当，使得人民生活水平在一个长时期内得到持续地稳定地较快地提高。这是积累和消费的一种最优的结合。（2）积累率稍低或稍高。在前一种情况下，当前人民生活水平的提高可以快一些，但对长远生活水平的提高有不利的影响。在后一种情况下，当前人民生活水平的提高慢一些，但对长远生活水平的提高是有利的。这两种情况虽然不同，但都可以算作次优的结合。（3）积累率过低，当前生活水平虽然可以提高得更快一些，但对长远生活水平是很不利的。这可以称作较差的结合。（4）积累率过高，不仅严重地影响当前人民生活水平的提高，而且在一个长时期内都是如此。这可以称作最差的结合。我国"二五"时期以来（三年调整时期除外）积累率过高，就是属于这种最差结合的类型。如果这种积累率类型的区分是正确的，那么它就可以更概括地更集中地表现我国积累和消费关系失调的严重性。

我国积累和消费关系长期严重失调，并不是偶然的，它除了"文化大革命"长达 10 年的破坏以外，还有多方面复杂的原因。

第一，我国现行经济管理体制的特点之一，就是片面地强调集中统一。在财政方面表现为采取统收统支的办法。所有的财政收入除中央按计划拨给地方的以外，都要全部上交；企业不但利润全部上交，折旧费大部分也要上交。扩大再生产的投资和各项事业费，均归中央集中掌握，并由中央各主管部门按国家计划项目，分别拨给各地区和各企业。这种制度固然便于国家把资金集中起来，投入有关国家经济命脉的重点项目，但也易于造成积累率过高的倾向。这是一方面。另一方面，这种统收统支，实报实销的办法，实际上是供给制，吃"大锅饭"，各部门、各地区、各企业并不承担建设投资的经济责任。这也易于造成各单位争建设项目，争建设投资，助长积累过多的倾向，并会造成严重的浪费。现行经济管理体制是造成我国积累和消费关系这样长期严重失调的重要原因之一。但也不是唯一的原因。因为这种制度基本上是学习苏联斯大林时代的办法，但他们并没有犯我们这样严重的错误。显然，这种长期严重失调还有其他的原因。

第二，经济工作指导上的失误，是这种长期严重失调最直接的原因。

在这方面，重要的有以下四点：

（1）首先就是由于片面地强调优先发展重工业和实行"以钢为纲"的方针，造成了生产上的高指标，主要是重工业高指标，特别是钢铁工业的高指标。我国"二五"时期以来，三次重复地发生了这样的现象：为了完成上述生产上的高指标，就要进行规模过大的基本建设，采取过高的积累率。1958 年头脑发热，提出钢产量要在 1957 年的 535 万吨的基础上翻一番，达到 1070 万吨。但经过苦干和蛮干，这一年钢产量只达到 800 万吨。1959 年又提出钢产量要达到 1800 万吨，结果只生产了 1387 万吨。1960 年仍然要求达到 1800 万吨。为了完成这种生产上的"大跃进"，1958 年基本建设投资总额由 1957 年的 138.29 亿元骤然上升到 266.96 亿元，1959 年和 1960 年又继续增加到 344.65 亿元和 384.07 亿元。1958 年基本建设投资支出占财政支出的比重，由 1957 年的 40.7% 猛增到 56.0%，1959 年和 1960 年分别为 54.7% 和 54.2%。1958 年积累总额也由 1957 年的 233 亿元突然增加到 379 亿元，1959 年又猛增到 558 亿元，1960 年仍达 501 亿元。1958 年和 1959 年积累率从 1957 年的 24.9% 连续猛增到 33.9% 和 43.8%，1960 年仍然高达 39.9%。1970 年制定"四五"计划时，又把生产指标定高了，要求 1975 年钢产量达到 4000 万吨。于是基本建设投资又突然由 1969 年的 185.65 亿元上升到 1970 年的 294.99 亿元，基本建设投资占财政支出的比重由 39.2% 增加到 45.9%，积累额由 357 亿元增加到 618 亿元，积累率由 23.2% 增加到 32.9%。1978 年制定《十年规划纲要》时，还是把生产指标提高了，要求 1985 年钢产量达到 6000 万吨。跟着基本建设投资就由 1977 年的 364.41 亿元猛增到 1978 年的 479.55 亿元，基本建设支出占财政支出的比重由 35.7% 上升到 40.7%，积累总额由 832 亿元提高到 1083 亿元，积累率由 32.3% 增加到 36.6%。

但是，重工业的高指标，特别是钢铁工业的高指标，必然导致过高的积累率，从而过多地挤占消费基金和非生产性积累，严重影响了国家对农业、轻工业、城市建设部门以及文教、卫生、科研部门的投资，使得重工业用过多的投资为自身发展服务，从而造成积累和消费关系全面严重失调。

（2）不切实际地提出要求建立大行政区和省的独立的经济体系。1958 年提出：要求大行政区建立独立的经济体系，有条件的省也要建立独立的经济体系。1964 年提出备战，又要求在"三线"建立独立的经济体系。1970 年以后又提出要建立工业省，强调什么都要省里实行自给，而且层层往下套。这就造成条条块块都搞"小而全"、"大而全"，促使基本建设摊子越铺越大，越铺越多，造成积累率过高，生产性积累过多和重工业投资过大。这明显地表现在自筹投资的急剧增长上。"一五"时期自筹投资合计只有 57.29 亿元，仅占基本建设投资总额的 10.4%。但在"二五"时期猛增到 261.71 亿元，占 22.1%。"四五"时期又增加到 309.23 亿元，占 18.4%。"二五"时期和"四五"时期自筹投资的增长同 1958 年和 1970 年两次中央管理权限的下放，是有关系的，但不切实际地要求建立大行政区和省的独立的经济体系，显然也是一个重要原因。

（3）国防战备费支出、军事工业投资和"三线"建设投资过大。毫无疑问，在帝国主义存在的条件下，加强国防建设、发展军事工业和进行"三线"建设，都是必要的。"三线"建设对于改变旧中国形成的不合理的工业布局也有重要意义。但问题是新中国成立以后这些方面的支出都过大了，超过了国力的可能。从实际情况看，1950—1978 年，国防战备费支出占国家财政支出的比重以及国防工业和国防科研投资、"三线"建设投资占基本建设投资的比重都过大了。值得指出的是，1956 年毛泽东同志在总结了"一五"时期经验以后，正确地提出：把军政费用降到一个适当的比例，增加经济建设费用。这样，"二五"时期国防战备费占国家财政支出的比重，就比"一五"时期下降了，国防工业和国防科研投资占基本建设投资的比重也下降了。但是，由于 1964 年提出要备战；"三五"计划提出要立足于战备，加快"三线"建设；"四五"计划又进一步提出要集中力量建设"大三线"后方，这样，国防战备费、军事工业投资和"三线"建设投资就又扶摇直上了。国防战备费在国家财政支出的比重，三年调整时期比"二五"时期大大上升了，"三五"时期又进一步增加了，"四五"时期占的比重虽比"三五"时期下降了一些，但仍然很大。在这三个时期，国防工业和国防科研投资，以及"三线"投资占基本建设投资比重也存在着类似的增长趋势。

如果说，由片面优先发展重工业和实行"以钢为纲"的方针而造成的生产高指标，是"二五"时期以来积累率过高、生产性积累过大、重工业投资过多的一个十分重要的原因，那么在"三五"时期以后，国防战备费、国防工业投资和"三线"建设投资过大，也是另一个很重要的原因。在第三、第四两个五年计划时期合计增长的积累总额中，"三线"基本建设投资的增长额就几乎占了1/4。当然，"三线"的积累并不只是表现在基本建设投资的增长上，还有流动资金和后备基金的增长；基本建设投资也不完全等于积累，其中要扣除简单再生产的补偿和不形成固定资产的部分。但大体上说，上述数字是表明了"三线"积累在积累总额中比重上升情况的。另外，不直接形成生产能力的军事工程、军事装备和人防工程的投资占积累总额的比重，在第三、第四两个五年计划期间也显著地上升了。

（4）在处理国内经济建设和对外援助的关系上，也有失误的地方，即对外援助过多。社会主义国家为了履行自己的国际主义义务，进行适当的对外援助，无疑也是必要的。但一定要量力而行。我们的问题就是违反了这项原则。我国对外援助占国民收入的比重，"一五"时期为0.5%，"四五"时期上升到2.1%；占国家财政支出的比重，"一五"时期为1.5%，"四五"时期上升到6.1%，其中1973年达到7.2%，这样高的比重是世界上任何一个国家都没有发生过的，何况我国还是一个经济上不发达的国家。1950—1978年，我国对外援助支出的总额为1952—1978年文教、卫生、科研部门基本建设投资的3倍多，为同期城市建设投资的4倍多，超过了新中国成立以后三十年来住宅投资的总和。这都说明：对外援助支出大大超过了我国的国力。诚然，这项支出只是属于国民收入的范围，并不属于国民收入使用额的范围。但很明显，在国民收入总额一定的条件下，减少了对外援助支出，就增加了国民收入使用额，就有助于正确处理积累和消费的比例关系。从这个意义上说，对外援助支出过多，也是促使积累和消费关系严重失调的一个因素。

第三，我国积累和消费关系长期严重失调，还有理论上的根源。但这个问题涉及的方面很多，也很复杂，本文拟择其要者作些扼要的分析。新中国成立以来，特别是1958年"大跃进"以来，我国广泛流行过不少片面的理论观点。这些观点或者成为高积累政策的指导思想，或者为高积累的实践制造了舆论，在当前调整国民经济的过程中，剖析这些理论观点是完全必要的。

有的同志为了论证高积累，提出生产是消费的基础，人民生活的提高，应该服从于生产的发展。从外观上看来，或者从提出这种观点的同志主观动机来说，似乎目的还是为了人民长远生活的提高。其实不然。只要把生产过程当作再生产过程来看，如果生活的提高服从于生产的发展，那生产本身岂不就不断地成为生产的目的，而人民生活的提高就被排除在生产目的的范畴以外了吗。诚然，生活资料是由生产来提供的，生活提高总是以生产发展为基础的，这个社会再生产的一般规律，对于社会主义社会也是适用的。但无论从再生产一般来说，或者从社会主义再生产来说，这个"基础"作用也就是"手段"作用。区别只是在于：前者是从最终的意义上，说消费是生产的目的；而后者从直接的意义上，说消费是生产的目的。所以，这种观点实际上是错误地把生产的"基础"作用（或"手段"作用）当作"目的"了。

这种观点实际上是"为生产而生产"的观点，也即斯大林批判的由雅罗申柯宣传的"资产阶级思想"①。但在社会主义条件下宣传这种观点，同资产阶级古典经济学在资本主义上升时期提出的"为生产而生产"的观点是不同的。资本主义生产本质上是剩余价值的生产，它的直接目的并不是为了人民群众的消费。因而在现象上表现为为生产而生产。从这方面说，这种观点是符合资本主义生产实际的。而且，正是由于资本家"狂热地追求价值的增殖，肆无忌惮地迫使人类去为生产而生产，从而去发展社会生产力，去创造生产（指社会主义生产——引者注）的物质条件"②。所以，马克思说："为积累而积累，为生产而生产——古典经济学用这个公式表达了资产阶级时期的历史使命。"③ 在社会主义制度下，上述观点是不符合社会主义基本经济规律要求的，它长期地支持了为生产而生产、为积累而积累的错误倾向。

支持这种倾向的，还有另一种观点。有的同志认为，积累是代表劳动者的集体利益的，消费是代表个人利益的。因而他们虽然也主张兼顾这两方面利益，但认为后者应该服从于前者。这种观点虽同前一种观点不同，但结论是一样的。社会主义基本经济规律要求生产和扩大再生产都是为了

① 斯大林：《苏联社会主义经济问题》，人民出版社 1973 年版，第 63 页。
② 《马克思恩格斯全集》第 23 卷，第 649 页。
③ 《马克思恩格斯全集》第 23 卷，第 652—653 页。

满足人民的生活需要。积累作为实现扩大再生产的手段，自然也要服从于这个目的。在这里，消费是第一位的，积累是第二位的；是积累服从于消费，而不是相反。比较准确的说法似乎应该是：消费（当前的消费）是代表劳动者的当前利益，积累（从它作为扩大再生产的手段为将来提高劳动者生活创造物质基础的意义上说）是代表劳动者的将来利益。

上述的错误观点，不仅长期地支持了积累过高的错误倾向，而且被"四人帮"利用来发展他们的极"左"理论。"四人帮"鼓吹的提高劳动者的生活是"刮经济主义妖风"是"搞修正主义的物质刺激"是"资产阶级福利主义"积累和消费方面存在"两个阶级、两条道路的斗争"等，就是以上述错误观点作为跳板发展起来的。但这个错误观点似乎还没有引起学术界的重视。笔者认为是到了澄清这种理论混乱的时候了。

还有一种观点认为，积累率越高，生产增长速度也越高。这种观点同高积累率之间的联系，是很清楚的。要高速度地发展社会主义生产，适当的积累是必需的。但是，如果认为积累率越高，生产发展速度也越快，那是违反历史事实的。

表9说明：如果不说带有恢复性质的调整时期，"一五"时期积累率适当，积累和消费得到了适当的结合，国民收入增长速度最高；其他各个时期，积累率都过高，国民收入增长速度都比较低，"二五"时期甚至出现了负数。这是什么原因呢？（1）只有把积累和消费适当地结合起来，才能反

表9   **积累率与经济增长的关系**

时期	积累率（％）	全国职工和农民个人消费水平年平均增长速度（％）	国民收入年平均增长速度（％）
"一五"时期	24.2	6.1	8.9
"二五"时期	30.8	3.0	-3.1
1963—1965 年	22.7	2.2	14.5
"三五"时期	26.3	2.3	8.4
"四五"时期	33.0	2.2	5.6
1976—1978 年	33.3	3.1	6.0

映社会主义的基本经济规律、积累规律和按劳分配规律的要求，才能符合劳动者的当前和将来的物质利益，才能充分调动劳动者的积极性。反之，如果积累率过高，就要违反这些规律的要求，不仅要损害劳动者当前的物质利益，而且要损害他们将来的物质利益，必然挫伤他们的积极性。（2）积累基金的实现，必须反映社会生产按比例发展规律的要求，必须同国民收入的物质构成相适应。为此，积累率就必须适当。如果积累率过高，就会违反这个规律的要求，就会同国民收入物质构成相矛盾，积累基金也就难以完全实现，基本建设的经济效果就会大大降低①。（3）"简单再生产是每个规模扩大的年再生产的一部分，并且还是它最重要的一部分"。② 因此，维持原有生产规模，是生产规模进一步扩大的必要前提。但要维护这个必要前提，积累率也必须适当。如果积累率过高，把过多的生产资料和劳动力用于建设，那么原有生产规模就难以维持，生产方面的经济效果也会大大降低。这一切说明：积累率适当，才有利于提高生产和建设的经济效果；如果积累率过高，就会大大降低生产和建设的经济效果。这一点集中反映在下列指标的变化上：每百元积累增加的国民收入，"一五"时期平均每年为 35 元，"二五"时期为 1 元，1963—1965 年为 57 元，"三五"时期为 26 元，"四五"时期为 16 元，1976—1978 年为 17 元。可见，"一五"时期积累率适当，经济效果最好；其他各个时期（不包括带有恢复性质的调整时期）由于积累率过高，经济效果都不好。

斯大林提出的"积累是扩大再生产的唯一源泉的原理"，在理论上和实践上都为我国所接受了，它是形成我国过高积累率的重要理论根据。实际上，积累只是扩大再生产的一个源泉，而不是唯一源泉。比如，随着经济管理和企业管理水平的提高，生产资料和劳动力得到充分地、有效地、节约地使用，就可以在不增加积累或少增加积累的情况下实现扩大再生产。再如，对现有的企业进行挖潜、革新、改造，也可以比新建企业用较少的投资取得较大的扩大生产的效果。目前我国工业有了一定的基础，但国力较弱，管理水平很低，通过这些途径来实现扩大再生产，比新建企业具有更重要的意义。人们接受斯大林的片面观点，可能同片面地理解马克思的

---

① 这里说的一、二点原因，详见汪海波《必须兼顾积累和消费》，《学术月刊》1980 年第 1 期。
② 《马克思恩格斯全集》第 24 卷，第 457 页。

有关论述有联系。马克思在《资本论》中多次把积累和扩大再生产当作同义语使用过。比如,他说:"只要有积累,简单再生产总是积累的一部分"。但马克思在同一著作中也多次说过:"一定量的资本,没有积累,还是能够在一定界限之内扩大它的生产规模。"[①] 可见,从马克思论述中,是得不出"积累是扩大再生产的唯一源泉"这个结论的。

长期以来,人们只承认扩大再生产一个基本公式,即 $I(V+m) > IIc$,否认扩大再生产另一个基本式,即 $II(c+m) > I(V+\frac{m}{x})$。我们依据马克思主义扩大再生产的基本原理和1958年"大跃进"的教训,在1961年提出:要实现扩大再生产,不仅需要第一个基本公式,而且需要第二个基本公式。因为要进行扩大再生产,不仅需要追加的生产资料,而且需要追加的劳动力,从而需要追加的消费资料;而第一个基本公式只能反映追加生产资料的要求,不能反映追加消费资料要求,反映追加消费资料要求的是第二个基本公式[②],这个看法,当时得到一些同志的赞同,也有一些同志持有不同的看法。经过三十年社会主义建设的实践,人们可以看得更清楚:认为扩大再生产只需要第一个基本公式的观点,可能助长了过高的积累率、过高的生产性积累和过高的重工业生产积累的,并不利于当前国民经济的调整。所以,现在提出这个问题来进行讨论,是有意义的。

第四,我国积累和消费关系长期严重失调,还有深刻的社会根源。

半殖民地半封建的中国,是一个小资产阶级在数量上占绝对优势的国家,小资产阶级思想的影响极深。小资产阶级无论对于革命的长期性,或者对于建设的长期性都缺乏忍耐心。小资产阶级思想方法的特点是主观性和片面性,观察问题不是从客观实际出发,而是从主观愿望出发,把树木当作森林。再加上旧中国经济十分落后,新中国成立后急需改变这种落后面貌。这样,在经济工作指导上,很容易产生急躁情绪和超越实际可能的"左"的倾向。生产上的高指标以及与此相连的分配上的高积累,不能说同这种小资产阶级思想的影响没有联系。

---

① 《马克思恩格斯全集》第24卷,第438、565页。

② 汪海波:《关于扩大再生产公式的初步探讨》,《光明日报》1961年12月4日第4版,《经济学》第115期。该文由笔者和周叔莲同志合写,署名实学。

长期处于封建和半封建社会的中国，封建主义思想根深蒂固，它渗透到社会生活的各个方面。新中国成立后，比较多地注意了对资产阶级思想的批判，但对封建主义思想的批判则做得不够。而且由于没有分清，什么是社会主义思想，什么是封建主义思想，有时甚至用封建主义思想去批判资本主义思想。结果，资本主义思想没批倒，封建主义思想反而得到了泛滥。这样，在社会主义改造和社会主义建设胜利发展的形势下，党内就滋长了封建家长式的统治和个人迷信，党的民主集中制受到严重破坏。旧中国本来就没有民主传统，新中国成立后，无产阶级的民主制也远没有健全起来。随着阶级斗争的扩大化，连这种很不健全的民主制也被破坏了。这种情况使得党的八大一次会议已经形成的许多正确决议，很容易被一个人或少数人所推翻，党内和人民群众中的正确意见得不到反映，反而被当作右倾来批判。就正确处理积累和消费的关系来说，周恩来同志代表党中央在党的八大一次会议上所作的《关于发展国民经济的第二个五年计划的建设的报告》中曾经正确地指出："由于我国国民经济还很落后，农业所占的比重还比较大，人民生活的水平还比较低，因此，积累部分在国民收入中所占的比重，不可能也不应该有过多的和过快的增长，但是可以稍高于第一个五年已经达到的水平。"[①] 薄一波同志在这次大会的发言中更具体地提出："国民收入中积累部分的比重，应不低于百分之二十，或者略高一点。"陈云同志还从另一个角度，即是从其他方面试图寻找一些制约的方法来防止经济建设超过国力的危险，他提出：（1）财政收支和银行信贷都必须平衡，而且应该略有结余。（2）原材料的分配顺序，应该先生产，后基建。（3）人民购买力和物资供应应该是平衡的。（4）基本建设规模、购买力和财力、物力之间不单要有当年的平衡，而且必须要有瞻前顾后的平衡。所有这些正确的意见，后来统统付之东流。上述情况还使得领导者容易做出脱离实际的错误决定，并且长期得不到纠正。比如，1958 年提出"以钢为纲"，要求大行政区和省建立独立的经济体系，1964 年以后对"三线"建设要求过急等等，均属此列，这些是我国积累和消费关系长期严重失调的极重要的根源。值得提出的是：1978 年在经济工作方面进一步发展了高积

---

① 《中国共产党第八次全国代表大会文件》，第202 页。

累的错误，但由于党的十一届三中全会以后，在恢复党的正确的政治路线、思想路线和组织路线的同时，党内的民主生活也逐渐趋于正常，这种错误很快就被发现，并且开始着手纠正。

个体生产曾经是封建统治的经济基础。在个体生产条件下，人民的生活是很贫困的。我党在新中国成立前长期革命战争中所过的供给制生活，正是处在这种生产条件下的，生活也是很艰苦的。这种情况对人们的影响很深，以致人们对社会主义的理解，往往自觉和不自觉地带有小生产的色彩。似乎社会主义经济并不需要大大提高人民的生活，只要维持较低水平就可以了。有一种典型说法是：在社会主义制度下，只要做到一不死人，二不使身体弱下去，并且逐步略有增强，这两条是基本的。有了这两条，其他东西有也可以，没有也可以。从这种带有小生产色彩的观念出发来理解党的艰苦奋斗传统，就必然把这种传统和提高人民生活对立起来。这也是长期存在的轻视消费的重要原因。

上述分析表明：要正确处理积累和消费的关系，需要进行经济管理体制的改革，需要彻底纠正经济工作中"左"的错误，正确实行经济工作的指导，需要弄清有关的理论问题，需要批判封建主义和小生产的思想，需要健全党的民主集中制以及社会主义的民主和法制。

三　必须把积累率逐步调整到 25% 左右

积累和消费比例关系的严重失调，是当前整个国民经济严重失调的一个最重要内容。调整这种比例关系是调整国民经济的最重要的任务之一。

现在经济界和理论界普遍认为，在正常情况下，把积累率稳定在 25% 左右是适宜的。这是从我国三十年社会主义建设实践中得出的经验数据，是有根据的。

但也有同志担心：我国生产力已经比"一五"时期大大提高了，把积累率调整到那个时期的水平，是否太低了？是否会影响到社会主义现代化的进程？我们认为，这种担心是不必要的。

第一，这个问题的提出，实际上还是涉及对当前积累和消费关系究竟是否严重失调的估计。但这个问题我们在前面已经做过分析，这里就不赘述了。其次，这个问题也涉及对"一五"时期积累率的估计。我们在前面说过，"一五"时期的积累率比较适宜，是从主要方面来说的。从当时城乡居民每人平均消费的基本生活资料的变化情况来看，"一五"时期的积累率也是偏高的。1953年城乡居民每人平均消费的粮食、食用植物油、猪肉和棉布，分别为394斤、4斤、12.1斤和21.2尺，1957年分别为406斤、4.8斤、10.2斤和19.5尺。1957年比1953年粮食和食用植物油增加不多，而猪肉和棉布不仅没有增加，反而下降了。造成这种情况的直接原因，是积累的使用，即重工业投资偏多，农业和轻工业的投资偏少。但重工业投资偏多，是同积累率偏高相联系的。从这方面看，它也是积累率偏高的反映。但既然当前积累率是过高的，而"一五"时期的积累率也是偏高的，那把积累率降低到25%左右，就很难说是低了。

第二，这个问题的提出，还涉及对当前和今后一个时期国力的估计。积累率的高低，不决定于人们主观的愿望，也不单决定于国民经济发展的客观需要，还要决定于可能提供的资源，决定于国力，决定于国民收入。从1957年以来，无论是国民收入总量，或者是按人口平均计算的国民收入都是有了很大增长的。今后，全国安定团结的政治局面已经形成，党的工作重点已经转移到社会主义现代化建设上来；有了三十年建设起来的物质基础，对这个基础的潜力不可低估；在总结新中国成立以后正反两面经验的基础上，党中央提出了一系列正确的政策，它的作用将越来越明显地表现出来。特别是经济管理体制的改革对于解放生产力、促进社会主义建设的巨大作用，更不可低估；国际条件对我国的社会主义建设也很有利。所以，今后一个时期我国社会主义建设肯定会有一个新发展，国民收入将有进一步增长。但同时必须清醒看到：当前我国社会生产力发展水平还不高；人口多，增长快；特别是国民经济严重失调的局面还没有根本改变，国民经济调整任务还摆在面前，需要几年时间继续完成。其中有些基础工作，比如，地质资源勘探，矿山（包括能源）的建设，森林的营造，各种专业人才的培养，等等，需要七八年甚至十年才能显著见效。所以，今后一个时期的建设速度不可能很快，国民收入也不可能增加很多，国力仍然有限。

需要进一步指出：积累并不是来自全部国民收入，而只是来自其中剩余产品的价值部分。当前由于我国社会劳动生产率不高，剩余产品价值率也不高，农业尤其如此。当前粮食生产商品率只有20%左右。当然，粮食生产的自给部分包含有剩余产品部分，商品部分也包括必要产品部分，但这种商品率大体上表明了农业的剩余产品价值率是不高的。而粮食生产是种植业的主体（1978年粮食作物播种面积占农作物播种总面积的80.3%），种植业产值在整个农业总产值中占了主要地位（1978年为67.8%），农业在整个国民收入生产中占了相当大的部分（1978年为35.6%）。这些情况在一个短时期内还难以根本改变。所以，农业落后在很大程度上决定了今后一个时期积累率只能稳定在"一五"时期的水平上。下列数字还可以更有力地证明这一点。1957年每个农业劳动力创造的国民收入为220元，1978年上升到364元，增长了65.4%；但就每个农业劳动力养活的人口来说，1957年为3.3人，1978年下降到3.2人。此外，还要考虑到：1957年我国净出口的粮食193万吨，而1978年反而净进口粮食696万吨；在这期间，棉花净进口量由1.3万吨增加到47.5万吨。

上面分析的只是国民收入价值量（特别是其中的剩余产品价值量）对积累率的制约，但国民收入对积累率的制约不只是限于这一方面，还表现在物质构成方面。马克思在论述社会总资本再生产与流通时说过："这个运动不仅是价值补偿，而且是物质补偿，因而既要受社会产品的价值组成部分相互之间的比例的制约，又要受它们的使用价值，它们的物质形式的制约。"① 这个一般道理对于社会主义国民收入（作为社会总产品的组成部分）也是适用的。从物质形态来说，积累基金主要是由生产资料构成的，但也包括一部分消费资料；消费基金是由生活资料构成的。所以，积累基金和消费基金的实现，必须同国民收入的物质构成相适应。我国长期以来，由于积累率过高，生产资料供应严重不足；而且，当前重工业和农业、轻工业之间也存在着严重的失调状态，这种比例关系也急需调整。就是说，主要生产资料的重工业比重要下降；主要生产生活资料的农业和轻工业比重要上升。这样，如果不相应地降低积累率，那积累基金同国民收入物质构成的矛盾还会进一步尖锐化。

第三，这个问题的提出，还在于只是看到了"一五"时期以来和今后

---

① 《马克思恩格斯全集》第24卷，第437—438页。

一个时期国力增长这一方面（如前所述，这种估计也是过高了的），而忽视此后的消费量的增长方面，特别是忽视了我国人口多、增长快的特点，忽视了今后一个时期特有的"还债"任务。在社会主义条件下，生产目的是为了满足人民生活的需要。当然，为了将来提高人民的生活，国民收入的分配也需要兼顾积累，但首先要服从于当前人民生活的提高。在这里，是积累服从于消费，而不是相反。所以，在国民收入已定的情况下，积累率的高低应该是由提高人民生活的消费需要量的大小决定的。为了提高人民的生活，不仅要保证计划期原有人口和新增人口消费水平不能比基期降低，而且，要依据社会生产力的发展状况及其他因素，比基期有所提高。但在人口多、增长快和原有人口消费水平已经提高的条件下，要做到这一点，就需要大量的消费基金。比如，1957 年全国人口为 64653 万人，比 1956 年增长 1825 万人，1956 年全国职工和农民的个人消费水平是 99 元。假定 1957 年提高 1 元，只需要个人消费基金 646.53 亿元。1978 年全国人口增加到 95809 万人，比 1977 年增长 1285 万人，1977 年全国职工和农民的个人消费水平为 165 元。假定 1978 年也只提高 1 元，则 1978 年需要个人消费基金 1590.4 亿元，比 1957 年高出 1.46 倍。如果再把社会消费基金的增加算在内，那就更多了。在今后一个时期，每年大约还要新增人口 1000 万人，人口总数还要进一步增长，城乡居民的消费额也会进一步提高。这样，要使计划期内人民生活水平比基期有所提高，所需要的消费总额就更大了。此外，由于积累率长期过高，对人民生活的"欠债"是很大的。今后需要依据生产的发展逐步归还，这也需要巨额的消费基金。在第二、第三、第四三个五年计划和 1976—1979 年期间，国民收入使用总额为 35751 亿元，如果 25% 的积累率是适当的，那么这期间的消费基金应该达到 26813 亿元。但实际上，这期间的消费基金只达到了 24537 亿元，欠债 2276 亿元。所以，如果既能看到今后一个时期国力增长有限的一面，又能看到消费将有较大增长的一面，那么，把积累率调整到"一五"时期的水平，应该说是不低的。

为了进一步说明 25% 的积累率是不低的，有必要把它和外国的积累率作一下比较。

我国的统计方法和苏联以及东欧国家是相同的，把我国积累率和他们作比较是方便的。苏联在国民经济恢复时期，积累率较低的年份（1923年）是9%，较高年份（1927年）也只有18.2%。在战前实行的"一五"（1928—1932年）、"二五"（1933—1937年）和"三五"计划（1938—1940年，因战争中断）期间，积累率较低年份（1929年）是18.7%，较高年份（1932年）也只达到26.9%。只有在卫国战争的个别年份（1942年）达到33%。战后实行的"四五"计划期间（1946—1950年），积累率也不高，比如1950年只有23.9%。其后相继实行的"五五"（1951—1955年）、"六五"（1956—1960）、"七五"（1961—1965年）、"八五"（1966—1970年）、"九五"（1971—1975年）和"十五"计划头三年（1976—1978年）年平均积累率分别为25.1%，26.3%，27.1%，27.4%，28.1%和26.7%。所以，如果不算国民经济恢复时期那种较低的积累率，那么，苏联十个五年计划时期的年平均积累率都是在25%上下波动的，低的还在20%以下，最高也只达到28.1%。

匈牙利"一五"时期（1950—1954年）的年平均积累率高达29.2%，其中1951年和1953年分别达到34.4%和33%。这种过高的积累率，使得国民经济严重失调，人民生活水平下降，成为1956年"匈牙利事件"一个重要的经济原因。到1955—1960年期间，积累率就降了下来。其后继续实行的"二五"（1961—1965年）、"三五"（1966—1970年）和"四五"计划（1971—1975年）期间的年平均积累率分别为21.2%，23.5%和27.7%。可见，如果抛开匈牙利"一五"计划期间的不正常积累率，那么，在第二、第三、第四三个五年计划期间，积累率也是在25%左右波动的。1975年以后的三年，积累率仍然维持在23%左右。

罗马尼亚在1951—1965年的三个五年计划时期，年平均积累率分别为17.6%、16.0%和24.3%，均低于25%。1966—1970年期间提高到28.8%。到1971—1975年期间才上升到34.1%。1976—1980年预计为33.5%。可见，罗马尼亚在长达20年的时间内，积累率都是在25%上下波动的，只是在1971—1975年以后才上升到30%以上。

现在我们再同其他某些发达的资本主义国家积累率作比较。有人依据苏联的统计方法，对美国1929—1956年积累率做了计算。除了由经济危机和战争引起的低积累、甚至负积累以外，那么，积累率最低的年份（1936

年）为 5.4%，积累率最高的年份（1951 年）为 19.7%，其他的年份就在这个幅度内波动。[①]

美、日同西欧等资本主义国家的积累率，大体可以固定资本投资在国民收入中的比重来表示。这个比重美国 1970 年为 19%，1973 年为 20%；日本 1952 年为 25%，1960 年为 39%，1970 年为 44%，1974 年为 42%；联邦德国 1960 年为 25.5%，1974 年为 25.4%；法国 1960 年为 22.5%，1970年为 29.9%，1974 年为 28.4%；英国 1960 年为 17.3%，1970 年为 9.6%，1975 年为 22.1%。用上述数字[②]来表明积累率不是很准确的。因为这些数字都是按照资本主义国家传统统计方法计算出来的，而且固定资本投资又不能完全与积累等同，但可以表示大致趋势。

以上情况表明：美国从 1929 年一直到 70 年代，积累率（或固定资本投资在国民收入的比重）都是在 20% 以下；在 60 年代和 70 年代，英国在25% 以下；联邦德国和法国在 25% 上下波动；只有日本达到了 40% 左右。

所以，只要把各国积累率作一下对比，就可以看到：把积累率调整到25% 左右，是不低的。当然，仅仅作这样简单的对比，是不够的。因为在不同的社会经济制度下，积累率是有区别的；即使对同一社会经济制度来说，各个时期的积累率也决定于该时期具体的经济、政治和社会因素。但也有一个重要的共同点：即积累率决定于社会生产力的发展水平，决定于按人口平均计算的国民收入。而我国由于底子薄，生产力水平低，人口多、增长快，因而按人口平均计算的国民收入很低。1979 年我国按人口平均计算的国民收入只有 240 美元，相当于美国 19 世纪 60 年代的水平。与 70 年代经济发达国家按人口平均计算的国民收入相差很远。据苏联统计局按苏联统计方法计算，按人口平均计算的国民收入，1976 年，美国为 4345 美元，苏联为 1973 美元；1973 年联邦德国为 3270 美元，法国为 2670 美元，日本为 2235 美元，英国为 1640 美元。[③] 我国按人口平均计算的国民收入还低于许多经济上不发达国家。在世界上一百几十个国家和地区中，我国居

---

① ［苏联］科尔冈诺夫：《论国民收入》，三联书店 1961 年版，第 388—391 页。

② 上述数字是作者依据《世界经济统计简编》（三联书店 1979 年版）第 42、49、50、51 页和《日本经济统计简编》（中国财政经济出版社 1976 年版，第 7 页）提供的数字计算的。

③ 《苏联国民经济六十年》（俄文版），苏联统计出版社 1977 年版，第 98 页。

于一百位以下。所以，把按人口平均计算的国民收入这个因素引进来进行综合的比较，可以更清楚地看到：把积累率调整到 25% 左右不仅是不低的，而且是够高的了。更为实际的想法，可能是调整到 25% 以下更好，并需在那个水平上稳定一个时期。

既然把积累率调整到 25% 左右是适宜的，那经济效果就会是好的，是会促进我国社会主义建设稳定、持续、高速度发展的。担心它会影响社会主义现代化进程是多余的。这方面的道理，我们在本文的第二部分已经说过，这里就不重复了。

要调整积累和消费的严重失调的关系，不仅需要降低积累率，而且需要调整积累的使用方向。这需要专门的论述，本文不拟涉及了。

（原载马洪、孙尚主编《中国经济结构问题研究》，人民出版社 1981 年版）

积累和消费结构对策

正确确定积累率，是国民经济有计划按比例发展的重要前提，是在简单再生产的基础上顺利实现扩大再生产的必要条件，是促进劳动积极性高涨和提高每个劳动者平均占用生产基金的有利因素。适当确定积累率，既然兼顾了积累和消费两个方面，并促进了生产的高效益、按比例和迅速的发展，这就从分配、生产以及分配和生产的相互促进等方面，保证了人民生活的不断提高。总之，正确确定积累率，是不断提高宏观和微观经济效益，稳步持续发展生产，逐步改善人民生活的一个重要因素，从而成为到本世纪末，在不断提高经济效益的前提下，实现工农业年总产值翻两番，使城乡人民的收入成倍增长的一个重要保证。

一 对两个战略阶段的工农业总产值和国民收入年平均增长速度的预测和分析

我们要从实现经济发展战略目标的需要出发来确定积累率，这就首先必须依据现实的经济情况，对两个战略阶段（即前 10 年和后 10 年）的工农业年总产值的增长速度作出预测和分析。

积累基金和消费基金的来源是全部的国民收入。国民收入的增长状况对于确定积累和消费的比例关系，具有极重要的作用。因此，要探索两个阶段的积累率，不仅需要从我国的经济现状出发，对这两个阶段工农业总产值的增长速度作出预测和分析，而且需要对这两个阶段国民收入的增长速度作出预测和分析。这是就国民收入对积累率的决定作用方面来说的。另外，积累率对国民收入的增长也有巨大的反作用。这样，通过积累率与国民收入增长的联系，再通过国民收入与工农业总产值增长速度的对比关系，就可以看到确定怎样的积累率，才能保证两个战略阶段要求更好的实现。

要在 20 年内使工农业年总产值翻两番，年平均增长速度需要达到 7.2%。据我们预测，前 10 年的年平均增长速度大约可达 6.4%，后 10 年约可上升到 8%。这样，按 1980 年不变价格计算，工农业总产值在 1980—1990 年期间，就由 7159 亿元增长到 13313 亿元，增长 0.86 倍；到 2000 年又可以增长到 28741 亿元，后 10 年增长 1.15 倍，总起来说，实现了翻两番的要求。

前 10 年的经济增长速度之所以比后 10 年要低，是考虑到经济调整、企业整顿和经济改革等项任务的完成，能源、交通落后状况的改变，重大科学技术项目的攻关，企业的技术改造，人才的成长，经济计划管理水平和企业经营管理水平的提高，均需经历较长的时间。正是这些因素制约着前 10 年的经济增长速度不可能很高。

后 10 年的经济增长速度之所以可能比前 10 年要高，是基于那时已经基本上实现了经济结构和经济体制的合理化，经济计划管理和企业经营管理已经走上了正轨，社会主义精神文明建设将取得巨大成就，社会主义制度的优越性将得到比较充分的发挥，农业的科学技术和现代技术装备将获得较大的提高，工业的技术改造也将大规模地、普遍地开展起来，能源、原材料和机械等重工业部门的产量将有较大的增长；伴随着科学技术的巨大进步及其在生产中的广泛运用，能耗、物耗将大大降低，产品质量和加工深度将显著提高，许多附加价值大的新兴工业部门，如电子工业，核能工业、石油化学工业、精细化学工业，新型材料工业和生物技术工业等将获得迅速的发展。

在对 20 年的工农业总产值年平均增长速度进行预测和分析以后，我们可以进一步对 20 年的国民收入年平均增长速度进行预测和分析。我们设想前 10 年国民收入增长率与工农业总产值增长率之比为 0.9∶1，后 10 年为 0.95∶1。这样，前 10 年国民收入年平均增长速度可能达到 5.8%，后 10 年可能为 7.6%；20 年国民收入年平均增长率为 6.7%，2000 年国民收入总额比 1980 年增长 2.66 倍。

为了说明这一点，需要回顾一下我国社会主义建设的历史经验。我国国民收入年平均增长率与工农业总产值年平均增长率之比，"一五"时期为

0.82∶1，"二五"时期国民收入为负增长，1963—1965年为0.94∶1，"三五"时期为0.86∶1，"四五"时期为0.72∶1，"五五"时期为0.76∶1。

前10年国民收入年平均增长率与工农业总产值年平均增长率之比，不仅可能超过"三五"、"四五"和"五五"时期，而且可能超过"一五"时期，接近1963—1965年，达到0.9∶1。这样说的根据是：

第一，在过去很长时期内，国民收入年平均增长率之所以显著低于工农业总产值年平均增长率，主要是由于政治上屡犯阶级斗争扩大化的错误，特别是"文化大革命"那样长期的严重的错误；由于经济工作指导思想上的错误，经济工作片面强调产值速度的重要性，严重忽视经济效益和经济比例关系，几次造成了国民经济比例关系的严重失调；由于经济管理体制存在着严重的弊端，这一切必然导致社会经济效益的降低，导致产品中物质消耗比重的上升，并阻碍劳动生产率的增长。但现在党和国家的工作重点已经转移到社会主义现代化建设的轨道上来，实现并巩固了安定团结的政治局面。社会主义经济建设要以提高经济效益作为出发点，一切经济工作都要转到以提高经济效益为中心的轨道上来。党的调整、改革、整顿、提高的方针以及其他一系列的经济政策，为逐步地、充分地发挥实际存在的节约潜力（包括降低产品的物质消耗和提高劳动生产率等），开辟了广阔的途径。

第二，值得着重提出的是，过去国民收入年平均增长率比较低，还由于物质消耗比重较低的农业在工农业中比重过快、过大的下降了，而物质消耗比重比较高的工业过快、过大的上升了。事实上，在1953—1980年，农业物质消耗的比重为20.9%—32%，而工业高达62.9%—67.10%；农业的年平均增长速度为3.4%，工业为11.1%，农业占工农业总产值的比重，由56.9%下降到30.1%，工业由43.1%上升到69.9%。正是从这里可以找到经济正常发展的"一五"时期，国民收入年平均增长率比1963—1965年低的一个原因。前一个时期，农业总产值年平均增长速度为4.5%，后一个时期上升到11.1%。

但在80年代，农业的增长速度将比过去加快，工业的增长速度虽然仍将快于农业，但与农业增长速度的差距将大大缩小。这也是前10年国民收入年平均增长率可能比较高的一个重要因素。

有人说，当前我国生产技术水平同当代经济发达国家还有较大的差距，因而随着社会主义现代化的发展，产品的物质消耗比重要上升，前10年国民收入年平均增长率对工农业总产值年平均增长率的比数不可能提高。这个论据似不充分。问题在于：技术进步带来产品物质消耗比重的上升，仅仅是一重后果。技术进步同时又是提高劳动生产率和节约物质消耗的最重要因素，从而也是国民收入增长的最重要因素。而且，产品的物质消耗比重的升降，并不总是决定于生产技术的进步，还决定于生产结构和生产资料的节约等多种因素。苏联建设的实践已经证明了这一点。根据苏联的统计资料计算，国民收入年平均增长率与社会总产值年平均增长率之比，1913—1980年为0.92∶1，其中1951—1960年平均为1.02∶1，1961—1970年为1.03∶1。可见，尽管当前我国生产技术水平还远远落后于当代经济发达国家，但总不低于苏联五六十年代的水平；而苏联在这两个年代国民收入年平均增长率与社会总产值年平均增长率之比也是比较高的，并没有表现出下降的趋势，而是略有上升的趋势。

这样说，并不意味着我国前10年把国民收入年平均增长率对工农业总产值年平均增长率的比值提高到0.9，是轻而易举的事情。恰恰相反，要做到这一点，还存在严重的困难。这是因为，企业整顿要真正取得实效，要改变由于能源和原材料供应不足而造成的现有生产能力不能充分发挥的状况，要控制固定资产投资的合理规模，要完成经济体制的改革，要根本转变党风和社会风气，都需要做出艰苦的努力。

后10年即90年代国民收入年平均增长率对工农业总产值年平均增长率的比数之所以可能比前10年进一步提高，其原因同前述的后10年工农业总产值的增长速度比前10年要高基本上是相同的，结合这里讨论的问题的特点，可以再着重提出三个方面：第一，后10年物质消耗比重较小的农业相对增长速度（即同工业相比较的增长速度）比前10年将有进一步提高。第二，后10年深度加工、附加价值大的加工工业会得到更迅速的发展。第三，后10年生产技术将有更大的进步。赵紫阳同志指出："全国在技术进步方面的总的目标，作过一些初步酝酿，可不可以这样设想：到本世纪末，把经济发达国家在七十年代或八十年代初已经普遍采用了的、适合我国需要的先进的生产技术，在我国厂矿企业中基本普及，并形成具有我国特色的技术体系。"[1] 这个设想将在本世纪末实现，但很显然，后 10 年的技术进步将比前 10 年快得多。这是后 10 年国民收入年平均增长率对工农业总产值年平均增长率的比数能够提高的一个重要因素。根据当代经济发达国家的资料，他们的国民收入的增长额中，有 70%—80% 是依靠劳动生产率的增长取得的，而劳动生产率的增长又有 80% 左右是依赖科学技术的进步实现的。

二 积累率与工农业年总产值翻两番

（一） 工农业总产值翻两番，要求有较高的积累率

现在在预测工农业总产值和国民收入年平均增长率的基础上，依据实现经济发展战略目标的需要，分别探讨两个战略阶段的积累率。在战略目标所包括的两方面内容中，工农业年总产值翻两番，是城乡人民收入水平成倍增长的基础。所以，我们首先探讨确定怎样的积累率，才能满足实现工农业年总产值翻两番的需要。

主要依靠社会主义国家内部积累来解决资金问题，是我国社会主义现代化建设道路的一项重要内容。这样说，并不排斥利用外资的必要性和重要性。但对我国这样一个社会主义大国来说，资金来源无论如何只能是主要依靠社会主义国家的内部积累。

就本世纪末实现工农业年总产值翻两番这个战略目标来说，依靠积累解决资金问题，具有特殊重要意义。

第一，是实现战略重点的需要。由于过去长期存在的"左"的错误的影响，农业、能源和交通以及教育和科学，成为我国国民经济发展中的突出的薄弱环节。因此，不仅是当前，而且在今后的一个长时期内，它们都会是制约我国社会主义现代化建设的最重要的因素。因而，保证战略重点的需要，也是 20 年实现工农业总产值翻两番的决定性的一环。

---

① 赵紫阳：《经济振兴的一个战略问题》，《光明日报》1982 年 10 月 27 日。

要满足这些战略重点发展的需要，特别是能源和交通发展的需要，是需要大量资金的。能源和交通的建设都是有投资数额大、建设周期长、投资回收期长的特点。一个大的能源或交通的建设项目，投资都是以亿元人民币为单位计算的，建设周期大多都要五六年，甚至七八年以至更长的时间。同时，不仅扩大能源和交通的生产规模需要巨额的投资，即使是维持它们的简单再生产也常常需要大量的资金。这是同能源和交通的另一个特点相联系的。在煤炭和石油等能源的开发以及有些铁路和水路的建设中，往往存在着生产条件由简单到复杂、由易到难的变化。这样，为了维持原有的生产规模，也需增加投资。

第二，是逐步把整个国民经济转移到现代化技术基础上的需要。要实现社会主义生产的现代化，仅仅建设为数不多的、新的、技术先进的企业是远远不够的（虽然这是十分必要和十分重要的），还必须对在数量上属于多数的现有企业进行技术改造。这不仅是因为对现有企业进行技术改造，在经济效益上比新建企业高得多，而且因为现有企业是社会生产的主体。

对现有企业进行更新改造，也需要大量的资金。1980年年底，国营企业固定资产共有5311亿元。据估算，在这部分固定资产中，近10年内形成的约占2/3，但不少企业技术落后，或因设计、施工等方面的缺陷，也需进行技术改造。其余1/3是10年以前形成的，更是亟待改造。如果在20年内，这两部分原有固定资产中的机器设备基本上得到更新改造，房屋和建筑物有1/5到1/4得到更新改造，再考虑造价的提高，约需资金4400亿元。"六五"时期以后新增的固定资产，也要按照社会主义现代化建设的要求，不断地进行技术改造。大体估算，本世纪最后20年用于这方面的技术改造的资金需一万多亿元。此外，1980年全国农村人民公社三级固定资产共计1028亿元。这部分固定资产及其以后新增的固定资产，当然也需进行更新改造。如果加上这方面的更新改造资金，那20年内需要的资金就更多。诚然，更新改造资金主要来自生产资料的补偿基金，但也有一部分来自积累基金。

第三，是增加劳动力就业的需要。要实现工农业总产值翻两番，不仅需要采用现代化的生产技术，而且需要增加大量的劳动力。此外，增加劳动力，解决就业问题，还有利于巩固安定团结的政治局面，为战略目标的实现创造良好的政治环境。

随着就业人口的增加，不仅需要增加劳动报酬基金，而且需要增加生产基金（包括固定资产和流动资金）。1980 年，全国劳动力总数达到 4.2 亿人，其中城镇劳动力 1.1 亿人，农村劳动力 3.1 亿人；国营企业职工平均每人占用固定资产 6623 元，农村人民公社平均每个劳动力占用固定资产 328元。据测算，到 2000 年，全国劳动力总数将增加到 7.6 亿人，其中城镇劳动力 1.6 亿人，农村劳动力 6 亿人。即使按照 1980 年每个职工和每个农村劳动力平均占用的固定资产标准大体匡算，那么，在本世纪最后的 20 年内，为新就业的城市和农村的劳动力增添的固定资产也将达到 4263 亿元。这里也略去了以下的需要：随着社会主义现代化建设的发展，每个劳动力（包括原有的和新增加的）拥有的固定资产会进一步增加；新增加的劳动力不仅需要占用固定资产，而且需要占有流动资金。如果估计到这些需要，那么新增加的生产基金也要比上述数字多得多。

关于积累对于实现本世纪最后 20 年战略目标的意义，还有必要提到一点，就是：为把人民的物质文化生活提高到小康水平，也要进行多方面的工作，其中进行非生产性的基本建设（包括科学、教育、文化、卫生和体育的基本建设，市政公用事业的建设，以及居民住宅的建设等），是一个重要方面。这也需积累大量资金。考虑到我国当前人民的物质生活水平比较低，人口多，每年新增人口的绝对量又很大，要达到小康水平，需要的非生产性的基本建设投资将是十分巨大的。

上面从不同方面说明了实现 20 年经济发展战略目标对于积累的需要。其中，有些方面的需要是重复的。但是，无论如何，有一点是可以肯定的：为了实现经济发展的战略目标，需要大量的积累基金，因而需要确定适当的积累率。

（二）对积累率的预测和分析

要预测实现本世纪末经济发展战略目标，需要多高的积累率，首先需要预测国民收入的增长率。计算国民收入增长率比较科学的公式是这样的：

国民收入增长率（Ⅰ）＝积累率×积累基金效率

$$积累基金效率 = \frac{计划期新增国民收入（Ⅰ）}{积累基金}$$

国民收入增长率（Ⅱ）：原有生产基金效率的增长率 =

$$\frac{计划期新增国民收入（Ⅱ）}{计划期以前的生产基金} \div \frac{基期新增国民收入}{基期原有生产基金}$$

计划期新增国民收入 = 计划期新增国民收入（Ⅰ）+ 计划期新增国民收入（Ⅱ）

国民收入增长率 = 国民收入增长率（Ⅰ）+ 国民收入增长率（Ⅱ）

= 积累率 × 积累基金效率 + 原有生产基金效率的增长率

但要运用这个比较科学的公式，当前面临的困难，是缺乏必要的资料在计算上把国民收入增长率（Ⅰ）与国民收入增长率（Ⅱ）分开。因而，我们在预测和分析两个战略阶段的积累率时，还不得不采用"国民收入增长率：积累率 × 积累基金效率"这个公式。只是不能忘记这里作为积累基金效率分子的新增国民收入不仅同积累基金有联系，而且同原有生产基金效率的提高有联系。因而，这里所说的国民收入增长率，不仅是由积累率和积累基金效率的乘积得来的，在实际上是包含了由原有生产基金效率提高而形成的部分。

如前所述，要在本世纪末实现工农业年总产值翻两番，年平均增长速度需要达到 7.2%，其中前 10 年为 6.4%，后 10 年为 8%。与此相适应，20 年国民收入年平均增长速度为 6.7%，前 10 年为 5.8%，后 10 年为 7.6%。为了实现前后两个战略阶段国民收入年平均增长率的要求，首先需要确定这两个阶段的积累基金效率。在积累基金效率确定之后，就可以算出这两个阶段的积累率了。那么，对这两个阶段积累基金效率的变化趋势应该如何估计呢？

有这样一种观点，认为随着现代化生产的发展，基本建设周期在延长，固定资产在新增生产基金中的比重在上升，因而本世纪最后 20 年积累基金效率是趋于下降的。这种观点是值得斟酌的。

美国在 1951—1960 年的 10 年中，固定资本投资效率在 10% 以下的 2 年，在 20%—30% 之间的 5 年，在 40% 以上的 3 年；在 1961—1970 年的 10 年中，20% 以下的 1 年，20%—30% 的 3 年，30%—40% 的为 2 年，40% 以上的为 4 年；在 1971—1976 年的 6 年中，30%—40% 的 3 年，40% 以上的 3

年①。可见，在1951—1976年的26年中，美国固定资产投资效率除了由于经济危机而引起的大幅度下降（个别年份为负数）以外，从总的发展情况来看，是有某种程度上升的。诚然，在美国的新增国民收入中，有相当大的部分，而且是越来越大的部分系非物质生产部门的劳务收入。但是，美国固定资本投资总额中有相当的部分，而且也是越来越大的部分属于非生产性的投资。从分子（新增国民收入）和分母（固定资本投资）中同时扣除非生产性的部分以后，似乎并不改变上述结论。

现在的问题是，既然随着美国现代化生产的发展，基本建设周期延长了，固定资产在新增生产基金中的比重上升了，那为什么固定资本投资效率不仅没有下降，反而有某种上升呢？关键在于：如果固定资本投资效率仅仅决定于基本建设周期长短和固定资产比重高低这样一些因素，那么，毫无疑问，随着现代化生产的发展，固定资本投资效率肯定会下降。所以，我们可以把这一类因素称作促使固定资本投资效率下降的因素。但问题在于固定资本投资效率的变化，不只是取决于这一类因素，它还取决于同样与现代化生产相联系的，但其作用却是相反的因素，即促使固定资本投资效率上升的因素。就资本主义国家内部来看，这些重要因素有：第一，与现代化生产发展相联系，生产资料的价值下降了。这就是说，使得作为固定资本投资效率的分母数减少了。第二，随着现代化生产的发展，一方面有许多生产部门的建设周期在延长，固定资产在新增生产基金中的比重在上升，投资效率在下降，但同时也有一些科学技术密集型的生产部门在发展。这些深度加工、附加价值大的产业，投资效率不仅不会下降，实际上是会上升的。第三，伴随着现代化生产的发展，当代经济发达的国家普遍存在着这种趋势：固定资产的投资主要由新建企业转向现有企业的技术改造。

所以，我们并不能只是简单地依据那些促使投资效率下降的因素，就做出结论说，随着现代化生产的发展，积累基金效率下降。某个时期内积累基金效率的变化，要决定于上述两类因素的相互作用。如果促使积累基金效率下降因素的作用强度大于促使积累基金效率上升因素的作用强度，

---

① 《国外经济统计资料》（1949—1976），中国财政经济出版社1979年版，第44、346页；《世界经济年鉴》（1981），中国社会科学出版社1982年版，第863页。

那么，积累基金效率就会下降；如果二者大体上是相等的，那么，积累基金效率基本上是稳定的；如果前者小于后者，那么积累基金效率就会上升。

这里也需说明：上述的美国固定资本投资效率的上升，在实际上也包括了原有资本生产效率的增长。因为作为固定资本投资效率分子的新增国民收入，不仅是由固定资本的增长形成的，而且也是由原有固定生产资本效率的增长形成的。

我们在上面从资本主义国家内部分析的、促使积累基金效率上升的各项因素，从一般的意义上说，对于社会主义社会也是适用的。结合本世纪最后20年我国的具体情况来说，我们就更不难得出积累基金效率上升的结论。这除了由于有优越的社会主义制度这个根本点之外，还有下列一些重要的特殊原因。第一，在过去的长时期内，由于几次宏观经济决策的失误，经济体制存在着严重的弊端，几次经济结构的严重失调，计划管理水平和企业管理水平低，不仅生产中的浪费大，经济效益低，建设中的浪费更大，经济效益更低。但在今后20年内，这些导致经济效益低的因素，将逐步为促使经济效益提高的因素所代替。这样，无论是生产中的经济效益，或者是建设中的经济效益，都会有显著的提高。第二，在过去的长时期内，我国扩大再生产主要依靠新建企业，而严重忽视现有企业的技术改造。这是积累基金效率差的一个重要原因。今后一方面要大力加强作为国民经济突出薄弱环节的能源和交通等项建设；另一方面要着重推进现有企业的技术改造，以促进固定资产投资效益的提高。第三，为了实现社会主义的现代化，今后我国要发展像能源、交通这样一些资金密集型的产业。但由于我国人口多，劳动力资源丰富，底子薄，建设资金困难，因而需要同时较多地（相对经济发达的国家来说）发展技术密集型产业，特别是劳动密集型的产业。较多地发展后两种产业，也是积累基金效率得以提高的一个重要因素。

由于上述的促使积累基金效率提高的各项因素的作用强度在后一个战略阶段比前一个战略阶段更大，因而后一个战略阶段积累基金效率有可能比前一个战略阶段更高。

在理论上对本世纪最后20年积累基金效率提高这个总趋势作了分析之后，我们就可以对这个时期积累基金效率提高的幅度作出具体预测了。根据有的研究单位提供的预测资料，本世纪最后 20 年积累基金（包括生产性积累基金和非生产性积累基金）系数为 4.4。但如前所述，只有生产性积累基金才能带来国民收入的增加，因而需要把这个基金系数折算成生产性积累基金系数。这就遇到一个问题：今后 20 年生产性积累基金的比重是多少呢？

1953—1980 年期间，生产性积累基金占积累基金总额的 73.1%，非生产性积累基金只占 26.9%。实践已经证明：前者比重过大，后者过小，成为国民经济比例关系长期严重失调的一个方面。实践也已证明："一五"时期生产性积累基金约占 60%，非生产性积累基金占 40%，大体上是成比例的。鉴于上述的实践经验，我们设想今后非生产性积累基金比重需要恢复到"一五"的期的水平，即占 40%。但这样设想不仅是以历史经验为依据的，同时又是从本世纪最后 20 年社会主义建设的实际需要和可能出发的。这种需要主要有三方面：第一，要发展教育和科学这个战略重点，就需要增加这方面的非生产性的积累基金。第二，要大大改善我国人民的居住条件和发展生活公用设施，为人民的生活达到小康水平创造条件，也需要增加大量的非生产性的积累基金。第三，在社会主义生产发展的基础上，也需要增加国防现代化建设的投资。社会主义建设的发展，国民收入总量会增长，就为在不影响生产性积累基金增长的条件下，适当提高非生产性积累基金的比重提供了可能。

如果本世纪最后 20 年非生产性积累基金比重 40% 是适当的，那么，依据前述的 20 年全部积累基金系数 4.4 的预测数字，就可以计算出 20 年生产性积累基金系数，即为 2.6，或生产性积累基金效率为 37.90%。依据上述的后 10 年的积累基金效率可能比前 10 年提高的分析，我们设想前 10 年积累基金效率为 33.3%，后 10 年可以提高到 42.2%。1953—1980 年，我国生产性积累基金效率为 29.6%。这样，今后 20 年生产性积累基金效率比过去 28 年提高 8.3%，前 10 年比过去 28 年提高 3.7%，后 10 年比过去提高 12.6%。依据上述的分析和预测数字，我们认为达到这一点是有可能的。

在预测了 20 年和前后两个 10 年的积累基金效率之后，我们依据这三个时期国民收入的增长速度的要求和上述公式（即国民收入增长率 = 积累率 × 积累基金效率），就可以算出这三个时期的积累率。在上述三个时期的积累基金效率已知的条件下，要实现前 10 年国民收入年平均增长速度 5.8% 的要求，积累率需要达到 17.4%；要实现后 10 年国民收入年平均增长速度 7.6% 的要求，积累率还要上升到 18%；要实现 20 年国民收入年平均增长率 6.7% 的要求，合计积累率要达到 17.7%。

既然上述三个时期的积累率可以分别实现三个时期国民收入年平均增长率的要求，那么，我们依据前述的国民收入年平均增长速度与工农业总产值年平均增长速度的对比关系，可以得出如下结论：前 10 年 17.4% 的积累率可以实现同期工农业总产值年平均增长速度 6.4% 的要求，后 10 年 18% 的积累率可以实现同期工农业总产值年平均增长速度 8% 的要求，因而，20 年 17.7% 的合计积累率可以实现同期工农业总产值年平均增长速度 7.2% 的要求。

需要进一步指出的是：我们这里说的积累率都是指的生产性积累基金占国民收入的比重。而本世纪最后 20 年，生产积累基金只占全部积累基金的 60%，非生产性积累要占 40%。这样，如果把非生产性积累基金也算在内，那么，前 10 年积累率要达到 29% 左右，后 10 年要上升到 30%，20 年合计积累率为 29.5% 左右。

三　积累率与城乡人民收入的成倍增长

上述的积累率，可以实现经济发展战略目标一个方面的要求，即工农业年总产值翻两番的要求，但能否实现经济战略目标另一方面的要求，即城乡人民收入水平的成倍增长呢？这是可能的。

为了说明这一点，我们需要列表加以计算（见表 1）。

表 1　　　　　　　　本世纪最后 20 年居民个人消费水平的变化

年份	国民收入总额（亿元）	积累基金总额（亿元）	消费基金总额（亿元）	社会消费基金总额（亿元）	个人消费基金总额（亿元）	人口总数（亿人）	全国居民个人消费水平（元）
1980	3667	1165	2519	295	2224	9.8	227
1990	6444	1869	4575	686	3889	11.2	347

年份	国民收入总额（亿元）	积累基金总额（亿元）	消费基金总额（亿元）	社会消费基金总额（亿元）	个人消费基金总额（亿元）	人口总数（亿人）	全国居民个人消费水平（元）
2000	13406	4022	9384	1408	7976	12.0	655
1981—1990 年年平均增长速度（%）	5.8	4.0	6.1	8.8	5.7	1.3	4.3
1991—2000 年年平均增长速度（%）	7.6	8.0	7.4	8.0	7.4	0.7	6.5
1981—2000 年年平均增长速度（%）	6.7	6.4	6.8	8.1	6.6	1.0	5.4
2000 年比 1980 年增长倍数	2.66	2.45	2.73	3.77	2.59	0.22	1.89

资料说明：1. 1980 年积累率是按国民收入使用额 3684 亿元计算的，故积累基金与消费基金的总和大于国民收入生产额 3667 亿元。

2. 国民收入、积累基金、消费基金和全国居民个人消费水平，都是依据 1980 年不变价格计算的。

　　在列表之前，我们先作四点说明：第一，如前所述，前 10 年国民收入年平均增长速度为 5.8%，后 10 年为 7.6%。第二，前 10 年积累率为 29% 左右，后 10 年为 30%。这一点，前面也已做过分析。第三，本世纪最后 20 年，社会消费基金和个人消费基金在消费基金总额中各占多大比重呢？确定这个问题，也需要从我国经济现状出发，借鉴历史经验。1953—1980 年，在我国消费基金总额中，居民个人消费基金占 90.2%，社会消费基金占 9.8%；其中，1980 年二者分别占 88.3% 和 11.7%。考虑到本世纪最后 20 年，作为战略重点的教育、科学，以及文化、卫生、体育、国防事业发展的需要，同时考虑到国民收入增长提供的可能，我们设想本世纪末社会消费基金占消费基金总额中的比重，将可能上升到 15%，个人消费基金比重下降到 85%。第四，按照计划要求，全国人口总数将由 1980 年的 9.8 亿人增长到 2000 年的 12 亿人，年平均增长速度为 10‰，其中前 10 年为 13‰，后 10 年为 7‰。表 1 就是依据这四个前提制作的。

　　表 1 表明：在上述积累率的条件下，到本世纪末全国人民个人消费水

平可以提高 1.89 倍。这样，这个积累率就兼顾了经济发展战略目标的两方面的需要，即工农业年总产值翻两番和城乡人民收入水平成倍增长的需要。确定这样的积累率，也就是说在本世纪最后 20 年，贯彻了"一要吃饭，二要建设"这一处理我国社会主义积累和消费关系的根本原则。

四 积累率与国民收入的物质构成

确定积累率，不仅要遵循"一要吃饭，二要建设"的基本原则，而且需要遵循积累基金和消费基金的对比关系与国民收入物质构成相适应的原则；否则，积累基金与消费基金是不能实现的。那么，确定上述积累率是否遵循了与国民收入的物质构成相适应的原则呢？

为了说明这一点，首先需要对本世纪最后 20 年及其前后两个 10 年农业、轻工业和重工业的增长速度作出预测。这样做的理由是：第一，当前我国的生活资料主要是由农业和轻工业提供的，生产资料主要是由重工业提供的。随着社会主义生产的发展，这种情况逐渐会有所变化。但看来在本世纪内不会有很大的变化。第二，当前我国的国民收入主要是由工业和农业提供的，其他的物质生产部门还提供一部分。随着社会主义建设的发展，其他的物质生产部门提供的国民收入在国民收入总额中的比重还会上升。但工业和农业提供的国民收入占大部分的情况在本世纪内也不会改变。第三，在过去的长时期内，我国工农业总产值年平均增长速度与国民收入年平均增长速度的差距是比较大的。但如前所述，在本世纪最后 20 年内，二者是逐步趋于接近的。基于这些原因，只要我们确定了主要生活资料的农业和轻工业以及主要生产资料的重工业的增长速度，并把它们与积累基金和消费基金的增长速度加以对比，大体上就可以判断积累率是否同国民收入的物质构成相适应。

现在我们分别对农业和工业以及轻工业和重工业的增长速度作出预测和分析。

第一，农业的年平均增长速度。在党的十一届三中全会以后，在农村实行了一系列正确的政策，主要是大幅度地提高了农副产品的价格，特别是实行了家庭联产承包责任制，这种责任制将依据我国国情得到稳定和不断完善。同时，随着社会主义建设的发展，现代农业科学技术会在农业中得到广泛使用，农业经营管理水平和农业劳动者的技术水平都会提高。考虑到后10年在发展农业方面比前10年有更好的条件，农业的增长速度会进一步提高。因此，我们设想前10年农业的年平均增长速度为5.2%，后10年为5.8%，20年为5.5%。近几年的实践证明：做到这一点是完全可能的。1979—1982年，农业年平均增长速度已经达到了7.2%[①]。

第二，工业的年平均增长速度。有人依据国内外的历史资料计算，农业增长率与工业增长率的对比关系为1:15—1:2时，工业和农业之间的比例关系大体上是可以协调的[②]。我们还考虑到前10年工业发展要受到能源和交通这两个突出的薄弱环节的制约，后10年将有很大的改变。因而设想前10年农业和工业的增长率为1:1.3，后10年为1:1.5，20年为1:1.4。这样，前10年工业的年平均速度为6.9%，后10年为8.7%，20年为7.8%。

第三，轻工业的年平均增长速度。1980年，在轻工业总产值中，以农产品为原料的部分大约占到70%，以工业品为原料的部分大约只占30%。据有人预测，到2000年，以农产品为原料的部分仍将占到轻工业总产值的60%。但是，在农业总产值中，商品产值部分将获得较快的发展，在轻工业总产值中，以工业品为原料的部分也会得到较快的发展；轻工业的技术基础比农业要先进得多。这样，在本世纪最后20年，轻工业以比农业高出2—3个百分点的速度发展是完全可能的。还考虑到轻工业发展受能源、交通制约的程度比重工业小得多，因而前10年轻工业的发展速度将可能比重工业快，只是到了后10年，当能源、交通生产状况有很大改善的时候，才会发生轻工业增长速度慢于重工业的情况。根据这些分析，我们设想前10年轻工业年平均增长速度为3%，后10年为7.8%，20年为7.9%。

第四，重工业的年平均增长速度。依据前面分析轻工业年平均增长速度在前后两个10年变化的相同理由，我们设想前10年重工业年平均增长速度为5.8%，后10年为9.7%，20年为7.2%。

这样，前10年重工业年平均增长速度就低于轻工业，这里涉及一个理论问题，即这种设想是否意味着前10年我国社会主义生产的发展并不要求

---

① 《中国统计提要》（1983），中国统计出版社1983年版，第4页。
② 《经济研究》1983年第4期。

生产资料优先增长呢？不能这样说。应该肯定，随着我国一切经济工作转到以提高经济效益为中心的轨道上来，生产资料会得到大量的节约；像农业生物技术这一类技术在生产中的运用，不仅不要求物化劳动比活劳动有较快的增长，而且会节约大量的物化劳动。但是，在我国现阶段，一方面要建设以能源、交通为重点的现代化企业；另一方面，要对现有企业进行技术改造。在这两方面，机械性技术的进步是主要的，并在我国全部生产技术进步中占了优势。因而，现阶段社会主义扩大再生产的进行，还要求生产资料的优先增长。

以上的分析都只从国内市场出发的。如果把进出口贸易也放进考察的范围，那情况就可能是另外一个样子。这里仅以 1980 年外贸部门的进出口贸易为例。当年出口农副产品和农副产品加工品 131.36 亿元，工矿产品 140.88 亿元。前一部分产品主要是生活资料，我们这里暂且把它全部看做是生活资料；后一部分产品大部分是生产资料，也暂且把它全部看做是生产资料。当年进口生产资料 229.76 亿元，生活资料 61.54 亿元。这样，当年净进口生产资料 88.88 亿元，相当于这年重工业产值的 3.4%，净出口生活资料 69.8 亿元，相当于这年轻工业产值的 3%。看来，在前 10 年，由于重工业的发展要较多地受到能源和资金的限制，用净出口生活资料换回净进口生产资料的情况，还会有进一步的发展。这样，如果把国内生产的重工业产品再加上净进口的生产资料，把国内生产的轻工业产品减去净出口的轻工业产品，那么，即使在前 10 年，重工业产品增长速度也会超过轻工业产品的增长速度。这似乎可以说，是在存在国外市场、实行对外开放政策、国内能源和资金缺乏等特殊条件下，主要利用国内资源，部分利用国外资源，实现生产资料优先增长的一种特殊形式。

现在我们把上述的预测和分析，汇总于表 2。

表 2　　　　前后 10 年和 20 年农业、工业、轻工业和重工业的增长速度

年份	工农业总产值 （亿元）	农业总产值 （亿元）	工业总产值 （亿元）	轻工业总产值 （亿元）	重工业总产值 （亿元）
1980 年	7159	2187	4972	2333	2639
1990 年	13313	3631	9682	5.037	4645

续表

年份	工农业总产值（亿元）	农业总产值（亿元）	工业总产值（亿元）	轻工业总产值（亿元）	重工业总产值（亿元）
2000 年	28.741	6.381	22.360	10.675	11.685
1981—1990 年平均增长速度（％）	6.4	5.2	6.9	8.0	5.8
1991—2000 年平均增长速度（％）	8.0	5.8	8.7	7.8	9.7
1981—2000 年平均增长速度（％）	7.2	5.5	7.8	7.9	7.2
2000 年比 1980 年增长倍数	3.01	1.92	3.50	3.58	3.42

资料说明：本表都是按 1980 年不变价格计算的。

只要把表2所列的重工业和农业、轻工业的增长速度，与积累基金和消费基金的增长速度做一对比，就可以清楚看到：在前10年，主要依靠生产资料这种实物形态而实现的积累基金年平均增长速度为4.8％，而主要生产生产资料的重工业年平均增长速度为5.8％，依靠生活资料这种实物形态而实现的消费基金年平均增长速度为6.1％，而主要生产生活资料的农业和轻工业年平均增长速度分别为5.2％和8％。在后10年，积累基金为8％，而重工业为9.7％，消费基金为7.4％，而农业和轻工业分别为5.8％和7.8％。可见，无论是前10年，或者是后10年，积累基金与重工业年平均增长速度，消费基金与农业、轻工业的年平均增长速度，都是适应的。这是从总体上说的，它并不排斥有一部分重工业产品要输出，有一部分重工业产品要输入，以及有一部分农业、轻工业产品要输出，有一部分农业、轻工业产品要输入。这还是从大体上说的，它也不排除要通过净出口一部分农业、轻工业产品，来换回一部分净进口的重工业产品。

积累基金与重工业的年平均增长速度，以及消费基金与农业、轻工业年平均增长速度大体相互适应的情况表明：上述的积累率基本上是遵循了积累基金和消费基金的对比关系要与国民收入物质构成相适应的原则的。

五 对两点质疑的分析

对待上述的积累率，当前有两种担心：一种以"一五"时期的积累率为依据，担心实行上述的积累率，又会重犯过去严重忽视人民生活的高积累的"左"的错误，因而需要把积累率降低到"一五"期间的水平。另一种担心是实行上述的积累率不能满足社会主义建设的需要，要进一步提高积累率。

第一种担心的不妥之处，首先就在于：没有从本世纪最后 20 年我国经济现状出发，去正确地吸取"一五"时期的经验。

这里所说的本世纪最后 20 年我国经济现状，主要有两方面：一是社会生产力的发展水平比"一五"时期将有很大的提高；二是实现经济发展战略目标对于积累基金的需要。

既然积累和消费的比例关系，主要是由社会生产力的发展水平决定的，而本世纪最后 20 年社会生产力的发展水平将比"一五"时期显著地提高，因而可能在兼顾积累和消费两方面的前提下，把前后两个 10 年合计的积累率提高到 29.5%。表 3 可以具体说明这一点。

在运用表格分析问题之前，我们先对表格作几点说明：第一，1952 年和 1957 年的国民收入是使用额，1980 年和 2000 年的国民收入是生产额。1952 年、1957 年和 1980 年这三年，积累基金和消费基金是按国民收入使用额计算的，2000 年是按国民收入生产额计算的。由于各年国民收入生产额和使用额只有很小的差额，而且年度之间的正差和负差有相互抵消的情况。所以，这种计算上的差别，不会影响我们的结论。第二，1952 年和 1957 年的数字是按当年价格计算的，1980 年和 2000 年的数字是按 1980 年的不变价格计算的。由于表中 1980 年和 2000 年的各项数字分别比 1952 年和 1957 年的各项数字增长幅度很大，因而这种计算上的不同，也不会从根本上改变我们的结论。第三，在按人口平均计算各项数字时，1952 年、1957 年和 1980 年这三年是按照已有的统计数计算的，2000 年是依据计划要求的 12 亿计算的。

表3	本世纪最后 20 年积累和消费预测与"一五"时期的比较		
年份	每人平均国民收入（元）	每人平均积累基金（元）	每人平均消费基金（元）
1952 年	106.5	22.8	83.7
1957 年	143.9	35，9	108.0
1980 年	374.2	118.9	257.0
2000 年	1117.2	335.2	782.0
1980 年比 1952 年增长倍数	2.5	4.2	2.1
2000 年比 1957 年增长倍数	6.8	8.3	6.2
1953—1957 年年平均增长速度（%）	6.2	9.5	5.3
1981—2000 年年平均增长速度（%）	5.6	5.3	5.7

现在再对表3所列数字进行分析。尽管本世纪最后 20 年的积累率合计为 29.5%，比"一五"时期的积累率平均为 24.2% 提高了 5 个多百分点，但由于 20 年的社会生产力将比"一五"时期大大发展，因而仍有可能较好地协调积累和消费的比例关系。按人口平均计算的国民收入是社会生产力发展水平的一个综合指标。按照两个时期的起点来说，1980 年按人口平均计算的国民收入比 1952 年增长了 2.5 倍；就两个时期的终点来说，2000 年比 1957 年增长 6.8 倍。正是这一点从根本上决定了在 20 年积累率提高到 29.5% 的条件下，每人平均消费基金年平均增长速度仍然可以比每人平均积累基金高出 0.4 个百分点。值得注意的是：20 年每人平均消费基金的年平均增长速度比"一五"时期也要高出 0.4 个百分点。从每人平均消费基金相对增长速度（即相对于每人平均积累基金的年平均增长速度）来说，还要快得多。"一五"时期，每人平均消费基金年平均增长速度与每人平均积累基金年平均增长速度之比为 0.56:1，20 年则为 1.08:1，几乎提高了一倍。当然，形成这种状况的原因，不只是由于这一点，它还因为，第一，尽管 20 年积累率比"一五"时期提高了，但比作为起点的 1980 年积累率（为 31.6%）是下降了。这显然是消费基金能够比积累基金更快增长的一个因素。第二，同"一五"时期相比，1980 年生活资料的价格比"一五"时期有了较大幅度的提高，而生产资料的价格则变动较小。但无论如何，社会生产力的巨大发展，总是在较高的积累率条件下，使得积累和消费关系

得到较好处理的物质基础。

第一种担心不仅忽视了 20 年社会生产力的发展，而且忽视了工农业年总产值翻两番对于积累基金的需要。如前所述，要在 20 年内实现工农业总产值翻两番，就需要前后两个 10 年合计的积累率达到 29.5%。但是，如果把积累率降低到"一五"时期的水平，就无法实现这个目标。就前 10 年来说，如果积累基金不能满足以能源和交通为重点的建设投资的需要和现有企业更新改造资金的需要，那么，后 10 年的经济振兴就缺乏物质技术基础。这样，20 年城乡人民收入成倍增长的目标也不能实现。

这里需要说明：笔者也曾经认为，今后一个时期需要实行 25% 左右的积累率。现在看来，这种想法的不妥之处也在于：一方面忽视了今后一个时期社会生产力比"一五"时期将有较大的发展；另一方面又忽视了今后社会主义建设对于巨额积累基金的需要。这样，也就忽视了今后进一步提高积累率的可能和必要。

第二种担心也有值得斟酌之处。第一，毫无疑问，在本世纪最后 20 年经济发展过程中，资金是相当困难的。但是，如果认为，前后两个 10 年合计积累率 29.5% 不能实现经济发展的战略目标，那也是缺乏根据的。这一点，我们在前面已经做过详细的分析。这里需要进一步指出：29.5% 的积累率是比较高的；随着社会主义生产的发展，积累率每个百分点所包含的积累基金绝对量是会增大的，积累基金的效率是会提高的。如果全面地估量这三方面因素的作用，那么，应该说，29.5% 的积累率是可能满足工农业年总产值翻两番的需要的。

第二，按照这种想法，要把积累率提高到 30% 以上。这就忽视了我国社会主义建设已有的经验。我国建设经验反复证明：积累率超过了 30%，就会造成积累和消费关系的严重失调。像 1958—1960 年以及 1966—1978 年这两个时期，都是这个情况。

忽视了我国的历史经验，本质上就是忽视了我国的国力。毫无疑问，随着国民经济的进一步调整，企业整顿的实现，经济管理体制改革的完成，社会主义物质技术基础的加强，以及社会主义精神文明建设的发展，本世纪末的 20 年内，我国社会主义经济的实力是会得到稳步的、持续的增长的。但是，同时又要看到：这个逐步增长的实力还不是很雄厚的。这一点，特别是因又相对落后的农业在国民经济中还占有很大的比重，农业所拥有的劳动力在工农业劳动力总数中还将占很大一部分，而农业劳动生产率还比较低。据计算，1980 年全国农业劳动者（包括农、林、牧、副、渔劳动者）[1] 为 30211 万人，占工农业劳动者总数的 84.4%，每个农业劳动者创造的农业总产值为 538.6 元。据测算，2000 年全国农业劳动力将达到 4.5 亿人，占工农业劳动者总数的 80.4%；每个农业劳动者创造的农业总产值为 1417.8 元，比 1980 年虽然增长了 1.63 倍，但水平还是比较低的。比如，1980 年每个工业劳动者创造的工业总产值就达到了 8914.3 元，比上述的 1980 年农业劳动生产率高 15.6 倍，比 2000 年农业劳动生产率也高 5.3 倍。上述的数字尽管是测算的，不一定很准确，但我们从这里可以大致看到：到 20 世纪末的 20 年内，虽然我国农业劳动生产率将有大幅度地提高，但水平还比较低。这种情况在很大程度上决定了我国整个社会生产的劳动生产率的水平，从而也在很大程度上决定剩余产品的价值量。

限制了剩余产品价值的增长，也就是限制了积累的增长。因为剩余产品的价值量正是积累基金的源泉。诚然，我们在前面说过：国民收入是积累基金和消费基金的来源。从总体上说，这是无可非议的。但在实际上，国民收入中的必要产品的价值只能用于满足物质生产劳动者及其家属的生活需要，它既不能用作社会消费基金，也不能用作积累基金。只有剩余产品的价值才能用于积累基金和社会消费基金。所以，准确说来，剩余产品的价值才是积累基金的来源。但既然农业的相对落后劳动生产率限制了剩余产品的价值增长，它也就必然限制了积累率的提高。

然而这还只是在国民经济中占有很大比重、而又相对落后的农业限制积累率增长的一个方面。另一方面，与农业相对落后相联系，农民的生活水平也是比较低的。1980 年，农村居民按人口平均计算的消费水平只有 168 元，1980 年城镇居民已经达到 468 元，比其高 1.79 倍[2]；固然，由于农村居民自给性消费占的比重大，农村的农副产品价格低，因而农村居民和城镇居民的实际消费水平的差距并没有这样大。但农村居民的生活水平较低，则是一个不容否定的事实。而农业人口在全国总人口中又占了大部分，这

---

① 这里说的是全国农业劳动力，其统计口径比前述的全国农村劳动力要小。
② 《中国经济年鉴》（1982），经济管理杂志社 1982 年版，第 28 页。

就从主要方面决定了我国人民生活水平比较低的状况。

在社会主义制度下，一般说来，安排积累和消费的关系，首先都需要保证人民的生活有适当的提高。在人民生活水平较低的条件下，这样做，更富有特殊的重要意义。到本世纪末，为了满足社会主义建设发展对积累基金的需要，不能靠降低消费率、提高积累率来实现，而只能在发展生产、提高经济效益的基础上，提高国民收入生产额，求得积累基金总量的增长。

除此以外，下列两个因素对积累率不能突破30%也将起制约作用。第一，由于过去长期存在的"左"的错误，特别是"文化大革命"的严重破坏，当前我国人民的生活还有某些特殊的困难。第二，尽管我国人口自然增长率下降了，但人口的基数大，逐年增加的人口绝对量仍然很大。这样，为了在发展生产的基础上逐步提高人民的生活，积累率也不能太高。

六 控制积累基金和消费基金的规模

前面我们依据"一要吃饭，二要建设"以及积累基金和消费基金必须与国民收入的物质构成相适应的原则，分析了实现战略目标需要确定的积累率对策。现在我们再从当前积累基金和消费基金同时膨胀的实际出发，并且考虑为实现本世纪末战略目标，探讨如何控制积累基金和消费基金的规模问题。这既是当前我国社会主义建设提出的、迫切需要解决的、重大的理论问题和实际问题，也是实现20世纪末战略目标，积累与消费结构方面需要采取的一项重要对策。

所谓积累基金和消费基金的膨胀，指的是二者超过了国力（即作为价值形态和物质形态相统一的国民收入总量）所能承担的限度。积累基金膨胀是指它超过了国民收入中必须和可能用于积累的部分；消费基金膨胀是指它超过了国民收入中必须和可能用于消费的部分。这里说的国民收入中用于积累和消费的部分，都包括价值形态和物质形态两方面。

社会主义国家所有制单位的固定资产投资，虽然不是全部来自积累基金，但它所包括的积累基金在积累基金总额中占了很大一部分。近年来积累基金的膨胀就是表现在固定资产投资（特别是其中的基本建设投资）的膨胀上。这表现为两方面：（1）固定资产投资的增长速度远远超过了国民收入的增长速度。1982年，国民收入为4247亿元，比上年增长7.4%，而固定资产投资为845.3亿元，比上年增长了26.6%。其中基本建设投资为555.5亿元，比上年增长了25.4%。（2）固定资产投资的增长速度，也远远超过了主要生产生产资料的重工业的增长速度。1982年重工业产值增长了9.9%。[①] 比固定资产投资的增长速度要低16.7个百分点。

结果，使得供应已经趋于缓和的基本建设材料又重新紧张起来。

同时，近年来，我国消费基金也在膨胀。个人消费基金占了消费基金总额的绝大部分，消费基金膨胀首先就表现在它的过快增长上。1979—1981年期间，城乡居民每人年平均消费水平的增长速度为7.8%；而物质生产部门提供的国民收入总额年平均增长速度为5.1%，轻工业产值的年平均增长速度为14%，农业产值年平均增长速度为5.6%。[②] 可见，这三年城乡居民消费水平的年平均增长速度，显著超过了国民收入和农业产值的增长速度，仅仅低于轻工业产值的增长速度。

由于城乡居民平均收入的增长速度超过了国民收入的增长速度，因而1979—1982年新增的可分配的国民收入中，农民所得约占66.2%，物质生产部门职工所得约占16.8%，企业所得约占23%，而国家财政所得不仅没有增加，反而减少了70亿元。[③]

由于城乡居民收入的增长速度超过了消费品生产的增长速度。因而当年形成的消费品购买力就由小于变成接近以至超过当年提供的消费品货源。1978年前者比后者要小4.8%，1979年前者比后者只小0.5%，1980年前者比后者要大4.5%，1981年前者比后者要大1.5%。

现实情况还表明：如不采取有效措施，积累基金和消费基金同时膨胀的情况还要继续发展。这对于实现本世纪经济发展的战略目标是极为不利的。因为积累基金和消费基金的同时继续膨胀，超过了国力，使得积累基金和消费基金不能全部实现，作为实现经济战略目标的重要条件的上述积累率也无法保证。同时，积累基金和消费基金膨胀，还会从下列许多方面阻碍战略目标的实现：

---

① 《中国统计提要》（1983），中国统计出版社1983年版，第3—4页。

② 《中国统计年鉴》（1982），中国统计出版社1982年版，第12—13页。

③ 《光明日报》1983年7月24日第3版。

第一，妨碍能源、交通等重点建设的进行。就积累基金膨胀来说，实际情况并不是国家预算内直接安排的能源、交通等重点建设的投资多了，相反，重点项目的投资还没有达到计划的要求，而地方、部门和企业用自筹资金和各种贷款建设一般加工工业项目和非生产性建设的投资却超过计划很多。此外，更新改造投资有相当部分没有真正用于技术改造，而用于新建和扩建，搞了一些不必要的重复建设。这种情况必然会从资金、能源、材料和施工力量等方面挤掉重点建设。消费基金的膨胀也会妨碍国家预算集中必要的资金用于重点建设。

第二，阻碍轻工业的发展。积累基金的膨胀，必然会从资金、能源、原材料和运输力等的占用方面妨碍轻工业的发展。轻工业增长速度由 1981 年的 14.1% 下降 1982 年的 5.7%。从表面看，消费基金的膨胀，可能促进轻工业提高发展速度。但事实上，消费基金膨胀会终止轻工业产品刚刚开始的、由长期存在的卖方市场向买方市场转变的过程，使轻工业重新回到"皇帝女儿不愁嫁"的老路上去，因而不利于轻工业生产技术的进步，不利于轻工业产品的质量提高，不利于轻工业产品的更新换代。从这些最重要方面来说，消费基金膨胀是不利于轻工业的发展的。而如前所述，前 10 年轻工业保持较高的速度，无论对于实现 20 年工农业年总产值翻两番，或城乡人民收入水平的成倍增长，都是十分必要的。

第三，阻碍经济效益提高。积累基金的膨胀，必然导致建设周期的延长，妨碍简单再生产的进行和轻工业的发展；消费基金的膨胀，妨碍轻工业竞争的开展，而在社会主义商品生产条件下，竞争是推动生产技术进步的一个重要因素。这一切都不利于经济效益的提高。伴随着 1982 年固定资产投资的膨胀，许多经济效益指标都没有完成计划。而提高经济效益，是实现工农业年总产值翻两番的前提，是城乡人民收入水平成倍增长的最重要基础。

第四，妨碍实现财政经济状况的根本好转。积累基金和消费基金的同时膨胀，必然导致国家财政赤字的增长以及与此相联系的物价上升。这就不可能巩固地保持财政、信贷和物资的基本平衡，以及物价基本稳定。而争取实现财政经济状况的根本好转，正是党的十二大依据本世纪最后 20 年经济发展战略部署而提出的、最近 5 年在经济工作方面的基本要求。

最后，需要着重指出；如果不及时制止固定资产投资的膨胀，那么，已经基本趋于协调的国民经济比例关系，又会重新陷入严重失调的状态。这样，前10年打基础的计划就要落空，后10年经济振兴更无指望。

所以，制止积累基金和消费基金的膨胀，控制积累基金和消费基金的规模，就成为当前和今后我国发展社会主义建设，实现本世纪末战略目标的一项极其重要的任务。

无论是积累基金的膨胀，或者是消费基金的膨胀，都不是社会主义基本经济制度的痼疾。恰恰相反，社会主义经济制度为合理控制积累基金和消费基金的规模，制止以至从根本上消除积累基金和消费基金的膨胀提供了客观可能。我国社会主义建设经验反复证明：要避免积累基金和消费基金的膨胀，需要依靠社会主义制度本身解决以下三类矛盾。

第一，正确处理主观与客观的矛盾。在这方面，最重要的是党和国家的宏观经济决策要符合我国国情。在过去的长时期内，由于经济工作指导方面发生过"左"的错误，急于求成，盲目追求产值的高速度以及与此相联系的高积累，几次使得基本建设投资急剧膨胀，导致了整个国民经济比例关系的严重失调。但在党的十一届三中全会以来，党从我国国情出发，在社会主义建设方面确立了长期奋斗、稳步前进的指导思想；在积累和消费方面进一步明确地提出了"一要吃饭，二要建设"的指导方针。这次发生的积累基金和消费基金膨胀的原因，不是由于经济工作指导思想方面"左"的错误造成的。当然，同"左"的流毒在实际经济工作中没有肃清还是有关的。今后党在领导经济建设时，仍然需要随着客观情况的变化而采取正确的方针政策，使主观认识符合经常变化的客观现实。

第二，要正确处理作为社会主义生产关系具体表现形式的经济管理体制与社会主义生产关系本质的矛盾。就是说，要使得前者能够适应后者的要求，否则，社会主义生产关系为合理确定积累基金与消费基金规模提供的客观可能性，就不可能变成现实性。我国过去几次发生基本建设投资的膨胀，同权力过于集中的经济管理体制是直接相关的。这种体制以行政管理为主，排斥对价值规律和按劳分配规律的利用，基本建设投资是无偿的财政拨款，基本建设从确定项目到施工到投产，都缺乏严格的责任制度和奖惩制度。这些必然助长了各部门、各地区、各企业争项目、争投资的错误倾向，必然加剧基本建设投资的膨胀。党的十一届三中全会以来，我国对经济管理体制只是进行了局部性的、试验性的改革，不可能从根本上消除原有经济体制的弊端。由于价格体系还未进行根本的改革，燃料、原材料的价格偏低，而加工工业产品价格偏高，这就刺激了当前加工工业方面的盲目建设和重复建设。而这正是当前固定资产投资膨胀的一个重要因素。

第三，要正确处理社会主义经济体系中各种利益之间的矛盾。这里首先是正确处理中央和地方以及国家和企业的利益关系。就控制积累基金和消费基金的合理规模来说，有两个重要方面是值得注意的：一是在中央和地方以及国家和企业之间正确确定收入分配比例，即中央和地方财政收入的分配比例和企业的留成比例；二是按照中央和地方以及国家和企业的利益相结合的原则，采用各种行政的和经济的手段，把地方和企业的资金投放限制在国家的固定资产投资计划和居民收入增长计划所需要的范围内。这一点，在过去财力高度集中的时候，对于控制积累基金和消费基金的合理规模，并不是重要的。但在当前扩大了地方和企业的财权和其他权限以后，它却显得十分重要了。如前所述，1982年基本建设投资的膨胀，主要是同地方、部门和企业的自筹资金和利用银行贷款大幅度超计划相联系的。这主要是由于财力过于分散而又没有对投资方向实行有效控制的结果。诚然，为了改革原有的经济体制，适当扩大地方和企业的财权是必要的，国家财政收入在国民收入中的比重也应该比体制改革前有所下降。但现在看来，这几年下降的幅度大了，以至资金严重分散。在地方和企业有了较多的财权和其他权限之后，又没有采取有效的措施来控制他们的资金使用，地方和企业就可能偏离国家利益，按照自身的局部利益去决定资金的投放。这样，不仅固定资产投资的总规模难以控制，消费基金超计划增长（采用滥发奖金、滥发实物和补贴等手段）也不可避免，其结果必然是积累基金和消费基金的同时膨胀。

总之，我国社会主义建设经验反复证明：在社会主义基本经济制度建立以后，如果不妥善处理上述的一系列重要矛盾以及其他相关的矛盾，积累基金和消费基金的膨胀就难以避免。但是，这些矛盾都是可以解决的，社会主义制度完全有力量消除已经出现的积累基金和消费基金的膨胀。不仅如此，随着社会主义建设实践的发展，人们对社会主义经济规律和中国国情的认识越来越深刻，各种社会主义的具体制度越来越健全，各项经济政策越来越完善，就有可能进一步从根本上杜绝积累基金和消费基金膨胀的出现。

那么，当前和今后需要采取哪些对策，以消除积累基金和消费基金的膨胀，合理控制二者的规模呢？为了合理控制固定资产投资规模：第一，要加强计划管理。固定资产投资是涉及国计民生的大事，必须加强对它的计划管理，对其中的基本建设投资还必须实行高度集中的统一管理。这就是说：（1）固定资产投资总规模，包括国家预算内的拨款、自筹资金和银行贷款，都必须由国家计委和省、市、自治区计委进行综合平衡，统一纳入国家计划。（2）大中型基本建设项目，一律由国家计委审批；小型基本建设项目，一律由省、市、自治区计委和国务院有关部门审批。技术改造项目，除国家规定的企业有权自行安排以外，由各级计委会同各级经委，按照规定权限审批。（3）所有建设项目必须严格按照基本建设程序办事。事前没有进行可行性研究和技术经济论证，以及没有做好勘探设计等建设前期工作的项目，一律不得列入年度建设计划。（4）所有确定建设的项目，一律实行严格的责任制和合同制。计划部门和主管单位，必须按照合理工期分年拨足投资和相应的物资。建设单位和施工单位，要对建设投资、工程质量和建设工期，实行各种形式的责任制。为了配合这种责任制，可以考虑实行孙冶方同志 1981 年就此提出的合同制："每一个厂矿企业在动工兴建之前，除了兴建单位（经营单位）与承建单位，即平常所说甲乙双方必须签订包括建成投产日期在内的合同以外，兴建单位还必须与设备的供应单位订立设备供应合同，还必须与投产后动力和原材料的供应单位和产品的承销单位分别签订产供销三方面的合同。"任何一方违反合同，都要赔偿损失。"如果是生产单位自产自销的产品，则建设单位和批准基建项目的上级要负责行政责任。"① （5）用于基本建设的投资由建设银行统一管起来，按计划监督使用。

第二，要改革经济管理体制。这几年为了扩大地方的财权，主要实行中央和地方"划分收支、分级包干"的制度，即"分灶吃饭"的制度。这对于调动地方增收节支的积极性起了重要的作用。但这种制度不仅没有使

---

① 孙冶方：《社会主义经济若干理论问题》（续集），人民出版社 1983 年版，第 253 页。

企业摆脱地方的束缚，而且使企业和地方的经济利益更密切地结合起来了，并加强了地方对企业的行政干预。这种制度当然也不可能改变地区分割的状况，仍然妨碍地区之间经济联系的发展。这也是当前地区之间重复建设盲目发展、基本建设投资膨胀的一个重要因素。

今后要实行政企合理分工，使企业从部门、地区行政的束缚下解脱出来，并依照部门之间、地区之间的经济联系组织经济，地方政府可以不再直接管理企业，多数企业可以交给具有经济区性质的中心城市去管理。同时，结合利改税，增设税种和调整税率，并按照税种划分中央税收、地方税收以及中央和地方分享税收，企业按照税种分别向中央和地方上交税金。在税收总额的分配上要保证中央税收占大部分，地方税收只是占一部分。这是中央对整个国民经济实行计划领导（包括固定资产投资计划）的一个重要物质力量。在地方财政支出上，要按照经济体制改革以后的地方政府的职能，规定主要用于市政公用设施，而不能用于兴建新的企业。这样，就能从切断地方政府和企业之间的直接经济联系、地方政府的财政收入来源和财政支出等三方面，限制地区之间重复建设的盲目发展，从而有助于克服基本建设投资的膨胀。

这几年，扩大了国营企业的自主权，实行了经济责任制，这对于调动企业的积极性，搞活经济，调整经济，发展生产，增加收入起到了重要作用。今后仍须按照企业的二重性质（归国家所有，这是主导的方面；但又是相对独立的商品生产者，这也是重要的方面），继续扩大企业自主权，实行责字当头、责字为主的责、权、利相结合的经济责任制。企业新增收入的分配，必须遵循"国家得大头，企业得中头"的原则，因而企业留成的增长幅度必须低于新增收入的增长幅度。这个原则既符合上述的企业二重性质，又是国家和企业分别实现各自职能的需要。然而，企业得的中头的上限和下限是有一定的幅度的。决定这个幅度的，不只是企业作为相对独立的商品生产者的需要，首先还是企业归国家所有的性质，而且在国家需要与企业需要发生矛盾的时候，企业需要还必须服从国家需要。此外，这个幅度还受到社会生产力发展水平、国家财政收支状况以及国家担负的重点建设等因素的制约。就是说，在社会生产力发展水平还不高，国家财政收支比较困难，担负重点建设的任务又比较重的时候，企业留的这个中头就可以适当地小一些；反之，就可以适当地大一些。正确贯彻"国家得大头，企业得中头"的原则，不仅有助于国家集中必要的资金，保证重点建设的需要，而且也有助于从财源方面限制企业的重复建设、盲目建设的发展，从而克服固定资产投资的膨胀。

第三，要利用经济杠杆。在社会主义商品生产条件下，价值规律对社会主义生产是有调节作用的。因此，运用价格杠杆控制固定资产投资膨胀，具有重要的作用。所以，积极创造条件，改革不合理的价格体制和价格体系，是我国社会主义建设中的一项重要任务。

但是，在价格改革还不具备条件的情况下，充分利用税收和信贷等经济杠杆，就显得特别重要。这几年，在利用这些经济杠杆方面是有进展的，但还远远没有发挥它们可能发挥的作用。

此外，克服目前基本建设中的种种惊人的浪费现象，对于控制固定资产投资的膨胀，也有重要的意义。"据对176个在建的大中型项目的检查，现在要花的投资就比原来的概算增加185亿元，其中固然有些是原概算偏低，但大量的是由于种种不合理的因素造成的。"[1] 这些不合理因素，除了基本建设本身不按照程序办事以外，还包括有些地方、部门、单位和个人向重点建设单位乱收费用和敲诈勒索，以及有些生产资料乱涨价等。

为了控制消费基金的规模，必须采取如下对策：

第一，要加强计划管理。消费基金总额的规定，也是涉及国民经济全局的大事，必须纳入国家计划。个人消费基金在消费基金总额中占绝大部分，消费品购买力是个人消费基金总额的最主要的组成部分，消费品购买力又主要是由职工工资和农民出售农副产品的收入形成的。因此，控制职工工资水平和农副产品收购价格的水平，就成为加强对消费基金的计划管理，控制消费基金膨胀的两个极重要的环节。

半殖民地半封建的旧中国给社会主义的新中国留下了较大幅度的工农业产品交换价格"剪刀差"。新中国成立以后，通过逐步提高农产品价格，不提或少提工业品价格，缩小了这种"剪刀差"。党的十一届三中全会以来大幅度地提高了农副产品收购价格，对于调动农民的积极性，促进农业以

---

① 赵紫阳：《政府工作报告》（1983年6月6日在第六届全国人民代表大会第一次会议上），人民出版社1983年版，第23页。

至整个国民经济的持续发展，起了极为重要的作用。但这仅仅是问题的一方面。另一方面，我国工业的基础还不十分雄厚；工业的技术装备程度高，相对农业说来需要的资金又比较多。这样，由农业向工业继续提供适当的建设资金，对于工业的发展仍然具有重要的意义。这样做，对于实现农业现代化也是完全必要的。正是这一点决定了农民收入的增加不能再主要靠提高农产品价格，不能再靠降低征购派购基数和扩大议价范围。农民收入的增加，必须主要靠发展生产和降低成本。这也是控制消费基金膨胀的一项重要决策。

为了纠正过去多年忽视提高职工劳动报酬水平（包括工资和奖金等）的"左"的错误，前几年较快地提高了职工的劳动报酬水平，这是完全必要的。但今后职工劳动报酬水平的增长幅度，必须低于劳动生产率提高的幅度，必须低于剩余产品价值的增长幅度。因为只有这样，才能控制消费基金的膨胀。

第二，要利用经济杠杆。利用经济杠杆，制止消费基金膨胀，是大有文章可做的，而当前远远没有把这些经济杠杆很好运用起来。

比如，扩大个人所得税的征收范围，实行个人所得税累进税率，把居民一部分收入转化为国家的财政收入。又如，通过银行储蓄业务把居民储蓄的一部分转化为积累基金。随着国家经济日趋稳定和人民生活的逐步改善，是可能把居民储蓄中的一个越来越大的部分转化为积累基金的。这个办法在制止消费基金膨胀方面有不容忽视的重要作用。

第三，要实现住宅商品化。在社会主义商品生产条件下，一切消费品（包括各种耐用消费品）都是商品，作为耐用消费品的住宅也是商品。当前实现住宅商品化，除了有其他方面的意义外，也是控制消费基金膨胀的一个有效的重要的办法。采取这个办法，可以把居民收入中的一个相当大的部分转化为国家的财政收入，转化为积累基金。当然，实现住宅商品化，是涉及人民生活的大事，必须经过试点，有步骤地慎重推行。

总之，采取上述各种方法，当前我国积累基金和消费基金同时膨胀的局面是完全可以改观的；同时，今后也可以防止积累基金和消费基金膨胀的局面再次发生，以利于本世纪末战略目标的实现。

（原载孙尚清主编《论经济结构对策》，中国社会科学出版社 1984 年版）

我国投资和消费比例关系的
演变及其问题和对策

当前我国投资和消费比例关系的严重失衡，是阻碍经济持续稳定快速发展，影响社会政治稳定和维系国家经济安全的一个基本问题。本文拟对新中国成立以来投资率和消费率的演变过程做些简要的历史考察，从中总结出某些带有规律性的结论，提出一些对策思考。

一 新中国投资和消费比例关系的演变

以基本经济制度或经济体制的变革作为历史分期的第一位标准，以社会生产力发展状况作为第二位标准，拟将新中国成立后 61 年投资和消费比例关系的演变过程，分为以下四个时期。

（一）新民主主义社会的投资和消费比例关系——经济恢复时期的投资和消费比例关系（1949 年 10 月至 1952 年）

为了说明这个时期投资和消费比例关系的特点，先有必要简要分析半殖民地半封建中国投资和消费比例关系。鉴于 1931—1936 年是旧中国经济发展比较好的年份，同时考虑到我国已故著名经济史学家巫宝三在这方面提供了旧中国绝无仅有的较为完整的资料，这里就以这个时期说明旧中国投资和消费比例关系的特征。按照巫宝三提供的资料计算，1931—1936 年消费率（消费占国民收入的比重）和投资率（投资占国民收入的比重）分别依次为 104.1% 和 - 4.1%，97.5% 和 2.5%，102.0% 和 - 2.0%，109.1% 和 - 9.1%，101.8% 和 - 1.8%，94.0% 和 6.0%。这些数据表明：第一，旧中国投资率奇低。在这六年中最高年份只有 6.0%，最低年份甚至

达到 -4.1%；投资率只有两年是正数，有四年为负数。这明显地反映了在帝国主义、封建主义和官僚资本主义的剥削和压迫下，旧中国社会生产的水平低下。这六年所能支配的国民收入分配依次为 23212 百万元、23597 百万元、20044 百万元、18399 百万元、21293 百万元和 26908 百万元。[①] 可见，在这六年中，增长年份只有四年，下降年份有两年。其中虽 1935 年比1934 年有所增长，但仍远低于 1932 年。英国著名经济史学家麦迪森提供的资料也佐证了这一点。按照他的测算，1931—1936 年旧中国国内生产总值分别依次为 280393 百万国际元、289304 百万国际元、289304 百万国际元、264091 百万国际元、285403 百万国际元和 303433 百万国际元。这表明：这六年也只有四年是增长的，其中，1935 年比 1934 年有所下降。可见，尽管巫宝三与麦迪森的计算口径（前者为国民收入，后者为国内生产总值）和单位（前者为国民党政府发行的纸币，后者为国际元，即相当于按购买力平价计算的货币）有差别，但这些数据所揭示的旧中国社会生产低下的特征是一致的。在这种条件下，每年能够提供的投资量必然很小，甚至为负数。如果再考虑到人口的增长以及与此相关的人均国内生产总值的变化情况，那更是如此了。1931—1936 年，人均国内生产总值分别依次为 569 国际元、583 国际元、579 国际元、525 国际元、565 国际元和 579 国际元。[②]可见，这六年人均国内生产总值与国内生产总值增长状况基本是一致的，即也是四年增长，两年下降。但这六年前者的年均增速只有 0.8%。仅及前者 1.5% 的一半。这就进一步制约了投资率的增长。投资率的这种状况，从作为促进经济增长基本因素的投资方面突出地反映了旧中国许多年份社会生产的停滞和下降。因为投资的负增长不仅意味着社会扩大再生产无法实现，而且意味着社会简单再生产都处于萎缩状态。第二，消费率奇低。在这六年中，消费率最高年份竟然达到 109.1%，最低年份也高达 94.0%；超过 100% 的年份竟然多达四年，高于 90% 以上的也有两年。消费率这种状况意味着旧中国许多年份社会生产提供的国民收入连维持社会消费都不够，还需要部分地依靠消耗原有的国民收入存量。在存在阶级剥削和压迫的条

---

① 巫宝三主编：《中国国民所得》（1933 年）上册，中华书局 1997 年版，第 20 页。

② 安格斯·麦迪森：《中国经济的长期表现（1960—2030 年）》，上海人民出版社 2008 年版，第168 页。

件下，消费率这种状况还突出反映了旧中国许多年份广大劳动人民生活水平处于下降的绝对贫困状态。比如，1930—1933 年上海工人的实际工资上升了 15%；但 1934—1937 年又下降了 30% 以上。所以，旧中国低投资率、高消费率，与当代经济最发达的美国低储蓄率、高消费率，是有天壤之别的。

新中国成立后的 1949 年 10 月—1953 年，是新民主主义社会的时期，[①]同时也是国民经济恢复时期。在这个时期，在短短的三年内，在迅速恢复国民经济的同时，也使得投资和消费关系发生了根本性的变化。这种变化表现为两个方面。一是由旧中国的积累和消费关系作为阶级对抗关系，转变为整体利益和局部利益，长远利益和当前利益的关系；二是在人民消费水平显著提高和消费率保持很高水平的同时，投资率有了大幅上升。1950—1952 年，作为投资的最主要组成部分的基本建设投资，分别为 11.34 亿元、23.46 亿元和 43.56 亿元；1952 年比 1950 年增长了 1.98 倍。这当然是恢复性的增长，但其增速是很高的。这意味着投资率有了大幅上升。事实上，到 1952 年，投资率已经上升到了 22.2%。这是一方面；另一方面，生活水平有了显著提高。据调查，按 1957 年物价计算，1936 年，全国每一职工家庭平均消费额为 140 元左右，1952 年上升到 189 元，提高了 35%。据统计，1949—1952 年，职工平均工资提高了 70% 左右，农民收入大约提高了 30%；1952 年消费率高达 78.9%。[②]

决定投资和消费比例关系这种新格局根本因素是：第一，新民主主义社会国民收入的持续高速增长，为上述新格局奠定了物质基础。1949—1952 年，国民收入分别依次为 358 亿元、427 亿元、497 亿元和 589 亿元；1952 年比 1949 年增长了 69.8%。这个时期国民收入提高的主要因素是：（1）这个时期实行了新民主主义三大纲领：没收处于旧中国经济垄断地位的官僚资本，建立了社会主义国有经济；实行土地改革，保护和发展个体农民经济，保护并有限制地发展民族资本主义工商业。还实行了"四面八方"政策：公私兼顾、劳资两利、城乡互助、内外交流。这些纲领和政策

---

① 汪海波：《"新民主主义论"研究——纪念毛泽东诞辰 100 周年》，《经济研究》1993 年第 12 期。

② 《中国固定资产投资统计年鉴》（1950—1995），第 71 页；《新中国六十年统计资料汇编》，中国统计出版社 2010 年版，第 13 页；《伟大的十年》，人民出版社 1959 年版，第 188 页。

充分调动了各类经济主体发展经济的积极性。（2）这个时期还建立了以行政指令为主要特征的计划经济体制的雏形，对国有经济实行行政指令计划；同时又运行价格杠杆，调节个体农民和手工业以及资本主义工商业的生产，较好地发挥了适合新民主主义经济特点的、计划和市场相结合的调节机制在优化资源配置方面的作用。（3）尽管这个时期面临着多次政治运动和抗美援朝战争的环境，但仍然坚持和贯彻了以恢复和发展生产为中心的方针。（4）从这个时期国力有限、百废待兴的具体情况出发，实行了以经济恢复为主、有重点地进行建设的方针。在作为建设重点的工业建设方面，其投资也是投向恢复改造项目、重工业部门和东北地区。而且工业生产的恢复和发展，也是主要依靠发挥现有企业的生产潜力。（5）在帝国主义国家对我国实行经济封锁的条件下，充分地发展了同苏联和东欧各国的对外经济贸易关系，在一定范围内有效地利用了两种市场和两种资源。这些主要因素不仅有力地促进了经济增长，而且显著地提高了经济效益。比如，1951—1952 年，投资效益系数（即当年新增国民收入除以当年基本建设投资）依次分别高达 6.01 和 2.11。又如，1949 年和 1952 年，社会劳动生产率（即当年国民收入总额除以当年社会劳动者总数）分别为 198 元和 284 元，提高了 43.4%。[①] 这些数据反映的经济效益水平是比较高的。当然，它也带有经济恢复时期的特点。这样，这个时期的国民收入就有了持续高速增长，成为上述投资和消费比例关系的新格局的源泉。

第二，新民主主义社会经济形态的建立，为上述新格局提供了制度基础。在旧中国的农村，农民得到的只是农业收入的小部分，大部分收入都归地主占有了。而且，以积累为源泉的扩大再生产，并不是封建经济的特征。简单再生产才是它的特征。诚然，扩大再生产是资本主义经济的特征。但在旧中国，帝国主义资本和官僚资本依靠其垄断地位可以获得高额垄断利润，其积累动力远低于资本主义国家。而且在帝国主义经济和官僚资本主义经济中，剩余价值率又远远高于资本主义国家。这样，工人工资水平是很低的。至于在国民经济中占的比重不大的民族资本主义经济，由于受到帝国主义、封建主义和官僚资本主义的压迫，利润率并不高，但剩余价

---

① 《伟大的十年》，人民出版社 1959 年版，第 46 页；《中国统计年鉴》（1986），中国统计出版社 2010 年版，第 52、124 页。

值率却很高，工人工资也很低。这就是旧中国低投资率、高消费率的制度基础。但在新民主主义社会，这个制度基础被摧毁了，代之而起的是新民主主义经济制度。在个体农民经济中，除了上交一部分农业税外，大部分收入都归农民所有。在国有经济中，利润和工资分别归国家和工人所有。在民族资本主义经济中，利润虽然已受限制，但仍有钱可赚，工人工资也有保障。这些就是上述投资和消费关系比例新格局的制度基础。下列数据可以清楚表明这一点。比如，在 1952 年 130 亿元的积累中，国有经济占了72.9%，农村个体经济和集体经济占了 11.5%，城镇资本主义经济和个体经济占了 7.7%，居民个人占了 1.6%。需要说明：国有经济占的比重大，其原因：一是因为它在国民收入中占的比重大，1952 年，这一比重为19.1%；二是因为它在经济和技术等方面的先进性，积累能力强；三是因为来自各种所有制经济的国家税收占国民收入的比重也大。1952 年这一比重为 16.6%。而且在财政支出中，投资占的比重也很大。1952 年仅基本建设投资和增拨企业活动资金就占了当年财政税收的 66.8%[①]。但上述数字同时表明：国有经济以外的其他所有制经济对投资的贡献也很大。

　　第三，新民主主义社会财政政策和货币政策的适时调整，为上述新格局提供了重要保证。在计划经济体制下，国家计划在调控经济中居于主导地位，财政政策和货币政策是实行国家计划的工具。但财政政策和货币政策在这方面也有重要作用。在新民主主义社会，财政政策和货币政策所做的即时调整，不仅在恢复国民经济方面起了十分重要的作用，而且在形成上述新格局方面的作用也很明显。1949 年，全国解放战争正在进行，国家财政收入的增长跟不上财政支出（主要是军费支出）的增长。在这种客观形势下，不得不实行以巨额财政赤字为特征的扩张政策。与此相联系，在货币政策方面也实行以货币超经济发行为特征的扩张政策。这样，就保证了全国解放战争的伟大胜利。但同时又带来了全国物价的大幅上升。如以1949 年 12 月全国大中城市主要商品价格指数为 100，到 1950 年 3 月大幅上升到 206.3。于是，在 1950 年全国解放战争已经取得基本胜利的形势下，在财政政策和货币政策方面，就转而开始采用紧缩政策，财政赤字和货币

---

　　① 《国民收入统计资料汇编》（1949—1985），第 29—30 页；《新中国六十年统计资料汇编》，中国统计出版社 2010 年版，第 19—20 页。

的超经济发行已有很大改变。1951—1952 年基于财政经济情况的逐步好转，财政支出和货币政策又逐步转向中性政策。这样，1950 年财政赤字就下降到 5.88 亿元，仅占财政支出的 8.6%；1951—1952 年还出现了财政盈余，分别为 2.89 亿元和 1.87 亿元。与此相联系，货币发行也趋于适应经济增长的需要。到 1952 年，当年以货币形式表现的社会商品购买力为 302.5 亿元，而当年零售商品货源达到了 324.9 亿元，后者超过前者 22.4 亿元。这样，物价就趋于下降。1951 年商品零售价格指数虽比 1950 年大幅下降，但还上升了 12.2%；而 1952 年比 1951 年下降了 0.4%。[①] 显然，这种财政政策和货币政策是促进经济迅速恢复和发展的重要因素，因而既有利于提高投资率，又有利于把消费率保持在一个较高的水平上，使得人民生活有了显著的提高。

以上的分析，是从新民主主义社会与半殖民地半封建社会做纵向比较这个视角着眼的。但如果把中国新民主主义社会与世界各国做横向比较，那么似乎可以说这个时期的投资率是偏高的，消费率是偏低的（详见后述）。但如前所述，这个时期中国的高投资率，并不是偶然发生的现象。主要是由于建立了具有强大动员社会生产资源力量的高度集中的计划经济体制雏形，并且适应了经济恢复为主、有重点的进行建设的客观需要。而且这个时期的人民生活水平有了显著的提高。从这些基本方面来说，尽管这个时期投资率偏高，但大体说来，还是适合这个时期的具体情况的，是能承受的，也是必需的。

（二）从新民主主义社会到社会主义社会的过渡时期的投资和消费的比例关系——建立社会主义工业化初步基础时期的投资和消费的比例关系（1953—1957 年）

总的说来，这个时期投资与消费的比例关系变化的特点，是比较稳定。1953—1957 年，消费率和投资率分别依次为 77.2% 和 23.7%，74.5% 和 25.8%，77.3% 和 23.7%，74.7% 和 24.9%，74.1% 和 25.4%；这五年年均消费率和投资率分别为 75.6 和 24.7%。这些数据表明：1. 在这五年间，

---

① 《新中国六十年统计资料汇编》，中国统计出版社 2010 年版，第 18、23 页。

消费率和投资率波幅很小。前者是在 74.1%—77.3% 之间波动的，后者是在 23.7%—25.8% 之间波动的。2. 这五年年均消费率只比 1952 年降低了 3.3 个百分点，年均投资率只提高了 2.5 个百分点。但要说明，这期间消费率下降和投资率的上升，是在消费和投资高速增长、消费也有明显提高的情况下实现的。1952—1957 年，全社会固定资产投资由 114.5 亿元增长到 189 亿元，年均增速为 34.7%；全国居民平均消费水平由 80 元增长到 108 元，年均增速为 4.5%[①]。

决定这个特点的主要因素是：第一，这期间经济获得了持续高速增长，经济效益也有了持续提高。这就为这期间投资和消费关系协调发展提供了物质基础。其原因是：（1）总的来说，这期间比较顺利地实现了对个体农业和手工业以及资本主义工商业的社会主义改造，建立了社会主义制度。而且，这期间在整个国民经济范围内建立了计划经济体制。这就为这期间经济发展奠定了基本经济制度和经济体制的基础。（2）这期间较好地处理了各种经济关系，为经济的持续高速发展，创造了根本条件。主要是：①不断克服急躁冒进情绪，使生产建设规模和速度与国力相适应。这期间在周恩来总理和陈云副总理的主持下，在 1953 年特别是 1956 年成功地进行了反冒进，避免了 1958 年那样的"大跃进"，使得经济获得了持续高速发展。②把基本建设放在首位的同时，注意充分发挥现有企业的生产潜力。③在重点发展重工业的同时，注意发展轻工业和农业。④贯彻厉行节约方针，在实现经济高速增长的同时，注意提高经济效益。⑤重视从苏联和东欧国家引进设备、技术、人才、资金和管理经验，在充分利用国内资源的同时，尽可能利用国外资源。⑥巩固稳定的政治局面，为经济的持续快速发展创造了良好社会环境。以上两点不仅推动了这期间经济的持续快速增长，而且大幅提高了社会经济效益。这期间国内生产总值年均增速为 9.2%，年均全社会固定投资效益系数（即新增国内生产总值除以固定资产投资）高达 0.55，社会劳动生产率年均增长 5.0%，成为新中国成立以后经济增速和经济效益最好的时期之一。这样，一方面为适度提高投资率提供了较大的空间，另一方面又为在显著提高消费水平的同时适度降低消费

[①] 《新中国六十年统计资料汇编》，中国统计出版社 2010 年版，第 13—15 页。需要说明，这里投资率和消费率之和不等于 100%，是因为还有净出口的因素。以下均同。

率留下了余地。如前所述，这期间投资率有了一定的提高，消费率有了一定的下降。但消费水平却有了显著的提高。

第二，总的来看，这期间较好地贯彻了陈云同志提出的调控宏观经济的原则。即财政收支和银行信贷必须平衡，生产物资供需必须平衡，人民购买力提高必须同能够供应的消费物资相适应以及基本建设规模和财力物力之间的平衡。这样，就为提高以货币形态表现的投资和消费的实现提供了物质保证，而不致引起物价上涨。事实也正是这样的。在这期间，职工生活价格指数年均只上升了 1.8%，处于低度通胀区间。[①] 需要说明：这期间物价处于平稳状态，是同以财政收支和银行信贷的平衡为特征的中性财政货币政策有直接联系的。1953—1957 年，财政赤字共计为 29.45 亿元，只占这期间财政支出总额的 1320.53 亿元的 2.2%。这期间流通中的现金由 1952 年的 27.5 亿元，增加到 1957 年的 52.8 亿元，增加了 25.3 亿元。增加额仅为这期间增加的国内生产总值 390.3 亿元的 6.4%[②]。

以上分析是从这期间的主要方面来说的。但也要指出这期间投资率在某种程度上是偏高的，消费率在某种程度上是偏低的。比如，这期间，年均经济增速为 9.2%，而全国居民平均消费水平年均增速只有 4.5%[③]。诚然，为了实现这期间建立社会主义工业化初步基础的伟大历史任务，消费水平增速必须低于经济增速。但二者增速的差距似乎大了一些。这还是从国内做纵向比较来说的。如果做国际比较，那更是可以说这期间的积累率是偏高了（详见后述）。

（三）计划经济体制强化时期的投资和消费的比例关系——"大跃进"阶段、经济调整阶段、"文化大革命"阶段和"洋跃进"阶段的投资和消费的比例关系（1958—1978 年）

与"一五"时期相比较，这个时期投资和消费比例关系的变化特点是：（1）这个时期经济周期的波峰年份与波谷年份之间的投资率与消费率波动

---

① 作者依据我国历史经验数据，把居民消费价格上升 3% 左右称为低度通胀，5%—10% 称作中度通胀，10% 以上称作高度通胀。

② 《新中国六十年统计资料汇编》，中国统计出版社 2010 年版。

③ 同上书，第 12、14 页。

幅度很大。其突出例证是：在 1958 年开始的一轮经济周期中，作为波峰年份的 1959 年，其投资率高达 42.8%，作为波谷年份的 1962 年只有 15.1%，二者相差 27.7 个百分点；消费率最低年份 1959 年只有 56.6%，最高年份 1962 年达到 83.7%，二者相差 27.1 个百分点。（2）这个时期投资率大幅提升，消费率大幅下降。年均投资率高达 30.6%，比"一五"时期要高出 5.9 个百分点；年均消费率只有 68.9%，比"一五"时期要低 6.7 个百分点[①]。

决定这个特征的主要因素是：第一，盲目追求经济高速增长的经济战略。本来速度问题是社会主义建设中的一个重要问题。但脱离中国实际情况盲目追求高速度就使得事情走向了反面。其突出例证就是 1958 年开始的"大跃进"。这年经济增速高达 21.3%，比 1957 年上升了 16.2 个百分点，这是其一。其二，这个时期盲目追求经济高速增长主要就是盲目追求工业（特别是重工业）的高速增长。1958 年工业增长了 53.4%，其中，重工业增长了 78.8%，二者分别比 1957 年上升了 42 个百分点和 60.4 个百分点。其三，在这个时期，粗放的经济增长方式不仅不可能有多大变化，甚至进一步强化了。在上述三个条件下，盲目追求经济（主要是重工业）的高速增长，必然要求大幅提高投资。而且在经济总量一时不可能有很大增长的情况下，投资的大幅提高就意味着投资率的大幅上升和消费率的大幅下降。

第二，1958 年以后，计划经济体制得到了进一步强化。在各种经济情况已经发生重大变化的条件下，这种强化的经济体制就从原来的促进经济发展的因素，逐步演变成了阻碍社会生产力发展的桎梏[②]。其突出表现就是这种体制成为盲目追求经济高速增长的经济战略的体制基础。主要是：（1）在这种体制下，国家拥有大部分社会生产资源，而且可以采取行政命令手段迅速动员这些资源。在这种体制下，各级政府官员和公有企业领导人实际拥有这些资源使用权，但对资源使用后果并不承担经济责任，存在一种财务软约束。在这种体制下，其重要的运行机制是下级政府官员对上级政府官员以及企业领导人对政府官员的行政责任。这样，在追求经济高速增长的战略目标的支配下，经济增速也就成为考核政府官员和企业领导人的政绩的主要指标。所有这些就构成了强大的投资膨胀机制，成为盲目

---

① 《新中国六十年统计资料汇编》，第 13 页。

② 汪海波：《中国现代产业经济史》，山西经济出版社 2006 年版，第 203—204 页。

追求经济高速增长的主要动力。（2）在这种体制下，财政政策、货币政策、物价政策和收入分配政策也成为推行盲目追求经济高速增长的政策重要工具。比如，在 1958—1960 年"大跃进"期间，年均基本建设投资高达 295.39 亿元。与此相联系，这三年年均财政支出高达 529.07 亿元，年均财政赤字高达 49.39 亿元。这三个数据分别比"一五"期间年均基本建设投资高出 194.1 亿元，比年均财政支出高出 264.96 亿元，比年均财政赤字高出 43.5 亿元。这些数据表明：扩张的财政政策推动成为"大跃进"的重要政策工具。但由于这期间指令性价格占主要地位，存在抑制型通胀。因而货币政策特别是价格政策在这方面的作用并不明显。这三年流通中的现金年均增长 14.36 亿元，比"一五"期间年均数只高出 9.31 亿元。价格政策则更是这样。这三年职工生活价格指数年均上升了 0.3%，甚至比"一五"期间年均数下降了 1.5 个百分点。但收入分配政策在这方面的作用则很明显。这三年全社会固定资产投资依次分别为 348.8 亿元、460.0 亿元和 520.7 亿元，年均增长率为 43.2%，比"一五"期间高出 8.51 个百分点；居民平均消费水平依次分别为 111 元、104 元和 111 元，年均增长率为 −4.1%，比"一五"期间要低 8.6 个百分点。可见，这种高投资、低消费的分配政策，在推动盲目追求经济高速增长方面起了极重要的作用。

我们在上面着重分析了由于传统经济战略和经济体制的作用，导致了 1958—1960 年"大跃进"期间高投资率低消费率的状况。但这绝不是说这种状况只是存在于这期间。实际上，也正是由于这个战略和体制的作用，导致了 1958—1978 年发生了以经济增速大上和随之必然到来的大下为特征的三次周期波动。很显然，在计划经济体制下，经济（主要是重工业）增速大上，必然遇到社会产品供给的制约，主要是农产品和轻工业产品的制约。于是经济增速被迫大下。而在经济增长大上年份（即经济过热年份[①]）投资率必然大升，消费率必然大降。1958—1960 年经济过热年份在这方面的情况已见前述。其后的 1970 年和 1978 年这两个过热年份也发生了类似情况。1970 年经济增速高达 19.4%，于是投资率上升到 33.8%，消费率下降到 66.1%。1978 年经济增速高达 11.7%，投资率又上升到 38.2%，消费率

---

① 笔者依据我国历史经验数据，把现实经济增长率超过潜在经济增长率（在现阶段约为 8%）两个百分点，认为经济过热年份。

下降到 62.1%[①]。

第三，传统的经济战略和经济体制的作用，必然导致年均经济增速和经济效益的下降。1958—1978 年，年均经济增速为 5.4%，比"一五"时期年均经济增速下降了 3.8 个百分点；年均社会劳动生产率增速为 2.8%，年均社会固定资产投资效益系数为 0.24，分别比"一五"时期下降了 2.2 个百分点和 0.31 个百分点。而相对经济增速和经济效益较高的年份来说，经济增速和经济效益较低的年份，增长的经济总量为增加投资总量、而又不提高投资率的空间要小得多。从这个意义上说，由高投资率导致的经济增速和经济效益的下降，反过来又成为不利于投资率提高、并极易导致和加剧高投资率一个重要因素。

（四）建立和完善社会主义市场经济时期的投资和消费的比例关系——实现社会主义现代化建设三步走战略目标时期的投资和消费的比例关系（1979—2009 年）[②]

与 1958—1978 年相比较，这时期投资和消费的比例关系的变化，呈现出以下特点：

1. 投资率上升到前所未有的高度，消费率则降到前所未有的低度。1979—2009 年，年均投资率为 37.9%，年均消费率为 60.1%，二者分别比 1958—1978 年高 7.3 个百分点和低 8.8 个百分点。这个时期投资率最低年份 1982 年为 31.9%，最高年份 2009 年上升到 47.5%。前者比 1958—1978 年期间投资率最高年份 1959 年还要高 4.7 个百分点，后者比投资率最低年份 1962 年高 16.8%。这期间消费率最高年份 1981 年也只有 67.1%，最低年份 2008 年还只有 48.4%。前者比 1958—1978 年期间消费率最高年份 1962 年低 16.6 个百分点，后者比消费率最低年份 1959 年低 7.8 个百分点。

2. 投资率和消费率在这期间年度之间以及经济周期波峰年与波谷年之间的波动幅度比较小，相对平稳。1958—1978 年期间，投资率年均上升 0.61 个百分点，消费率年均下降 0.57 个百分点。而在 1978—2009 年期间，

---

① 《新中国六十年统计资料汇编》，中国统计出版社 2010 年版，第 11、13 页。

② 按照党的十六大部署，建立完善的社会主义市场经济体制，要到 2020 年。按照邓小平理论，最终实现社会主义现代化建设三步走的战略目标，要到 21 世纪中叶。但本文的分析只到 2009 年。

前者仅为 0. 30 个百分点，后者也只有 0. 43 个百分点。投资率和消费率这种相对平稳的状态，在这两个时期经济周期的波峰年份与波谷年份的变化上表现得尤为明显。比如，作为波峰年份的 1959 年，其投资率和消费率分别为 42. 8% 和 56. 6%。但到了作为波谷年的 1962 年，二者分别变为 15. 1% 和 83. 7%；前者下降了 27. 7 个百分点，后者上升了 27. 1 个百分点。但峰年的 1992 年，二者分别为 36. 6% 和 62. 4%。而到了作为波谷年的 1999 年，二者分别变为 36. 2% 和 61. 2%；前者只下降了 0. 4 个百分点，后者也下降了 1. 2 个百分点。[①]

3. 投资率的上升和消费率的下降是在消费水平同时大幅上升的条件下实现的。1958—1978 年，全社会固定资产投资和全国居民平均消费水平年均增速分别为 13. 2% 和 1. 7%，二者之比为（以后者为 1，下同）7. 8∶1. 0。而在 1979—2009 年，前者和后者年均增速分别为 20. 3% 和 7. 1%，二者之比为 2. 9∶1. 0。可见，1979—2009 年投资和消费年均增速分别比 1958—1978 年高出 7. 1 个百分点和 5. 4 个百分点，二者之间的差距也缩小了 4. 9 个百分点。[②]

形成这些特点的主要原因：从 20 世纪 80 年代以来，我国将在一个相当长的时期内面临着前所未有的良好的经济发展的战略机遇期。相对以往各个时期来说，这个战略机遇期的主要特点是：经济可以得到持续稳定高速和比较有效益的发展。决定这一点的主要因素是：1. 经济全球化条件下改革开放效应；2. 知识经济时代科技进步效应；3. 工业化中期阶段效应（其中包括城镇化加速效应）；4. 积累了适应我国社会主义市场经济要求的、经济周期发展全过程的宏观经济调控效应；5. 中国作为人口大国和经济大国的效应；6. 我国仍然可以赢得一个较长时期的稳定的社会政治局面和世界和平环境。[③]

这些因素作用的结果是：

1. 经济的长期持续高速发展。1979—2009 年，我国年均经济增速高达 9. 9%；在基数大大增加的情况下，比 1953—1957 年的 9. 2% 还要高出 0. 7

---

① 1992 年净出口占国内生产总值的比重仅为 1. 0%，而到 1999 年上升到 2. 6%，故有投资率和消费率双双下降的局面。

② 《新中国六十年统计资料汇编》，第 13—15 页；《中国统计摘要》（2010），中国统计出版社 2010 年，第 34—38 页。

③ 汪海波：《论中国经济社会的持续快速全面发展（2001—2020）》，经济管理出版社 2006 年版，第 83—84 页。

个百分点；比 1958—1978 年的 5.4% 高出 4.5 个百分点。

2. 经济的长期稳定发展。这一点突出表现在：经济周期实现了由超强波周期到轻波周期的转变。如果以波峰年作为经济周期的起点，那么，新中国成立以来，我国已经经历了九次经济周期。1953 年经济增速高达 15.6%，是第一个波峰年，1954 年迅速下降到 4.2%，是第一个波谷年；波谷年与波峰年经济增速的落差是 11.4 个百分点，是一次强波周期。1956 年经济增速猛增到 15.0% 是第二个波峰年；1957 年下降到 5.1%，是第二个波谷年；经济增速的落差为 9.9 个百分点，是一次近乎强波周期。1958 年经济增速跃进到 21.3%，是第三个波峰年；1961 年经济竟然负增长 27.3%，是第三个波谷年；经济增速的落差高达 48.6 个百分点，是一次超强波周期。1970 年经济增速迅速上升到 19.4%，是第四个波峰年；1976 年负增长 1.6%，是第四个波谷年；经济增速落差为 21 个百分点，也是一次超强波周期。1978 年经济增速上升到 11.7%，是第五个波峰年；1981 年下降到 5.2%，是第五个波谷年；经济增速的落差为 6.5 个百分点，是一次中波周期。1984 年经济增速又上升到 15.2%，是第六个波峰年；1986 年下降到 8.8%，是第六个波谷年；经济增速的落差为 6.4 个百分点，又是一次中波周期。1987 年经济增速又上升到 11.6%，是第七个波峰年；1990 年下降到 3.8%，是第七个波谷年；经济增速的落差为 7.8 个百分点，也是一次中波周期。1992 年经济增速上升到 14.2%，是第八个波峰年；1999 年下降到 7.6%，是第八个波谷年；经济增速的落差为 6.6 个百分点，又是一次中波周期。2007 年经济增速上升到 14.2%，是第九个波峰年；2009 年下降到 9.1%，是第九个波谷年；经济增速的落差为 5.1 个百分点，近乎一次轻波周期。

3. 经济实现了比较有效益的发展。仅就社会劳动生产率的年均增速来看，1979—2009 年为 7.5%，比 1953—1957 年高出 2.5 个百分点，比 1958—1978 年高出 4.7 个百分点。[①] 另据有的学者测算，在改革以后 30 年

---

① 《新中国六十年统计资料汇编》，第 7、11 页；《中国统计摘要》（2010），中国统计出版社 2010 年版，第 23、44 页。说明：（1）笔者依据我国历史经验数据，将波谷年与波峰年经济增速的落差 5 个百分点以下称作轻波周期，将 5—10 个百分点称作中波周期，将 10 个百分点以上称作强波周期，将 20 个百分点以上称作超强波周期。（2）笔者预计 2010 年经济增速将超过 2009 年，约为 10%，故将 2009 年称作第九个经济周期的波谷年。

的经济增长中，全要素生产率对经济增长的贡献率高达 30%，远远超过了改革以前的 30 年。

经济的长期持续高速、稳定和比较有效益的发展，就会使得改革以来年均增长的经济总量达到改革以前所不能达到的、望尘莫及的巨大规模。按不变价格粗略计算，1953—1978 年，年均增长的经济总量为 123.0 亿元；而 1979—2009 年，高达 2189.5 亿元①。后者为前者的 17.8 倍。这一点，正是改革以来在实现高投资率的同时，又能使得消费得到明显增长的源泉。当然，形成高投资的主要根源，还是以地方政府为主的调整膨胀机制（详见后述）。

二　当前投资和消费比例关系方面存在的问题及其对策的思考

（一）当前我国投资和消费比例关系方面存在的问题

综上所述可知，1979—2009 年，我国年均消费率比 1952 年消费率低 18.8 个百分点，比 1953—1957 年消费率低 15.5 个百分点，甚至比 1958—1978 年消费率也要低 8.8 个百分点。与此相对应，1979—2009 年我国年均投资率，比 1952 年高出 15.7 个百分点，比 1953—1957 年年均投资率高出 13.2 个百分点，甚至比 1958—1978 年年均投资率还高出 7.3 个百分点。这些数据表明：这期间我国年均消费率呈现逐期降低的趋势，而年均投资率则呈现逐期提高的趋势。但问题不仅限于这一点，问题还在于：这期间我国年均消费率下降的百分点还呈现逐期加大的趋势；而年均投资率下降的百分点也呈现逐期加大的趋势。1953—1957 年，我国年均消费率比 1952 年下降 3.3 个百分点；1958—1978 年年均消费率比 1953—1957 年下降 6.7 个百分点；1979—2009 年年均消费率比 1958—1978 年还下降 8.8 个百分点。与此相对应，1953—1957 年我国年均投资率比 1952 年上升 2.5 个百分点，1958—1978 年比 1953—1957 年又上升 5.9 个百分点，1979—2009 年比

---

① 《新中国六十年统计资料汇编》，第 9、12 页；《中国统计摘要》（2010），中国统计出版社 2010 年版，第 20、22 页；国家统计局网，2010 年 7 月 2 日。

1958—1978 年还上升了 7.3 个百分点①。据此，可以认为，当前我国消费率已经跌入低谷，而投资则步入巅峰，二者的失衡状态已经达到了十分严重的地步。

如果再做一点国际比较，还可以更清楚地看到这方面的严峻形势。诚然，世界各国的具体情况千差万别，不可能有一个统一的合适的消费率和投资率。但按照毛泽东的精辟说法："矛盾的普遍性和矛盾的特殊性的关系，就是矛盾的共性和个性的关系。其共性是矛盾存在于一切过程中，并贯穿于一切过程的始终，——所以它是共性，是绝对性。然而这种共性，即包含于一切个性之中，无个性即无共性。——一切个性都是有条件地暂时地存在的，所以是相对的。这一共性个性、绝对相对的道理，是关于事物矛盾的问题的精髓，不懂得它，就等于抛弃了辩证法。"② 从这方面说，做国际比较，具有重要意义。

依据钱纳里等人的研究，1950—1970 年期间，包括高中低收入国家在内的 101 个国家平均投资率由 13.6% 上升到 23.4%，平均消费率由 89.8% 下降到 76.5%。依据世界银行数据库的资料，在 1970—2002 年期间，世界各国平均投资率由 25.6% 下降到 19.9%；平均消费率由 74.2% 上升到 79.6%。2009 年，世界各国平均投资率为 21.0%。可见，我国当前投资率在上述四个时点上（即 1950 年、1970 年、2002 年和 2009 年），都大大超过了世界各国平均投资率。其中，2009 年我国投资率比世界各国投资率还要高出 26.5 个百分点。

所以，无论是纵向的历史比较，还是横向的国际比较，都可以说明：当前我国投资率正步入巅峰，消费率跌入低谷，亟须调整。

（二）当前调整投资和消费比例关系的重大意义

当前调整投资和消费比例关系，其重大意义主要有以下几个重要方面：第一，是实现经济持续稳定发展的根本前提。按照马克思关于社会扩大再生产的一般理论，生产资料生产部门和消费资料生产部门相互在价值构成和物质构成上满足对方的需求（概括起来说，也就是社会总产品需要在价

---

① 以上数据来源，已见前注，不再复注。
② 《毛泽东选集》第 1 卷，人民出版社 1991 年版，第 319—320 页。

值形态上和物质形态上适应社会总需求），是社会扩大再生产持续进行的根本条件。诚然，投资和消费的失衡，是社会总需求内部结构的失衡，但它同时又必然导致社会总供给和社会总需求的失衡。而按照凯恩斯的宏观经济学，社会总需求＝社会总供给，是经济稳定增长的条件。还需指出，马克思关于资本主义生产无限扩大的趋势和劳动者有购买力的需求相对缩小的矛盾，是资本主义生产过剩的经济危机的直接原因。从一般意义上说，这个道理对我国社会主义市场经济也是适用的。实际上，以上各点是我国改革以后经济实践反复证明了的不容置疑的客观真理。这里需要提到，在2007年下半年由美国次贷危机引发的国际金融危机以后，2008年以来，我国及时采取了以4万亿元投资为重点的刺激经济的计划，由此赢得了2008年和2009年的9.6%和9.1%的经济增长①。在国际环境险恶的条件下，能够获得这样的经济高增长，实属来之不易的重大成就，并因此获得了世人的青睐。但如果把这个原本是短期刺激经济的政策搞成了中期政策，把注意力过于侧重经济的增速，而对投资和消费比例关系的调整没有给予足够的注意，那么，我国经济持续的高速增长，就是难以做到的。

第二，是调整产业结构的一个重要动因。诚然，调整投资和消费的比例关系，与调整第一、第二、第三产业比例关系是互为条件的。但在社会主义市场经济条件下，货币资本也是资本运动的起点和动力。从这方面来说，调整货币形态上的投资和消费的比例关系，具有更重要的意义。所以，如果只是片面强调调整第一、第二、第三产业的比例关系，而不是把调整第一、第二、第三产业比例关系与调整投资和消费比例关系紧密结合起来，那就会收效不大；反之就可以发挥相互促进的良好作用。

第三，是促进经济增长方式转变的一个重要因素。投资和消费比例关系失衡与经济增长方式粗放是一对孪生兄弟。但这绝不是一种偶然的巧合，而是有必然的联系。事情很清楚：如果投资比例过大，就会使得投资品市场需求旺盛，并在一定程度上带动消费品市场的扩容。在这种市场需求过旺的条件下，即使过多低水平重复生产的产品，企业也不愁卖不出去。这样，企业就缺乏改进生产技术的市场环境和动力。这是我国经济增长方式

---

① 《中国统计摘要》（2010），中国统计出版社2010年版，第22页；国家统计局网，2010年7月12日。

转变缓慢的一个重要原因。所以，即使把转变经济增长方式的口号叫得再响，但如果不在调整和消费比例关系上切实地下工夫，那么，这个口号在很大程度上就会成为一句空话。

第四，是转变贸易增长方式、提高国际竞争力和降低外贸依存度的一个重要抓手。改革以来，我国在出口方面已经实现了由初级产品为主到以工业制成品为主的转变。这是一个重大成就。但当前在工业制成品出口方面，高技术产品占的比重小，拥有核心技术和自主品牌的产品也很少；在整个出口方面，服务贸易占的比重也不大。因而竞争力不强。改变这种情况，是当前转变贸易增长方式的两个最重要内容。但实现这种转变的一个重要条件，就是要调整投资和消费的比例关系，以促进企业的技术进步，提高竞争力。这是其一。其二，改革以来，我国已经根本改变了改革前存在的、那种由主客观原因形成的封闭半封闭的经济状态。这也是一个重要的历史成就。但在新世纪以来，又存在外贸依存度过高的问题。其中，2004—2007 年外贸依存度依次分别高达 59.9%、63.2%、65.2% 和 62.7%；与此相联系，货物和服务净出口对经济增长的贡献率依次分别高达 6.0%、23.1%、16.1% 和 18.1%。[①] 显然，对一个社会主义的大国来说，这样高的依存度和贡献率，包含着巨大的经济风险和经济安全问题，很不相宜。诚然，这种情况是由国际和国内多方面原因形成的。就国际方面来说，主要由于美元作为世界货币的霸权地位，以及与此相联系的凭此推行外贸赤字造成的。此外，与美国的低储蓄率、高消费率也有重要的联系。但就国内方面来说，则主要是由于高投资率和低消费率形成的产品相对过剩。正是由于这一点才推动了外贸大幅增长。这个内因是主要原因。可见，当前调整投资和消费的比例关系，是降低对外贸易依存度的最重要手段。

第五，是提高经济效益的一个根本条件。经济效益包括宏观方面社会生产资源的配置效益和微观方面的企业生产要素的运营效益。这两种效益是互相制约，互相促进的，但前者是后者的前提。而且，投资和消费的比例关系以及第一、第二、第三产业的比例关系又是决定宏观经济效益的两个主要因素，前者对后者也具有更重要的制约作用。这样，合理调整投资

① 《中国统计摘要》（2010），中国统计出版社 2010 年版，第 36、66 页。

和消费的比例关系，就成为提高经济效益的一项根本内容。就我国当前投资率过高的具体情况来说，降低投资率在这方面还具有更加特殊的重要作用。

第六，是降低能耗物耗、减少环境污染和改善生态环境的一个重要途径。改革以来，我国在发展经济方面取得了举世瞩目的伟大成就。但在资源和环境方面也付出了沉重的代价，以致成为当前世界上资源消耗最多和环境污染最严重的国家之一，成为我国经济社会可持续发展的最大瓶颈。诚然，新世纪以来我国在节约资源和治理环境方面已经取得了重要进展。按照我国"十一五"规划确定的目标，到 2010 年，单位国内生产总值能耗降低 20% 左右，主要污染物的排放量降低 10%。到 2009 年年底，单位国内生产总值能耗下降了 14.38%，化学需氧量（COD）和二氧化硫（SO_2）的排放量分别下降了 9.66% 和 13.14%。[①] 但是，能耗物耗过大和环境污染严重的情况远没有根本改变。这样，节能减排和治理污染仍然是当前的一个极其重要的任务。诚然，实现这个任务，可以有多种途径。诸如推进技术进步，发展循环经济，推行森林碳汇（即森林系统减少大气中二氧化碳浓度的过程、活动和机制）等。但在我国投资率和经济增速过高的条件下，通过降低投资率，进而降低经济增速，也不失为一个重要途径。而且，在既定的经济技术条件下，这还是一个很有效的途径。

第七，为深化经济改革创造宽松的宏观经济环境。改革以来的经验证明：在由投资率过高导致的经济过热的环境下，作为改革基本内容之一的产品价格和生产要素价格改革就很难推进，甚至发生某种程度的倒退（即政府指令价格在全部价格中的比重又回升）。而且，在经济过热以后，又往往出现经济过冷。而在经济趋冷的情况下，又需要实行扩张性的宏观经济政策。在我国政府主导型的市场经济和国有经济占的比重还过大的条件下，在推行这项扩张性的宏观经济政策的过程中，往往伴有国有经济投资的大幅增长。这样，不仅投资体制改革和国有经济战略性调整难以继续推进，甚至在一定程度上引发了计划投资体制的复归和国有经济比重的回升。因此，调整投资和消费的比例关系，使经济平稳发展，是深化经济改革所必需的宏观经济环境。

---

① 转引自新华网，2010 年 9 月 14 日。

第八，是进一步提高人民生活水平的基本源泉。诚然，改革以来，我国人民生活已经有了显著的改善。但整体说来，当前我们人民生活水平还不高，特别是还存在大量的贫困人口。2009 年单是全国农村贫困人口就有3597 万人（每人每年按 1196 元标准计算）。所以，提高人民生活水平还是当前一个很迫切的任务。而在经济总量、政府消费率和净出口率已定的条件下，提高居民消费率与提高人民生活水平是一种很强的正相关关系。在当前我国投资率过高的情况下，在提高消费率方面存在很大的空间。比如，可以设想，在上述各种条件不变的情况下，如果 2009 年居民消费率不是已有的 35.6%，而是 37.6%（即提高 2 个百分点），那么，全国居民每人就可以增加 511.7 元，比这年全国居民实际消费水平 9142 元提高 5.6%。[①] 可见，在我国投资率过高和经济总量很大的情况下，降低投资率，提高消费率，对于提高居民消费水平具有很重要的意义。

第九，是巩固社会政治稳定的基础性工程。一般说来，提高居民收入生活水平，是实现社会政治稳定的必要条件。而我国当前的情况，不仅是居民收入水平不高，而且收入水平差别过大。当前影响我国社会政治稳定的最重要的因素，除了部分的政府官员和国企高管人员愈演愈烈的贪污腐败以外，就是收入差别过大。依据世界银行的报告，20 世纪 80 年代，我国基尼系数为 0.21—0.27；从 2000 年开始就超过了国际公认的 0.4 警戒线；2007 年又上升到 0.48；目前约为 0.5。[②] 必须清楚地看到，当前我国各种社会矛盾的激化已经达到了前所前所未有的程度。而这种情况在很多场合和不同程度上都是同收入差别过大相联系的。但通过调整投资和消费的比例关系，在提高居民收入的过程中，着重向低收入阶层倾斜，以逐步缩小居民收入差别，并大力扩大作为社会政治稳定的中坚力量的中等收入阶层，以缓和社会矛盾，促进社会政治稳定。

第十，集中起来说，当前调整投资和消费的比例关系的重大意义，就是贯彻党的十七大着重提出和阐述的科学发展观以及坚持扩大内需特别是消费需求的方针[③]的一项根本措施，是关系发展、改革和稳定的一个全局性

---

① 《中国统计摘要》（2010），中国统计出版社 2010 年版，第 34、36、38、39 页。
② 《中国经济时报》2010 年 9 月 13 日。
③ 《中国共产党第十七次代表大会文件汇编》，人民出版社 2007 年版，第 14、22 页。

问题。

（三） 调整投资和消费比例关系的对策思考

投资和消费比例关系是国民经济全局中的一个根本性问题。它的调整也会涉及众多方面。[①] 本文只拟依据当前情况提及其中两个关键问题。

1. 要下决心把年度经济增长率逐步稳定在当前潜在经济增长率的水平上（即8%左右）。之所以提出这一点，首先是因为它是调整投资和消费比例关系的前提。事实上，我国当前存在的高投资率，正是由经济高增长推动的。

但在这里之所以提出这一点，还因为近来在我国学界有这样一种观点在传播。即中国在今后10年、20年甚至30年仍然能够实现经济高增长。而这里所说的高增长，其量的界定就是年均增长9%以上，甚至接近10%。无论从理论意义或者实践意义上说，这种观点都值得商榷。

这种观点讲的是中国今后长时期经济增长率。所以，把它理解为中国今后的潜在经济增长率是符合愿意的。我们就从这个视角讨论这种观点。

这种观点的依据可能有以下三个主要方面：

（1）我国历史经验。因为1979—2009年我国年均经济增长率就达到9.9%，但能否由这个历史经验做出结论说，中国在今后10年乃至30年仍然可以实现9%以上乃至10%的年均经济增长率。看来，在这方面仍有众多问题需要研究。应该肯定，以长期的历史经验数据为依据来测算潜在经济增长率，从方法论上说是无可置疑的。现实经济增长率是经济增长中的现象形态，而潜在经济增长率是经济增长中的本质（或规律，下同）。按照马克思主义关于本质特征的分析，它具有长期性、稳定性的特征。而潜在经济增长率正是具有这样的特点。正如萨缪尔森所说："潜在产出增长是相当平稳的。""从比较长期的观点来看，推动经济在几十年内增长的因素，是潜在的产出和总供给。"[②] 但就新中国成立后历史经验数据来看，也面临着三种选择。1953—1978年，我国年均经济增长率为6.1%，1979—2009年

---

① 《汪海波经济文选》，中国时代出版社2009年版，第43—48页。

② 保罗·A.萨缪尔森、威廉·D.诺德豪斯：《经济学》，中国发展出版社1992年版，第301、303页。

为 9.9%，1953—2009 年为 8.1%。① 这三个时限都是比较长的时期。但相对说来，以 1953—2009 年年均经济增长率 8.1% 为依据，把我国今后一个时期潜在经济增长率定为 8% 左右，更符合作为经济本质所具有的稳定性和长期性的特点。因而更为相宜。不仅如此，这样确定还更符合作为潜在经济增长率的质的规定。就我国当前的情况来看，潜在经济增长率应定义为：在一定时期，在既定的社会生产技术条件下，在适度开发利用资源和保护环境的前提下，各种生产要素潜能充分发挥所能达到的生产率。这样，在我国当前资源过度消耗和环境严重污染的情况下，不以 1979—2009 年年均经济增速 9.9%，而以 1953—2009 年的 8.1%，无疑是更为相宜的。当然，无论是以 30 年的历史经验数据为依据，或是以 60 年的历史经验数据为依据，都不能充分说明今后一个时期潜在经济增长率。因为尽管历史具有继承性，今天中国是过去中国的历史发展，明天中国是今天中国的历史发展，但明天中国毕竟不同于今天中国。因此，要充分说明今后一个时期中国潜在经济增长率，还必须分析今后这个时期的供给要素，这一点留待下面展开。

（2）理论依据。就笔者看到的有关文章，持有今后几十年经济增速仍可达到 9% 以上乃至 10% 的观点的学者，提出的理论依据主要有以下几点：曾经支撑中国经济过去 30 年高速增长的要素（包括劳动力和资本投入等）在未来 30 年仍然存在。再有，就是城市化的加速推进和区域经济的加速发展等。

从一般意义上说，可以认为这些理论依据都是正确的。而且用它来说明今后 30 年年均经济增速仍能达到 1953—2009 年年均增速 8% 也是可以的。但要用它来说明今后仍能维持过去 30 年的 10% 的增速，就很难说服人了。问题在于：这些学者片面强调了加速今后 30 年经济增长的因素，完全忽略了降低今后 30 年经济增速因素，而且忽略了后一类因素的作用会超过前一类因素的作用。这样，今后 30 年年均增速由过去 30 年的 10% 下降到 8% 就是难以避免的了。具体说来就是：今后确实存在加速经济增长的因素。诸如城镇化和区域经济的加速发展等。但同时也存在众多降低今后 30 年经济增速的因素。举其要者有：

---

① 《新中国六十年统计资料汇编》，第 12 页；《中国统计摘要》（2010），中国统计出版社 2010 年版，第 24 页；国家统计局网，2010 年 7 月 2 日。

第一，当前我国资源过度消耗和环境污染已经达到了很严重的地步，几乎接近极限。在既定的社会生产技术条件下，降低资源消耗和减轻环境污染的最有效的办法就是降低经济增速。因为在这种条件下，二者呈现一种很强的正相关的关系。当然，在这方面科技进步等因素也能起很大的作用。但就我国当前的情况来看，这些因素的作用远不如降低经济增速的作用。在这个限度内，可以说降低经济增速是改变资源过度消耗和环境严重污染的最重要办法。

第二，当前我国经济存在严重失衡，已是公认的事实。就我们这里讨论的问题来说，值得提及的有两个重要方面。一是如前所述，我国投资和消费比例关系已经严重失衡。所以，在今后我国经济正常发展的情况下，投资率的逐步下降必将成为一种客观趋势。但问题还在于：投资效益下降局面在短期内也还难有大的改变。据计算，我国投资效益系数，1953—1957 年为 0.55，1958—1978 年为 0.24，1979—1984 年为 0.47，1985—1992 年为 0.53，1993—2000 年为 0.43，2001—2008 年为 0.28。可见，无论从新中国成立后 60 年看，或改革后 30 年看，我国投资效益系数都经历了一个先扬后抑的过程。这个下降过程在短期内还难望有大的改变。二是重工业和轻工业的严重失衡。本来，改革前轻重工业严重失衡状况，在改革后的一个长时期内逐步得到了缓解。但在新世纪初以来，由于重化工业的超高速增长，这种失衡状况又趋于加剧了。下列数据可以清楚地显示这一点。据计算，1953—1978 年，轻重工业年均增速分别为 9.3% 和 13.8%。二者失衡状况趋于加剧。但在 1979—1984 年、1985—1992 年和 1993—2000 年这三段时限内，二者增速分别依次为 12.3% 和 7.3%、16.0% 和 15.4%、18.3% 和 17.1%，二者失衡状况趋于缓解。但在 2001—2007 年，二者增速分别为 16.8% 和 23.2%，二者失衡状况又趋于加剧。但这种失衡状况本身就表明重化工业超高速增长是不可持续的。更何况这些年重化工业的超高速增长，正是资源过度消耗和环境严重污染的主要根源。这更说明是不可持续的。现在需要进一步指出：高投资和重化工业的超高速增长，正是推动我国经济高速增长的两个主要动力。这两方面情况的改变，必将抑制我国经济的增速。

第三，我国现阶段市场经济体制的特点是政府主导型的市场经济。这种体制在动员社会资源，推动经济高速增长方面具有特殊巨大的作用。但也极易导致经济的过快增长。当前这一点尤为明显地表现在以地方政府为主的投资膨胀机制的作用上。但是伴随经济政治改革的深化，政资政企政事分开，行政管理体制、财税体制和干部制度改革的进展，以及民主政治监督的增强，这种投资膨胀机制的作用，有望得到逐步削弱。这样，政府虽然仍是推动经济增长不可代替的重要力量，但当前追求经济过高增长的倾向，预期可以得到遏制。

第四，经济总量和经济增速这两方面的现有基数都会在不同程度上制约今后的经济增速。一般来说，在其他条件相等的情况下，经济总量和经济增速两个基数越大，制约经济增速提高的作用越大，经济增速下降的概率也越大；反之亦然。诚然，这两种基数是有联系的，但又是有区别的。如果在论到基数对经济增速的制约作用时，只提前一方面，而不提后一方面，那就不能认为是全面的。而当前我国经济增速方面又恰恰遇到了这两方面的制约。按不变价格计算，2009 年我国经济总量是 1978 年的 18.6 倍，年均经济增长率高达 9.9%[①]。如果将这一点与前述三个因素联系起来看，那么，我国潜在经济增长率下降就是很明显的。

（3）经济计量模型的依据。在对历史经验数据和理论依据做了分析以后，对经济计量模型方面的依据的分析就比较容易了。这个经济计量模型包括的经济变量有四个：一是资本投入对经济增长的贡献率；二是劳动力投入对经济增长的贡献率；三是科技进步等因素导致效率提高对经济增长的贡献率；四是资源和环境对经济增长率的影响。下面分别就这四个经济变量对经济增长的作用做具体分析：

第一，如前所述，在正常情况下，今后一个时期我国投资率是趋于下降的，投资效率下降趋势也难以有大的改变。这样，大致可以确定：在今后一个时期内，投资对经济增长贡献率与过去 30 年相比较，将是下降的趋势。

第二，劳动投入在这方面的作用将呈现一种复杂的情况。一方面，如果要说路易斯转折点已经到来或即将到来，那是一种过于乐观的估计。但是，改革初期那种劳动力供给大大超过需求的状况已经有了很大改变，并

---

① 《中国统计摘要》（2010），中国统计出版社 2010 年版，第 24 页；国家统计局网，2010 年 7 月 2 日。

正在继续加快发生改变。而且，劳动力价格逐步上升也已成了客观趋势。另一方面，我国已经普及了九年制的义务教育，高中教育也有很大发展，甚至高等教育也已经达到了大众化阶段。这样，人力资本在经济增长中的作用就会逐步上升。这样，前一方面因素对经济增长率提升将发生负面作用，后一方面因素则会发生正面作用；正负相抵以后，仍然可以认为劳动力投入对今后一个时期经济增长率提升将会发生积极作用。

第三，科技进步等因素造成的效率提高。这一点，在今后一个时期内，无疑仍然是提高经济增长率的积极因素。当前我国科技进步因素与经济增长率仍然远远低于经济发达国家，仍有很大的增长潜力。但也要考虑到：以往30年，我国科技因素在这方面贡献率的增速是很快的。如前所述，作为基数之一的速度对尔后的增速是有制约的。所以，对科技进步对提高我国经济增长率的作用也不宜估计过高。

第四，为了补偿以往几十年资源过度消耗和环境严重污染，也为了节约资源和保护环境，资源和环境对今后经济增长肯定会起负面作用。它不仅不能提高经济增长率，还会降低经济增长率。据有的学者估算，资源和环境因素会降低今后经济增长率1—2个百分点。但是，那些持有今后我国经济增速仍能达到10%的学者在论到这一点时，却只字不提资源和环境问题。这是令人十分奇怪的事。

综合以上对四个经济变量的分析，我们可以得出这样的结论：今后一个时期内我国年均经济增速将会下降到8%；如果以经济计量模型来证明仍然可以达到10%，似乎也是缺乏根据的。

事实上，我国不仅已有学者明确提出我国今后潜在经济增长率是下降的，而且把资源和环境因素纳入经济计量模型进行了测算。其结论是：我国潜在经济增长率将由以往30年的10.5%，下降到2010—2015年的9.5%、2016—2020年的7.3%和2020—2030年的5.8%。这个计算结果是否完全准确还可以研究。当然，任何经济计量模型都是抽象的，它只能涵盖若干个主要经济变量，不可能包括实际经济中的全部因素；各个变量所依据的样本数据也很难做到全面；特别是其中某些权重的设置更是难免带有某种程度的随意性。因此，我们对这个测算结果也不能提出完全准确的要求。但是这个测算结果所揭示的我国今后潜在经济增长率的下降趋势，却是可以认同的。

需要提到，笔者也在前面指出：中国在 21 世纪初一个相当长的时期内仍然面临着千载难逢的经济可以得到快速平稳持续发展的战略机遇期。现在需要进一步指出：以往 30 年经济增速 9.9% 是高速增长；今后，30 年经济增长 8%，仍然是高速增长。这无论是同中国的历史比较，还是与当代各国比较，都是可以这样说的。

还要说明：以上都是说的潜在经济增长率，即总供给的潜在增长率，并未涉及总需求因素。但如果把总需求因素也列入考察的视线，如果以地方政府为主的投资膨胀机制得不到有效抑制，甚至进一步强化，如果宏观经济调控也显得无力，甚至在某些方面还有意无意地适应或推动这种膨胀，那么，在今后若干年内经济增速达到 10% 甚至 10% 以上，也是完全可能的。但如果真是这样，那么，中国资源和环境又要受到一次大破坏。这就不是原本意义上的中华民族的伟大复兴，而是给中华民族子孙后代造成巨大灾难。这是一个值得严肃思考的问题！

上述分析表明：为了调整和消费的比例关系，把经济增长率稳定在潜在经济增长率的水平，不仅是必要的，而且是可能的。

我们在上面强调了降低经济增速要在降低投资率方面的重要作用。但并不否定调整产业结构和转变经济增长方式在这方面的重要作用。但问题还在于：如果经济增速降不下来，产业结构调整和经济增长方式转变本身很难取得大的成效。

2. 要下决心在治理以地方政府为主的投资膨胀机制上取得切实成效。如果说，高增长是高投资的主要动力，那么这个投资膨胀机制又正是高增长的根本动力。所以，降低投资率的关键，不仅在于降低经济增速，而且在于改革这个投资膨胀机制。

诚然，经过改革，原来计划经济体制内含的以财务软约束为特征的、主要由中央政府和地方政府以及国有企业构成的投资膨胀机制已有很大的改变。大体说来，在中央政府和改革已经基本到位的国有或国有控股企业，这种投资膨胀机制已经在很大程度上被削弱了。但在地方政府层面，在政府职能转变和财税体制改革还没到位，特别是在民主监督还不强的情况下，原有的投资膨胀机制不仅基本上保留下来，而且由于一些新的因素的出现，投资膨胀机制还进一步强化了。这些因素主要包括：

（1）伴随改革进展，地方政府管理经济的权限大大扩大了。对这种扩大需要分清三种情况：一是改革以前我们实行的是高度集中的计划经济体制。这主要表现为企业是国家行政机关的附属物，而不是独立的市场主体。但也表现为中央管理经济权限过大，地方管理经济权限过小。就这方面来说，适当扩大地方经济管理权限，虽然还只是行政性分权，但也还是必要的、合理的。二是伴随政府职能向公共服务型政府的逐步转变，地方政府在实现基本公共服务均等化方面承担着越来越大的责任。这是适合经济改革要求的，十分必要，完全合理。三是在政资、政企、政事还没有分开的条件下，扩大地方政府的经济管理权限，实际上也就扩大了地方政府直接管理经济的权限，是同经济改革要求背道而驰的。就这三种情况与地方政府的投资膨胀机制的关系而言，第三种情况是强化了投资膨胀机制，第一、第二种情况在客观上也成为这方面的一个因素。

（2）与第一点相联系，地方政府实际拥有的国有资产大大增长，它原来实际拥有的国有资产在经济增长中的作用也大大提升。这一点在当前特别突出表现在地方政府实际拥有的国有土地资产上。不仅如此，当前许多地方政府还通过低价征用农村的集体土地，再经过高价拍卖，在很大程度上获得了农村集体土地的收益权。这样，在当前我国工业化、城市化快速发展的过程中，土地资产在经济生活中的作用大大增长条件下，这一点就成为地方政府加速本地经济发展的强有力杠杆。

（3）在干部选拔、任命和考核等方面存在的一系列问题，也在这方面起了重要作用。仅就干部考核而言，在事实上就存在着唯 GDP 是论的错误倾向。这无疑是推动地方政府盲目追求经济高增长的最有力的动力。

（4）最重要的就是改革以来，地方政府越来越成为市场竞争的主要角色。这是改革以来出现的新情况。计划经济体制是天然排斥竞争的。因而当时在地方政府之间也没有竞争可言。而竞争却是市场经济的本质特征。这样，伴随经济改革的进展，地方政府逐渐成为市场主体，竞争必然在它们之间开展起来。而且地方政府以其拥有的强大经济实力，成为最强有力的市场主体。在这方面，一般的公有和私有企业是无法比拟的。地方政府成为市场竞争主力，同改革前后实行的区域经济战略的变化也有重要的联系。改革以前，我国实行地区经济均衡发展战略。这有当时的客观需要，也起过重要积极作用。但它不仅不能解决地区之间的均衡发展问题，而且成为阻碍全国经济发展的一个重要因素。改革以后，我国实行的是非均衡的地区经济发展战略。这是一个加速经济增长的重要因素。但也扩大了地区之间的经济差距。

诚然，从上世纪末开始，我国逐步实行了西部大开发、振兴东北老工业基地、促进中部崛起、鼓励东部率先发展的地区经济协调发展的总体战略。但这个战略实施的时间不长，没有也不可能改变当前地区经济发展的差别过大的情况，而且差别扩大的趋势还没有得到有效的遏止。这样，这种区域经济发展的现状就形成了两方面的结果：一方面，它会进一步推动经济发达地区继续开足马力；另一方面又会激发欠发达地区急起直追。所以，地区之间的竞争，是强化地方政府投资膨胀机制的最重要因素。当然，同时也是推动地方经济和全国经济发展的最重要动力。正是这个投资膨胀机制推动了经济高增长，进而推动了高投资。

当前，推进地方政府的投资膨胀机制的改革，最重要有以下几点：一是进一步推进政资、政企、政事分开，削弱地方政府拥有的经济实力。二是进一步推行政管体制改革，削弱地方用行政手段直接干预经济的权力。三是进一步推进财税体制改革，改变当前地方政府事权与财权不相匹配的状况，同时完善财政转移支付制度。还要在全社会范围内加大基本公共服务均等化的建设，加快包括养老、医疗、失业、工伤和社会福利等在内的社会保障体系的建设。这样，就可以大大减轻地方政府提供各种公共服务（包括就业、教育和医疗等）的压力。四是要着力推进干部的选拔、任命和考核制度的改革，要以科学发展观统领这项改革，改变当前事实上存在的唯GDP是论的错误倾向。这就可以大大削弱地方政府盲目追求经济高增长的动力。如果做到了这些，就可以从削弱地方政府的经济实力、经济管理权力、经济压力和经济动力四个方面削弱其投资膨胀机制。

我们在前面只是论述了地方政府的投资膨胀。这虽然是问题的主要方面，但并不是投资膨胀的全部内容。当前在这方面还有一项重要内容，就是各种所有制企业（主要是国有垄断企业）的投资膨胀机制。要降低投资率，也需要通过经济和立法手段加强对这方面投资膨胀机制的治理。主要是加强对国有垄断企业投资膨胀机制的治理。

我们在前面讲的以治理地方政府为主的投资膨胀机制，是当前深化经济改革的一次最重要内容。但经济改革在降低投资率，提高消费率方面的作用并不只是限于这一点。当前推进收入分配方面的改革，也是一项很重要的内容。这主要就是要在初次分配中降低企业主收入的比重和提高劳动报酬的比重，在再次分配中要降低政府消费率和提高居民消费率。

（原载《中国延安干部学院学报》2010 年第 6 期）

中国基础产业的发展及其筹资途径[①]

一 基础产业的发展

在 19 世纪中叶以后，中国伴随着外国资本的入侵和本国资本主义的发展，开始了大机器工业发展的进程，由于外国侵略者和本国封建统治者狭隘利益的制约，这个进程具有不同于西方资本主义国家工业化初期的诸种特点。但先从轻工业开始发展工业这条共同规律在这里也是起作用的。然而由于上述同样的原因，作为加工工业的轻工业的发展受到了极大的束缚，包括基础工业在内的基础产业的发展更是如此。即以经济较为正常发展的 1933 年为例，作为加工工业的轻工业净产值尽管总量很少，但却占工业净产值的72.7%，加上重加工工业，全部加工工业净产值竟占了 80.6%；而基础工业（包括原材料工业和能源工业）净产值只占 19.4%（详见表1）。直到 1949年，加工工业产值与基础工业产值的对比大体上还是 4：1（详见表2）。1949 年10 月新中国成立后，中国基础工业就是在这样极为落后的基础上发展起来的。

表 1   **1933 年基础工业净产值**

	净值（万元）	比重（%）
工业总净值	142577.7	100.0
基础工业净产值	27700.4	19.4
其中：钢铁工业	253.9	0.2
化学工业	7581.1	5.3

---

① 本文作者 1995 年为中国台湾中华经济研究院主办的"两岸产业分工策略"学术讨论会提供的论文，原载该院汇编出版的论文集。

续表

	净值（万元）	比重（%）
建材工业	3644.8	2.5
煤炭工业	4991.4	3.5
电力工业	11229.2	7.9
加工工业净产值	114877.3	80.6
其中：机器制造业	11225.8	7.9
纺织工业	59023.7	41.4
食品工业	35008.0	24.6
其他工业	9619.8	6.7

资料来源：严中平等编：《中国近代经济史统计资料选辑》，科学出版社 1955 年版，第 105 页。

表2   **1949 年基础工业产值比重**

	总产值（亿元）	比重（%）
工业总产值	79.1	100.0
基础工业产值	17.0856	21.6
其中：冶金工业	4.6669	5.9
化学工业	1.1865	1.5
建材工业	6.3280	8.0
煤炭工业	3.0058	3.8
电力工业	1.8984	2.4
加工工业产值	62.0144	78.4
其中：机器制造业	2.1357	2.7
纺织工业	29.1879	36.9
食品工业	18.6676	23.6
造纸工业	1.0283	1.3
文教艺术用品工业	2.3730	3.0
其他工业	8.6219	10.9

资料来源：《伟大的十年》，人民出版社 1959 年版，第 80—81 页。按 1952 年不变价格计算。

  在 1949 年 10 月至 1952 年完成了恢复国民经济的任务以后，就开始了大规模的社会主义现代化建设，在基础产业的发展方面取得了伟大的成就。

（一）基础产业实现了高速增长，达到了很大的规模

1979 年以前，尽管受到了持续三年（1958—1960 年）"大跃进"的重大挫折和长达十年（1966 年 5 月至 1976 年 10 月）"文化大革命"的严重破坏，但包括基础产业在内的整个国民经济仍然赢得了较高的增长速度。按 1980 年不变价格计算，（以下同此）1953—1978 年，基础产业年平均增长速度达到 5.19%。1979 年以后，在改革开放政策的推动下，基础产业和整个国民经济以更高的速度增长。1979—1992 年，基础产业年平均增长速度上升到 8.68%（由于我掌握的有关不变价格数据的限制，这里只计算到 1992 年，以下同此），比 1953—1978 年年平均增长速度上升了 3.49 个百分点。1994 年，粮食、肉类和棉花产量分别达到了 44450 万吨、4300 万吨和 425 万吨，均居世界第一位；原煤、原油、电、钢和水泥的产量分别达到了 12.1 亿吨，1.46 亿吨，9200 亿千瓦时，9153.2 万吨和 4.05 亿吨，分别居世界的第一、第五、第三、第三、第一位①。

（二）基础产业结构优化、技术基础现代化程度显著提高

1952—1992 年，在社会总产值中，作为历史最悠久传统产业的农业占的比重由 65.7% 下降到 12.28%，而以大机器工业作为物资技术基础的原材料工业、能源工业和交通业的比重由 6.45% 上升到 23.83%；在原材料工业中，冶金工业、建材工业占的比重分别由 1.33% 和 0.68%，上升到 5.07% 和 2.8%，而新兴的化学工业，由 0.47% 上升到 7.37%；在能源工业中，煤炭工业占的比重由 1.27% 上升到 1.37%，而新兴的石油工业的比重由 0.14% 上升到 2.93%。在谈到能源工业结构优化时，还必须提到：自行研究、设计、建设的秦山核电站 30 万千瓦工程已于今年 7 月 13 日正式通过国家验收②。它使中国成为世界上第七个可以依靠自己力量建造核电站的国家，标志着中国核电站已由起步阶段进入新的发展阶段，预示着作为高技术产业的核能在中国能源工业中将占越来越重要的地位。诚然，上述各类

---

① 《中国统计年鉴》（1994），中国统计出版社 1994 年版，第 751、759 页；《人民日报》1995 年 3 月 1 日第 2 版。

② 《经济日报》1995 年 7 月 14 日第 1 版。

产业比重的升降，包含着不合理的因素。比如，农业比重下降过大，由煤炭价格过低导致煤炭工业产值比重过小。但总的说来，以上数据反映了工业化过程中共同的发展趋势，是基础产业结构优化的明显表现。从整体上说来，基础产业结构优化同时意味着技术水平的提高。分别说来，包括农业在内的各类产业的技术水平都有显著的提高。当然，由于社会生产力发展不平衡，这种技术水平的提高是处于不同层次上的。即使对同类产业的各个企业来说，也有这种技术提高的不同层次的运动状态。

（三）基础产业的发展，支撑了国民经济的高速增长

1953—1978 年，基础产业的年平均增长速度为 5.19%，社会总产值为 6.72%，非基础产业产值为 9.18%，加工工业产值为 8.79%；前者与后三者的对比关系依次分别为 1:29，1:76，1:169；1979—1992 年，前者为 8.68%，后三者依次分别为 11.18%，13.08% 和 11.84%，前者与后三者的对比关系依次分别为 1:1.28，1:1.51，1:1.36。这些数据表明了改革开放以来，基础产业产值的增长速度比这以前有了提高，也支持了社会总产值、非基础产业和加工工业较高的增长速度，从而表明了经济高速增长对于基础产业增长的密切依存关系（以上三点详见表 3 至表 8）。

综上所述，新中国成立以后，经过 40 多年社会主义现代化建设，已经建成了具有巨大规模和一定现代化水平的，主要由农业、原材料工业、能源工业和交通运输业构成的基础产业体系。

这个体系是独立的、比较完整的国民经济体系的最主要的基础部分，是支撑进一步实现社会主义现代化建设的主要物质基础。

但是，新中国成立以后在发展基础产业方面也存在诸多问题。其中最突出的问题，就是基础产业中的许多部门长期处于滞后状态，成为瓶颈产业。为了说明这个问题的严重性，有必要简要地叙述新中国成立以后中国基础产业发展的进程（详见表 3 至表 8）。

在 1949 年 10 月至 1952 年完成了恢复国民经济的任务以后，依据当时国内外情况，并参照苏联的经验，以计划经济体制（其中包括农产品的统购统销制度）为依托，确定了在"一五"时期（1953—1957 年）实行优先发展重工业的方针。但这个方针本身就是不平衡发展战略，自始就包含着不

单位：亿元

表3

基础产业产值

年份	总产值	农业	原材料	其中:冶金	化学	建材	能源	其中:电力	煤炭	石油	交通	基础产业	非基础产业	其中:加工工业
1952	1343.2	882.5	33.3	17.9	6.2	9.2	23.6	4.6	17.0	1.9	29.61	969.11	374.1	287.31
1953	1522.9	909.8	45.7	24.4	8.5	12.7	26.6	5.5	18.9	2.2	37.22	1019.54	503.4	368.43
1954	1622.2	940.7	54.6	29.8	10.8	14	32.8	6.6	22.8	3.3	43.14	1071.41	550.7	423.22
1955	1728.6	1012.2	63.5	37.1	12.0	14.3	39.1	7.5	26.7	4.8	45.68	1160.6	568.0	433.71
1956	1968.9	1063.4	90.5	52.7	17.7	20.1	48.2	10.0	31.2	6.9	52.43	1254.72	714.1	524.18
1957	2065.9	1101.3	111.6	64.41	24.3	22.8	57.3	11.7	37.6	7.9	59.21	1329.54	736.4	554.3
1958	2558.9	1127.8	201.6	118.3	42.3	41.0	102.6	16.0	74.3	12.3	89.8	1522.01	1036.9	776.49
1959	2805.3	974.3	302.1	172.8	60.2	69.0	147.9	26.2	102.7	18.9	120.4	1544.8	1260.5	987.17
1960	2835.5	850.7	370.6	220.3	72.0	78.2	177.2	38	115.6	23.6	131.2	1529.91	1305.6	999.34
1961	2016.7	830.4	205.7	122.7	51.8	31.1	129.1	31.2	79.5	18.36	76	1241.27	775.43	651.58
1962	1891.9	881.6	157.7	92.01	47.6	18.1	112.3	30.1	60.6	21.63	61.2	1212.97	678.98	558.58
1963	2096.8	984	180.1	102.3	54.5	23.2	116.3	32.2	60.3	23.82	65.14	1345.67	751.15	594.43
1964	2452	1118.1	227.3	126.5	69.4	31.3	125.4	36.4	56.04	32.95	71.06	1542.02	910	700.41
1965	2849	1209.9	290.9	160.5	90.5	39.9	149.8	43.3	61.74	44.76	89.8	1740.54	1108.5	864.4
1966	3270.2	1314.9	376.4	194.3	127.7	54.4	181.6	53.2	66.79	61.53	100.6	1973.68	1296.5	959.05
1967	3026.8	1335.2	298.2	142.7	112.0	43.3	151.7	49.2	48.87	53.59	85.86	1871.01	1155.8	872.83
1968	2896.5	1302.5	249.1	114.8	97.9	36.2	161.7	47.2	52.94	6153	83.88	1797.27	1099.2	860.16
1969	3462.3	1316.7	380.0	178.2	150.4	51.3	198.8	64.3	65.89	68.48	99.69	1995.26	1467.1	1068.09
1970	4153.2	1392.6	509.0	244.8	201.5	62.5	272.1	74.8	92.69	104.5	118.4	2292.15	1861.1	1333.55
1971	4564.4	1437.6	600.4	292.3	236	72	321.7	88.8	106.5	126.3	129.5	2489.35	2075.0	1471.25
1972	4744.2	1422.6	652.1	308	260.4	83.6	351.8	97.6	110.2	143.9	137.6	2564.25	2179.9	1550.33
1973	5146.8	1539.9	709.4	330.2	289.0	90.1	375.1	106.5	110.1	158.4	145.7	2770.29	2376.5	1707.85

续表

年份	总产值	农业	原材料	其中:冶金	化学	建材	能源	其中:电力	煤炭	石油	交通	基础产业	非基础产业	其中:加工工业
1974	5256.8	1594	658.3	288.9	279.6	89.7	394.4	107.6	106.2	180.4	143.7	2790.47	2466.3	1742.74
1975	5830.6	1644.1	755.7	316.9	330.9	107.8	457.6	125.2	125.7	206.6	161.9	3019.47	2811.2	1996.45
1976	5898.0	1637.0	737.3	291.9	327.0	118.4	487.9	129.9	126.5	231.5	156.8	3019.25	2878.7	2030.04
1977	6454.6	1630.8	847.8	319.3	384.7	143.7	546.3	141.9	143.6	260.7	181.1	3206.26	3248.4	2320.49
1978	7280.5	1763.2	1048.2	405.5	476.7	165.9	593.4	162	163.2	268.1	207.5	3612.43	3668.1	2571.16
1979	7897.5	1895.6	1141.6	451.0	510.1	180.4	629.5	177.4	165.1	286.9	211.5	3878.3	4019.2	2800.45
1980	8534	1923	1233.9	473.0	565.0	195.7	638.9	189.1	159.7	290.0	250	4045.8	4488.2	3095.05
1981	8907.7	2034.2	1243.2	456.7	591.4	195.1	634.3	194.9	157.3	282.1	257	4168.7	4739.0	3301.5
1982	9754.8	2263.6	1966.8	485.2	659	222.6	661.4	207.1	166.3	288	286	4577.85	5177.0	3548.8
1983	10751.9	2440.1	1510.2	523.7	741.1	245.4	708.6	220.5	178.3	310.1	312	4970.95	5780.9	3945.2
1984	12334.4	2739.3	1697	579.4	830.3	287.3	764.4	235.6	194.7	334.1	347	5547.73	6786.7	4628.6
1985	14455.4	2832.8	2065.5	664.0	991.0	410.4	862.4	272.7	217	372.6	416	6176.86	8278.6	5333.31
1986	15926.1	2928.1	2261.8	749.9	1095.7	416.1	921.2	292.1	223.8	405.2	460	6571.2	9354.9	5744.54
1987	18176.5	3097.6	2583.6	822.3	1287.7	473.5	989.5	322.7	232.1	434.6	511	7181.85	10994.6	6617.29
1988	21050.1	3220.3	2916.7	877.7	1507.4	531.5	1056.6	342.7	244.2	469.5	576.0	7769.74	13280.3	7503.59
1989	22149.6	3320.0	3119.5	932.0	1612	575.3	1132.3	373.4	263.1	495.7	618.0	8190.01	13959.6	7947.74
1990	23652.7	3573.3	3323.2	1007.6	1792	544	1229.9	392.6	276.7	562.9	671	8797.4	14855.3	8514.9
1991	26381	3705	3983.5	1334.8	1912	738.7	1450.9	416.8	377.2	656.9	714.6	9854	16527	9713.5
1992	32105	3942	4860.6	1627.7	2366	898.9	2016.2	635.6	439.8	940.6	772.5	11591.3	20513.7	12321.9

资料来源:《中国工业经济统计年鉴》(1988—1993),中国统计出版社。均按1980年不变价格计算。

表 4　基础产业产值增长率

单位：%

年份	总产值	农业	原材料	其中:冶金	化学	建材	能源	其中:电力	煤炭	石油	交通	基础产业	非基础产业	其中:加工工业
1953	13.38	3.10	37.15	36.66	36.16	38.91	12.96	18.53	10.92	15.79	25.7	5.2	34.58	28.23
1954	6.51	3.39	19.38	21.72	27.03	9.78	23.21	21.64	20.63	50	15.91	5.09	9.4	14.87
1955	6.56	7.60	16.25	24.72	11.47	1.92	19.14	12.86	17.11	45.45	5.89	8.32	3.13	2.48
1956	13.90	5.06	42.59	41.74	47.55	40.56	23.30	32.98	16.85	43.75	14.78	8.11	25.73	20.86
1957	4.93	3.57	23.21	22.22	36.90	13.78	18.77	17.13	20.51	14.49	12.93	5.96	3.11	5.75
1958	23.86	2.40	80.68	83.68	74.03	79.32	79.10	36.73	97.61	55.70	51.66	14.48	40.81	40.08
1959	9.63	-13.61	49.79	46.10	42.19	68.30	44.13	63.18	38.34	53.66	34.09	1.50	21.56	27.13
1960	1.08	-12.68	22.69	27.45	19.62	13.43	19.79	44.82	12.52	24.87	9.00	-0.96	3.58	1.23
1961	-28.88	-2.38	-44.50	-44.3	-28.04	-60.24	-27.17	-17.74	-31.26	-22.20	-42.10	-18.87	-40.61	-34.8
1962	-6.19	6.16	-23.31	-25.01	-8.18	-41.73	-12.96	-3.52	-23.77	17.81	-19.47	-2.28	-12.44	-14.27
1963	10.83	11.61	14.21	11.19	14.64	28.34	3.53	7.00	-0.50	10.12	6.44	10.94	10.63	6.42
1964	16.94	13.63	26.18	23.72	27.19	34.62	7.84	13.08	-7.06	38.33	9.09	14.59	21.15	17.83
1965	16.19	8.21	28.00	26.8	30.48	27.31	19.41	18.74	10.17	35.84	26.37	12.87	21.82	23.41
1966	14.78	8.68	29.38	21.07	41.02	36.37	21.20	22.96	8.18	37.47	12.09	13.39	16.96	10.95
1967	-7.44	1.54	-20.79	-26.52	-12.25	-20.36	-16.46	-7.55	-26.83	-12.90	-14.70	-5.20	-10.85	-8.99
1968	-4.31	-2.45	-16.47	-19.55	-12.61	-16.29	6.59	-4.08	8.33	14.82	-2.31	-3.94	-4.90	-1.45
1969	19.53	1.08	52.57	55.14	53.61	41.69	22.94	36.17	24.46	11.3	18.85	11.02	33.46	24.17

续表

年份	总产值	农业	原材料	其中:冶金	化学	建材	能源	其中:电力	煤炭	石油	交通	基础产业	非基础产业	其中:加工工业
1970	19.95	5.76	33.93	37.41	33.96	21.76	36.87	16.40	40.67	52.60	18.80	14.88	26.86	24.85
1971	9.90	3.23	17.97	19.38	17.14	15.14	18.23	18.65	14.94	20.9	9.40	8.60	11.50	10.33
1972	3.94	-1.04	8.61	5.38	10.31	16.17	9.36	9.84	3.51	13.91	6.26	3.01	5.06	5.38
1973	8.49	8.25	8.78	7.21	10.99	7.73	6.62	9.16	-0.12	10.07	5.87	8.04	9.02	10.16
1974	2.14	3.51	-7.21	-12.52	-3.24	-0.48	5.15	1.03	-3.51	13.93	-1.38	0.73	3.78	2.04
1975	10.92	3.14	14.80	9.70	18.35	20.19	16.02	16.32	18.31	14.52	12.67	8.21	13.98	14.56
1976	1.16	-0.43	-2.43	-7.91	-1.18	9.80	6.62	3.77	0.61	12.01	-3.12	-0.01	2.40	1.68
1977	9.44	-0.38	14.98	9.41	17.63	21.40	11.97	9.27	13.54	12.61	15.49	6.19	12.84	14.31
1978	12.80	8.12	23.63	26.99	23.91	15.46	8.62	14.15	13.64	2.87	14.52	12.67	12.92	10.80
1979	8.47	7.51	8.91	11.22	7.01	8.71	6.08	9.48	1.18	6.99	1.93	7.36	9.57	8.92
1980	8.06	1.44	8.08	4.87	10.77	8.49	1.49	6.62	-3.28	1.08	18.20	4.32	11.67	10.52
1981	4.38	5.78	0.75	-3.46	4.66	-0.33	-0.72	3.02	-1.53	-2.73	2.80	3.04	5.59	6.67
1982	9.51	11.28	9.94	6.24	11.43	14.10	4.27	6.26	5.72	2.09	11.28	9.81	9.24	7.49
1983	10.22	7.80	10.49	7.93	12.46	10.24	7.14	6.33	7.22	7.67	9.09	8.59	11.67	11.17
1984	14.72	12.26	12.37	10.64	12.04	17.07	7.87	6.99	9.20	7.74	11.22	11.60	17.40	17.32
1985	17.2	3.41	21.72	14.61	19.36	42.87	12.82	15.76	11.48	11.54	19.88	11.34	21.98	15.23
1986	10.17	3.36	9.5	12.93	10.56	1.39	6.82	7.14	3.13	8.74	10.58	6.38	13	7.71

续表

年份	总产值	农业	原材料	其中:冶金	化学	建材	能源	其中:电力	煤炭	石油	交通	基础产业	非基础产业	其中:加工工业
1987	14.13	5.79	14.23	9.66	17.53	13.78	7.42	10.47	3.69	7.27	11.09	9.29	17.53	15.1g
1988	15.81	3.96	12.89	6.74	17.06	12.26	6.78	6.17	5.27	8.03	12.73	8.19	20.79	13.39
1989	5.22	3.10	6.95	6.19	6.94	8.25	7.17	8.97	7.71	5.57	7.30	5.41	5.12	5.92
1990	6.79	7.63	6.53	8.1	11.21	-5.46	8.61	5.13	5.13	13.55	8.56	7.42	6.42	7.14
1991	11.53	3.69	19.87	32.47	6.68	35.79	17.97	6.16	36.32	16.7	6.5	12.01	11.25	14.08
1992	21.70	6.40	22.02	21.94	23.71	21.69	38.96	52.50	16.60	43.19	8.10	17.63	24.12	26.85
"一五"时期	8.99	4.53	27.31	29.16	31.25	19.98	19.41	20.44	17.15	32.98	14.87	6.53	14.51	14.05
"二五"时期	-1.74	-4.35	7.16	7.39	14.36	-4.53	14.41	20.73	10.02	22.32	0.66	-1.82	-1.61	0.15
"调整"时期	14.62	11.13	22.64	20.38	23.91	30.05	10.06	12.84	0.62	27.43	13.63	12.79	17.75	15.67
"三五"时期	7.83	2.85	11.83	8.82	17.35	9.42	12.67	11.56	8.47	18.48	5.69	5.66	10.92	9.06
"四五"时期	7.02	3.38	8.23	5.30	10.43	11.50	10.96	10.83	6.29	14.61	6.46	5.67	8.60	8.41
"五五"时期	7.92	3.18	10.30	8.34	11.29	12.66	6.90	8.60	4.90	7.01	9.07	6.03	9.81	9.16
"六五"时期	11.12	8.06	10.85	7.02	11.89	15.96	6.18	7.59	6.32	5.14	10.72	8.83	13.03	11.50
"七五"时期	10.35	4.75	9.98	8.7	12.59	5.8	7.36	7.56	4.98	8.60	10.03	7.33	12.40	9.81
1991—1992	16.51	5.03	20.94	27.10	14.88	28.55	28.04	27.24	26.07	29.27	7.30	14.79	17.51	20.30
1953—1978	6.72	2.70	14.18	12.75	18.14	11.77	13.2	14.64	9.08	20.97	7.78	5.19	9.18	8.79
1979—1992	11.18	5.91	11.58	10.44	12.12	12.82	9.13	10.25	7.34	9.38	9.84	8.68	13.08	11.84

资料来源:《中国工业经济统计年鉴》(1988—1993),中国统计出版社。均按1980年不变价格计算。

表5　基础产业产值比重（以总产值为100）

单位:%

年份	农业	原材料	其中:冶金	化学	建材	能源	其中:电力	煤炭	石油	交通	基础产业	非基础产业	其中:加工工业
1952	65.70	2.49	1.33	0.47	0.68	1.76	0.35	1.27	0.14	2.20	72.15	27.85	21.39
1953	59.74	3.01	1.61	0.56	0.84	1.75	0.36	1.24	0.14	2.44	66.94	33.06	24.19
1954	57.99	3.37	1.84	0.67	0.86	2.03	0.41	1.41	0.20	2.66	66.05	33.95	26.09
1955	58.56	3.68	2.15	0.70	0.83	2.26	0.44	1.54	0.28	2.64	67.14	32.86	25.09
1956	54.01	4.60	2.68	0.90	1.02	2.45	0.51	1.58	0.35	2.66	63.73	36.27	26.62
1957	53.31	5.40	3.12	1.18	1.11	2.77	0.57	1.82	0.38	2.87	64.35	35.65	26.83
1958	44.07	7.88	4.62	1.66	1.60	4.01	0.63	2.90	0.48	3.51	59.48	40.52	30.34
1959	34.73	10.77	6.16	2.15	2.46	5.28	0.94	3.66	0.67	4.29	55.07	44.93	35.19
1960	30	13.07	7.77	2.54	2.76	6.25	1.34	4.08	0.83	4.63	53.95	46.05	35.24
1961	41.18	10.2	6.08	2.57	1.54	6.40	1.55	3.94	0.91	3.77	61.55	38.45	32.31
1962	46.60	8.34	4.86	2.52	0.96	5.94	1.50	3.20	1.14	3.23	64.11	35.89	29.52
1963	46.93	8.59	4.88	2.60	1.11	5.55	1.54	2.88	1.14	3.11	64.18	35.82	28.35
1964	45.60	9.27	5.16	2.83	1.28	5.12	1.49	2.29	1.34	2.90	62.89	37.11	28.56
1965	42.47	10.21	5.63	3.18	1.40	5.26	1.52	2.17	1.57	3.15	61.09	38.91	30.34
1966	40.21	11.51	5.94	3.91	1.66	5.55	1.63	2.04	1.88	3.08	60.35	39.65	29.33
1967	44.11	9.85	4.72	3.70	1.43	5.01	1.63	1.61	1.77	2.84	61.81	38.19	28.84
1968	44.97	8.60	3.97	3.38	1.25	5.58	1.63	1.83	2.12	2.90	62.05	37.95	29.70
1969	38.03	10.98	5.15	4.35	1.48	5.74	1.86	1.9	1.98	2.88	57.63	42.37	30.85

续表

年份	农业	原材料	其中:冶金	化学	建材	能源	其中:电力	煤炭	石油	交通	基础产业	非基础产业	其中:加工工业
1970	33.53	12.26	5.90	4.85	1.51	6.55	1.80	2.23	2.52	2.85	55.19	44.81	32.11
1971	31.50	13.16	6.4	5.17	1.58	7.05	1.95	2.33	2.77	2.84	54.54	45.46	32.23
1972	29.99	13.75	6.49	5.49	1.76	7.42	2.06	2.32	3.03	2.90	54.05	45.95	32.68
1973	29.92	13.78	6.42	5.62	1.75	7.29	2.07	2.14	3.08	2.83	53.83	46.17	33.18
1974	30.32	12.52	5.5	5.32	1.71	7.50	2.05	2.02	3.43	2.73	53.08	46.92	33.15
1975	28.20	12.96	5.44	5.68	1.85	7.85	2.15	2.16	3.54	2.78	51.79	48.21	34.24
1976	27.76	12.50	4.95	5.55	2.01	8.27	2.20	2.14	3.93	2.66	51.19	40.81	34.42
1977	25.27	13.14	4.95	5.96	2.23	8.46	2.20	2.23	4.04	2.81	49.67	50.33	35.95
1978	24.22	14.40	5.57	6.55	2.28	8.15	2.23	2.24	3.68	2.85	49.62	50.38	35.32
1979	24.00	14.46	5.71	6.46	2.28	7.97	2.25	2.09	3.63	2.68	49.11	50.89	35.46
1980	22.53	14.46	5.54	6.62	2.29	7.49	2.22	1.87	3.40	2.93	47.41	52.59	36.27
1981	22.84	13.96	5.13	6.64	2.19	7.12	2.19	1.77	3.17	2.89	46.80	53.20	37.06
1982	23.21	14.01	4.97	6.76	2.28	6.78	2.12	1.7	2.95	2.93	46.93	53.07	36.38
1983	22.70	14.05	4.87	6.89	2.28	6.59	2.05	1.66	2.88	2.90	46.23	53.77	36.69
1984	22.21	13.76	4.70	6.73	2.33	6.20	1.91	1.58	2.71	2.81	44.98	55.02	37.53
1985	19.60	14.29	4.59	6.86	2.84	5.97	1.89	1.50	2.58	2.88	42.73	57.27	36.89
1986	18.39	14.20	4.71	6.88	2.61	5.78	1.83	1.41	2.54	2.89	41.26	58.74	36.07
1987	17.04	14.21	4.52	7.08	2.61	5.44	1.78	1.28	2.39	2.81	39.51	60.49	36.41

续表

年份	农业	原材料	其中:冶金	化学	建材	能源	其中:电力	煤炭	石油	交通	基础产业	非基础产业	其中:加工工业
1988	15.30	13.86	4.17	7.16	2.53	5.02	1.63	1.16	2.23	2.74	36.91	63.09	35.65
1989	14.99	14.08	4.21	7.28	2.60	5.11	1.69	1.19	2.24	2.79	36.98	63.02	35.88
1990	15.11	14.05	4.26	7.58	2.30	5.2	1.66	1.17	2.38	2.84	37.19	62.81	36.00
1991	14.04	15.10	5.06	7.25	2.80	5.5	1.58	1.43	2.49	2.71	37.35	62.65	36.82
1992	12.28	15.14	5.07	7.37	2.80	6.28	1.98	1.37	2.93	2.41	36.10	63.90	38.38
"一五"时期	56.72	4.01	2.28	0.8	0.93	2.25	0.46	1.52	0.27	2.65	65.64	34.36	25.76
"二五"时期	39.32	10.05	5.90	2.29	1.87	5.58	1.21	3.56	0.81	3.89	58.83	41.17	32.52
"调整"时期	45.00	9.36	5.22	2.87	1.26	5.31	1.52	2.44	1.35	3.05	62.72	37.28	29.08
"三五"时期	40.17	10.64	5.13	4.04	1.47	4.58	1.71	1.92	2.05	2.91	59.41	40.59	30.16
"四五"时期	29.98	13.23	6.05	5.45	1.73	7.42	2.05	2.20	3.17	2.82	53.46	46.54	33.10
"五五"时期	24.76	13.79	5.34	6.23	2.22	8.07	2.22	2.12	3.74	2.78	49.40	50.60	35.48
"六五"时期	22.11	14.01	4.85	6.78	2.38	6.53	2.03	1.64	2.86	2.88	45.53	54.47	36.91
"七五"时期	16.16	14.08	4.37	7.20	2.53	5.31	1.72	1.24	2.36	2.81	38.37	61.63	36.00
1991—1992	13.16	15.12	5.06	7.31	2.80	5.89	1.78	1.40	2.71	2.56	36.73	63.27	37.60
1953—1978	40.12	9.92	4.92	3.44	1.55	5.38	1.47	2.30	1.82	3.03	58.67	41.33	30.88
1979—1992	18.87	14.26	4.82	6.97	2.48	6.18	1.91	1.51	2.75	2.80	42.11	57.89	36.53

资料来源:《中国工业经济统计年鉴》(1988—1993),中国统计出版社。均按 1980 年不变价格计算。

表6　各基础产业与全部非基础产业的产值比例（以全部非基础产业产值为1）

年份	农业	原材料	其中:冶金	化学	建材	能源	其中:电力	煤炭	石油	交通	基础产业
1952	2.359	0.089	0.048	0.017	0.025	0.063	0.012	0.046	0.005	0.079	2.591
1953	1.807	0.091	0.049	0.017	0.025	0.053	0.011	0.038	0.004	0.074	2.025
1954	1.708	0.099	0.054	0.020	0.025	0.060	0.012	0.041	0.006	0.078	1.945
1955	1.782	0.112	0.065	0.021	0.025	0.069	0.013	0.047	0.008	0.08	2.043
1956	1.489	0.127	0.074	0.025	0.028	0.068	0.014	0.044	0.010	0.073	1.757
1957	1.496	0.152	0.087	0.033	0.031	0.078	0.016	0.051	0.011	0.080	1.805
1958	1.088	0.194	0.114	0.041	0.040	0.099	0.016	0.072	0.012	0.087	1.468
1959	0.773	0.240	0.137	0.048	0.055	0.117	0.021	0.082	0.015	0.096	1.226
1960	0.652	0.284	0.169	0.055	0.060	0.136	0.029	0.089	0.018	0.101	1.172
1961	1.071	0.265	0.158	0.067	0.040	0.167	0.040	0.103	0.024	0.098	1.601
1962	1.298	0.232	0.136	0.070	0.027	0.166	0.044	0.089	0.032	0.090	1.786
1963	1.310	0.240	0.136	0.073	0.031	0.155	0.043	0.080	0.032	0.087	1.791
1964	1.229	0.250	0.139	0.076	0.034	0.138	0.040	0.062	0.036	0.078	1.695
1965	1.091	0.262	0.145	0.082	0.036	0.135	0.039	0.056	0.040	0.081	1.570
1966	1.014	0.290	0.150	0.099	0.042	0.140	0.041	0.052	0.047	0.078	1.522
1967	1.155	0.258	0.124	0.097	0.037	0.131	0.043	0.042	0.046	0.074	1.619
1968	1.185	0.227	0.104	0.089	0.033	0.147	0.043	0.048	0.056	0.076	1.635
1969	0.897	0.259	0.121	0.103	0.035	0.136	0.044	0.045	0.047	0.068	1.360

续表

年份	农业	原材料	其中:冶金	化学	建材	能源	其中:电力	煤炭	石油	交通	基础产业
1970	0.748	0.273	0.132	0.108	0.034	0.146	0.040	0.050	0.056	0.064	1.232
1971	0.693	0.289	0.141	0.114	0.035	0.155	0.043	0.051	0.061	0.062	1.200
1972	0.653	0.299	0.141	0.119	0.038	0.161	0.045	0.051	0.066	0.063	1.176
1973	0.648	0.299	0.139	0.122	0.038	0.158	0.045	0.046	0.067	0.061	1.166
1974	0.646	0.267	0.117	0.113	0.036	0.160	0.044	0.043	0.073	0.058	1.131
1975	0.585	0.269	0.113	0.118	0.038	0.163	0.045	0.045	0.074	0.058	1.074
1976	0.569	0.256	0.101	0.114	0.041	0.169	0.045	0.044	0.080	0.054	1.049
1977	0.502	0.261	0.098	0.118	0.044	0.168	0.044	0.044	0.080	0.056	0.987
1978	0.481	0.286	0.111	0.130	0.045	0.162	0.044	0.044	0.073	0.057	0.985
1979	0.472	0.284	0.112	0.127	0.045	0.157	0.044	0.041	0.071	0.053	0.965
1980	0.428	0.275	0.105	0.126	0.044	0.142	0.042	0.036	0.065	0.056	0.901
1981	0.429	0.262	0.096	0.125	0.041	0.134	0.041	0.033	0.060	0.054	0.880
1982	0.437	0.264	0.094	0.127	0.043	0.128	0.040	0.032	0.056	0.055	0.884
1983	0.422	0.261	0.091	0.128	0.042	0.123	0.038	0.031	0.054	0.054	0.860
1984	0.404	0.250	0.085	0.122	0.042	0.113	0.035	0.029	0.049	0.051	0.817
1985	0.342	0.250	0.080	0.120	0.050	0.104	0.033	0.026	0.045	0.050	0.746
1986	0.313	0.242	0.080	0.117	0.044	0.098	0.031	0.024	0.043	0.049	0.702
1987	0.282	0.235	0.075	0.117	0.043	0.090	0.029	0.021	0.040	0.046	0.653

续表

年份	农业	原材料	其中:冶金	化学	建材	能源	其中:电力	煤炭	石油	交通	基础产业
1988	0.242	0.220	0.066	0.114	0.040	0.080	0.026	0.018	0.035	0.043	0.585
1989	0.238	0.223	0.067	0.115	0.041	0.081	0.027	0.019	0.036	0.044	0.587
1990	0.241	0.224	0.068	0.121	0.037	0.083	0.026	0.019	0.038	0.045	0.592
1991	0.224	0.241	0.081	0.116	0.045	0.088	0.025	0.023	0.040	0.043	0.596
1992	0.192	0.237	0.079	0.115	0.044	0.098	0.031	0.021	0.046	0.038	0.565
"一五"时期	1.656	0.116	0.066	0.023	0.027	0.065	0.013	0.044	0.008	0.077	1.915
"二五"时期	0.976	0.243	0.143	0.056	0.044	0.137	0.030	0.087	0.020	0.094	1.450
"调整"时期	1.21	0.251	0.14	0.077	0.034	0.143	0.041	0.06	0.036	0.082	1.685
"三五"时期	1.000	0.262	0.126	0.099	0.036	0.140	0.042	0.047	0.051	0.072	1.473
"四五"时期	0.645	0.285	0.130	0.117	0.037	0.159	0.044	0.047	0.068	0.061	1.149
"五五"时期	0.490	0.272	0.106	0.123	0.044	0.160	0.044	0.042	0.074	0.055	0.977
"六五"时期	0.407	0.257	0.089	0.124	0.044	0.120	0.037	0.030	0.053	0.053	0.837
"七五"时期	0.263	0.229	0.071	0.117	0.041	0.086	0.028	0.020	0.024	0.046	0.624
1991—1992	0.208	0.239	0.080	0.116	0.044	0.093	0.028	0.022	0.043	0.040	0.581
1953—1978	1.022	0.234	0.118	0.080	0.037	0.132	0.035	0.056	0.041	0.074	1.462
1979—1992	0.333	0.248	0.084	0.121	0.043	0.108	0.033	0.027	0.043	0.049	0.738

资料来源:《中国工业经济统计年鉴》(1988—1993),中国统计出版社。均按1980年不变价格计算。

表 7　　各基础产业与加工工业的产值比例（以加工工业产值为 1）

年份	农业	原材料	其中:冶金	化学	建材	能源	其中:电力	煤炭	石油	交通	基础产业
1952	3.072	0.116	0.062	0.022	0.032	0.082	0.016	0.059	0.007	0.103	3.373
1953	2.470	0.124	0.066	0.023	0.035	0.072	0.015	0.051	0.006	0.101	2.767
1954	2.223	0.129	0.070	0.026	0.033	0.078	0.016	0.054	0.008	0.102	2.532
1955	2.334	0.146	0.086	0.028	0.033	0.090	0.017	0.062	0.011	0.105	2.676
1956	2.029	0.173	0.101	0.034	0.038	0.092	0.019	0.060	0.013	0.100	2.394
1957	1.987	0.201	0.116	0.044	0.041	0.103	0.021	0.068	0.014	0.107	2.399
1958	1.452	0.260	0.152	0.055	0.053	0.132	0.021	0.096	0.016	0.116	1.960
1959	0.987	0.306	0.175	0.061	0.07	0.15	0.027	0.104	0.019	0.122	1.565
1960	0.851	0.371	0.220	0.072	0.078	0.177	0.038	0.116	0.024	0.131	1.531
1961	1.275	0.316	0.188	0.080	0.048	0.198	0.048	0.122	0.028	0.117	1.905
1962	1.578	0.282	0.165	0.085	0.032	0.201	0.054	0.108	0.039	0.110	2.172
1963	1.655	0.303	0.172	0.092	0.039	0.196	0.054	0.101	0.040	0.110	2.264
1964	1.596	0.325	0.181	0.099	0.045	0.179	0.052	0.080	0.047	0.101	2.202
1965	1.400	0.337	0.186	0.105	0.046	0.173	0.050	0.071	0.052	0.104	2.014
1966	1.371	0.393	0.203	0.133	0.057	0.189	0.056	0.070	0.064	0.105	2.058
1967	1.530	0.342	0.164	0.128	0.050	0.174	0.056	0.056	0.061	0.098	2.144
1968	1.514	0.290	0.134	0.114	0.042	0.188	0.055	0.062	0.072	0.098	2.089
1969	1.233	0.356	0.167	0.141	0.048	0.186	0.060	0.062	0.064	0.093	1.868

续表

年份	农业	原材料	其中:冶金	化学	建材	能源	其中:电力	煤炭	石油	交通	基础产业
1970	1.044	0.382	0.184	0.151	0.047	0.204	0.056	0.070	0.078	0.089	1.719
1971	0.977	0.408	0.199	0.160	0.049	0.219	0.060	0.072	0.086	0.088	1.692
1972	0.918	0.421	0.199	0.168	0.054	0.227	0.063	0.071	0.093	0.089	1.654
1973	0.902	0.415	0.193	0.169	0.053	0.220	0.062	0.064	0.093	0.085	1.622
1974	0.915	0.378	0.166	0.160	0.051	0.226	0.062	0.061	0.104	0.082	1.601
1975	0.824	0.379	0.159	0.166	0.054	0.229	0.063	0.063	0.104	0.081	1.512
1976	0.806	0.363	0.144	0.161	0.058	0.240	0.064	0.062	0.114	0.077	1.487
1977	0.703	0.365	0.138	0.166	0.062	0.235	0.061	0.062	0.112	0.078	1.382
1978	0.686	0.408	0.158	0.185	0.065	0.231	0.063	0.063	0.104	0.081	1.405
1979	0.677	0.408	0.161	0.182	0.064	0.225	0.063	0.059	0.102	0.076	1.385
1980	0.321	0.399	0.153	0.183	0.063	0.206	0.061	0.052	0.094	0.081	1.307
1981	0.616	0.377	0.138	0.179	0.059	0.192	0.059	0.048	0.085	0.078	1.263
1982	0.638	0.385	0.137	0.186	0.063	0.186	0.058	0.047	0.081	0.081	1.290
1983	0.619	0.383	0.133	0.188	0.062	0.180	0.056	0.045	0.079	0.079	1.260
1984	0.592	0.367	0.125	0.179	0.062	0.165	0.051	0.042	0.072	0.075	1.199
1985	0.531	0.387	0.125	0.186	0.077	0.162	0.051	0.041	0.070	0.078	1.158
1986	0.510	0.394	0.131	0.191	0.072	0.160	0.051	0.039	0.071	0.080	1.144
1987	0.468	0.390	0.124	0.195	0.072	0.150	0.049	0.035	0.066	0.077	1.085

续表

年份	农业	原材料	其中:冶金	化学	建材	能源	其中:电力	煤炭	石油	交通	基础产业
1988	0.429	0.389	0.117	0.201	0.071	0.141	0.046	0.033	0.063	0.077	1.035
1989	0.418	0.393	0.117	0.203	0.072	0.142	0.047	0.033	0.062	0.078	1.030
1990	0.420	0.390	0.118	0.211	0.064	0.144	0.046	0.032	0.066	0.079	1.033
1991	0.381	0.410	0.137	0.197	0.076	0.149	0.043	0.039	0.068	0.074	1.014
1992	0.320	0.394	0.132	0.192	0.073	0.164	0.052	0.036	0.076	0.063	0.941
"一五"时期	2.208	0.155	0.088	0.031	0.036	0.087	0.018	0.059	0.010	0.103	2.553
"二五"时期	1.229	0.307	0.180	0.070	0.056	0.172	0.037	0.109	0.025	0.119	1.826
"调整"时期	1.551	0.321	0.180	0.099	0.043	0.183	0.052	0.084	0.046	0.105	2.160
"三五"时期	1.338	0.352	0.170	0.133	0.049	0.188	0.057	0.064	0.068	0.097	1.976
"四五"时期	0.907	0.400	0.183	0.165	0.052	0.224	0.062	0.066	0.096	0.085	1.616
"五五"时期	0.699	0.389	0.151	0.175	0.063	0.228	0.063	0.060	0.105	0.078	1.393
"六五"时期	0.599	0.380	0.131	0.184	0.065	0.177	0.055	0.044	0.077	0.078	1.234
"七五"时期	0.449	0.391	0.121	0.200	0.070	0.148	0.048	0.034	0.065	0.078	1.066
1991—1992	0.351	0.402	0.135	0.194	0.075	0.156	0.047	0.037	0.072	0.068	0.978
1953—1978	1.356	0.314	0.157	0.108	0.049	0.177	0.047	0.074	0.056	0.099	1.947
1979—1992	0.517	0.390	0.132	0.191	0.068	0.169	0.052	0.041	0.075	0.077	1.153

资料来源:《中国工业经济统计年鉴》(1988—1993),中国统计出版社。均按1980的不变价格计算。

表8　各基础产业对全部非基础产业的产值增长弹性（以全部非基础产业增长率为1）

年份	农业	原材料	其中:冶金	化学	建材	能源	其中:电力	煤炭	石油	交通	基础产业
1953	0.090	1.074	1.060	1.046	1.125	0.375	0.536	0.316	0.457	0.743	0.151
1954	0.361	2.061	2.310	2.874	1.040	2.468	2.301	2.194	5.317	1.692	0.541
1955	2.427	5.191	7.899	3.665	0.615	6.115	4.107	5.465	14.522	1.881	2.660
1956	0.197	1.655	1.622	1.848	1.576	0.905	1.282	0.655	1.700	0.574	0.315
1957	1.146	7.455	7.135	11.848	4.425	6.027	5.501	6.587	4.654	4.153	1.915
1958	0.059	1.977	2.05	1.814	1.943	1.938	0.900	2.392	1.365	1.266	0.355
1959	-0.632	2.310	2.138	1.957	3.168	2.047	2.931	1.779	2.489	1.581	0.069
1960	-3.542	6.337	7.668	5.481	3.751	5.528	12.518	3.497	6.946	2.515	-0.269
1961	0.059	1.096	1.091	0.690	1.483	0.669	0.437	0.770	0.547	1.037	0.465
1962	-0.495	1.874	2.011	0.657	3.355	1.042	0.283	1.911	-1.432	1.566	0.183
1963	1.092	1.337	1.053	1.377	2.666	0.332	0.658	-0.047	0.953	0.606	1.029
1964	0.645	1.238	1.122	1.286	1.637	0.371	0.618	-0.334	1.812	0.430	0.690
1965	0.376	1.283	1.228	1.397	1.252	0.889	0.859	0.466	1.643	1.209	0.590
1966	0.512	1.732	1.242	2.419	2.144	1.250	1.354	0.482	2.209	0.713	0.790
1967	-0.142	1.916	2.444	1.129	1.877	1.517	0.695	2.473	1.189	1.355	0.479
1968	0.499	3.362	3.992	2.576	3.327	-1.346	0.833	-1.700	-3.025	0.471	0.805
1969	0.032	1.571	1.648	1.602	1.246	0.686	1.081	0.731	0.338	0.563	0.329
1970	0.215	1.263	1.393	1.264	0.810	1.373	0.611	1.515	1.959	0.700	0.554

续表

年份	农业	原材料	其中:冶金	化学	建材	能源	其中:电力	煤炭	石油	交通	基础产业
1971	0.281	1.563	1.686	1.491	1.317	1.586	1.623	1.300	1.818	0.817	0.748
1972	-0.207	1.703	1.064	2.039	3.199	1.851	1.946	0.694	2.753	1.238	0.595
1973	0.915	0.974	0.800	1.218	0.857	0.735	1.016	-0.013	1.117	0.651	0.891
1974	0.928	-1.906	-3.311	-0.857	-0.126	1.361	0.273	-0.929	3.685	-0.365	0.193
1975	0.225	1.059	0.694	1.312	1.444	1.146	1.168	1.310	1.039	0.906	0.587
1976	-0.179	-1.013	-3.289	-0.491	4.077	2.755	1.568	0.255	4.998	-1.300	-0.003
1977	-0.029	1.167	0.733	1.373	1.667	0.932	0.722	1.055	0.982	1.206	0.482
1978	0.628	1.829	2.089	1.851	1.196	0.667	1.095	1.056	0.222	1.124	0.980
1979	0.784	0.931	1.172	0.732	0.909	0.636	0.990	0.124	0.730	0.201	0.769
1980	0.124	0.692	0.418	0.923	0.728	0.128	0.568	-0.281	0.093	1.560	0.370
1981	1.035	0.135	-0.619	0.834	-0.059	-0.129	0.541	-0.274	-0.489	0.501	0.543
1982	1.221	1.076	0.675	1.237	1.525	0.462	0.677	0.619	0.226	1.221	1.062
1983	0.668	0.899	0.680	1.068	0.878	0.612	0.542	0.619	0.658	0.779	0.736
1984	0.705	0.711	0.611	0.692	0.981	0.453	0.402	0.529	0.445	0.645	0.667
1985	0.155	0.988	0.665	0.881	1.950	0.583	0.717	0.522	0.525	0.905	0.516
1986	0.259	0.731	0.995	0.812	0.107	0.524	0.549	0.241	0.672	0.814	0.491
1987	0.330	0.812	0.551	1.000	0.786	0.423	0.597	0.211	0.415	0.633	0.530
1988	0.190	0.620	0.324	0.821	0.59	0.326	0.297	0.253	0.386	0.612	0.394

续表

年份	农业	原材料	其中:冶金	化学	建材	能源	其中:电力	煤炭	石油	交通	基础产业
1989	0.605	1.359	1.210	1.357	1.613	1.401	1.753	1.508	1.088	1.427	1.057
1990	1.189	1.017	1.263	1.747	-0.85	1.343	0.800	0.800	2.112	1.335	1.156
1991	0.328	1.766	2.886	0.594	3.18	1.597	0.548	3.228	1.484	0.577	1.067
1992	0.265	0.913	0.910	0.983	0.899	1.615	2.176	0.688	1.790	0.336	0.731
"一五"时期	0.312	1.882	2.010	2.154	1.377	1.338	1.409	1.182	2.273	1.025	0.450
"二五"时期	2.702	-4.446	-4.589	-8.914	2.811	-8.945	-12.866	-6.217	-13.852	-0.412	1.129
"调整"时期	0.627	1.275	1.148	1.347	1.693	0.567	0.723	0.035	1.545	0.768	0.721
"三五"时期	0.261	1.084	0.808	1.589	0.862	1.161	1.059	0.775	1.693	0.521	0.518
"四五"时期	0.393	0.957	0.616	1.213	1.338	1.274	1.259	0.731	1.700	0.751	0.659
"五五"时期	0.325	1.050	0.850	1.151	1.291	0.704	0.877	0.500	0.715	0.925	0.614
"六五"时期	0.618	0.833	0.539	0.913	1.225	0.475	0.583	0.485	0.395	0.823	0.678
"七五"时期	0.383	0.804	0.701	1.015	0.467	0.593	0.609	0.401	0.693	0.809	0.591
1991—1992	0.287	1.196	1.547	0.850	1.630	1.601	1.555	1.489	1.671	0.417	0.844
1953—1978	0.294	1.545	1.389	1.977	1.282	1.439	1.596	0.989	2.285	0.847	0.566
1979—1992	0.452	0.885	0.798	0.927	0.980	0.698	0.784	0.561	0.717	0.752	0.664

资料来源：《中国工业经济统计年鉴》（1988—1993），中国统计出版社。均按 1980 年不变价格。

平衡发展的因素。它的贯彻执行必然导致经济（包括基础产业和非基础产业）的不平衡发展。就基础产业来说，"一五"时期基础产业产值年平均增长速度为 6.53%。但这期间基础产业各部门的发展很不平衡。其中，原材料工业、能源工业和交通业的产值年平均增长速度依次分别高达 27.31%，19.41%，14.87%，均超过了同期非基础产业和加工工业产值的年平均增长速度。只有这期间在社会总产值中占 56.72% 的农业年平均增长速度仅为 4.53%，既远落后于农业以外的基础产业的增长速度，又远落后于非基础产业和加工工业的增长速度。这期间农业对非基础产业的产值增长弹性系数仅有 0.312。当然，在农业以外基础产业中，其增长速度是很不平衡的。作为主要能源的煤炭和交通年平均增长速度就比较低，分别只有 17.15% 和 14.87%，均低于原材料、电力和石油。但仍超过了非基础产业，只是超前系数较低，分别只有 0.182 和 0.025。在非基础产业和加工工业中，增长速度也很不平衡。这期间非基础产业和加工工业产值年平均增长率分别为 14.51% 和 14.05%。但其中的轻加工工业产值年平均增长速度仅为 12.9%，而重加工工业高达 28.6%[①]。重加工工业的增长速度大大高于煤炭工业和交通业。所以，总起来说，"一五"时期；由于农业以外的基础产业（特别是原材料工业）和非基础产业、加工工业（特别是重加工工业）的高速增长，在很大程度上超过了作为主要基础产业的农业的承受能力，在一定程度上也超过了煤炭工业和交通业的承受能力，从而主要地造成农产品的供应紧张，部分地造成煤炭工业和交通业的产品（或服务）供应紧张。轻加工工业产品的供应也处于紧张状态。但所有这些紧张都没有达到平衡破裂的程度，基础产业和非基础产业都基本上满足了社会生产发展的需要。这样，尽管"一五"时期发生了 1953 年特别是 1956 年的小冒进，但总的说来，还是实现了经济的持续、高速增长。

在 1958—1960 年三年"大跃进"中，在盲目追求工业高速增长的"左"的思想指导下，提出了"以钢为纲"的方针，把优先发展重工业的不平衡战略推到一个极端，造成了经济的全面、严重失衡。这三年基础产业产值年增长率虽然分别只有 14.48%、1.5% 和 −0.96%，但各部门的发

---

① 《中国工业经济统计资料》（1986），中国统计出版社 1987 年版，第 122、124 页。

展却极不平衡。其中，原材料工业、能源工业和交通业分别依次高达80.68%，49.79%，22.69%；79.10%，44.13%，19.79%；51.66%，34.09%，9%。而农业仅有2.4%，－13.61%，－12.68%。这期间，非基础产业和加工工业产值年增长率分别依次为40.81%，21.56%，3.58%；40.08%，27.13%，1.23%。但其中的轻加工工业和重加工工业年增长率分别依次为33.71%，21.99%，－9.8%；93.59%，51.09%，33.09%[1]。可见，"大跃进"期间，主要由于农业以外的基础产业（特别是原材料工业）的超高速增长，导致农业的低速增长乃至负增长。轻加工工业也处于严重落后状态。

针对上述国民经济严重失衡的状况，在1961—1965年，实行了"调整、巩固、充实、提高"的方针，在各方面（包括改变经济全面严重失衡、实现经济比较协调发展方面）取得了巨大成效。在这5年中，基础产业产值占社会总产值的比重由1960年的53.95%，上升到1965年的61.09%。但其中的原材料工业、能源工业和交通业比重分别由13.07%下降到10.21%，由6.25%下降到5.26%，由4.63%下降到3.15%；只有农业比重由30%上升到42.47%。在这期间，非基础产业和加工工业比重也分别由46.05%下降到38.91%，由35.24%下降到30.34%；其中轻加工工业比重却由20.41%上升到26.82%。[2]

在"三五"计划和"四五"计划时期（1966—1975年），盲目追求工业高速增长和优先发展重工业仍然是经济工作的指导方针，并且基于对国际形势作了过于严重的估计，把加强备战和重点建设三线也作为这个时期经济工作的指导思想。由于"文化大革命"的破坏，以及上述指导方针的贯彻，又一次造成了经济的全面、严重失衡。在"三五"计划和"四五"计划时期，基础产业产值年平均增长率分别为5.66%和5.67%。但其中的原材料工业、能源工业、交通业和农业依次分别为11.83%，8.23%；12.67%，10.96%；5.69%，6.46%；2.85%，3.38%。在这期间，非基础产业和加工工业依次分别为10.92%，8.6%；9.06%，8.41%。但其中的

---

① 《中国工业经济统计资料》（1986），中国统计出版社1987年版，第118、124页。

② 《中国统计年鉴》（1993），中国统计出版社1993年版，第50、57页。

重加工工业和轻加工工业依次分别为 16.6%，12.7%；8.4%，7.7%[①]。这些数据表明：在这期间，农业以外的基础产业（特别是原材料工业和能源工业）和非基础产业、加工工业（特别是重加工工业）的增长速度既超过了农业，除了交通业以外，也都超过了轻加工工业；原材料工业、能源工业和非基础工业、加工工业的增长速度也都超过了交通业；重加工工业的增长速度甚至超过了原材料工业和能源工业。这样，不仅在农业和轻工业产品供应方面造成了严重的短缺局面，在交通业服务方面也出现了紧张状况，甚至在原材料工业和能源工业方面也出现了供应不足的现象。诚然，在"三五"计划末期（1969 年和 1970 年）出现了经济过热以后，"四五"计划时期经济降温，各个产业（农业除外）的增长速度都有所下降，但这并没改变上述经济失衡状况。所以，如果说，1958—1960 年经济全面严重失衡突出地由原材料工业的超高速增长造成的，失衡的主要表现是农业和轻工业产品的严重短缺；而 1966—1975 年经济全面严重失衡，则突出的是由重加工工业的超高速增长造成的，失衡的主要表现还是农业和轻工业产品供应严重不足，但在交通业方面也出现紧张状况，这种紧张状况甚至波及了原材料工业和能源工业。这一点，同贯彻加强备战、重点建设三线的方针，以及由此造成的重加工工业（包括军事工业）的超高速增长，是直接相联系的。

如果不说"文化大革命"结束以后三年（1976—1978 年）的特殊情况，仅仅观察 1979 年改革以来基础产业的发展情况，那么我们可以看到：1979—1992 年，基础产业产值年平均增长率达到 8.68%，比 1953—1978 年提高了 3.49 个百分点。这样，似乎以前存在的许多基础产业发展严重滞后的局面已经有了很大的改观。但进一步地分析表明：这是一种错觉。问题在于：针对轻工业发展长期滞后的局面，1979 年以后的一段时间内，提出并实行了着重发展消费品工业的方针。轻工业投资又具有投资少、回收快、利润高等特点。这样，在新的产业政策导向和市场取向改革的推动下，1979 年以后，轻工业就获得了高速增长；80 年代中期以后，以新兴家电工业为代表的耐用消费品工业发展速度更快。1979—1992 年，轻工业产值年平均增长速度达到了 14.8%[②]。与此相联系，在这期间，加工工业和非基础

---

① 《中国工业经济统计资料》（1984），中国统计出版社 1987 年版，第 122、125 页。
② 《中国统计年鉴》（1993），中国统计出版社 1993 年版，第 58 页。

产业年平均增长速度也分别达到 11.84% 和 13.08%。这种高速增长虽然存在过多的重复建设和重复引进，以及过多地依靠外延增长方式等缺陷，但从总的趋势看，是符合产业发展的客观需求的。但这样一来，尽管这期间基础产业增长速度有了很大提高，但非基础产业的产值增长弹性系数还是只有 0.664，仅比 1953—1978 年提高了 0.098。而且这种提高又仅仅是同长期严重滞后的农业相关的（这一点，我们在下面还要做分析）。还要提到：这期间基础产业产值占社会总产值的比重由 1978 年的 49.62% 下降到 1992 年的 36.1%；与此相对应，非基础产业和加工工业的比重分别由 50.38% 上升到 63.9%，由 35.32% 上升到 38.38%。所以，即使就基础产业的增长速度、弹性系数和产值比重这些整体指标的变化情况来看，也不能认为这期间基础产业发展滞后的状况已经有了多少改变；毋宁说，在基础产业和非基础产业均以更高速度向前发展的基础上，大体上保持了滞后局面。

如果我们分别考察这期间基础产业各个部门发展的情况，那么还可以进一步看到：有些基础产业部门发展滞后的情况更趋严重了。

就农业来说，1979—1992 年，农业产值年平均增长率为 5.91%，比 1953—1978 年提高了 3.21 个百分点；农业对非基础产业的产值增长弹性系数为 0.452，也提高了 0.158 个百分点。可见，总的说来，新中国成立以后农业发展长期严重滞后的局面已经有了很大的改观。但是，（1）在这期间农业的发展速度经历了由高到低的过程。1978—1984 年，农业在农村改革和农产品价格大幅度提高等因素的推动下，年平均增长速度曾经高达 7.6%。而在 1985—1992 年，主要由于农村改革效应趋弱、工农业产品不合理比价有某种程度的复归等因素的作用，农业年平均增长速度下降到 4.7%。这虽然比 1953—1978 年仍然提高了 2 个百分点，但比 1979—1984 年下降了 2.9 个百分点。（2）1979—1992 年，在农业产值年平均增长率提高 3.19 个百分点的同时，非基础产业和加工工业也分别提高了 3.9 个和 3.05 个百分点。（3）农业产值占社会总产值的比重由 1978 年的 24.22% 下降到 1992 年的 12.28%。诚然，在工业化过程中，农业比重的下降是合乎规律的现象，但就中国的具体情况来看，这种下降是过快了。所以，农业发展严重滞后的现象并没有根本改变。

在这期间，原材料工业、能源工业和交通业对非基础产业的产值增长弹性系数分别由 1953—1978 年的 1.545 下降到 1979—1992 年的 0.885，由 1.439 下降到 0.698，由 0.847 下降到 0.752。这样，在这期间前三类产业增长滞后于非基础产业，原来能源工业和交通供应短缺的状况进一步加剧了。这里需要说明：改革以后原材料工业对非基础产业的产值增长弹性系数虽然也比改革以前降低了，但由于改革以后形成了大量原材料进口的局面，因而在实际经济生活中，原材料的供应并不显得很紧张。

1992 年以后，农业、能源工业和交通业作为瓶颈产业的状况仍在继续发展。这就能够说明：1994 年零售商品物价比上年涨了 21.3%，由农业提供的食品价格上涨约占其中 13 个百分点；今年上半年零售商品物价比去年同期又上涨了 18.5%，食品价格上涨约占其中 12.7 个百分点[①]。当然物价上涨的原因是多方面的。但农业发展严重滞后，农产品供给不足，无疑是一个重要原因。据有关专家估计，多年来，中国仅因电力供应不足致使大约 20% 的工业生产能力不能得到发挥。作为中国主要交通运输业的铁路，1979 年对国民经济各部门需求的满足率为 90.3%；目前，下降到 50%—70%，由此每年损失产值 4000 亿元。所有这些情况都证明：农业、能源工业和交通业已经成为严重阻碍大陆经济发展的瓶颈产业。当然，中国基础产业并不只是存在一个发展滞后的问题。但这无疑是一个最重要问题。这样，加强基础产业，努力缓解基础产业严重滞后的局面，就成为 20 世纪末和 21 世纪初中国经济发展的最重要的任务。

二　基础产业筹资的重要性及其途径

要解决改革以来基础产业发展严重滞后的问题，就必须增加基础产业的投资。诚然，这种滞后局面的形成有着多方面的原因，但其中最直接的原因，就是基础产业投资不足。

由于基础产业和非基础产业建设项目的周期不同，二者之间在改革以前产品比价关系不合理，以及改革以后二者产品价格变化幅度不同等原因，仅仅从某些年份的情况很难看出改革以后基础产业发展严重滞后与投资不

[①]　《经济日报》1995 年 3 月 9 日第 2 版；《人民日报》1995 年 7 月 14 日第 1 版。

表9　全社会基础产业投资额

单位：亿元

年份	总投资	农业	原材料	其中:冶金	化学	建材	能源	其中:电力	煤炭	石油	交通	基础产业	非基础产业	其中:加工工业
1953	90.4	7.74	8.13	5.33	0.94	1.86	6.9	2.62	3.58	0.7	10.7	33.47	56.93	13.31
1954	99.07	4.16	10.66	6.77	1.93	1.96	9.91	3.92	4.57	1.42	14.91	39.71	59.36	17.8
1955	100.36	6.18	11.73	7.96	1.56	2.21	13.07	5.35	5.95	1.77	17.66	48.64	51.72	18.15
1956	5.26	11.88	19.7	12.51	4.36	2.83	19.55	7.24	8.05	4.26	26.12	77.25	78.03	28.95
1957	143.32	11.87	22.49	14.04	4.82	3.63	22.01	10.65	7.53	3.83	20.69	77.06	66.26	27.9
1958	269	26.26	70.59	47.27	14.34	8.98	40.72	20.5	16.24	3.98	33.99	171.56	97.44	61.69
1959	349.72	32.92	78.05	51.14	14.29	12.62	54.49	27.55	21.74	5.2	53.24	218.7	131.02	76.31
1960	388.69	45.15	80.24	49.77	16.76	13.71	62.86	29.64	24.54	8.68	56.03	244.28	144.41	86.47
1961	127.42	16.99	23.58	14.24	5.5	3.84	27.28	7.63	15.61	4.04	14.96	82.81	44.61	25.93
1962	71.26	14.39	13.82	6.81	4.33	2.68	15.61	3.56	8.85	3.2	5.08	48.9	22.36	10.66
1963	98.16	22.61	18.26	8.02	5.13	5.11	16.43	3.91	8.22	4.3	7.8	65.1	33.06	14.47
1964	144.12	26.88	27.19	11.68	7.67	7.84	21.62	6.48	9.22	5.92	15.47	91.16	52.96	23.25
1965	179.61	24.97	33.33	14.24	10.8	8.29	25.61	11.68	7.71	6.22	30.51	114.42	65.19	30.02
1966—1970	976.03	104.27	191.17	98.79	62.2	30.18	154.09	68.6	46.65	38.84	150.01	599.54	376.49	196.25
1971—1974	1354.63	134.68	225.14	140.66	40.31	44.17	238.27	98.74	72.09	67.44	248.92	847.01	507.62	263.23
1975	409.32	38.4	99.17	32.42	55.47	11.28	70.86	30.65	18.65	21.56	68.67	277.1	132.22	61
1976	376.34	41.04	91.58	33.28	48.4	9.9	69.61	33.98	16.54	19.09	57.75	259.98	116.36	47.54
1977	382.37	41.75	81.33	42.73	29.05	9.55	78.06	34.72	22.58	20.76	50.23	251.37	131	57.97

续表

年份	总投资	农业	原材料	其中:冶金	化学	建材	能源	其中:电力	煤炭	石油	交通	基础产业	非基础产业	其中:加工工业
1978	500.99	53.34	91.35	46.48	31.34	13.53	113.83	50.91	31.8	31.12	68.04	326.56	174.43	67.98
1979	523.48	57.92	81.56	34.72	29.46	17.38	109.92	50.99	31.86	27.07	64.09	313.49	209.99	65.37
1980	741.61	65.38	129.76	47.6	50.3	31.86	154.52	53.89	45.92	57.71	62.34	412	329.61	91.45
1981	782.75	76.95	136.83	49.7	41.7	35.49	141.6	49.9	36.4	55.3	67.07	422.45	360.3	130.57
1982	1019.55	95.32	181.21	67.6	55.2	47.53	172.5	56.7	45.7	70.1	91.55	540.58	479.01	178.19
1983	1108.29	76.02	204.55	69.5	65.9	56.01	209.4	70.5	60.8	78.1	117.571	607.54	500.748	187.95
1984	1423.87	75.32	234.16	84.5	77.4	60	275.9	89.1	82.2	104.6	161.9	747.28	676.59	261.74
1985	2007.97	66.93	282.77	109.8	92.6	65.5	365	124.7	97.9	142.4	241.6	956.3	1051.67	453.33
1986	2370.24	64.47	371.88	146.7	106.6	94.1	447.7	184.2	109.4	154.1	272.01	1156.06	1214.18	568.52
1987	2845	99.02	467.32	194.1	145.3	100.7	547	238.8	115.6	192.6	300.65	1413.99	1431.01	739.48
1988	3474.46	103.51	574.3	242.1	197.5	107.2	642	284	123.5	234.5	338.93	1658.74	1815.72	993
1989	3105.47	108.4	478.5	202.7	166	81.1	709.5	304.7	135.9	268.9	289.7	1586.1	1519.37	757.2
1990	3448.12	141.03	480.92	187.7	179	80.6	832.1	377.1	186.5	268.5	347.87	1801.92	1646.2	810.58
1991	4325.91	175.31	613.3	246.7	219.8	103.3	950.3	414.9	213.9	321.5	502.26	2241.17	2084.74	981.1
1992	6632.99	222.43	893.35	362.9	297.1	164.9	1196.3	542.5	256.8	397	734.94	3047.02	3585.97	1626.25
1993	9889.31	306.62	1266.4	552.8	378	195.1	1535.9	754.6	324.4	456.9	389.5	4498.42	5390.89	2363.3

资料来源:《中国固定资产投资统计资料》(1950—1991 年各年度)(1992—1994),中国统计出版社。《中国统计年鉴》(1992—1994),中国统计出版社。均按当年价格计算。表中的全社会投资额是指全民投资 + 城镇集体投资 + 农村集体投资 + 农村私人投资,不包括城乡个人投资。

表 10　全社会基础产业投资增长率

单位:%

年份	总投资	农业	原材料	其中:冶金	化学	建材	能源	其中:电力	煤炭	石油	交通	基础产业	非基础产业	其中:加工工业
1954	9.59	-46.25	31.12	27.02	105.32	5.38	43.62	49.62	27.65	102.86	40.00	18.64	4.27	33.73
1955	1.30	48.56	10.04	17.58	-19.17	12.76	31.89	36.48	30.20	24.65	17.89	22.49	-12.87	1.97
1956	54.72	92.23	67.95	57.16	179.49	28.05	49.58	35.33	35.29	140.68	47.90	58.82	50.87	59.50
1957	-7.70	-0.08	14.16	12.23	10.55	28.27	12.58	47.10	-6.46	-10.09	-20.79	-0.25	-15.08	-3.63
1958	87.69	121.23	213.87	236.68	197.51	147.38	85.01	92.49	115.67	3.92	64.28	122.63	47.06	121.11
1959	30.01	25.36	10.57	8.19	-0.35	40.53	33.82	34.39	33.87	30.65	56.63	27.48	34.46	23.70
1960	11.14	37.15	2.81	-2.68	17.28	8.64	15.36	7.59	12.88	66.92	5.24	11.70	10.22	13.31
1961	-67.22	-62.37	-70.61	-71.39	-67.18	-71.99	-56.60	-74.26	-36.39	-53.46	-73.30	-66.10	-69.11	-70.01
1962	-44.07	-15.30	-41.39	-52.18	-21.27	-30.21	-42.78	-53.34	-43.31	-20.79	-66.04	-40.95	-49.88	-58.89
1963	37.75	57.12	32.13	17.77	18.48	90.67	5.25	9.83	-7.12	34.37	53.54	33.13	47.85	35.74
1964	46.82	18.89	48.90	45.64	49.51	53.42	31.59	65.73	12.17	37.67	98.33	40.03	60.19	60.68
1965	24.63	-7.11	22.58	21.92	40.81	5.74	18.46	80.25	-16.38	5.07	97.22	25.52	23.09	29.12
1966—1970	443.42	317.58	473.57	593.75	475.93	264.05	501.68	487.33	505.06	524.44	391.67	423.98	477.53	553.73
1971—1974	38.79	29.16	17.77	42.38	-35.19	46.36	54.63	43.94	54.53	73.64	65.94	41.28	34.83	34.13
1975	-69.78	-71.49	-55.95	-76.95	37.61	-74.46	-70.26	-68.96	-74.13	-68.03	-72.41	-67.28	-73.95	-76.83
1976	-8.06	6.88	-7.65	2.65	-12.75	-12.23	-1.76	10.86	-11.31	-11.46	-15.90	-6.18	-12.00	-22.07
1977	1.60	1.73	-11.19	28.40	-39.98	-3.54	12.14	2.18	36.52	8.75	-13.02	-3.31	12.58	21.94
1978	31.02	27.76	12.32	8.78	7.88	41.68	45.82	46.63	40.83	49.90	35.46	29.91	33.15	17.27
1979	4.49	8.59	-10.72	-25.3	-6	23.46	-3.43	0.16	0.19	-13.01	-5.81	-4.00	20.39	-3.84
1980	41.67	12.88	59.10	37.10	70.74	83.31	40.57	5.69	44.13	102.11	-2.73	31.42	56.96	39.90
1981	2.50	17.70	5.45	4.41	-17.10	11.39	-8.36	-7.40	-20.73	1.08	7.59	2.54	9.31	42.78
1982	29.27	23.87	32.43	36.02	32.37	33.93	21.82	13.63	25.55	26.76	36.50	27.96	32.95	36.47
1983	11.45	-20.25	12.88	2.81	19.38	17.84	21.39	24.34	33.04	11.41	28.42	12.39	4.54	5.48
1984	27.38	-0.92	14.48	21.58	17.45	7.12	31.76	26.38	35.20	33.92	37.70	23.00	35.12	39.26

续表

年份	总投资	农业	原材料	其中:冶金	化学	建材	能源	其中:电力	煤炭	石油	交通	基础产业	非基础产业	其中:加工工业
1985	42.03	-11.14	20.76	29.94	19.64	9.17	32.29	39.96	19.10	36.14	49.23	27.97	55.44	73.20
1986	17.18	-3.68	31.51	33.61	15.12	43.66	22.66	47.71	11.75	8.22	12.59	20.89	15.45	25.41
1987	20.60	53.59	25.66	32.31	36.30	7.01	22.18	29.64	5.67	24.98	10.53	22.31	17.86	30.07
1988	19.26	4.53	22.89	24.73	35.93	6.45	17.37	18.93	6.83	21.75	12.73	17.31	26.88	34.28
1989	-8.71	4.72	-16.68	-16.27	-15.95	-24.35	10.51	7.29	10.04	14.67	-14.53	-4.38	-16.32	-23.75
1990	13.12	30.10	0.51	-7.40	7.83	-0.62	17.28	23.76	37.23	-0.15	20.08	13.61	8.35	7.05
1991	25.46	24.31	27.53	31.43	22.79	28.16	14.21	10.02	14.69	19.74	44.38	24.38	26.64	21.04
1992	41.63	26.88	45.66	47.10	35.17	59.63	25.89	30.75	20.06	23.48	46.33	35.96	72.01	65.76
1993	61.41	37.85	41.76	52.33	27.23	18.31	28.39	39.10	26.32	15.09	89.06	47.63	50.33	44.77
"一五"时期	12.21	11.28	28.97	27.40	50.48	18.19	33.64	41.99	20.43	52.94	17.92	23.18	3.87	20.33
"二五"时期	-13.04	3.93	-9.28	-13.47	-2.12	-5.89	-6.64	-19.68	3.28	-3.53	-24.49	-8.69	-19.53	-17.50
"调整"时期	36.09	20.17	34.10	27.88	35.62	45.70	17.94	48.59	-4.49	24.80	81.77	32.76	42.86	41.22
"三五"时期														
"四五"时期														
"五五"时期	12.62	11.23	5.52	7.98	-1.94	23.08	16.87	11.95	19.75	20.47	-1.92	6.09	20.04	8.44
"六五"时期	21.72	0.47	16.86	18.19	12.98	15.50	18.76	18.27	16.35	21.08	31.12	21.97	26.12	37.74
"七五"时期	11.72	16.07	11.21	11.32	14.09	4.24	17.92	24.77	13.76	13.52	7.56	14.56	9.38	12.32
1991—1993	42.08	29.55	38.09	43.34	28.30	34.27	22.67	26.01	20.26	19.39	58.66	35.66	48.50	42.68
1953—1978	7.09	8.03	10.16	9.05	15.06	8.26	11.87	12.60	9.13	16.39	7.68	9.54	4.58	6.74
1979—1993	19.58	10.74	17.69	15.81	17.43	19.55	18.30	18.41	16.09	19.95	18.53	18.52	24.10	25.45

资料来源:《中国固定资产投资统计资料》(1950—1991 年各年度);《中国统计年鉴》(1992—1994),中国统计出版社。均按当年价格计算。表中的全社会投资额是指全民投资+城镇集体投资+农村集体投资,不包括城乡个人投资。

表 11　全社会基础产业投资比重（以总投资为100）

单位:%

年份	农业	原材料	其中:冶金	化学	建材	能源	其中:电力	煤炭	石油	交通	基础产业	非基础产业	其中:加工工业
1953	8.562	8.99	5.896	1.040	2.058	7.633	2.898	3.960	0.774	11.836	37.024	62.976	14.723
1954	4.199	10.76	6.834	1.948	1.978	10.003	3.957	4.613	1.433	15.121	40.083	59.917	17.967
1955	6.158	11.68	7.931	1.554	2.202	13.023	5.331	5.929	1.764	17.597	48.466	51.534	18.085
1956	7.651	12.68	8.056	2.808	1.823	12.59	4.663	5.184	2.743	16.821	49.749	50.251	18.644
1957	8.282	15.69	9.796	3.363	2.533	15.357	7.431	5.254	2.672	14.436	53.768	46.232	19.467
1958	9.762	26.24	17.572	5.331	3.338	15.138	7.621	6.037	1.480	12.636	63.777	36.223	22.933
1959	9.413	22.31	14.623	4.086	3.609	15.581	7.878	6.216	1.487	15.224	62.536	37.464	21.820
1960	11.616	20.64	12.805	4.312	3.527	16.172	7.626	6.314	2.233	14.415	62.847	37.153	22.247
1961	13.334	18.50	11.176	4.316	3.014	21.410	5.988	12.251	3.171	11.741	64.990	35.01	20.350
1962	20.194	19.39	9.557	6.076	3.761	21.906	4.996	12.419	4.491	7.129	68.622	31.378	14.959
1963	23.034	18.60	8.170	5.226	5.206	16.738	3.983	8.374	4.381	7.946	66.320	33.680	14.741
1964	18.651	18.86	8.104	5.322	5.440	15.001	4.496	6.397	4.108	10.734	63.253	36.747	16.132
1965	13.902	18.55	7.928	6.013	4.616	14.259	6.503	4.293	3.463	16.987	63.705	36.295	16.714
1966—1970	10.683	19.58	10.122	6.373	3.092	15.787	7.028	4.780	3.979	15.369	61.426	38.574	20.107
1971—1974	9.942	16.62	10.384	2.976	3.261	17.589	7.289	5.322	4.978	18.375	62.527	37.473	19.432
1975	9.381	24.22	7.920	13.552	2.756	17.312	7.488	4.556	5.267	16.777	67.698	32.302	14.903
1976	10.905	24.33	8.843	12.861	2.631	18.497	9.029	4.395	5.073	15.345	69.081	30.919	12.632
1977	10.919	21.27	11.175	7.597	2.498	20.415	9.080	5.905	5.429	13.136	65.74	34.26	15.161
1978	10.647	18.23	9.278	6.256	2.701	22.721	10.162	6.347	6.212	13.581	65.183	34.817	13.569
1979	11.064	15.58	6.633	5.628	3.320	20.998	9.741	6.086	5.171	12.243	59.886	40.114	12.488
1980	8.816	17.49	6.418	6.783	4.296	20.836	7.267	6.192	7.377	8.406	55.555	44.445	12.331
1981	9.831	17.48	6.349	5.327	4.534	18.090	6.375	4.650	7.065	8.569	53.97	46.030	16.681
1982	9.349	17.77	6.630	5.414	4.662	16.919	5.561	4.482	6.875	8.979	53.019	46.981	17.477
1983	6.859	18.45	6.271	5.946	5.054	18.894	6.361	5.486	7.047	10.608	54.818	45.182	16.959

续表

年份	农业	原材料	其中:冶金	化学	建材	能源	其中:电力	煤炭	石油	交通	基础产业	非基础产业	其中:加工工业
1984	5.290	16.44	5.935	5.436	4.214	19.377	6.258	5.773	7.346	11.370	52.482	47.518	18.382
1985	3.333	14.08	5.468	4.612	3.262	18.178	6.210	4.876	7.092	12.032	47.625	52.375	22.577
1986	2.720	15.69	6.189	4.497	3.970	18.888	7.771	4.616	6.501	11.476	48.774	51.226	23.986
1987	3.480	16.42	6.822	5.107	3.540	19.227	8.394	4.063	6.770	10.568	49.701	50.299	25.992
1988	2.979	16.52	6.968	5.684	3.085	18.478	8.174	3.555	6.749	9.755	47.741	52.259	28.580
1989	3.491	15.40	6.527	5.345	2.612	22.847	9.812	4.376	8.659	9.329	51.074	48.926	24.383
1990	4.090	13.94	5.444	5.191	2.338	24.132	10.936	5.409	7.787	10.089	52.258	47.742	23.508
1991	4.053	14.17	5.703	5.081	2.388	21.968	9.591	4.945	7.432	11.611	51.808	48.192	22.680
1992	3.353	13.46	5.471	4.479	2.486	18.036	8.179	3.872	5.985	11.080	45.937	54.063	24.518
1993	3.400	12.80	5.590	3.822	1.973	15.531	7.630	3.280	4.620	14.051	45.488	54.512	23.807
"一五"时期	6.970	11.96	7.703	2.143	2.119	11.721	4.856	4.988	1.877	15.162	45.818	54.182	17.777
"二五"时期	12.864	21.42	13.146	4.824	3.450	18.041	6.822	8.647	2.572	12.229	64.554	35.446	20.462
"调整"时期	18.529	18.67	8.068	5.520	5.087	15.333	4.994	6.355	3.984	11.889	64.426	35.574	15.863
"三五"时期	10.683	19.58	10.122	6.373	3.092	15.787	7.028	4.780	3.979	15.369	61.426	38.574	20.107
"四五"时期	9.662	20.42	9.152	8.264	3.008	17.450	7.389	4.939	5.123	17.576	65.112	34.888	17.167
"五五"时期	10.470	19.38	8.469	7.825	3.089	20.693	9.056	5.785	5.852	12.542	63.089	36.911	13.236
"六五"时期	6.932	16.84	6.131	5.347	4.345	18.291	6.153	5.053	7.085	10.312	52.383	47.617	18.415
"七五"时期	3.352	15.60	6.390	5.165	3.109	20.714	9.017	4.404	7.293	10.243	49.910	50.090	25.290
1991—1993	3.602	13.48	5.588	4.461	2.282	18.511	8.467	4.032	6.012	12.247	47.744	52.256	23.668
1953—1978	11.433	18.27	9.798	5.316	3.160	16.165	6.497	6.239	3.428	13.958	59.831	40.169	17.610
1979—1993	5.474	15.71	6.161	5.224	3.449	19.493	7.884	4.777	6.832	10.678	51.342	48.658	20.956

资料来源:《中国固定资产投资统计资料》(1950—1991年各年度);《中国统计年鉴》(1992—1994),中国统计出版社。均按当年价格计算。表中的全社会投资额是指全民投资+城镇集体投资+农村集体投资+农村集体投资,不包括城乡个人投资。

表 12　全社会基础产业与全部非基础产业的投资比例（以全部非基础产业投资为 1）

年份	农业	原材料	其中:冶金	化学	建材	能源	其中:电力	煤炭	石油	交通	基础产业
1953	0.136	0.143	0.094	0.017	0.033	0.121	0.046	0.063	0.012	0.012	0.588
1954	0.070	0.18	0.114	0.033	0.033	0.167	0.066	0.077	0.024	0.252	0.669
1955	0.119	0.227	0.154	0.03	0.043	0.253	0.103	0.115	0.034	0.341	0.940
1956	0.152	0.252	0.160	0.056	0.036	0.251	0.093	0.103	0.055	0.335	0.990
1957	0.179	0.339	0.212	0.073	0.055	0.332	0.161	0.114	0.058	0.312	1.163
1958	0.269	0.724	0.485	0.147	0.092	0.418	0.210	0.167	0.041	0.349	1.761
1959	0.251	0.596	0.390	0.109	0.096	0.416	0.210	0.166	0.040	0.406	1.669
1960	0.313	0.556	0.345	0.116	0.095	0.435	0.205	0.170	0.060	0.388	1.692
1961	0.381	0.529	0.319	0.123	0.086	0.612	0.171	0.350	0.091	0.335	1.856
1962	0.644	0.618	0.305	0.194	0.120	0.698	0.159	0.396	0.143	0.227	2.187
1963	0.684	0,552	0.243	0.155	0.155	0.497	0.118	0.249	0.130	0.236	1.969
1964	0.508	0.513	0.221	0.145	0.148	0.408	0.122	0.174	0.112	0.292	1.721
1965	0.383	0.511	0.218	0.166	0.127	0.393	0.179	0.118	0.095	0.468	1.755
1966—1970	0.277	0.508	0.262	0.165	0.08	0.409	0.182	0.124	0.103	0.398	1.592
1971—1974	0.265	0.444	0.277	0.079	0.087	0.469	0.195	0.142	0.133	0.490	1.669
1975	0.290	0.750	0.245	0.420	0.085	0.536	0.232	0.141	0.163	0.519	2.096
1976	0.353	0.787	0.286	0.416	0.085	0.598	0.292	0.142	0.164	0.496	2.234
1977	0.319	0.621	0.326	0.222	0.073	0.596	0.265	0.172	0.158	0.383	1.919
1978	0.306	0.524	0.266	0.180	0.073	0.653	0.292	0.182	0.178	0.39	1.872
1979	0.276	0.388	0.165	0.140	0.083	0.523	0.243	0.152	0.129	0.305	1.493
1980	0.198	0.394	0.144	0.153	0.097	0.469	0.163	0.139	0.166	0.189	1.250
1981	0.214	0.380	0.138	0.116	0.099	0.393	0.138	0.101	0.153	0.186	1.172
1982	0.199	0.378	0.141	0.115	0.099	0.360	0.118	0.095	0.146	0.191	1.129
1983	0.152	0.408	0.139	0.132	0.112	0.418	0.141	0.121	0.156	0.235	1.213

续表

年份	农业	原材料	其中:冶金	化学	建材	能源	其中:电力	煤炭	石油	交通	基础产业
1984	0.111	0.346	0.125	0.114	0.089	0.408	0.132	0.121	0.155	0.239	1.104
1985	0.064	0.269	0.104	0.088	0.062	0.347	0.119	0.093	0.135	0.230	0.909
1986	0.053	0.306	0.121	0.088	0.078	0.369	0.152	0.090	0.127	0.224	0.952
1987	0.069	0.327	0.136	0.102	0.070	0.382	0.167	0.081	0.135	0.210	0.988
1988	0.057	0.316	0.133	0.109	0.059	0.354	0.156	0.068	0.129	0.187	0.914
1989	0.071	0.315	0.133	0.109	0.053	0.467	0.201	0.089	0.177	0.191	1.044
1990	0.086	0.292	0.114	0.109	0.049	0.505	0.229	0.113	0.163	0.211	1.095
1991	0.084	0.294	0.118	0.105	0.050	0.456	0.199	0.103	0.154	0.241	1.075
1992	0.062	0.249	0.101	0.083	0.046	0.334	0.151	0.072	0.111	0.205	0.850
1993	0.057	0.235	0.103	0.070	0.036	0.285	0.140	0.060	0.085	0.258	0.834
"一五"时期	0.131	0.228	0.147	0.042	0.040	0.225	0.094	0.094	0.037	0.286	0.870
"二五"时期	0.372	0.604	0.369	0.138	0.098	0.516	0.191	0.250	0.075	0.341	1.833
"调整"时期	0.525	0.526	0.227	0.155	0.143	0.433	0.140	0.180	0.112	0.332	1.815
"三五"时期	0.277	0.508	0.262	0.165	0.080	0.409	0.182	0.124	0.103	0.398	1.592
"四五"时期	0.278	0.597	0.261	0.249	0.086	0.503	0.213	0.142	0.148	0.505	1.882
"五五"时期	0.290	0.543	0.238	0.222	0.083	0.568	0.251	0.158	0.159	0.353	1.754
"六五"时期	0.148	0.356	0.129	0.113	0.092	0.385	0.130	0.106	0.149	0.216	1.106
"七五"时期	0.067	0.311	0.127	0.103	0.062	0.415	0.181	0.088	0.146	0.205	0.998
1991—1993	0.049	0.181	0.073	0.063	0.032	0.263	0.117	0.058	0.088	0.149	0.642
1953—1978	0.310	0.493	0.259	0.150	0.085	0.435	0.174	0.167	0.094	0.358	1.597
1979—1993	0.113	0.311	0.121	0.104	0.070	0.386	0.154	0.096	0.136	0.203	1.013

资料来源:《中国固定资产投资统计资料》(1950—1991 年各年度);《中国统计年鉴》(1992—1994),中国统计出版社。均按当年价格计算。表中的全社会投资额是指全民投资 + 城镇集体投资 + 农村集体投资 + 农村拓城乡个人投资。不包括城乡个人投资。

足之间的直接联系。但把改革以后与改革以前这样两段长时期的有关情况做一对比，就可以在很大程度上排除上述各项因素的影响，从而有助于看清这一点。这是其一。其二，基础产业的投资不足，是相对于非基础产业而言的。因此，要说明这一点，单从基础产业投资本身绝对量的增长和增长率来看，也很难做到。只有从基础产业和非基础产业在社会投资中所占比值，特别是从基础产业对非基础产业的投资增长系数，才可以清楚看出这一点。在作了这些方法上的说明以后，我们再引用有关的数据（详见表9至表14）。

表 13　　全社会各基础产业与加工工业的投资比例（以加工工业投资为 1 ）

年份	农业	原材料	其中：冶金	化学	建材	能源	其中：电力	煤炭	石油	交通	基础产业
1953	0.582	0.611	0.400	0.071	0.140	0.518	0.197	0.269	0.053	0.804	2.515
1954	0.234	0.599	0.380	0.108	0.110	0.557	0.220	0.257	0.080	0.842	2.231
1955	0.340	0.646	0.439	0.086	0.122	0.720	0.295	0.328	0.098	0.973	2.680
1956	0.410	0.680	0.432	0.151	0.098	0.675	0.250	0.278	0.147	0.902	2.668
1957	0.425	0.806	0.503	0.173	0.130	0.789	0.382	0.270	0.137	0.742	2.762
1958	0.426	1.144	0.766	0.232	0.146	0.660	0.332	0.263	0.065	0.551	2.781
1959	0.431	1.023	0.670	0.187	0.165	0.714	0.361	0.285	0.068	0.698	2.866
1960	0.522	0.928	0.576	0.194	0.159	0.727	0.343	0.284	0.100	0.648	2.825
1961	0.655	0.909	0.549	0.212	0.148	1.052	0.294	0.602	0.156	0.577	3.194
1962	1.350	1.296	0.639	0.406	0.251	1.464	0.334	0.830	0.300	0.477	4.587
1963	1.563	1.262	0.554	0.355	0.353	1.135	0.270	0.568	0.297	0.539	4.499
1964	1.156	1.169	0.502	0.330	0.337	0.930	0.279	0.397	0.255	0.665	3.921
1965	0.832	1.110	0.474	0.360	0.276	0.853	0.389	0.257	0.207	1.016	3.811
1966—1970	0.531	0.974	0.503	0.317	0.154	0.785	0.350	0.238	0.198	0.764	3.055
1971—1974	0.512	0.855	0.534	0.153	0.168	0.905	0.375	0.274	0.256	0.946	3.218
1975	0.630	1.626	0.531	0.909	0.185	1.162	0.502	0.306	0.353	1.126	4.543
1976	0.863	1.926	0.700	1.018	0.208	1.464	0.715	0.348	0.402	1.215	5.469
1977	0.720	1.403	0.737	0.501	0.165	1.347	0.599	0.390	0.358	0.866	4.336
1978	0.785	1.344	0.684	0.461	0.199	1.674	0.749	0.468	0.458	1.001	4.804

续表

年份	农业	原材料	其中：冶金	化学	建材	能源	其中：电力	煤炭	石油	交通	基础产业
1979	0.886	1.243	0.531	0.451	0.266	1.682	0.780	0.487	0.414	0.980	4.796
1980	0.715	1.419	0.521	0.550	0.348	1.690	0.589	0.502	0.598	0.682	4.505
1981	0.589	1.048	0.381	0.319	0.272	1.084	0.382	0.279	0.424	0.514	3.235
1982	0.535	1.017	0.379	0.310	0.267	0.968	0.318	0.256	0.393	0.514	3.034
1983	0.404	1.088	0.370	0.351	0.298	1.114	0.375	0.323	0.416	0.626	3.232
1984	0.288	0.895	0.323	0.296	0.229	1.054	0.340	0.314	0.400	0.619	2.855
1985	0.148	0.624	0.242	0.204	0.144	0.805	0.275	0.216	0.314	0.533	2.110
1986	0.113	0.654	0.258	0.188	0.166	0.787	0.324	0.192	0.271	0.478	2.033
1987	0.134	0.632	0.262	0.196	0.136	0.740	0.323	0.156	0.260	0.407	1.912
1988	0.104	0.578	0.244	0.199	0.108	0.647	0.286	0.124	0.236	0.341	1.67
1989	0.143	0.632	0.268	0.219	0.107	0.937	0.402	0.179	0.355	0.383	2.095
1990	0.174	0.593	0.232	0.221	0.099	1.027	0.465	0.230	0.331	0.429	2.223
1991	0.179	0.625	0.251	0.224	0.105	0.969	0.423	0.218	0.328	0.512	2.284
1992	0.137	0.549	0.223	0.183	0.101	0.736	0.334	0.158	0.244	0.452	1.874
1993	0.143	0.538	0.235	0.161	0.083	0.652	0.321	0.138	0.194	0.590	1.911
"一五"时期	0.398	0.669	0.431	0.118	0.120	0.652	0.269	0.280	0.103	0.852	2.571
"二五"时期	0.677	1.060	0.640	0.246	0.174	0.924	0.333	0.453	0.138	0.590	3.251
"调整"时期	1.183	1.181	0.510	0.348	0.322	0.973	0.313	0.407	0.253	0.740	4.077
"三五"时期	0.531	0.974	0.503	0.317	0.154	0.785	0.350	0.238	0.198	0.764	3.055
"四五"时期	0.571	1.241	0.533	0.531	0.176	1.033	0.439	0.290	0.305	1.036	3.880
"五五"时期	0.794	1.468	0.635	0.596	0.237	1.571	0.686	0.439	0.446	0.949	4.782
"六五"时期	0.393	0.934	0.339	0.296	0.242	1.005	0.338	0.278	0.389	0.561	2.893
"七五"时期	0.134	0.618	0.253	0.205	0.123	0.827	0.360	0.177	0.291	0.408	1.987
1991—1993	0.153	0.571	0.236	0.189	0.097	0.786	0.359	0.171	0.255	0.518	2.023
1953—1978	0.682	1.069	0.557	0.328	0.185	0.954	0.381	0.364	0.210	0.808	3.514
1979—1993	0.313	0.809	0.315	0.271	0.182	0.993	0.396	0.252	0.345	0.537	2.651

资料来源：《中国固定资产投资统计资料》（1950—1991年各年度）；《中国统计年鉴》（1992—1994），中国统计出版社。均按当年价格计算。表中的全社会投资额是指全民投资＋城镇集体投资＋农村集体投资，不包括城乡个人投资。

表 14 全社会各基础产业对全部非基础产业的投资增长弹性系数

（以全部非基础产业增长率为 1）

年份	农业	原材料	其中:冶金	化学	建材	能源	其中:电力	煤炭	石油	交通	基础产业
1954	−10.836	7.291	6.330	24.674	1.260	10.220	11.625	6.479	24.097	9.371	4.368
1955	−3.773	−0.780	−1.366	1.490	−0.991	−2.478	−2.834	−2.346	−1.195	−1.390	−1.747
1956	1.813	1.336	1.124	3.528	0.551	0.975	0.694	0.694	2.765	0.942	1.156
1957	0.006	−0.939	−0.811	−0.699	−1.874	−0.834	−3.122	0.428	0.669	1.378	0.016
1958	2.576	4.545	5.030	4.197	3.132	1.806	1.965	2.458	0.083	1.366	2.606
1959	0.736	0.307	0.238	−0.010	1.176	0.981	0.998	0.983	0.889	1.643	0.797
1960	3.635	0.275	−0.262	1.691	0.845	1.503	0.742	1.260	6.548	0.513	1.144
1961	0.902	1.022	1.033	0.972	1.042	0.819	1.075	0.527	0.774	1.061	0.956
1962	0.307	0.830	1.046	0.427	0.606	0.858	1.069	0.868	0.417	1.324	0.821
1963	1.194	0.671	0.371	0.386	1.895	0.110	0.205	−0.149	0.718	1.119	0.692
1964	0.314	0.812	0.758	0.823	0.888	0.525	1.092	0.202	0.626	1.634	0.665
1965	−0.308	0.978	0.949	1.767	0.249	0.799	3.475	−0.709	0.219	4.210	1.105
1966—1970	0.665	0.992	1.243	0.997	0.553	1.051	1.021	1.058	1.098	0.820	0.888
1971—1974	0.837	0.510	1.217	−1.010	1.331	1.569	1.261	1.566	2.114	1.893	1.185
1975	0.967	0.757	1.041	−0.509	1.007	0.950	0.932	1.002	0.920	0.979	0.910
1976	−0.573	0.638	−0.221	1.063	1.020	0.147	−0.906	0.943	0.955	1.326	0.515
1977	0.138	−0.890	2.257	−3.178	−0.281	0.965	0.173	2.902	0.695	−1.035	−0.263
1978	0.837	0.372	0.265	0.238	1.257	1.382	1.407	1.232	1.505	1.070	0.902
1979	0.421	−0.526	−1.241	−0.294	1.396	−0.168	0.008	0.009	−0.638	−0.285	−0.196
1980	0.226	1.037	0.651	1.242	1.463	0.712	0.100	0.775	1.792	−0.048	0.552
1981	1.901	0.585	0.474	−1.836	1.224	−0.898	−0.795	−2.227	0.116	0.815	0.272
1982	0.725	0.984	1.093	0.983	1.03	0.662	0.414	0.775	0.812	1.108	0.849
1983	−4.462	2.838	0.619	4.271	3.931	4.714	5.363	7.281	2.515	6.263	2.729
1984	−0.026	0.412	0.615	0.497	0.203	0.904	0.751	1.002	0.966	1.074	0.655
1985	−0.201	0.374	0.540	0.354	0.165	0.583	0.721	0.345	0.652	0.888	0.505
1986	−0.238	2.039	2.175	0.978	2.826	1.466	3.088	0.760	0.532	0.815	1.352
1987	3.001	1.437	1.809	2.033	0.393	1.242	1.660	0.317	1.399	0.590	1.249

年份	农业	原材料	其中：冶金	化学	建材	能源	其中：电力	煤炭	石油	交通	基础产业
1988	0.169	0.852	0.920	1.336	0.240	0.646	0.704	0.254	0.809	0.474	0.644
1989	-0.289	1.022	0.997	0.977	1.492	-0.644	-0.447	-0.615	-0.899	0.890	0.268
1990	3.606	0.061	-0.887	0.938	-0.074	2.070	2.846	4.460	-0.018	2.405	1.630
1991	0.912	1.033	1.180	0.856	1.057	0.533	0.376	0.551	0.741	1.666	0.915
1992	0.373	0.634	0.654	0.488	0.828	0.359	0.427	0.279	0.326	0.643	0.499
1993	0.752	0.830	1.040	0.541	0.364	0.564	0.777	0.523	0.300	1.769	0.946
"一五"时期	2.918	7.491	7.085	13.054	4.705	8.700	10.859	5.283	13.691	4.635	5.995
"二五"时期	-0.201	0.475	0.690	0.109	0.302	0.340	1.008	-0.168	0.181	1.254	0.445
"调整"时期	0.471	0.796	0.650	0.831	1.066	0.419	1.134	-0.105	0.579	1.908	0.764
"三五"时期											
"四五"时期											
"五五"时期	0.560	0.276	0.398	-0.097	1.151	0.842	0.596	0.985	1.021	-0.096	0.304
"六五"时期	0.018	0.645	0.697	0.497	0.594	0.718	0.699	0.626	0.807	1.191	0.841
"七五"时期	1.715	1.195	1.207	1.503	0.452	1.911	2.642	1.467	1.442	0.807	1.553
1991—1993	0.609	0.785	0.894	0.583	0.707	0.467	0.536	0.418	0.400	1.210	0.735
1953—1978	1.752	2.218	1.975	3.287	1.803	2.590	2.751	1.993	3.578	1.677	2.083
1971—1993	0.445	0.734	0.656	0.723	0.811	0.759	0.764	0.668	0.827	0.769	0.768

资料来源：《中国固定资产投资统计资料》(1950—1991年各年度)；《中国统计年鉴》(1992—1994)，中国统计出版社。均按当年价格计算。表中的全社会投资额是指全民投资＋城镇集体投资＋农村集体投资，不包括城乡个人投资。

在1953—1978年和1979—1993年这两段时期内，在全社会投资总额中（不包括城乡个人投资），农业投资比重由11.433%下降到5.474%，原材料工业由18.27%下降到15.71%，能源工业由16.165%上升到19.493%，交通业由13.958%下降到10.678%，全部基础产业由59.831%下降到51.342%；非基础产业由40.169%上升到48.658%，其中加工工业由17.610%上升到20.956%。

在上述两段时限内，全社会各基础产业与全部非基础产业的投资比例（以后者为1），农业由0.310下降到0.113，原材料工业由0.493下降到

0.311，能源工业由 0.435 下降到 0.386，交通业由 0.358 下降到 0.203，全部基础产业由 1.597 下降到 1.013。

在上述两段时限内，全社会各基础产业与加工工业的投资比例（以后者为 1），农业由 0.682 下降到 0.313，原材料工业由 1.069 下降到 0.809，能源工业由 0.954 上升到 0.993，交通业由 0.808 下降到 0.537，全部基础产业由 3.514 下降到 2.651。

在上述两段时限内，全社会各基础产业对全部非基础产业的投资增长弹性系数，农业由 1.752 下降到 0.445，原材料工业由 2.218 下降到 0.734，能源由 2.590 下降到 0.759，交通业由 1.677 下降到 0.769，全部基础产业由 2.083 下降到 0.768。

上述各项数据表明：改革以来基础产业发展严重滞后，同基础产业投资不足存在着直接的联系。因此，如果不在增加基础产业投资上切实做出成效，基础产业严重滞后的局面是难以扭转的。这一点，也为改革以来的经验所反复证明了。实际上，早在 80 年代初期，政府就提出了优先发展能源、交通的发展战略；到 80 年代中后期，各级政府部门更进一步认识到这个问题的重要性。但实际经济生活中基础产业发展严重滞后的局面并没有改变。其直接原因就是发展基础产业的筹资措施不力，需要的资金不能到位。

如果考虑到我国当前和今后一个时期工业化发展阶段的特点，那么，增加基础产业投资就显得更加重要了。

据本文第一部分的资料分析，新中国成立以前大机器工业（主要是轻工业）尽管经历了八九十年的发展，但只能认为工业开始有了起步。新中国成立以后直到 1978 年，除了某些调整年份不说，总的看来，实行了优先发展重工业的方针。这样，1953—1978 年，重工业和轻工业的年平均增长速度分别为 13.8% 和 8%，前者比后者高出 5.8 个百分点。1979 年以后，提出了着重发展消费品工业的方针。与此相联系，1979—1991 年，轻工业和重工业的年平均增长速度分别为 14% 和 10.6%，前者超过后者 3.4 个百分点。但在实际上，从 1991 年起，重工业的增长速度就大大加快了。重工业产值年增长率从 1990 年的 6.2% 提高到 1991 年的 14.5%，只比轻工业低 0.5 个百分点；1992 年和 1993 年分别提高到 29% 和 24.8%，比轻工业分别高出 2.9 个和 2.5 个百分点。① 这样，工业化进程就经历了以下几个阶段：新中国成立前工业化开始起步（主要是发展轻工业）；新中国成立后直到 1979 年优先发展重工业；1979—1991 年着重发展轻工业；1992 年开始进入重点发展重化工业的阶段。这样说，也并不排除有的年份轻工业的增长速度会超过重化工业的增长速度。但总的说来，重化工业的增长速度会超过轻工业。但这个阶段是在前三个阶段（主要是后两个阶段）的基础上发展起来的。因而这个阶段重化工业和轻工业增长速度不可能出现第二个阶段那样大的差距，而只是前者的增长速度略高于后者。正因为如此，也可以说从 90 年代初起，已经进入了全面工业化阶段。由于大国效应、发展中国家的后发效应、改革开放效应和经济发达国家的示范效应等因素的作用，这个全面工业化阶段在许多领域同工业现代化又是重叠的。

当代国际经验表明：类似这样的工业化阶段，其重要特征就是结构的剧烈变动，由此引起的资源重新配置等过渡性因素成为推动经济高速增长的最重要因素，经济也因此进入高速增长的黄金时期。这是任何一个发展中国家在工业化的一定阶段都能享受到的经济高速增长的黄金时期。在市场取向改革正常发展的条件下，在这方面还可能产生放大效应。因此，70 年代末开始的经济高速增长还将持续一个相当长的时期。据有关研究单位预测，1991—2010 年国民生产总值年平均增长率将达到 8.25% 左右。

重化工业是资金密集型产业。在重化工业中，除了机器制造业以外，原材料工业和能源工业均属基础产业。因此，这种以重点发展重化工业为特征的经济高速增长，就要求增加基础产业的投资。

为了有效地、较快地解决基础产业发展严重滞后的问题，看来需要适度地组织几次大规模的强化基础产业建设的高潮。在这方面，既有国内的成功经验，也有海外和国外的成功经验。"一五"时期，为了迅速解决重工业严重落后的面貌，集中力量建设了苏联援建的 156 个项目，在短短的 5 年内，就建立了社会主义工业化初步基础。尽管在这期间也发生了某些基础产业（主要是农业）发展滞后的问题，但总的说来是成功的。在以往的几十年中，亚洲"四小龙"为了解决基础产业和基础设施（特别是交通和通

---

① 《中国统计年鉴》（1993），中国统计出版社 1993 年版，第 58 页。

信）发展滞后问题，曾先后于 60 年代初、70 年代、80 年代和 90 年代以来组织了四次基础产业和基础设施的建设高潮，取得了巨大的成效，成为推动他们经济持续、高速增长的重要因素。这些都是值得重视的成功经验。如果考虑到基础产业发展的这种突击方式，那么增加发展基础产业的投资就显得更为重要了。

值得提出的是：改革以来，已经打破了改革以前长期存在的基础产业投资仅由中央政府承担的单一格局，已经形成了多元化的投资渠道。就国有单位的情况来看，已经形成了预算内投资、国内贷款、利用外资、自筹投资和其他投资等五个渠道。在 1989—1992 年间，这五条渠道占基础产业总投资的比重，依次分别由 12.81% 下降到 6.73%，由 19.54% 上升到 27.44%，由 11.19% 下降到 10.20%，由 42.21% 上升到 46.01%，由 14.25% 下降到 8.1%（详见表 15）。这就是国有单位范围用来考察的基础产业投资渠道的多元化，是这方面的基本含义。

基础产业投资渠道多元化还有另一重要含义，即从全社会多种经济成分的范围来考察的含义。就 1993 年的情况来看，这年全社会固定资产投资总额为 12457.88 亿元，其中，国有经济 7657.97 亿元，集体经济 2231.34 亿元，联营经济 56.01 亿元，股份制经济 231.92 亿元，中外合资经济 435.77 亿元，中外合作经营 71.14 亿元，外资经营 49.13 亿元，外资与大陆合资经营 130.56 亿元，外资与大陆合作经营 51.26 亿元，港澳台独资经营 45.93 亿元，个人 1476.23 亿元，其他经济 20.62 亿元；国有经济投资占投资总额的 61.47%，非国有经济投资占 38.53%[1]。当前，非国有经济投资在投资总额中占的比重不大，在基础产业投资中占的比重更小，还没引起人们的注意。但随着改革的深化和经济的发展，这个比重必然会上升，值得重视。

当前基础产业投资多元化格局，是伴随着改革开放的发展而形成的，有了个好的开端。但也存在诸多明显不足之处。比如，国家预算内投资占基础产业投资的比重，到 1989 年就已下降到 12.81%，1992 年又下降到 6.73%；而这两年国家预算内投资还分别占到非基础产业投资的 14.14% 和

---

① 《中国统计年鉴》（1994），中国统计出版社 1994 年版，第 140—141 页。

表 15 国有单位各基础产业投资资金来源比重 单位:%

	年份	预算内投资	国内贷款	利用外资	自筹投资	其他投资
全民投资	1989	13. 36	20. 85	10. 15	42. 80	12. 84
	1990	13. 98	23. 92	9. 59	42. 53	8. 35
	1991	10. 91	28. 02	8. 72	43. 13	8. 20
	1992	6. 86	30. 61	8. 28	46. 52	6. 80
非基础产业	1989	14. 14	22. 73	8. 67	43. 65	10. 82
	1990	15. 74	24. 76	9. 02	43. 21	7. 25
	1991	12. 15	28. 19	6. 94	46. 30	6. 30
	1992	7. 03	34. 95	5. 65	47. 22	5. 01
基础产业	1989	12. 81	19. 54	11. 19	42. 21	14. 25
	1990	12. 89	23. 40	9. 95	42. 10	9. 04
	1991	10. 18	27. 91	9. 77	41. 25	9. 32
	1992	6. 73	27. 44	10. 20	46. 01	8. 10
农业	1989	42. 66	9. 62	6. 44	36. 12	5. 18
	1990	39. 36	8. 82	6. 25	40. 28	5. 29
	1991	38. 04	10. 74	6. 33	39. 95	4. 92
	1992	29. 28	12. 76	4. 96	43. 39	9. 58
原材料	1989	6. 34	30. 25	13. 87	37. 49	12. 04
	1990	6. 42	38. 72	11. 91	34. 33	8. 09
	1991	4. 04	43. 93	14. 22	29. 96	7. 38
	1992	2. 73	41. 77	11. 52	37. 68	5. 88
能源	1989	10. 57	16. 57	12. 04	41. 75	19. 07
	1990	11. 71	20. 86	10. 55	41. 98	10. 08
	1991	9. 62	22. 21	9. 26	45. 79	10. 09
	1992	6. 96	24. 33	10. 82	43. 65	11. 02
交通邮电	1989	22. 52	11. 71	5. 63	52. 66	7. 47
	1990	18. 44	12. 32	6. 68	53. 32	8. 64
	1991	12. 82	23. 57	6. 18	46. 11	11. 05
	1992	6. 43	19. 91	8. 74	59. 42	5. 39

注：作者根据有关资料按当年价格计算。

7.03%（详见表15）。这种后者比重高于前者的情况，不仅不符合基础产业发展的要求，也不符合建立社会主义市场经济体制的要求。按照市场经济理论，政府需要对某些非经营性的基础产业（如公用的普通公路）进行财政投资，而对一般经营性的非基础产业则不需要进行财政投资。当然，在由计划经济体制向市场经济体制过渡的时期，实际上许多非基础产业仍需要较多的政府财政投资。但像上述国家预算内投资占非基础产业投资比重超过基础产业的情况则不能认为是正常的。因此，必须依据市场取向改革的要求，改进已有的投资多元化格局，拓宽已有的投资渠道，开辟新的投资渠道，逐步形成完善基础产业筹资体系。

（一）财政方面

1979 年以来形成的国家财政收入占国民收入比重过低、中央政府财政收入占全部财政收入比重过低、国家用于经济建设投资占社会总投资比重过低，是发展基础产业资金不足的重要原因。1993 年，财政收入只占国民生产总值的 16.2%，比西方经济发达国家的一般水平（约为 40%）低了近 24 个百分点；中央政府财政收入只占全部财政收入的 33.3%，比西方经济发达国家平均水平（约为 60%）低了 20 多个百分点；国家预算内投资只占全社会投资的 3.7%，比西方经济发达国家一般水平（约为 30%—40%）低了 20 多个至 30 多个百分点①。因此，必须通过深化财政体制改革，扭转上述"三个过低"的局面，以利于基础产业投资的增长。有关研究单位依据国情和国际经验提出在今后财政体制改革中，应逐步把财政收入占国民收入的比重提高到 25%—30%，把中央政府财政收入占全部财政收入的比重提高到 60%。这种改变已经形成的利益格局的设想，其实施之难，可以想见。但只要有决心和魄力，又是可以做到的。

在扭转上述"三个过低"局面的同时，还须依据建立社会主义市场经济的要求，严格界定中央政府投资的范围，并依此大大缩小当前的投资范围。当前，中央政府投资覆盖了基础产业和非基础产业，这是不妥的。需要逐步地把中央政府的投资集中到基础产业（当然还要加上不属于基础产

①　《中国统计年鉴》（1994），中国统计出版社 1994 年版，第 20—21、140 页。

业的那部分基础设施。本文以下多次都要包括这个意思。但为省略计，就不一一作说明了）。

在投资范围方面，还需要明确界定中央政府和地方政府的责任。依据国情和国际经验，总的说来，中央政府要对全国性的基础产业投资负责，地方政府要对地区性基础产业投资负责。要切实改变当前由于投资职责不清，而把后一方面的责任也推到中央政府的身上的情况。在当前情况下，强调这一点，颇有必要。当前地方政府在自筹投资中占有很大比重，并在很大程度上能够干预银行贷款的投向；在投资行为方面又存在某些短期化倾向。热衷于投资某些价高利大的加工工业，忽视基础产业的投资，以致形成在加工工业领域过多的重复建设和重复引进，在地区性的基础产业领域又显得严重不足的局面。

无论是中央政府，还是地方政府，都需要通过切实推行已经建立的复式预算制，使政府投资不致被经常性的财政支出所挤占，能够真正用到生产建设、特别是基础产业方面来。

但是，包括中央政府和地方政府在内的财政投资都很有限。鉴于当前基础产业投资严重不足，参照国际经验，还需要尽快建立和发展财政融资体系。财政融资就是将有偿获得的资金通过财政渠道有偿使用，但一般说来，利率低于市场利率。当前，发展财政融资不仅有助于缓解基础产业投资严重不足的压力，而且可以加强承担基础性建设项目的单位的预算约束，推动体制改革的深化。

就当前的情况来看，财政融资的来源除了一部分预算内的投资以外，主要是国债（包括国库券和各种特殊建设债券）、外国政府和国际金融机构的低息贷款以及各种基金。

此外，财政还可以为增加基础产业投资创造有利的政策环境。比如，可以对某些基础产业实行低于一般产业的税率和高于一般产业的折旧率，以及低价征用土地的办法；还可以允许某些基础产业的投资主体优先获得交通沿线和港区、机场附近的房地产开发权，以进行综合补偿。

（二）银行偿贷方面

据有关研究单位的分析和预测，改革以来，国内总储蓄的格局已经发生了根本性的变化。1979 年，政府和企业储蓄合计占国内总储蓄的75.6%，居民储蓄仅占24.4%；但到 90 年代初，前者下降到30% 左右，后者上升到70%。但在 20 世纪末和 21 世纪初，基础产业部门的投资在全部国内总投资中，至少需要占到40% 以上；而政府和企业储蓄在国内总储蓄中的比重，大体上也还只能维持在30% 左右。这样，在今后一个时期内，如果不是主要地通过银行来筹资，不坚持间接融资在融资方面的主要地位，就根本不可能解决包括基础产业在内的投资需求问题。而且，目前在居民的储蓄存款中，活期存款只占15%，定期存款占了85%，其中 3 年以上的定期存款又占了 50% 以上。所以，实行间接融资为主的办法，是能够行得通的。因此，那种认为现在就可以实行直接融资为主的观点，或者现在就可以实行直接融资和间接融资并重的观点，并不符合国情。诚然，改革以来，间接融资在融资方面的作用显著地增长了。1992 年，在社会资金融通中，银行和信用社贷款约占 60%，债券和股票约占 30%，其余为各种形式的集资。因此，不重视间接融资作用的增长是不妥的。但如果以此来论证直接融资和间接融资并重，也不符合资金市场的发展情况。正确的做法似乎是以间接融资为主，并注意发挥直接融资的重要作用。

为了解决发展基础产业的资金问题，在明确了间接融资即通过银行信贷筹资的主要地位以后，还需要建立和健全银行体系。从满足基础产业投资需要出发，并考虑到经济市场化的初期条件，当前值得重视建立和完善政策性银行。某些基础产业虽然也是经营性的，但因为投资量大，建设周期长，预期的投资收益不很高。这样，如果按一般市场利率来使用贷款，这些产业承受不了；而如果按低于一般市场利率来使用贷款，一般的商业银行又不愿接受。但设立由国家产业政策确定投资方向的、资金价格相对较低的政策性银行，就解决了这个矛盾，有利于满足基础产业投资的需要。在这方面已经有了好的开端。近年来已经建立的国家开发银行和中国农业发展银行等，就是有助于解决基础产业投资问题的政策性银行。当然，要真正发挥这些银行在基础产业融资方面的功能，还需要随着整个经济体制改革的深入发展；实现规范化的经营。

（三）企业方面

由于农业以外的基础产业，绝大部分均属国有大中型企业，在改革方面客观上存在较多困难；也由于在改革程序的安排上，把国有大中型企业的改革推到最后；更由于或明或暗的意识形态的阻滞作用，使得国有大中型企业在转换经营机制、股份制改革、参与股市和价格改革等方面都处于相对滞后的境地。这就形成了整体国民经济活力的显著提高与基础产业陷入困境的反差，许多基础产业盈利水平不高，甚至出现了大面积亏损的状态。而就我国工业发展进程来说，在新中国成立以后经过了长期优先发展重工业（其中的原材料工业和能源工业均属基础产业）的阶段以后，基础产业发展所需要的资金，早就应该更多地依靠本身的积累。从这方面来说，由基础产业改革滞后所导致的企业盈利状态不佳，是发展基础产业资金严重不足的一个根本性的原因。当然，改革以来基础产业盈利状态不佳，有税负重和价格低等方面的外在原因。但企业内部机制不灵，以及与之相联系的管理不善、技术改造迟缓和组织结构不合理，却是最重要的内部原因。因此，加快基础产业企业的改革，提高其自身的积累能力，也就是一条增加基础产业投资的最重要的途径。

当前，国有企业的改革是经济体制改革的重点。基础产业部门的国有大中型企业的改革，理应提到重要议事日程上。实际上，只有关系国家经济命脉和安全的、自然垄断性强的基础产业部门的企业需要实行国家独资所有制。但在企业组织形式上也要采取国家独资公司（在法律上承担无限责任）和有限责任公司（在法律上承担有限责任）。除此以外，其他的从事基础产业的企业不仅可以大量采用有限责任公司的形式，也可以采用股份制的形式。许多基础产业由于生产规模大，最适宜运用股份制来经营，也最需要通过股票发行和上市交易来筹集资金。而且，当前已有一些基础产业部门的盈利水平达到甚至超过加工工业。从深化价格改革来说，基础产业在相对价格的变动趋势方面也处于有利地位。相对加工工业来说，基础产业比较稳定，投资风险较小。这些都是从事基础产业的企业实行股份制改造和股票上市交易的有利条件。所以，当前在进行企业股份制改造和扩大股市规模时，在规范化的前提下，在确保国有资产增值的条件下，要适当优先安排从事基础产业的企业。当然，基础产业部门的企业体制改革，需要与其他改革相配套。其中，基本前提是政企分开。但就提高基础产业企业自我积累能力来说，深化价格改革，改变某些基础产业价格偏低的状态，也是十分重要的。

20 世纪 50 年代中期以后，在所有制方面盲目追求"一大二公"的"左"的思想的误导下，几乎形成了单一的公有制（主要是国有制）。实践表明：这种所有制格局并不利于社会生产力的发展，甚至不利于维护公有制的主体地位。改革以来，这种局面有了很大的改变，初步形成了以公有制为主体的多种经济成分同时发展的格局。但当前国有制的覆盖面仍然过宽。在坚持国有经济占主导地位的前提下，只需要保留少数的关系国计民生的国有大中型企业，一般的国有小型企业都可以拍卖掉。由此获得的资金除了一部分用于原有职工的养老、失业保险和清理债务以外，均可用于发展基础产业，首先是用于基础产业部门的企业的技术改造。这是当前筹集发展基础产业所需资金的一条特殊的，但也是重要的渠道。当然，也是深化经济体制改革的一个重要方面。当前还有一条值得重视的、筹集发展基础产业所需资金的渠道，即按照有关规定，改变原来无偿使用国有土地资源的做法，实行有偿使用，并将收入专项用于发展基础产业。

为了开拓发展基础产业的资金渠道，还需要进一步打破原来存在的由中央政府单独承担基础产业建设的局面。为此，首先要在发展基础产业方面发挥中央政府和地方政府两个积极性。这不仅要明确界定中央政府和地方政府在发展基础产业方面的责任，而且要通过经济手段、立法手段和行政手段，遏止地方政府热衷于投资加工工业的势头，并逐步引导他们把投资从一般加工工业领域退出来，集中用于发展基础产业方面；还要倡导中央部门和地方政府或者中央、地方政府与企业合办基础产业。改革以来，在这方面已经创造了不少的好经验。比如，由广东省政府和铁道部合资修建的，全长 480 公里的广（州）梅（州）汕（头）铁路于今年 7 月 20 日全线贯通，就是成功的一例。为此，还要在发展基础产业方面全面贯彻以国有经济为主导的，多种经济成分共同发展的方针。这就要倡导发展由国家控股和多种经济成分参股的股份公司为核心的企业集团，甚至还要倡导发展由非国有经济（包括集体经济和私有经济等）组成的企业集团参与基础产业的开发。发展前一种企业集团当然不会影响国有经济的主导地位；对于后一种企业集团，只要发展适度，也不会影响这种地位。在非国有经济已经有了很大发展，资金已经有了很多积累的今天，这样做是行得通的；

而且，归根结底有利于社会主义社会生产力的发展，有利于社会主义制度的巩固。当然，为了保持基础产业的规模经济效益，国家可以通过行政手段对进入基础产业的非国有经济在投资总量的最低限方面加以规定。

（四）利用外资方面

改革以后，就确定了利用两种市场（国内外市场）和两种资源（国内外资源）的方针。鉴于资金在生产要素中的特殊重要作用和发展基础产业资金严重不足的局面，利用外资发展基础产业具有特殊重要的意义。

改革以来，在这方面已经取得了巨大的成效。根据统计，截至 1994 年年底，大陆的外债余额为 928.06 亿美元。按照国际口径测算，1994 年外债的偿债率为 9.12%，债务率为 77.8%，远低于国际上公认的偿债率 20% 左右和债务率 100% 的警戒线水平，表明外债规模在总体上仍然是安全的。在 1994 年末的外债余额中，长期外债余额为 823.9 亿美元，短期外债余额 104.16 亿美元，短期外债余额占外债总余额的比例为 11.2%。在这 928.06 亿美元外债余额中，政府部门的债务余额占 30.43%，金融机构债务余额占 45.84%，国内企业债务余额占 10.29%，外商投资企业债务余额占 13.44%。[1] 上述数据表明：无论外债规模方面，或者在外债的长短期结构等方面，大体上都合理。因而，在发展包括基础产业的整个经济方面，扩大利用外资的潜力还是很大的。

但当前的问题不仅是要进一步扩大利用外债的规模，而且要改善外资的利用。在这方面，值得重视的有以下两点：

1. 依据国家的产业政策要求，调整利用外资的结构。这不论是在利用国外贷款方面，或者在外商直接投资方面都是如此。1994 年 3 月 25 日政府公布的《九十年代国家产业政策纲要》明确规定：要大力发展农业，要切实加强基础设施和基础工业；要扩大利用外资的规模和领域，鼓励外商直接投资基础设施和基础工业。[2] 依据这个纲要，并结合外商投资的特点，今年 6 月 28 日政府公布的《指导外商投资方向的暂行规定》又明确规定：属于农业新技术、农业综合开发和能源、交通、重要原材料工业建设的项目

---

[1] 《人民日报》1995 年 7 月 21 日第 1 版。
[2] 《经济日报》1994 年 6 月 23 日第 2 版。

及其他五个方面的项目，列为鼓励外商投资项目。同日公布的《外商投资产业指导目录》按18大类分列了172项鼓励外商投资的产业，其中有8大类和78项均属基础产业。按照最近这两个文件的规定，不仅对外商投资的领域有所放宽（包括基础产业和非基础产业）；而且允许外商投资的产业仍然享受有关法律、行政法规所规定的各项优惠待遇；对从事投资额大、回收期长的能源、交通基础设施（煤炭、电力、地方铁路、公路、港口）建设并经营的，还增加了一条优惠待遇，即经批准可以扩大与其相关的经营范围，以利于加快投资的回收①，现在需要依据这些文件，调整利用国外贷款和外商直接投资的结构，改变目前基础产业占的比重不大的情况。

2. 要提高国外贷款的利用效益和外商直接投资企业的经济效益。在外商直接投资方面，当前须注意以下几点：要鼓励境外大的跨国公司来华投资，改变目前中小企业占的比重过大的格局；要大力提高境外来华投资的资金到位率，改变目前到位率过低的状况；要改善外商直接投资企业的盈利状况，改变目前相当数量的外商投资企业因采用价格转移等手段而造成虚亏实盈的状态。

我们在前面分析了筹集发展基础产业资金的重要性及其途径。但是，即使只就发展基础产业所需要的资金来说，也不能只把视线局限在筹集资金的增量上。在这里，对解决基础产业发展滞后问题具有重要意义的，还有两方面值得重视。（1）提高现有基础产业资产存量的使用效益。据统计，在现有的包括基础产业在内的22000亿元的国有资产存量中，闲置和利用率不高的就达7000多亿元，约占1/3。在含有基础产业最重要组成部分的工业中，由于提高资产存量而增加的净产值仅占全部新增净产值的20%左右，而德国等12个经济发达国家达到50%左右，阿根廷等20个发展中国家也在30%上下。（2）提高基础产业的投资效益。据统计，包括基础产业投资在内的每百元生产性积累资金增加的国民收入在"五五"、"六五"和"七五"时期分别只有35元、73元和58元，呈下降趋势，并且远远低于1963—1965年已经达到87元的水平②。可见，提高上述两方面效益的潜力是很大的。因此，在一定意义上可以说，上述增加基础产业投资增量仅是

①　《人民日报》1994年6月28日第2、5版。
②　《中国经济年鉴》（1994），中国经济年鉴社1994年版，第782页。

解决该产业资金问题的第一条道路，而这里说的两方面是解决这个问题第二条和第三条道路。但强调这两方面的重要性，目的在于提出不要忽视这两点。很显然，它不否定增加基础产业投资增量的重要性。

（原载《汪海波文集》，经济管理出版社 2011 年版）

试论第三产业的优先发展

一 我国第三产业变化发展轨迹及其现状的特征:严重扭曲和严重滞后

为了说明这一点,首先需要简要地概括一下世界各国第三产业发展的共同特点。伴随工业化和现代化的发展,第三产业增加值在国内生产总值的比重逐步上升,先是超过农业,后是超过工业;其内部的传统服务业比重下降,现代服务业的比重上升;其劳动生产率趋于上升;其在经济社会发展中的地位和作用逐步增大,以致服务业成为占主导地位的产业。这些特点可以看做是反映经济规律的第三产业发展的一般趋势。

各国经济发展的历史证明了这一点。依据世界银行的资料,在 1980 年、1990 年、2003 年这三个时点,低收入国家第三产业增加值占国内生产总值的比重分别为32%、41%、49%;下中等收入国家分别为42%、43%、52%;上中等收入国家分别为44%、52%、59%;高收入国家分别为61%、65%、71%①。上述数字表明:无论是纵向看(依四类国家经济发展的时序看),还是横向看(把四类国家放在同一个时点看),随着人均收入的提高,第三产业增加值在国内生产总值中的比重都是上升的。而且四类国家第三产业的比重不仅都超过了农业,而且都超过了工业。

问题的本质在于:一般说来在经济社会正常发展的情况下,随着社会生产力的发展,人均收入必然增加。由此必然导致消费的水平提高和结构升级。而消费升级是循着人的生存需要和人的全面发展需要依次梯度推进的。正是这种需求的变化发展从本质上决定了第三产业比重的提高。比如,

---

① 《2005 年世界发展指标》,中国财政经济出版社 2005 年版。其中,低收入国家不含中国和印度。

在人均收入水平达到一定高度的情况下，人们对科学、教育、文化和卫生的需求就会显著增长。这是其一。其二，随着社会生产力发展，社会分工也会进一步细化。其中的一个重要方面，就是原来作为企业生产过程中的服务环节会独立成为一个服务的生产部门（如信息服务和流通服务，会独立发展为信息产业和第三方物流业）；原来作为家庭消费的服务也是可以发展成为独立的产业（如家政服务业）。其三，随着社会生产力发展，政府不仅提供的公共产品会大大增长，而且提供的公共服务也会大大增长。这里需要提到：有一种观点认为只是在现代市场经济条件下，政府才有提供公共产品和公共服务的职能。但在实际上，在国家产生以后，政府就都有提供公共产品和公共服务的职能。只不过是在现代市场经济条件下，政府提供的公共产品和公共服务达到了前所未有的规模。如促进充分就业，熨平经济周期，防止通胀和通缩，平衡国际收支，维护市场秩序，反对垄断，保护消费者权益，促进社会公平，提供义务教育和社会保障，维护生态环境平衡，以及保障国家的经济安全、政治安全和军事安全等。正因为这样，随着古典市场经济向现代市场经济的转变，政府的财政支出在国内生产总值的比重大大上升。依据美国财政学家马斯格雷夫的计算，财政支出占国内生产总值的比重，英国从 1890 年的 8.9% 上升到 1955 年的 36.6%。美国从 1880 年的 7.1% 上升到 1962 年的 44.1%。[1] 在当代经济发达国家，财政支出占国内生产总值的比重都一般达到了 50% 以上。其四，在人类社会发展的各个阶段，起决定作用的生产要素是有变化的。在农业经济时代，土地就是这种生产要素。到了工业经济时代，机器就是这种生产要素。在知

---

[1] 引自斯蒂格利茨《美国为什么干预经济》，中国物资出版社 1998 年版，第 11—12 页。这里需要指出：在我国改革过程中学界曾经有过小政府大社会的说法。这种观点如果是针对计划经济体制下政府直接经营管理企业，管了许多不该管、也管不了的事，以致政府机构庞大，需要改革，是可以的，也有积极意义。但是，如果以为在社会主义市场经济条件下，政府职能少了，机构也可小，那就是一种误解。实际上，在社会主义市场经济条件下，减少的只是原来计划经济体制下政府直接经营管理企业的职能，而由市场经济带来的政府职能不仅没有减少，反而大大增加。正是这种片面观点，给 1979 年以来多次政府机构改革带来了失误。改革以来这方面的改革往往出现这样的怪圈：政府机构改革一次，虽然一时机构和人员减少了，但不久又膨胀了。其中的一个重要原因就是一方面忽视了企业和其他相关改革没有真正到位，原来计划经济体制下政府职能事实上还不可能都减下来；另一方面也忽视了市场经济体制下新增加的职能。这两方面在客观上都迫使政府机构和人员的回归。这当然并不否定由于旧体制没根本改革、新体制不完善所产生的各种消极因素在这种回归中的作用，而是说要全面分析这种回归的原因。

识经济时代，知识就成为这种生产要素。当然，在知识经济时代，知识经济也是以第一、第二、第三产业为载体的，其作用也是渗透到整个产业经济。但相对说来，知识经济更多地集中在第三产业。而知识经济的科技含量更高，创造的增加值更多。这样，第三产业增速更快。正是上述各种重要因素的综合作用，使得第三产业比重上升成为工业化和现代化中的一条客观规律。

也正因为这样，从总的长期发展来看，这个趋势在任何社会制度下都会表现出来。就新中国成立以来长达半个多世纪的情况来说，也在一定程度上反映了这个趋势。1952—2006 年，我国第三产业增加值占国内生产总值中的比重由 28.6% 上升到了 39.5%。在这期间，第三产业内部结构优化和劳动生产率提高也都取得了一定的进展。国家统计局曾将我国第三产业划分为四个层次：第一层次是流通部门，包括交通运输、仓储业、邮电通信业、商贸业及餐饮业等；第二层次是为生产和生活服务的部门，包括金融业、保险业、房地产管理业、居民服务业、公用事业、旅游业、咨询信息服务业、综合技术服务业等；第三层次是为提高居民素质和科学文化水平服务的部门，包括科研、教育、广播、电视、文化、卫生、体育、社会福利业等；第四层次是为社会公共需要服务的部门，包括国家机关、社会团体、警察、军队。依据国家统计局的资料计算，在 1991—2002 年间，第一层次增加值在第三产业的比重由 48.4% 下降到 41.3%，下降了 7.1 个百分点；第二层次比重由 32.2% 上升到 38.4%，上升了 6.2 个百分点；第三层次比重由 9.3% 上升到 11.5%，上升了 2.2 个百分点；第四层次比重由 10.1% 下降到 8.7%，下降了 1.4 个百分点。由于这四个层次划分的依据主要是各种服务业的用途，而不是产业层次的高低，因而难以从整体上看出第三产业内部结构的优化。但是，第二层次比重的大幅上升表明了第三产业内部生产服务和生活服务分工的发展，第三层次比重上升表明了由居民消费需求结构的上升而带来的第三产业内部结构优化。还要提到：按可比价格计算，1978—2005 年，第三产业的劳动生产率提高了 2.16 倍[1]。另据有的学者计算，1981—2000 年，在第三产业增加值中，劳动贡献率为 30.83%，资本贡献率为 26.83%，综合要素生产率的贡献率为 42.35%。[2]

---

[1] 《中国统计年鉴》（有关各年），中国统计出版社。
[2] 李江帆主编：《中国第三产业研究》，人民出版社 2005 年版，第 103 页。

这些数字表明：第三产业虽然没有根本改变以劳动和资本投入为主的粗放型增长方式，但综合要素生产率还是达到了相当的高度。

但是，必须着重指出：我国第三产业的正常发展过程被严重地扭曲了。就新中国成立后各个经济发展时期来看，如果不说 1949 年 10 月至 1952 年的新民主主义社会时期①，那就还有以下三个时期：一是 1953—1957 年。这个时期是由新民主主义社会向社会主义社会过渡的时期。这个时期既是由占主导地位的国有经济和多种所有制并存向基本上单一的社会主义公有制过渡的时期，也是由计划调节与市场调节相结合向占主体地位的计划经济体制过渡的时期。在这个时期，第三产业的发展，虽不是很理想，但大体上正常。1952 年，第三产业增加值占国内生产总值的比重为 28.6%；1953—1957 年，其比重是在 29.3%—30.8% 波动的，略有上升，基本体现了第三产业发展的一般趋势。二是 1958—1978 年。这个时期在基本经济制度和计划经济体制方面都是进一步强化的时期。在这期间，第三产业增加值占国内生产总值的比重由 1957 年的 30.1% 下降到 1978 年的 24.2%。其中 1976 年还下降到 21.7%，是新中国成立以来第三产业比重的最低点。这样，在这期间第三产业的正常发展过程就被大大扭曲了。三是 1979—2006 年。这个时期是单一的社会主义公有制向占主导地位的国有经济与多种所有制经济同时并存和共同发展、计划经济体制向社会主义市场经济体制转变的时期。在这期间，第三产业增加值占国内生产总值的比重由 1978 年的 24.2% 上升到 2006 年的 39.5%。但需指出：这在很大程度上只是一种恢复性上升。而且其间不正常的波动幅度也很大。如 1979 年第三产业增加值比重下降到 21.9%，比 1978 年下降了 2.3 个百分点，比 1976 年也仅高出 0.2 个百分点。所以，这个时期只是在一定程度上修复了此前第三产业发展被扭曲的状况，但这种状况并没有得到根本改变。

这种扭曲的直接后果，就是当前我国第三产业发展严重滞后。其主要表现是：第三产业增加值在国内生产总值的比重低，第三产业内部结构层次低，劳动生产率低。下列数据可以说明这些情况。如前所述，2006 年我国第三产业增加值在国内生产总值的比重为 39.5%。2003 年低收入国家为

---

① 由于缺乏这方面的统计资料，作者把这个时期第三产业的变化状况舍象了。

49%，下中等收入国家为 52%，上中等收入国家为 59%，高收入国家为 71%。按当年汇价计算，2006 年我国人均国内生产总值约为 2000 美元，高于低收入国家，与下中等收入国家大体相当，低于上中等收入国家，更远远低于高收入国家。但 2006 年我国第三产业比重比 2003 年低收入国家还低 9.5 个百分点，比下中等收入国家低 12.5 个百分点，比上中等收入国家低 19.5 个百分点，比高收入国家低 31.5 个百分点。在这方面居于世界的后列。依据 2004 年第一次全国经济普查的资料，这年在第三产业 15 个子行业中，批发和零售业、交通运输业、仓储和邮政业、房地产业、公共组织和社会组织、金融和教育等 7 个传统服务业，就占了第三产业增加值的 70%。按当年价格计算，1952 年，第二产业每个就业人员创造的增加值为 926 元，而第三产业为 1033 元。这样，如果以前者劳动生产率为 1，则二者劳动生产率之比为 1∶1.12。到 2005 年，前者每个就业人员创造的增加值上升到 48135 元，后者为 30696 元，二者劳动生产率之比为 1∶0.64。按可比价格计算，1952—1978 年，第二、第三产业的劳动生产率分别增长了 2.94 倍和 0.97 倍，二者增速之比（以第三产业为 1）为 3.03∶1；1978—2005 年，第二、第三产业的劳动生产率分别增长了 5.93 倍和 2.16 倍，二者增速之比（以第三产业为 1）为 2.7∶1[①]。可见，尽管在上述期间第三产业自身的绝对劳动生产率也大幅上升了，但相对劳动生产率却大幅下降了。这种趋势与发达的市场经济国家也是大相径庭的。在他们那里，第三产业劳动生产率的增长速度和水平都是高于第二产业的。

二 我国第三产业发展严重滞后，是由战略、体制、结构和增长方式等多种重要因素造成的

决定我国第三产业发展长期滞后的重要因素有：

（一）我国是一个发展中的人口大国

历史经验和理论分析均证明：第三产业增加值在国内生产总值中的比

[①] 《中国统计年鉴》（有关各年），中国统计出版社。

重与人均收入呈现很强的相关关系。我国人口多，生产力发展水平低，人均收入少，制约了第三产业的发展。据有关单位按照改革20多年的数据计算，人均国内生产总值的增长与服务业发展的相关系数为65%。当然，仅用这个因素无法解释我国第三产业的严重滞后，尤其是不能说明我国第三产业比重为什么还低于低收入国家。但它毕竟是我国第三产业发展滞后的一个重要因素，相对与上中等收入国家和高收入国家来说，尤其是这样。

（二）长期推行强速战略，盲目追求经济的高增长

这主要是由于在计划经济体制下，从中央政府到地方政府（包括他们的各部门），再到国有企业都存在投资膨胀机制。但在"一五"时期这种体制还在建立的过程中，投资膨胀机制的作用还有某种限制。因而"一五"时期这种倾向相对后续时期来说还不很明显。但从"二五"计划时期到"六五"计划时期（其中1961—1965年的经济调整时期除外）这种倾向就很明显了。1981年党中央、国务院提出了以提高经济效益为中心的发展国民经济的方针，要求走出一条速度比较快、经济效益比较好、人民可以得到更多实惠的新路子[①]。以后，从中央政府制定的"六五"计划到"十一五"计划这个层面来看，由推行强速战略而导致的盲目追求经济增长速度的倾向已经基本上不存在了。总的来说，这六个五年计划（或规划）规定的经济增速指标都是低于甚至远远低于潜在增长率，以致实际实现的经济增长率都超过甚至大大超过了计划（或规划）指标。但由于强速战略的慢性作用，特别是由于中央政府各部门、地方政府及其各部门和企业都还程度不同地内含着投资膨胀机制，追求经济高速增长的势头仍然很强，以致改革以来多次发生经济过热（或局部过热）。乍一看来，这种强速战略似乎同第三产业发展严重滞后是无关的。但在实际上，正是这种强速战略是第三产业发展严重滞后的一个最重要根源。问题在于：这种强速战略是片面地以工业（特别是重工业）为重点的强速战略，甚至可以说，就是工业（特别是重工业）的强速战略。其长期推行必然导致包括第三产业在内的其他产业发展的滞后。历史事实也正是这样的。1953—1957年，国内生产总

---

① 详见《中国经济年鉴》（1982），经济管理杂志社1982年版，第2—9页。

值和第一、第二、第三产业的年均增长速度分别为 9.2%，3.8%、19.7%
和 9.6%；这期间第一、第二、第三产业占国内生产总值的比重，分别由
1952 年的 50.5% 下降到 1957 年的 40.3%，由 20.9% 上升到 29.7%，由
28.6% 上升到 30.1%。1958—1978 年，国内生产总值和第一、第二、第三
产业增加值的年均增速分别为 5.4%、1.6%、9.1% 和 4.5%；这期间第一、
第二、第三产业的比重分别由 1957 年的 40.3% 下降到 1978 年的 28.1%，
由 29.7% 上升到 48.2%，由 30.1% 下降到 23.7%。1979—2006 年，国内生
产总值和第一、第二、第三产业增加值的年均增速分别为 9.7%、4.6%、
11.3% 和 10.6%；这期间第一、第二、第三产业的比重分别由 1978 年的
28.1% 下降到 11.8%，由 48.2% 上升到 48.7%，由 23.7% 上升到 39.5%。
上述数据表明：如果仅就上述 5 个时期第三产业本身增速的绝对水平来说
都不算低，但问题在于第二产业增速过高，从而使第三产业相对增速偏低。
这样，第三产业比重在第一时期的变化尽管还比较正常，但并没有得到应
有的提高。特别是在第二时期比重甚至下降了，在第三时期也没有得到应
有的提升，最终使得第三产业比重过低。可见，工业（特别是重工业）增
速长期过高，是造成第三产业发展滞后的一个根本原因。

**（三）计划经济体制的弊病，市场取向改革不到位以及经济、社会、政
治体制改革和开放的非均衡的发展**

计划经济体制内含的投资膨胀机制为推行强速战略提供了巨大需求，
而由这种体制集中的资源又为推行这种战略提供了可靠供给。因此，这种
体制是强速战略赖以建立和实施的基础。如前所述，正是这种强速战略从
根本上导致了第三产业发展滞后。从这种相互联系的意义上说，计划经济
体制是造成改革以前第三产业发展滞后的更为深层次的根本原因。

诚然，这种情况在经济改革后已经发生了重大变化。这主要就是经济
改革在促进第三产业比重上升方面起了重要的积极作用。伴随经济改革的
进展，市场在第一、第二、第三产业之间合理配置资源方面的积极作用逐
步得到了一定程度的发挥。而且，这种改革又成为 1979 年以来经济高速增
长和人均收入大幅攀升的根本动力。这样，就推动了第三产业比重的迅速
恢复，并上升到了新中国成立以来从未达到的高水平。

但同时需要看到：由于经济改革不到位，经济、社会、政治体制改革和开放的非均衡性发展，仍是第三产业发展滞后的根本性因素。就经济改革不到位来说，原来在计划经济体制内含的投资膨胀机制只是在中央政府层面和基本完成改革的国有企业中基本上消除了，但在改革没到位的国有企业、政府部门特别是地方政府中并没有根本改变。这就是改革以后多次发生经济过热以及 2003—2006 年连续 4 年经济发生局部过热的根本原因。其中主要又是重化工业增长过快。当然，当前我国正处于重化工业发展阶段，重化工业的发展可以而且必须快一些。问题是重化工业发展过快了，由此造成了第三产业发展的滞后。在经济改革不平衡方面，无论是存量改革还是增量改革，工业都是领先的，第三产业都是滞后的。据有的学者计算，到 2006 年为止，全国约有 80% 左右的国有中小型企业已经完成了改制，由原来的国有企业改为股份制企业和民营企业等。在国有大型企业中，目前国资委管理的约有 160 家，各省、直辖市、自治区大约平均各有 30 家左右。其中相当大的部分已经完成了股权多元化和公司治理结构的改造。当然，国有企业改革任务还很重，要真正完成国有企业改革的任务，大约还需要十年左右的时间。但相对说来，国有第三产业的改革则还要滞后得多。这一点当前突出表现在垄断行业、文化和社会保障事业的改革方面。这是就存量改革来说的。在增量改革方面，就对民营经济的开放来说，工业比第三产业要早得多，快得多。这当然是从总体上说的。在第三产业的某些方面（如商业）对民营经济的开放并不晚。但在一些具有决定意义的领域（如垄断行业和文化事业方面）则要晚得多。直到目前为止，这些领域对民营经济的开放仍然严重滞后，某些方面的开放程度甚至还不及对外资企业。当然，在第三产业的某些领域（如涉及国家安全和关键经济领域）是需要国有资本控股经营甚至独资经营的。但即使考虑到这些因素，仍然可以说，第三产业对民营的开放还是滞后的。当前这方面仍然存在很大的开放空间。在对外开放方面也存在某种类似的状况。无论是在外贸方面，或是吸引外资方面，也都是首先集中在工业方面。在对外贸易方面，1980—2005 年，工业制成品的出口由 90.05 亿美元增长到 7129.16 亿美元，增长了 78.2 倍，占货物出口的比重由 49.7% 上升到 93.6%；工业制成品进口由 130.58 亿美元增长到 5122.39 亿美元，增长了 38.2 倍，占进口货物的比重由 65.2% 上升到 77.6% 。但在这期间服务业的进出口则不多。据报道，1982—2005 年，我国对外服务贸易由 43.4 亿美元增长到 1582 亿美元，增长了 35 倍。其增速也很高，但占外贸的比重很低，2005 年服务贸易仅为外贸总额的 11.1%。在吸引外资方面，以 2005 年为例。这年外商直接投资实际使用金额已经达到 603.25 万美元，其中第一、第二、第三产业分别为 71826 万美元，4469243 万美元（其中工业为 4420223 万美元）和 1491400 万美元，分别占总额的 1.2% 、74.1% （其中工业为 73.3%） 和 24.7% 。这些数字表明：改革以来，通过发展对外经贸关系，从货物出口需求与投资品和资金的供给等方面大大促进了工业的增长。而对第三产业的发展来说，这方面作用则不大。当然，决定这一点的并不只是由于对外开放不平衡性，还同体现国际资本利益的产业转移的特点相联系。国际资本为了获得超额利润和垄断利润，利用我国廉价的生产要素（包括劳动力和土地等），只是把那些附加价值小、利润低的制造业的加工环节转移到我国，至于那些附加价值大、利润高的高端产业（其中包括第三产业）以及制造业中的研发和流通环节（即生产性服务业），仍然掌握在他们自己手中。这一点，在加工贸易占我国外贸的比重中明显地反映出来。1981 年，加工贸易的出口额和进口额分别为 11.31 亿美元和 15.04 亿美元；二者占出口总额和进口总额比重分别为 5.1% 和 6.8%。到 2005 年，上述两组数字分别为 4164.67 亿美元和 2740.12 亿美元；占比分别为 54.3% 和 41.5%。[①] 就经济体制和社会体制的改革来说，大部分与第三产业相联系的社会体制改革也是滞后的。这突出表现在城乡二元体制、文化体制和社会保障体制的改革滞后上。比如，在 20 世纪末，我国已经初步建成了社会主义市场经济体制的基本框架，作为城乡二元体制最基本组成部分的户籍制度（城乡就业、工资和社会保障制度等都是附着在户籍制度上），当前还只是在某些省市破题。显然，经济体制和社会体制改革进展不平衡状况，又导致了工业和第三产业的不平衡发展，工业发展更快，第三产业较慢，使得第三产业发展滞后。就经济体制改革和政治体制改革来说，后者也是滞后的。[②] 诚然，这

---

① 《中国统计年鉴》（有关各年），中国统计出版社；《经济日报》2007 年 1 月 29 日第 6 版。

② 按照市场经济和三次产业的理论，政府提供的公共服务是属于第三产业的产品。其改革也是属于第三产业改革的范畴。

种滞后阻碍了经济改革，从而阻碍了整个经济的发展。但更突出地阻碍了第三产业的发展。当前在这方面的突出表现就是应由政府提供的公共服务（比如医疗、教育和社会保障等）严重不足。当然，这种不足首先同我国是一个发展中大国这一基本国情相联系，但同政府职能转变不到位也是直接有关的。

我们在前面分别分析了经济强速战略和传统经济体制在造成第三产业发展滞后方面的作用。但二者在这方面的作用并不只是限于这些方面，还通过由它们造成的经济结构失衡、经济增长方式转变缓慢和城镇化率低等方面，导致第三产业发展的滞后。我们在下面分别就这些方面做进一步分析。

（四）经济结构失衡

这包括以下四个重要方面：

1. 消费和投资之间的失衡。我们仍按照前面提到的三个时期来分析这种失衡状况。（1）1953—1957 年。这期间消费率由 1952 年的 78.9% 下降到 1957 年的 74.1%，投资率由 22.2% 上升到 25.4%，二者升降的幅度不大。而且其中年度之间的波动幅度也不大。消费率最高年份 1955 年为 77.3%，最低年份 1957 年为 74.1%；与之相对应的投资率最低年份和最高年份分别为 23.7% 和 25.4%。（2）1958—1978 年。消费率由 1957 年的 74.1% 下降到 1978 年的 62.1%，投资率由 25.4% 上升到 38.2%，波动幅度很大。其中年度之间波动幅度也很大。消费率最低年份 1959 年为 56.6%，最高年份 1962 年为 83.8%；与之相应的投资率的最高年份和最低年份分别为 42.8% 和 15.1%。（3）1979—2005 年。这其间消费率由 1978 年的 62.1% 继续下降到 2005 年 51.9%；投资率由 38.2% 继续上升到 42.6%，波动幅度很大。其中年度之间的波动幅度也很大。消费率最高年份 1981 年为 67.1%，最低年份 2005 年为 51.9%；投资率最低年份 1982 年为 31.9%，最高年份 2004 年为 43.2%①。还要提到：2006 年前三季度消费率为 51.1%，投资率为 42.2%。这年全社会固定投资上升了 24%，作为消费最主要组成部分的社

① 《新中国五十年统计资料汇编》和《中国统计年鉴》（2006），中国统计出版社。说明：由于净出口的影响，消费率和投资率之和并不等于100%，消费率最低年份和投资率的最高年份并不完全对称。

会消费品零售总额上升了 13.7%，据此可以判断：2006 年消费率还要继续下降。

上述情况表明："一五"期间在恢复经济基础上继续推行优先发展重工业方针并实行计划经济体制，大体还适合当时的经济发展水平，并对建立社会主义工业化初步基础起了决定性作用。但同时需要看到：这个方针和体制在导致投资和消费失衡方面已经开始显露出来。特别是 1958 年以后，继续长期推行优先发展重工业方针和计划经济体制，必然继续强化高积累、低消费的政策，并以此为基础，继续在资金投入方面向工业倾斜。这就导致工业增速大大超过包括第三产业在内的其他产业的发展。这是其一。其二，一般来说，工业的快速增长也会带动生产性服务业的发展。但我国原来生产技术水平低，特别是在企业组织方面长期实行"大而全"，"小而全"，因而生产性服务业并不发达。而且，在主要实行粗放型增长方式的条件下，技术升级和分工发展都比较慢。这样，工业的快速发展对生产性服务业发展的带动作用并不大，这是一方面。另一方面，消费率虽然逐年下降，但毕竟始终占了国内生产总值的大部分。而且相对生产性服务业来说，我国消费性服务业比较发达，占了服务业大部分比重。这样，消费率下降对消费性服务业的阻碍作用就要大于由投资率带动生产性服务业的作用，从而成为第三产业发展滞后的一个重要因素。根据国家统计局按照 2002 年全国投入产出表计算，消费率提高 1 个百分点，第三产业增加值可以提高0.51 个百分点。这样，扩大消费对增加第三产业比重的作用，比增加投资要大得多。

2. 城乡之间的失衡。为了稳定保证优先发展重工业对于资金、农产品和劳动力的需要，以计划经济体制为依托，从 20 世纪 50 年代初开始，就在农村先后实行了农业生产合作社和人民公社制度，主要农产品的统购统销制度，工农业产品价格剪刀差制度和以城乡分割的户籍制度为主要特征的城乡二元体制。这样，尽管新中国成立以后，社会主义制度推动了工农业生产的巨大发展，但就计划经济体制越来越不适应生产力发展来说，在农业中的作用比工业更为严重。这是导致改革以前农业发展滞后的根本原因。当然这种滞后同农业的物质技术基础比较落后，农民文化技术水平较低，以及农业作为弱质后产业（因对自然条件的依赖较大）也有很大关系。但在这方面，传统的发展战略和经济体制是主要因素。这样，农业增速就过于低于工业，农业增加值在国内生产总值中所占比重也下降过快（数据已在前面列出），农业在劳动生产率和人均消费水平方面与工业的差距也都急剧扩大了。1952 年，农业每个从业人员创造的增加值为 198 元，主要由工业构成的第二产业为 926 元，二者劳动生产率之比（以农业为 1）为 1：4.7；到 1978 年，前者为 353 元，后者为 2732 元，二者劳动生产率之比为 1：7.4。在这期间，农业居民人均消费水平由 62 元增加到 132 元，同比增加了 77.2%；而非农业居民由 148 元增加到 383 元，同比增加了 113.2%；二者增速之比（以农业居民为 1）为 1：1.5。

诚然，改革以后农业生产和农民收入都有很大的提高。特别是在 20 世纪 70 年代末到 80 年代上半期，改革首先在农村突破，根本改革了严重束缚农业生产力发展的农村人民公社制，建立以家庭经营为基础，并与集体经营相结合的基本经营制度，大大地解放了农业生产力。农村其他方面的改革在这方面也起了重要作用。但从 80 年代下半期到 21 世纪初，工业各项经济改革逐步加快了步伐，而农村在流通、税收、金融、教育、卫生和社会保障等方面的改革显得滞后。改革以来，农业在开放方面一直落后于工业，这是其一。其二，城镇化速度慢，水平低（详见后述）。其三，1978—1999 年，为了促进全国经济的高效发展，在区域经济发展方面，实行了非均衡发展战略，使得第二、第三产业占有较大比重的东部地区获得了迅速发展，而在第一产业占有较大比重的中西部地区则发展较慢。其四，从一般意义上说，在工业化过程中，都经历了农业哺育工业和工业反哺农业的过程。而我国工业反哺农业的方针出台不够及时。其五，新中国成立以来，农村的基础设施发展很慢。其六，有些年份由于对粮食生产形势做了过于乐观的估计，以致使得作为主要农产品的粮食发生多次减产。其中，特别是 1999—2001 年连续三年减产，2001 年粮食产量下降到 45263.7 万吨，比 1998 年减少了 5965.8 万吨。2004—2006 年三年粮食增产，2006 年达到 49746 万吨，但仍达不到 1998 年的 51229.5 万吨。所有这些因素都使得改革以前就存在的农业发展滞后于工业的局面没有得到根本改变。诚然，在 2004—2007 年间，中共中央连续发了四个一号文件，大大加快了建设社会主义新农村的步伐。但在这样短的时间内，没有也不可能从根本上改变这种局面。这样，在 1978—2006 年间，农业增速仍然过慢，在国内生产总值中的比重也下降过快（数据已见前述），农业劳动生产率与工业劳动生产率差距，以及农村居民收入与城镇居民收入的差距也并无大的变化。到 2005年，每个农业从业人员创造的农业增加值为 6664 元，而主要由工业组成的第二产业则为 49735 元，二者之比（以前者为 1）仍为 1:7.5。2006 年，农村居民人均可支配纯收入为 3587 元，与 1978 年同比增长 5.7 倍；城镇居民可支配收入为 11759 元，也增长了 5.7 倍；二者增速之比为 1:1。可见，在 1979—2006 年期间，劳动生产率和人均收入的增速方面，农业和第二产业之间的差距都有不同程度的缩小，但绝对水平的差距则扩大了。这是其一。其二，就收入来说，农村居民纯收入的支出包括了生产方面的支出。而且，农村居民在享受由国家财政提供的公共的产品和服务（包括基础设施、科技文卫和社会保障事业等）比城镇居民要少得多。如果考虑到这些因素，则农民居民收入与城镇居民收入的差别还要大得多。需要着重指出：在全国人口中占有很大比重的农村居民收入低，对第三产业的发展有极严重的不利影响。显然，乡村居民对服务业的需求比城镇居民要小得多。比如，2005 年，城镇居民人均消费性支出为 7942.88 元，而农村居民则只有 2555.4 元，前者为后者的 3.1 倍；市、县在社会消费品零售总额中占的比重达到 78.3%，县以下只占 21.7%。而县以下还包括镇，考虑到这一点，农村居民在这方面占的比重还要小[1]。

3. 地区之间的失衡。新中国成立以后，直到改革以前，我国区域经济发展战略虽有变化，但总的说来，是以计划经济体制为依托，采取了旨在消除旧中国留下的地区经济发展很不平衡的均衡发展战略。其突出表现就是：20 世纪 50 年代下半期提出的建立大行政区甚至省的独立完整的工业和国民经济体系。

这种战略不仅否定了以资源禀赋和区位优势等为基础的地区之间的产业分工，而且具有浓厚的平均主义化色彩。因而不可能解决地区之间经济发展不平衡问题。以作为衡量地区之间经济发展水平标志的工业为例，1952—1978 年，沿海和内地（大体相当于当前的东部和中西部）工业产值

---

[1]　《中国统计年鉴》(2006)，中国统计出版社 2006 年版，第 345、678 页。

占全国工业总产值的比重分别由 70.84% 下降到 63.32%，由 29.16% 上升到 36.68%。这表明：这期间地区之间经济发展不平衡问题有所缓解，但并不显著。

改革以后，为了提高经济发展的效率，在区域经济发展战略方面采取了非均衡发展战略，使东部地区经济得到较快的发展。为此，在改革开放和其他方面采取了一系列促进东部地区较快发展的措施。并且取得了显著成就。但地区之间的经济差别也随之扩大。依据条件的变化和经济发展的需要，在 1999 年以后，逐步形成了西部大开发，振兴东北等老工业基地，中部崛起和东部率先实现现代化的总体区域经济发展战略。但这个总体战略实施不长，没有也不可能改变地区之间的经济发展不平衡，甚至还没有来得及遏制这种差距扩大的趋势。比如，1978—1999 年，东部地区工业产值占全国工业产值的比重分别由 1978 年的 63.32% 上升到 1999 年的 70.14%，又继续上升到 2003 年的 73.48%；而在这期间，中西部地区由 36.68% 下降到 29.84%，又再下降到 26.52%。这是就比重来说的。就增长率的差距来说，正在缩小。比如，西部和全国经济增长率的差距，"九五"期间为 2.7 个百分点，"十五"期间为 1.7 个百分点，2006 年为 0.6 个百分点[①]。

需要强调的是：地区之间的失衡也是导致我国第三产业发展滞后的一个重要因素。据有的学者按照 2000 年可比价计算，1978 年，东部、中部和西部第三产业增加值占全国第三产业的比重分别为 54.75%，29.82% 和 15.43%，人均服务占有量分别为 381.46 元，209.38 元和 265.76 元。到 2000 年，这两组数据分别为 62.05%，24.89% 和 13.06%；4431.44 元，2052.9 元和 1660 元[②]。按当年价格计算，2004 年，东部、中部和西部地区生产总值占国内生产总值的比重分别为 59.4%，23.6% 和 17.0%，占全国第三产业增加值比重分别为 60.7%，22.1% 和 17.2%。2005 年，按当年价格计算，东部、中部、西部和东北地区生产总值占国内生产总值的比重分别为 55.6%、18.8%、16.9% 和 8.7%，这四个地区的人均地区生产总值分

① 汪海波：《中国现代产业经济史》（1949 年 10 月—2004 年），山西经济出版社 2006 年版，第 630 页；《经济日报》2007 年 3 月 2 日第 1 版。

② 李江帆主编：《中国第三产业研究》，人民出版社 2005 年版，第 311 页。

别为 23768 元、10608 元、9338 元和 15982 元。与此相联系，这四个地区占全国第三产业增加值比重分别为 57.2%、17.5%、17.0% 和 8.3%[①]。这些数据表明：地区经济发展水平越高，对第三产业的需求就越大，其比重也越大；反之亦然。据有关单位分析，地区生产总值占国内生产总值的比重与该地区第三产业增加值占全国第三产业增加值比重的相关系数为 0.98。

4. 内需和外需之间的失衡。2003—2006 年这四年，我国货物进出口顺差分别为 254.7 亿美元、320.9 亿美元、1020 亿美元和 1775 亿美元。其中，2003—2005 年三年货物和服务的净出口对经济增长的贡献率分别为 1%、6.1% 和 25.8%；2006 年货物净出口大约接近 30%。当然，就我国具体情况来说，净出口比重多少才算是适度的，还是需要研究的问题。但就 2003年以来与出口顺差激增相联系的经济局部过热，通胀压力加大，外贸风险增加，经济结构失衡加剧以及资源和环境压力加大等方面的情况来看，可以肯定内需和外需是失衡的。从 2007 年 1 月的外贸顺差的大幅增长情况来看，这种从 2005 年以来开始的失衡加剧的势头还在发展。据报道，今年 1月外贸顺差高达 158.8 亿美元，同比增长 64.7%[②]。

诚然，从本质上说，内需与外需失衡，是与战略和体制相关的国内经济结构失衡的反映。但如前所述，这一点同国际资本的产业转移特点也是直接相关的。并且同美元作为主要的世界货币地位以及美国的外贸和军事战略紧密相连。美国依靠美元的世界货币地位，多发钞票，用以大量购入我国的廉价货物[③]，又依靠其在众多高技术的领先优势和垄断地位，在高技术的产品和服务的出口方面对我国严加限制。

但需着重指出：内需和外需之间的失衡，也是加剧我国国内经济失衡的一个重要因素。其中包括加剧了我国第三产业发展的滞后。如前所述，我国无论是出口还是进口，大部分都是工业品，服务业占的比重很小。这样，外贸在拉动工业增长方面的作用比服务业要大得多。

---

① 《中国区域经济年鉴》（2005），中国统计出版社 2005 年版；《中国统计年鉴》（2006），中国统计出版社 2006 年版。

② 《中国剪报》2007 年 2 月 14 日第 2 版。

③ 据有的学者计算，当前 60% 的美元是在国外流通的，50% 的美国国债是由国外人购买的。（新华网 2007 年 2 月 18 日）

（五）经济增长方式转变缓慢

经济增长方式转变的最重要支撑点，就是技术进步和人力资本的增长。而技术进步和人力资本增长的来源是科技和教育事业的发展。但在改革前传统战略的指导下，长期推进优先发展重工业，必然阻碍科技和教育事业的发展。这是其一。其二，以铁饭碗、大锅饭为特征的计划经济体制，无论是政府部门、企业还是劳动者个人，都缺乏推动技术进步的积极性。其三，诚然，在这种体制下，也追求经济的高增长。但推进高增长的主要手段，就是最简便易行并被普遍采用的上项目和增加投资，而并不是技术进步。其四，长期实行高积累、低消费的政策，把劳动成本压得极低，从而把使用人工和使用机器的费用的差距拉得很大，阻碍了机械化的发展。其五，在计划经济体制下，财政是建设型财政，而不是公共财政。因而财政支出的主要部分是经济建设投资，而不是提供服务的科教事业。其六，部门分割是计划经济体制的一个重要特征。这就必然会在科研体制方面形成科研院所、高等院校与企业两张皮的状况。从而大大阻碍了科技进步及其企业中的运用。所有这些重要因素都阻碍了技术的进步和人力资本的增长。

改革以来，上述六种情况已经逐步发生了重大变化，但也没有根本改变。这里需要着重提到以下几点：

1. 如前所述，由于强速战略的强大惯性作用，特别是由于以地方政府为主的投资膨胀机制的作用，曾经导致改革以后多次发生经济过热或经济局部过热。而追求经济高增长的主要手段，仍然是上新项目和增加投入，而不是技术进步。这无论是对国有企业来说，还是对改革后逐步发展起来的大量民营企业来说，大体上都是这样的。

2. 在发达的市场经济条件下，本来竞争是仅次于企业追求利润最大化的、推技术进步的强有力的动力。但在我国当前，尽管市场竞争已经有了很大的发展，但真正的统一、平等、有序、诚信的市场竞争还远没有形成，有的却是在相当范围还存在的、与地方行政垄断相联系的市场分割，自然、经济和行政相结合的行业垄断，特别是多得出奇、层出不穷的不正当竞争和非法竞争（如假冒伪劣的产品和服务盛行，信用严重缺失和商业贿赂等）。这样，企业就可以不通过改进技术等正当手段，去获取超额利润，以赢得企业的生存和发展，只要通过垄断、不正当竞争和非法竞争等手段，就可以获得超额利润、垄断利润和暴利，这是一方面。另一方面，由于国有企业改革还没到位，特别是由于地方政府的保护，不仅在改革前已经严重存在的过多的重复的生产和建设得不到改变，而且该淘汰的技术落后企业也淘汰不了，甚至还有所发展。我们还多次看到改革前就已有过的现象：在经济紧缩时，许多小企业被用行政手段淘汰了；但到了经济扩张时，这些小企业死灰复燃，甚至在一定时间内能够得到更多的发展。这样，在经济转轨时期，就必然会产生一种特有的，并在一定范围内存在的恶性竞争。这种恶性竞争的最重要手段就是价格战，以微利产品甚至亏本价格出售产品。其结果就是大大削弱了作为技术进步来源的企业资金积累能力。所有这些都使得市场竞争在推动技术方面的作用在很大程度上被削弱了甚至被麻痹了。我国研究和试验发展费用低，就是这方面的有力佐证。2006 年，我国研发费用相当于国内生产总值的比重为 1.41%；2004 年美国和日本分别为 2.68% 和 3.13%。[①]

3. 改革以来，我国工资水平有了前所未有的大幅度提高。1978—2005 年，全国工资总额由 568.9 亿元增长到 19789.9 亿元，第二、第三产业增加值由 2626.8 亿元增长到 160014.4 亿元；前者占后者的比重由 21.7% 下降到 12.4%[②]。就其直接原因而言，主要是长期推行高积累、低消费政策的结果，尤其是由近两亿人的农民工（其中有 1.2 亿人进城务工，0.8 亿人在乡镇企业务工）工资特低造成的。这样，我们就可以如实地说，在资本主义市场经济国家，其剩余价值率已经经历了三个大的阶段：在简单协作和工场手工业阶段，资本提高剩余价值率的主要手段是提高绝对剩余价值率；工业化前期和中期，主要手段就是提高相对剩余价值率。到了工业化的后期和现代化时期，在早已出现的绝对剩余价值率下降的基础上，又新出现

---

① 《中国科学技术年鉴》（2005），中国统计出版社 2005 年版；《经济日报》2007 年 3 月 2 日第 1 版。

② 《中国统计年鉴》（2006），中国统计出版社 2006 年版，第 57、156 页。这里说明两点：①我国职工工资主要是由第二、第三产业职工工资构成，第一产业职工工资占的比重很小（2005 年仅为工资支出总额的 1.7%）。这样，在作为分母的增加值中虽未包括第一产业增加值，但并不影响论点的正确性。②工资虽不是职工的全部劳动报酬，但却是其中的主要部分。这样，我们这里虽然没有提到工资以外的劳动报酬，但也不影响结论的正确性。

相对剩余价值率下降。但在我国现阶段却出现了绝对剩余价值率和相对剩余价值率双双上升的局面。这种情况同我国社会主义经济大国的地位极不相称，亟须改变。就我们这里讨论的问题来说，这种很低的工资水平，把劳动成本与采用先进技术成本的差距进一步拉大了，从而大大抑制了企业改进技术的积极性。

4. 当前我国由建设型财政向公共财政的转变远没有到位。比如，国家财政用于科学研究的支出，虽然由 1978 年的 52.89 亿元增长到 2005 年的 1334.91 亿元，但占财政支出总额的比重由 4.7% 下降到 3.9%[1]。在这里也是增速很快，但比重下降。这也是技术进步不快的一个重要因素。

5. 随着社会体制改革的进展，科研院所、高等学院的研究工作和企业改进技术要求脱节的状况已经有所转变，但也没有转变到位。同时，技术市场发展也很不充分。2001—2005 年，技术市场成交额由 783 亿元增长到 1551 亿元，但相当于科技经费的筹集额（包括政府和企业的资金以及金融机构贷款）的比例由 30.2% 下降到 29.55%。显然，这些情况都是很不利于技术进步的。

6. 在对外贸易关系方面，技术的进出口占的比重很小。在引进外资方面又是重引进、轻消化吸收和创新。而且，原来设想在这方面以市场换技术。但实践证明：世界一流的技术是买不到的。这样，对外经贸关系就远没有发挥在促进技术进步方面的作用。

上述各点都延缓了我国技术进步的进程，使得技术方面处于落后状态。据测算，我国科技进步对经济增长的贡献度不足 30%，明显低于经济发达国家 60%—70% 的水平；我国技术对外依赖度超过 50%，而美国和日本不到 5%[2]。2003 年，我国高技术产业增加值占制造业的比重为 10.2%，而美国和日本分别高达 18.6% 和 16.8%。我国不仅高技术产业比重低，其劳动生产率也低。2004 年我国高技术产业人均增加值为 13000 美元；2003 年美国和日本分别为 141000 美元和 100000 美元。[3] 诚然，高技术产业增加值的比重并不是技术进步的全部内容，但却是技术进步的最突出的标志。需要说明的是：技

---

[1] 《中国统计年鉴》（2006），中国统计出版社 2006 年版，第 283—284 页。

[2] 新华网，2006 年 12 月 8 日。

[3] 科学技术部网，2006 年 12 月 12 日。

术进步缓慢和落后状态是导致经济增长方式转变缓慢的决定性因素。

但就我们这里讨论的问题来说，更要强调的是：经济增长方式转变缓慢，是科技发展缓慢的最重要的根源。世界发展的历史表明：人类生产实践的需要，是科技进步的基本动因。如果经济增长方式不转变，那么科技进步就成了无本之木，无水之源。所以，如果不在经济增长方式转变上着力下工夫，要想取得科技的大进步，是不可能的。诚然，现代科学技术发展的一个重要特点就是出现了前所未有的超前性。但终极说来，科技进步总是有赖于生产实践的发展的。就我国当前情况来说，尤其有赖于经济增长方式的转变。这在应用性科技方面尤其如此。所以，由经济增长方式转变缓慢必然导致作为第三产业重要组成部分的科技事业进展缓慢。还要指出：由此又进一步影响整个服务性发展，特别是生产性服务业的发展。

（六）与强速战略相联系的城乡二元体制造成了城镇化率低，也导致了第三产业发展滞后

在1952年、1978年和2006年这三个时点上，城镇人口占全国人口的比重分别为12.5%、17.9%和43.7%。可见，尽管改革以来城镇化率有了很大提升，但并不算高。当前我国城镇化率不仅大大低于经济发达国家平均75%的水平，也低于世界各国平均50%的水平，甚至还低于欠发达国家平均45%的水平。但我们在前面列举的数据表明：作为载体的城市在发展第三产业方面的作用比农村要大得多。

（七）众多与之相左的理论、思想和观念，也是导致第三产业发展滞后的一个重要因素

按照传统经济理论，只有投资品和消费品的生产才是生产部门，而服务业并不是生产部门。这就使得服务业在国家经济发展战略中，居于很次要的地位。受自然经济思想的影响，不仅企业搞"大而全"，"小而全"，而且办社会；也不仅是企业办社会，事业单位、党政机关和人民团体都办社会。这不仅不利于生产性服务业的发展，更不利于消费性服务业的发展。某些"左"的思想也在这方面发生了消极作用。比如，新中国成立初期，还有少数高等院校设有家政服务专业。但在后来家政服务被当作"资产阶

级生活方式"，这些专业随之也被取消了。节约原本是中华民族的传统美德，但并没有与时俱进，赋予它具有时代特点的新内涵，以致成为当前储蓄率过高的原因之一。我国消费观念转变滞后，也是当前消费信贷发展慢的原因之一。当然，这些因素都不是第三产业发展滞后的最重要原因。但它们确实又在一定程度上阻碍了服务业的发展。

三　优先发展第三产业是当前有关经济发展、改革深化、政治稳定和社会和谐的一个全局性问题

这样说的主要根据是：

（一）继续治理当前经济局部过热，并防止向过热转变，是当前经济中一个最尖锐、最突出问题

为了解决这个问题，优先发展第三产业就是一个重要方面。这一点已为以 1999 年（波谷年）为起点的新一轮经济周期上升阶段经济增长经验所证明了。2000—2002 年，主要由工业构成的第二产业增加值年均增速为9.2%，第三产业为 10.1%，国内生产总值为 8.6%。但到 2003—2006 年，这三个数据分别为 11.5%、10.1% 和 10.2%。可见，前三年第三产业增加值年均增速高于第二产业，但经济增长处于现阶段潜在增长率[①]的限内，经济并不热。但在 2003—2006 年，第二产业增加值年均增速高于第三产业，连续 4 年发生经济局部过热。如果仅就这三种增速变化的相互联系而言，形成上述两种不同结果的原因是：在正常情况下，在工业化和现代化过程中，本来第三产业增速就可以而且必须高一些。更何况在 2000 年以前，我国第三产业的发展是滞后的，其增速就更应高一些。这样，如果第三产业本身增速恰当，并适度高于第二产业，经济增速就是正常的。2000—2002年经济运行的情况就是这样。但是，如果第二产业本身的增速就很高，并且超过第三产业的增速，经济就会走向过热。如果宏观经济调控及时而又得力，那也只是可以避免经济过热，经济局部过热仍不可免。2003—2006

---

① 1979—2006 年我国国内生产总值年均增长率为 9.7%。似可以此作为我国现阶段的潜在增长率。

年经济运行的情况就是这样。这个近期的历史经验表明：现阶段，在整个经济增速恰当的情况下，适度加快第三产业的发展，并相应地抑制第二产业的增长，有利于经济增长在经济潜在增长率的限度内正常运行，或者至少可以把经济增长限定在经济局部过热的限度内，而不致发生经济过热；而在发生经济局部过热以后，也有利于经济局部过热的治理，从而拉长经济周期的上升阶段。

需要进一步指出：适度优先发展第三产业不仅有利于治理当前经济局部过热，还有利于熨平今后的经济周期波动。问题在于：一般说来，并相对于发展工业而言，发展第三产业所需要的投资少，因而在经济周期的上升阶段，有利于阻滞经济走向过热；而在经济下降阶段，由于需要的投资少，特别是由于在对第三产业需求构成中消费需求的比重大，这种需求具有某种刚性，并不会因为经济增速下降而有过多的下降，从而有利于防止经济增速的过渡下滑。如果再考虑到我国第三产业发展滞后的情况，那就更是这样。

（二）经济结构失衡，是当前我国经济中一个深层次矛盾

优先发展第三产业有利于这个矛盾的逐步解决。因为当前在由第一、第二、第三产业结构之间失衡、投资与消费之间失衡、城乡之间失衡、区域之间失衡以及内需和外需之间失衡这五个方面构成的经济结构失衡中，产业结构失衡是最基本方面。而产业结构失衡当前突出表现为第三产业发展滞后。因此，优先发展第三产业不仅是解决产业结构失衡的一个最重要手段，而且有助于解决整个经济结构的失衡。

（三）经济增长方式转变缓慢，是当前我国经济中另一个深层次的矛盾

优先发展第三产业在这方面具有不容忽视的重要作用。转变经济增长方式的决定性手段，是技术的进步和人力资本的增长。而在这些方面直接有赖于作为第三产业最重要组成部分的科技和教育的发展。

（四）市场趋向改革不到位，计划经济体制没有完全改革，社会主义市场经济体制没完全建立，是当前我国经济中的最深层次的矛盾

优先发展第三产业可以在众多方面，特别是在扩大就业方面为深化改

革创造重要条件。就国有经济改革来说，当前已经进入一个新的发展阶段。其重要特点有二：

1. 国有中小型企业改革大体已经基本完成，重点是继续推进大企业的改革。而且这方面的改革也发生了一个重大变化：由过去剥离优质企业上市转变为整体上市。而整体上市的先决条件是剥离企业办社会和精简冗员。这方面的工作显得比过去更为重要。

2. 由国有企业改革重点推向国有事业改革。国有事业单位改革也普遍地大量存在剥离办社会和精简冗员的问题。就发展非公有民营经济来说，当前已经取得巨大成就。改革以来，民营经济创造的增加值年均增速达到20%以上，超出同期国内生产总值增速一倍以上，当前约占总量的1/3[①]。但民营经济仍有很大的发展空间，而且我国经济社会的发展还确实需要民营经济进一步发展。但无论是深化国有企事业的改革，还是民营经济的进一步发展，在很大程度上都要以第三产业为依托。因为第三产业吸纳就业的能力远远超过了第二产业。1979—2005 年，第二产业增加值增长了 17.02倍，就业人员增长了 1.6 倍，二者之比（以就业人员增速为1）为 1: 10.63；第三产业增加值增加了 15.4 倍，就业人员增加了 3.86 倍，二者之比为1: 3.99。[②]

（五）物耗过大和环境污染严重已经成为当前我国经济可持续发展的两个最大制约瓶颈

优先发展第三产业在缓解这种制约瓶颈方面也具有重要作用。我国的基本国情之一，是众多资源短缺，人均占有量很低。比如，大多数矿产资源人均占有量还不到世界年均水平的1/2，人均淡水占有量也只有世界平均水平的27%。但在新中国成立以后由传统的战略和体制形成的粗放经济方式，直到现在并无根本改变。就是新一轮经济周期上升阶段的事实也可以说明这一点。与 1998 年相比，2005 年国内生产总值由 84402.3 亿元增长到183084.8 亿元，同比增长 84.1%；全社会固定资产投资由 28406.2 亿元增长到88773.6 亿元，同比增长 184.1%；作为主要能源的原煤由 12.5 亿吨增

---

① 《经济日报》2007 年 2 月 12 日第 6 版。

② 《中国统计年鉴》（2006），中国统计出版社年版 2006 年版，第 60、136 页。

长到 22.05 亿吨，作为主要材料的钢材由 10731.8 万吨增长到 37771.1 万吨，二者分别增长了 76.4% 和 251.6%。这样，以国内生产总值增速为 1，其与全社会固定资产投资、能源和钢材增速之比分别为 1:1.18、1:0.91、1:2.99①。由此，我国物耗就大大超过了经济发达国家甚至发展中国家的水平。比如，当前我国单位矿产资源的产出水平只相当于美国的 1/10、日本的 1/20；单位产值能耗是美国 2.1 倍，日本的 4.43 倍，印度的 1.65 倍；单位产值水耗为世界平均水平的 4 倍，为经济发达国家的 8 倍②。这种过大的物耗必然造成严重的环境污染，由此造成重大的经济损失。比如，1998—2004 年，这方面的损失由 19843.3 万元增长到 36363.7 万元，增长了 83.3%。针对物耗过大和环境污染严重的严峻形势，"十一五"规划将降低能耗和主要污染物排放量作为两项约束性指标，规定单位国内生产总值的能耗要降低 20%，年均降低 4%；主要污染物的排放量要降低 10%，年均降低 2%。根据国家发改委的规定，"十一五"期间单位国内生产总值的用水量也要降低 20% 以上，单位工业增加值用水量要降低 30% 以上③。但在 2006 年上半年，企业单位国内生产总值能耗同比上升 0.8%，化学需氧量和二氧化碳的排放量分别同比增长 3.7% 和 4.2%④。这年下半年情况有所好转，但都没有达到预期目标。2006 年单位国内生产总值能耗只降低了 1.2%，化学需氧量排放总量增长 1.2%，二氧化硫排放总量增长 1.8%。需要着重指出：这高物耗、重污染的情况主要是由工业（特别是重化工业）发展过快造成的。与工业相比较，第三产业发展所需的物耗要少得多，对环境污染也要轻得多。据有关单位测算，第三产业占国内生产总值比重上升 1 个百分点，工业相应下降 1 个百分点，单位国内生产总值能耗大约也可降 1 个百分点。

---

① 《中国统计年鉴》（有关各年），中国统计出版社。
② 《〈中共中央关于制定国民经济和社会发展第十一个五年规划的建设〉辅导读本》，人民出版社 2006 年版，第 252—253 页。
③ 新华网，2007 年 2 月 20 日。
④ 新华网，2007 年 1 月 17 日。

（六）扩大就业和建立适应我国社会生产力发展水平的、覆盖全国的社会保障体系，是实现社会稳定的主要措施，也是改革、发展得以顺利进行的根本前提

但在这方面也有赖于优先发展第三产业。其在扩大就业方面的作用已如前所述。就当前的情况来说，所谓优化发展第三产业，其中的一项重要内容，就是要加强社会保障制度的建设。

（七）从某种共同意义上说，我国当前无论在对外贸易方面，或者引进外资方面，都面临着由数量扩张向质量提高方面的转变

在质量提高方面的一个共同内容又都是调整结构。而调整结构的一个相同点，就是无论在外贸方面还是在引进外资方面，都要提高服务业的比重。从这方面来说，优先发展第三产业，对于扩大开放，特别是在提高开放的质量方面，具有很重要的意义。

（八）改革以来，我国已经实现了由人口大国到经济大国的转变

其主要标志是：

1. 依据国际货币基金数据库的资料，2005 年国内生产总值在世界居前 4 位的国家是：美国 124857 亿美元，日本 45713 亿美元，德国 27973 亿美元，中国 22350 亿美元。这样，中国经济总量在世界的位次就由 1978 年的第 10 位跃升到第 4 位。按当年汇价计算，2006 年中国经济总量约可达到 26400 亿美元，虽然还达不到世界第三的地位，但向世界第三逼近的步伐是很快的。

2. 依据世界贸易组织数据库的资料，2005 年进出口贸易总额在世界居前三位的国家是：美国 26370 亿美元，德国 17448 亿美元，中国 14221 亿美元。这样，中国外贸总量居世界的位次也由 1978 年的第 27 位跃升到第 3 位（实际上 2004 年就居世界第 3 位了）。2007 年，中国外贸总量已经达到 17607 亿美元，即使达不到第 2 位，但距第 2 位已经很近了。这样，当前中国面临历史性的重大任务，就是要实现由经济大国到经济强国的转变。在这方面优先发展第三产业具有至关重要的作用。其主要原因有三：

（1）如前所述，当代经济发达的国家都是以服务业经济为主体的，而我国还是以第二产业为主体的。

（2）在经济发达国家，现代服务业是服务业的主体，而我国服务业的主体还是传统服务业。

（3）更重要的是，当代经济发达国家服务业内部构成中，最重要最核心的内容就是自主创新的先进科学技术。而我国自主创新技术的比重远远落后于经济发达国家。

四　抓住有利的战略机遇期，积极推进第三产业的优先发展

在21世纪初期一个相当长的时期内，我国经济发展面临着一个良好的战略机遇期①。这一点，在学界已经达成共识。这里需要进一步指出：对发展第三产业来说，这是更好的战略机遇期。其根据主要有三：第一，当前第三产业发展严重滞后。这种滞后同时意味着第三产业发展潜力很大。第二，就当前的国内外环境来看，加快发展第三产业有着更多更好的有利条件，有可能把这种潜力比较充分地发挥出来。第三，由第三产业发展滞后引发和激发的各种经济社会矛盾，给加快发展第三产业带来了更强的动力和压力。因此，我国当前发展经济的一个长期而又紧迫的重要战略任务，就是要积极推进第三产业的优先发展。

（一）要从速度和比重两方面合理设置优先发展第三产业的目标

这里首先要解决一个问题：今后有无可能做到第三产业的增速适度超过国内生产总值的增速，并由此逐步提高其在国内生产总值中的比重。为了说明这一点，需要回顾一下同这个问题有关的两方面的历史经验。新中国成立初期实施优先发展重工业方针，对建立社会主义工业化的初步基础起了决定性作用。但在1958年以后，长期推行优先发展重工业方针，却造成了严重后果。其中首先是轻重工业的比例关系的严重失调。1952—1978年，轻重工业占工业总产值的比重分别由64.5%下降到43.1%，由35.5%

---

① 汪海波：《略论新一轮经济周期的运行特征及其战略含义》，《光明日报》2005年11月1日第6版，经济专论。

上升到 56.9%。针对这种严重失衡情况，1980 年国务院决定对轻工业实行六个优先的原则，即原材料、燃料、电力供应优先；挖潜、革新、改造的措施优先；基本建设优先；银行贷款优先；外汇和引进先进技术优先；交通运输优先。这实际上就是实行优先发展轻工业的方针。这样，到 1981 年轻工业占工业总产值比重就上升到 51.5%，重工业下降到 48.5%。其后，一直到 1998 年，轻工业产值比重虽有波动，但都是在 46.3%—50.2% 的区间内运行的，轻重工业比例关系大体是正常的[①]。只是在这以后，特别是在 2003—2006 年经济发生局部过热以后，由于重工业发展过快，二者又发生了失衡。这是一种相比拟的、间接的、可借鉴的经验，还有一种直接的可借鉴的经验。在 1953—2006 年的 54 年中，第三产业增加值增速低于国内生产总值增速的有 29 年，前者高于后者的有 25 年。上述两种经验均证明：在一定条件下，第三产业增加值增速超过国内生产总值增速，从而导致第三产业增加值比重上升，是完全可能做到的。更何况当前优先发展第三产业正面临着前所未有的良好机遇。

接下来的问题：是如何测定 2020 年由第一、第二、第三产业增加值的增速差异决定的第三产业增加值占国内生产总值的比重。这也需要参照我国历史情况和国外情况，并依据我国的现实情况来决定。在历史情况方面，1978—2006 年，由于第一、第二、第三产业增加值增速差异，它们在国内生产总值中所占比重也有情况各异的变化。在这期间，第一产业增加值在国内生产总值中所占的比重由 27.9% 下降到 11.8%，下降 16.1 个百分点，年均下降 0.58 个百分点；第二产业由 47.9% 上升到 48.7%，上升 0.8 个百分点，年均上升 0.03 个百分点；第三产业由 24.2% 上升到 39.5%，上升 15.3 个百分点，年均上升 0.55 个百分点。就国际情况来看，2003 年人均国内生产总值与我国大体相当的下中等收入国家，其第一、第二、第三产业增加值在国内生产总值中所占的比重分别为 11%、37% 和 52%；高于我国的上中等收入国家，三者比重分别为 6%、35% 和 59%[②]。

我们再来分析当前我国第一、第二、第三产业情况。2006 年我国第一产业的比重比下中等收入国家的比重只高出 0.8 个百分点，相差有限；比

---

① 汪海波：《中国现代产业经济史》，山西人民出版社 2006 年版，第 626 页。
② 《2005 年世界发展指标》，中国财政经济出版社 2005 年版，第 204 页。

上中等收入国家高出 5.8 个百分点，相差也不甚远①。这说明我国第一产业比重下降的空间不是很大。这是其一。其二，1978—2006 年，我国第一产业比重已经下降很大，由 27.9% 下降到 11.8%。与此相联系，我国当前第一产业发展滞后，需要加快发展。而且，在 2004 年以后，由于加快了建设社会主义新农村的步伐，第一产业增加值增速大大提升了。2004—2006 年三年农业增加值年均增速为 5.6%，比 1979—2006 年年均增速（为 4.6%）高出 1 个百分点。这样，从工业化和现代化的长期发展趋势看，第一产业增加值在国内生产总值中的比重必然进一步下降。但近三年来（还要加上今后若干年）其增速上升又会成为这种下降的一个阻滞因素。但即使第一产业增速上升，仍大大低于经济增速，因而不可能改变其比重下降的趋势。这样，总起看来，第一产业增加值比重下降不可能像 1978—2006 年那样，为第三产业比重上升腾出 15.3 个百分点的空间。如果可以 2003 年上中等收入国家第一产业增加值比重（6%）为参照标准，那么到 2020 年，第一产业比重下降最多也只能为第三产业比重上升提供大约 6 个百分点的空间。

就 2006 年我国第二产业增加值的比重来说，比下中等收入国家远远高出 11.7 个百分点，比上中等收入国家更是高出 13.7 个百分点。与此相比较，我国第二产业比重下降空间是很大的。但这只是一方面的情况。另一方面，2003—2006 年经济发生局部过热期间，第二产业比重由 2002 年的44.8% 上升到 2006 年的 48.7%，上升的势头很猛。所以，就近一两年的情况来看，首先还不是降低其比重，而是制止其增长势头，然后才谈得上降低其比重。即使就长一点的时间看，由于我国当前正处于以发展重化工业为重点的工业化阶段，重化工业需要加快发展。而且，居民消费结构正在以吃穿用为重点逐步转向以住行为重点，这就必然拉动作为支柱产业的建筑业和汽车业的发展，从而带动整个第二产业的发展。还要提到：在这方面，外贸需求的拉动作用也很大。所以，尽管按照工业化、现代化的规律的要求，我国第二产业增加值比重必然下降的空间很大，但下降的阻滞力量也很大。这样，实际能够的下降的空间就不大。在这方面设置目标，不仅不能以 2003 年高收入国家为标准，而且也不能以这年低收入国家为标

---

① 作为计算单位的美元价格，2006 年与 2003 年有区别，但这种差别不致妨碍这里的总判断。

准，而只能是更低的标准。比如说，是否可以设想到 2020 年把第二产业的比重下降到 43%。

如果上述各点可以成立的话，那么在 2006—2020 年间，第一、第二产业比重下降最多只能为第三产业比重上升提供大约 12 个百分点的空间。依此空间计算，第三产业比重就可能从 2006 年的 39.5% 大约上升到 52%。这就要求大大提高第三产业的年均增长速度。在 1979—2006 年间，第三产业增加值是以年均增速（10.6%）高于国内生产总值年均增速（9.7%）0.9个百分点，比重上升 15.3 个百分点。如果其他相关情况不变化，仅依此推算，那么要把第三产业比重由 2006 年的 39.5% 提高到 2020 年的 52%，大约要以高于国内生产总值年均增速 1.2 个百分点才能做到，这显然是很艰难的任务。但在这期间只要经济增长围绕潜在增长率（约为 9.7%）正常运行，经过艰苦努力，是有可能做到这一点的。更何况这里所说的经济正常运行就意味着这期间工业增速要适度下降，因而第三产业可以低于 1.2 个百分点的增速，达到 52% 的比重。

（二）要为第三产业的优先发展创造有利的宏观经济环境：经济的稳定发展

当前有的文章在论及加快第三产业的发展时，只是局限在第三产业本身的范围内，而不涉及宏观经济环境。其实，如果缺乏这种经济环境，要使第三产业持续优先发展，并在国民经济中的比重稳步上升，是不可能的。

在这方面，仅改革以来，就已经有过两次教训。1992 年，中共中央、国务院发布了《关于加快发展第三产业的决定》。本来有望在这个决定的指导下提高第三产业的增长速度及其在国内生产总值中的比重。但 1992 年开始的经济过热，使得 1992—1994 年经济增速大大超过经济潜在增长率，从而导致第三产业绝对增速下降，其在经济中的比重不升反降，由 1991 年的 33.9% 经过曲折变化，下降到 1994 年的 33.8%。2001 年颁布的"十五"计划也提出要加快发展服务业。2006 年颁布的"十一五"规划又提出要促进服务业的加快发展。人们有理由指望：在这些文件指导下，提高服务业的增长速度及其在经济中的比重。但在 2003—2006 年发生了经济局部过热，使得第三产业绝对增长或相对增速（即与第二产业相比较的增速）下降。

其结果也是第三产业比重由 2002 年的 41.7% 下降到 2006 年的 39.5%。这里的关键问题在于：我国当前经济过热主要是由第二产业（特别是工业）推动的。这样，第二产业增速必然迅速上升，而第三产业增速必然绝对下降或相对下降。但是，为了给第三产业的加快发展创造良好的经济环境，就必须重点治理以地方政府为主的投资膨胀机制，并进一步清除强速战略在实际经济工作中的影响，还要治理各种基本经济比例关系的失衡。

这里还要说明：我们在前面强调了经济稳定发展的重要性，并不否定经济高速增长（要在潜在增长率的限内）的必要。因为只有在经济高速增长的条件下，第三产业的优先增长及在经济中的比重上升才有较大的空间；否则也是不可能的。

（三）要增加对第三产业的要素投入和提高其劳动生产率

这样双管齐下，就可以为加速第三产业的发展和提高其比重奠定坚实的基础。

在投入劳动力方面，新中国成立以来，第三产业增加的绝对量是最多的，增速是最高的。1952—2005 年，第三产业就业人数由 1881 万人增长到 23771 万人，增长了 21890 万人，增长了 11.6 倍。但是，考虑到第三产业要加快发展，特别是劳动密集型产业占的比重较大，因而还必须大大增加劳动力投入。就解决当前十分尖锐的就业问题来说，也必须拓展第三产业这个容量最大的就业空间。来自劳动和社会保障部的资料显示，"十一五"期间，我国的就业工作仍然面临着十分严峻的形势，就业压力越来越大，主要表现为劳动力供求总量矛盾突出。到 2010 年，全国劳动力总量将达到 8.3 亿人，城镇新增劳动力供给 5000 万人，而劳动力就业需求岗位只能新增 4000 万个，劳动力供求缺口在 1000 万个左右[1]。

改革以来，第三产业增加的投资也是最多的。按当年价格计算，1981—2003 年，在国有经济投资中，第三产业投资占的比重由 38.4% 上升到 71.9%。1992—2004 年在全社会固定资产投资中，按当年价格计算，第三产业投资年均增长 21.9%，比第一、第二产业分别高出 4.9 个百分点和

---

[1] 《经济日报》2007 年 2 月 27 日第 1 版。

3.4 个百分点。2004—2006 年，在城镇投资中，第三产业分别占了 60.2%，56.8% 和 56.3%。但投资远没有满足以行业众多为重要特点的第三产业发展对于资金的需要，其中的一个重要原因就是投资大部分集中在少数行业。据有关单位计算，2004 年，仅是金融、租赁和商业服务业、房地产业、交通运输、仓储和邮政业这几个子行业资产就占服务业总资产的 88%。当然，投资与资产还是有区别的。但这里列举的资产集中的情况在很大程度上反映了投资的集中。这是其一。其二，要加快发展第三产业，即使资本有机构成不变，也需，在追加劳动力的同时增加投资。更何况在工业化和现代化的过程中，包括第三产业在内，技术都是不断进步的，资本有机构成是不断提高的。因而，相对说来，对资金的需求量更大。其三，相对说来，第三产业在行业结构方面的一个重要特点是：一方面有众多的技术落后的行业，另一方面又有许多技术先进并且技术进步很快的行业。但对实现社会主义现代化来说，无论是前者，还是后者，都要提高资本的有机构成。因此，要加快第三产业的发展，增加投资也是十分必要的。

　　劳动生产率从来都是发展生产的最重要因素。如前所述，新中国成立以来，第三产业劳动生产率发展较慢是其生产发展滞后的最重要的原因。因此，要加快第三产业的发展，最重要的也就是要加快第三产业的劳动生产率。在这方面，由于第三产业具有上述的行业特点，潜力也是很大的。

（四）要优化第三产业的内部结构和布局

　　像优化经济结构和局部可以推进经济发展一样，优化第三产业内部结构和局部也可以推进第三产业的发展。

　　就我国经济现阶段的具体情况来看，优化第三产业内部结构主要是要处理好以下六方面的关系。

　　1. 适应提高消费率和扩大就业的紧迫需求，首先要注重加快发展消费性服务业。同时要适应工业化和现代化发展的要求，加快发展生产性服务业。

　　2. 与第一点相联系，首先要注重加快发展传统服务业，同时也要加快发展现代服务性。因为在消费性服务业中，传统服务业占的比重较大；而在生产性服务业中，现代服务业占的比重较大。

3. 与第一点相联系，首先要注重加快发展劳动密集型的服务业，同时也要加大发展资金密集型和技术密集型的服务业力度。因为在消费性服务业中，劳动密集型服务业占的比重较大；而在生产服务业中，资金密集型和技术密集型服务业占的比重较大。

4. 要依据我国经济发展以内需为主的特点，首先要以主要力量加快发展内需型的服务业。同时要依据当前服务贸易在外贸中的比重很低，今后要进一步扩大开放，以及世界服务贸易增速大于货物贸易增速等方面的情况，加快外需型服务业的发展。

5. 从总体上说，要加快服务业的发展，但无论是消费性服务业，还是生产性服务业，都要着力发展那些生产发展潜力大，经济增长亮点多的行业。

6. 在所有的服务业中，都要在加快发展的同时，注意提高技术水平，实现技术升级。特别是对传统服务业，要用现代的技术、经营方式和理念以及新型业态逐步进行改造。这既是优化第三产业内部结构的一项重要内容，也是加快发展第三产业的一个十分重要的因素。

在我国现阶段，要优化第三产业的地区布局，需要注意几点：

1. 要逐步改变各地区第三产业发展水平过于悬殊的状况。诚然，这种状况是由各地生产力发展水平决定的。但这种状况反过来也会加剧各地经济发展水平的差异，从而引发各种经济和社会矛盾。因此，逐步改变这种状况成为优化第三产业布局的重要内容。

2. 各地区要依据本地的经济发展水平，合理确定本地第三产业的发展目标。比如，在东部的一些沿海城市，第三产业增加值比重已经超过了地区生产总值的一半以上，就可提出以建立和完善现代服务业经济为主体的目标。而在经济欠发达的许多地区，当前在发展第三产业方面，主要还只能限定在交通运输和邮电通信等基础设施、科技教育以及具有地方特色的第三产业上。必须清醒地看到：人均收入水平决定第三产业水平，是一条客观规律。之所以强调这一点，是因为当前许多地方盛行着不顾当前经济发展水平，在发展包括第三产业的城市建设方面盲目攀比。这种做法是不符合这种客观规律要求的。

3. 要在资源禀赋和区位等方面发挥比较优势，使之成为竞争优势。按照市场经济的要求，只有这样，才能生存和发展；否则，就不可能有什么持久的生命力。比如，随着经济发展、居民收入提高和闲暇时间增多，旅游正在成为新的消费热点。而旅游业是依托地区旅游资源的服务业。中西部地区正好旅游资源丰富，可以依托此项优势。中西部地区可在这些自然资源基础上，加大旅游基础设施投资力度，改善旅游消费环境，大力加强旅游促销，提高区域旅游业的竞争力。要强调的是：在发展第三产业方面，当前也要特别注意防止各地千篇一律的做法，盲目地搞过多的重复生产和建设。

4. 要优化第三产业的布局，最根本的就是要形成以市场调控为主、地区合作和政府支持三者相结合的机制。显然，这是社会主义初级阶段基本经济制度和现代的有国家调控的市场经济的本质要求。但在政府支持欠发达地区发展第三产业方面，依据改革以来的经验和当前情况，值得提及以下几点：（1）发展是欠发达地区的第一要务。因此，要扶持欠发达地区整个经济发展，以促进其第三产业发展。（2）直接扶持这些地区发展第三产业，只能是以下行业：一是属于基础设施的交通运输业和邮电通信业；二是关系国民经济命脉的金融业；三是提供公共产品的教育、卫生和社会保障事业。（3）以经济杠杆优惠这些地区。主要有：一是对这些地区服务业适当降税和免税；二是适当调低银行贷款利率；三是财政补贴，仅限于公共服务业。（4）行政方式的扶持主要是继续实施扶贫战略，其内容要包括发展第三产业。

还要指出，加快发展农村服务业，逐步改变城乡第三产业发展水平过于悬殊的状况，也是优化第三产业布局的一个重要方面。当然，这不只是优化第三产业布局的需要，更是发展现代农业、建设社会主义新农村的需要。为此，一是加快发展为农村生产和生活服务的基础设施。主要包括水利、交通、通信、电力、医疗和教育等。二是加快建立并完善以销售、采购、科学、技术、信息、金融和培训等为主要内容的农村生产社会化服务体系。三是加快发展具有农村特色的产业。主要是：观光型的园艺业和特种养殖业以及旅游业和劳务经济等。四是加快发展农村的科教文卫和社会保障事业。

（五）要提高城镇化率

作为服务业载体的城市在发展第三产业方面的作用，比农村要大得多。有数据显示，当前第三产业增加值有70%来自城市。而且，当前提高城镇化的有利条件很多，发展步伐会加快。据有的学者预测，到2020年，城镇化率将由2005年的47%上升到60%以上。但依据历史经验和当前情况，要使城镇化走上健康发展的道路，首先要在观念上实行一系列转变。主要是：要从追求政绩向以人为本的观念转变；要从片面追求数量扩张逐步向注重质量转变；要从单纯满足人的物质需求逐步向满足人的全面发展需求转变；要从单纯追求经济发展逐步向注重经济和社会的全面发展转变；要从高消费、高污染的粗放增长方式向节约型、环保型的集约增长方式转变。

（六）从根本上说就是要把改革开放推进到以加快第三产业改革开放步伐为重要特征的新阶段

这是由改革作为经济发展的根本动力以及当前第三产业发展、改革、开放三滞后的局面决定的。为了加快第三产业的改革开放，以下三点值得着重注意：

1. 要从思想上清醒地认识到：当前我国改革开放已经进入了以加快第三产业步伐为重要特征的新阶段。就国有经济的改革来说，国有中小型企业改制已基本实现；在大型企业中也有相当一部分实行了股份制的改造；现在剩下来较多的是垄断行业，其中很大的一部分是属于第三产业。就国有企业和国有事业的改革来说，后者要滞后得多，迫切需要加快改革步伐。而这些事业单位一般都属于第三产业。当然，为了发展现代农业和推进社会主义新农村建设，全面推进农村综合改革也很重要。但这方面的改革，大部分属于第三产业改革的范畴。就政治体制改革来说（如前所述，这项改革也属于第三产业的范畴），更是滞后的。就开放来说，第三产业开放也是明显滞后的。但到2006年12月，我国"入世"过渡期已经结束，面临着扩大开放服务业的形势。而且在20世纪90年代中期以来，在服务业方面的跨国投资，大约占到全世界跨国投资总量的60%，并正在全球渴求投资机遇。这样，扩大服务业开放必将成为新一轮扩大开放的重点。

2. 第三产业的重要特点是：它更多地涉及社会主义初级阶段基本的经济、政治和意识形态制度，以及国家的经济、政治、国防安全和社会的稳定，具有较大的经济、政治和社会风险。因此，对待这些方面的改革，必须采取十分慎重的态度，必须坚持维护基本的经济、政治和意识形态制度，以及国家安全和社会稳定。当然，又必须是积极的态度。

3. 第三产业改革的另一个重要特点就是它涉及的行业极多，情况各异，十分复杂。因此，在这个行业扩大改革开放，必须特别注意各个行业的特点。（1）对竞争性行业来说，要进一步调整和发展各种经济类型的市场主体。为此，要着眼于提高控制力和竞争力，继续推进国有经济的战略性调整，推动国有资本更多地流向国家经济命脉和经济安全的关键领域和重要行业，并继续推进国有企业的改革。同时要继续大力发展民营经济，进一步提高民营经济在服务业的比重。这是其一。其二，要着力发展中小型企业，特别是要发展数量极为众多的微型企业和个体户。同时要积极促进大批的拥有自主知识产权和知名品牌的大企业集团的成长。其三，要改变当前交易秩序混乱、信用严重缺失和市场分割的状况，建立和健全规范的服务业准入制度和统一、开放、有序、诚信、平等竞争的市场制度，并推进服务业的价格改革。（2）对垄断行业的改革来说，要区分行政垄断、经济垄断和自然垄断。一般说来，对行政垄断要坚决破除，对经济垄断也要制止。对自然垄断则需注意：①随着科技进步，有些原来属于自然垄断的行业，也可以引入或部分引入市场竞争机制。②在多数自然垄断行业中，既有自然垄断业务，也存在非垄断业务。对后者也可以引入市场竞争机制。③对我国当前名为自然垄断实为行政垄断的行业，也需坚决破除，引入市场竞争机制。（3）对科教文卫等事业的改革来说，则需区分提供公共产品、准公共产品或半公共产品，还是非公共产品（私人产品）。对提供公共产品的事业单位，是可以由公共财政负担，同时需要加强监管；对提供非公共产品的，则完全可以市场化；对提供准公共产品或半公共产品的，则可以在不同程度上引入市场竞争机制。（4）在对外开放方面，要积极推进服务业的对外开放，并大力发展服务贸易，以提高对外开放的质量和水平。（5）要继续加快政府职能的转变，大力推进行政管理体制改革。为此，要继续大大减少并规范行政审批，依法加强社会管理、宏观调控、市场监管和公共服务，要建立和完善包括财税、信贷、土地、价格、市场准入等项内容在内的促进服务业健康发展的政策支持体系。

（原载《中国经济年鉴》（2007），中国经济年鉴社 2007 年版）

论统筹城乡发展

党的十六届三中全会的决议，把统筹城乡发展排在作为完善社会主义市场经济目标的"五统筹"的首位，并把建立有利于逐步改变城乡二元经济结构的体制放在作为完善社会主义市场经济七项重要任务的第二位①，足见统筹城乡发展在当前具有极重要的意义。

一　当前我国城乡发展不协调状况已经发展到很严重的地步

有比较才能有鉴别。为此，有必要做些横向比较（国际比较）和纵向比较（本国各个时期的比较）。为了便于进行这种比较，先列四表于下：

表1　　　　　　　　　　各国城乡人口的比重②

单位：%

国家	年份	城市人口占总人口的比重	乡村人口占总人口的比重
低收入国家	1965	17	83
下中等收入国家	1965	40	60
上中等收入国家	1965	44	56
高收入国家	1965	71	29
全世界	1965	36	64
中国	2002	39.09	60.91

---

① 参见《中共中央关于完善社会主义市场经济体制若干问题的决定》，人民出版社2003年版，第12—13页。

② 世界银行：《1991年世界发展报告》，中国财政经济出版社1991年版，第264—265页；《中国统计年鉴》（2003），第97页。

表 2　　　　　　　各国农业的劳动力和产值在国民经济中的比重①　　　　单位：%

国家	年份	劳动力比重	产值比重
美　国	1971	4	3
日　本	1971	6	6
英　国	1971	2	3
法　国	1971	13	6
德　国	1971	8	—
意大利	1971	—	8
中　国	2002	50	15.4

表 3　　　中国第一产业和第二产业劳动生产率的比较②　　　单位：元/人、年

年份	第一产业	第二产业	第二产业为第一产业的倍数
1952	198	926	4.68
1957	223	1480	6.64
1978	360	2513	6.98
2002	1760	16658	9.46

表 4　　　　　　　中国城乡居民消费水平的比较③　　　单位：元/人、年

年份	农民	非农民	非农民为农民的倍数
1952	62	149	2.4
1957	79	205	2.6
1978	132	383	2.9
2002	1834	6030	3.3

---

　　① 周叔莲等主编：《国外城乡经济关系比较研究》，经济管理出版社 1993 年版，第 32—33 页；《中国统计年鉴》（2003），第 56、124 页。

　　② 《中国统计年鉴》（有关各年）。按照中国的统计口径，第一产业包括农业，第二产业包括工业（是主要部分）和建筑业。

　　③ 《中国统计年鉴》（有关各年），中国统计出版社。

就这里讨论的问题来说，我们列出表1和表2的目的，主要不在于说明中国工业化水平的落后（直到2002年，中国农业产值仍占国内生产总值的15.4%，大大高于1971年经济发达国家所达到的3%—8%的水平），而是要突出说明中国城镇化远远滞后于工业化。就农业劳动力比重和农村人口比重来说，中国直到2002年，仍然分别高达50%和60.91%，农村人口比重比高收入国家1965年达到的29%的比重要高出31.91个百分点，农村劳动力比重比经济发达国家1971年达到的2%—13%的比重要高出37—48个百分点。这明显地反映了中国城乡关系的严重不协调。

但是，如果说横向比较还受到许多不可比因素的限制，还难以充分说明当前中国城乡关系不协调的状况，那么，纵向比较就可以更清楚地说明这种不协调的严重程度。表3的数字说明：1952年第二产业劳动生产率等于第一产业的4.68倍。这大体上也就是新中国成立前的情况，差距已经够大了。而在此后的整整半个世纪这个差距仍然趋于扩大。到1978年扩大到6.98倍。改革以后，到2002年又扩大到9.46倍。但这里的问题并不在于第二产业劳动生产率提高过快，而在于第一产业劳动生产率提高过慢。诚然，在工业化过程中，这种差距在某种限度内的扩大是不可避免的，是正常的。但在中国具体条件下，这种差距扩大时间之长，扩大幅度之大，是很值得重视的。还需指出，这种差距还会进一步扩大。而这种差距如此这般的扩大，正是城乡关系不协调的根本标志。由此引起的一个最重要后果，就是农民消费水平与非农民的收入水平和消费水平的扩大。表4的资料可以说明这一点。

表4反映的农民和非农民的消费水平的变化状况与表3所反映第一产业和第二产业的劳动生产率的变化状况完全吻合。1952年非农民的消费水平为农民的2.4倍，差距也已经不小。在这以后长达50年的时间，这种差距的变化趋势也是扩大的。到1978年扩大到2.9倍，到2002年又扩大到3.3倍。如果再考虑城市居民能够享受到农民所没有的许多福利待遇，那么，当前这种差距为5—6倍。农民与非农民的消费水平差距扩大，正是当前城乡关系不协调的集中表现。

可见，无论是国际的横向比较，还是国内的纵向比较，都表明我国当前城乡关系不协调状况已经达到了很严重的程度。

二 促进城乡协调发展是事关改革、发展和稳定的全局性问题

如前所述，当前我国城乡经济的关系不协调突出表现为劳动生产率过于落后第二产业，农民消费水平过于低于非农民。形成这些问题的重要原因之一，是由计划经济留下的城乡分割体制还未进行根本改革，这包括户籍、就业、居住、医疗和社会保障制度等方面；农村经济各项改革也有待继续推进，这包括在稳定家庭承包经营制的前提下实行土地使用权的流转，农业的产业化经营，主要农产品的流通体制，农村金融制度以及农村税费等项改革。因此，从这种本质联系来说，所谓要促进城乡经济关系的协调发展，就是要大力推进这些改革。

全面建设小康社会，是 21 世纪头 20 年我国的主要发展目标。而促进城乡关系的协调发展，既是实现这个发展目标的一个主要内容，又是实现这个目标的根本条件。显然，中国全面建设小康社会的重点和准点都在农村。如果再考虑到农村贫困人口之巨，这个问题显得尤为突出。1978 年改革开放伊始，农村贫困人口高达 2.5 亿人，目前大约降至 3000 万人。这是一个伟大的历史性成就，当然，如果把贫困标准提得高一些，再加上考虑到返贫状况，有人估计约为 9000 万人。显然，不大大提高农民的生活水平，特别是其中贫困人口的生活水平，是不可能全面建成小康社会的。而且，纵观世界经济史，当代所有大国都是以内需为主的，我国更是如此。1997 年以来，我国成功地执行了扩大内需的方针，促进了经济的持续快速发展。但也遇到了农民收入低和农村市场容量有限的制约。国际经验还表明：在人均国内生产总值达到 3000 美元时才出现买方市场，而我国在 1997 年以后，在人均国内生产总值不到 1000 美元时就出现了买方市场。其中的一个重要原因就是占全国人口多数的农民收入低，农村市场不大。可见，促进城乡关系协调发展，大幅度提高农民收入，对于进一步贯彻扩大内需方针，全面建设小康社会，具有极重要的意义。

按照唯物史观，就我国现状来说，要实现社会的长久稳定，最根本的

就是要使改革和发展给全国多数人（特别是农民）带来物质利益。从这方面来说，促进城乡关系协调发展，大大提高农民收入，是实现社会稳定的根本保证。在这方面，当代也是有国际经验的。第二次世界大战后，在帝国主义殖民体系瓦解的基础上产生了许多新兴工业化国家。墨西哥就是其中一个，该国在推行市场经济的过程中，由于诸多失误，致使农民收入过低，在20世纪90年代下半期爆发了政治危机，并引发经济危机。

三　经济发达国家为促进城乡协调发展提供了可资借鉴的经验

城乡差别扩大是与城乡经济关系协调发展相对应的概念。所以，在叙述这方面的经验时，首先要明确当前我国学术界似乎尚未解决的一个重要理论问题，即在资本主义制度下有无可能缩小乃至消除城乡差别。这一点，是论述这方面经验的一个前提。所以，我们拟就这个问题先做一些简要的分析。

如果把城乡差别的扩大看做是城乡经济关系不协调的发展。那么，早在资本主义生产方式（包括生产关系和生产力两方面，下同）的确立时期，这种不协调状态就已经发生了，并且一度达到很严重的地步。当时城市劳动者由于资本主义的残酷剥削致使生活陷于绝对贫困化的境地。在农村，由于资本主义生产方式发展的滞后，劳动者的生活境地更为悲惨。

正是在这种历史背景下，空想社会主义者在尖锐揭露资本主义制度弊病的同时，也猛烈抨击了城乡差别和对立带来的严重后果。因此，在他们所提倡的社会主义理想中是要消灭城乡差别和对立的。但这一点以及连同他们整个社会主义理想都是空想的。

后来，在这方面发展形成了两派：一派是民粹主义。他们认为，在资本主义制度下，由城乡差别和对立带来的各种严重社会问题，都是由资本主义制度下机械化大生产造成的。因此，他们认为解决这个问题的办法，不仅农村，而且城市也都要回到以小私有制和手工劳动为基础的小生产。这显然是逆历史潮流而动的空想。

另一派是马克思主义。马克思主义创始人依据他们建立的科学的唯物史观，始终把城乡差别和对立的产生和发展这一重大的社会经济问题从根本上归结为社会生产力发展的结果。他们科学地揭示了资本主义制度下形成和发展的城乡对立。并认为资本主义大工业的发展，又为城乡对立的消灭创造了条件。"城市和乡村的对立的消灭不仅是可能的。它已经成为工业生产本身的直接需要。"他们还认为，在消灭资本主义制度以后，要在社会生产力发展的基础上，才能消灭城乡差别，并把这一点作为建设共产主义社会的一个根本条件和共产主义社会的一个根本标志。① 所以，从最主要方面说，可以认为他们关于城乡差别和对立的理论，是科学社会主义的一个重要组成部分。

　　但在这方面，主要由于时代的局限性，也有不足之处。主要是：第一，他们忽略了市场经济体制（特别是与古典的自由放任的市场经济相区别的、现代的有国家干预的市场经济）在合理配置社会生产资源（包括社会生产资源在城市和乡村的分配）中的巨大社会功能②。第二，他们对作为与经济、政治、文化共同作用结果的城乡对立，会随着资本主义制度下物质文明和精神文明的重大发展而逐步发生巨大变化估计不足。第三，他们对近代（特别是现代）科学技术在农业中的运用在实现赶上甚至部分超过工业的重大作用也估计不充分。因此，他们所预计的城乡差别和对立的消灭是只有消灭资本主义制度以后，在共产主义建设过程才能实现的事，并不符合后来经济发达国家的实践。

　　纵观世界经济发展史，经济发达国家城乡差别经历了下述变化过程：第一阶段，从18世纪下半期英国产业革命开始到19世纪上半期几个主要资本主义国家实现产业革命。这期间由于农业中的资本主义发展和技术革命滞后，城乡对立曾经发展到很严重的地步。第二阶段，从19世纪上半期到20世纪上半期，由于各主要资本主义国家实现了工业化和城镇化，农业中的资本主义和技术革命也有迅速发展，原有的城乡对立状况大大趋于缓解，城乡差别也开始趋于缩小。第三阶段，从20世纪下半期到现在，城乡差别

---

　　① 参见《马克思恩格斯选集》第三卷，人民出版社1972年版，第12—13、329—337页。

　　② 为了说明这一点，需要引证恩格斯的论述。他说："只有按照统一的总计划协调安排自己的生产力的那种社会，才能允许工业按照最适合于它自己的发展和其他生产要素的保持或发展的原则分布全国。"（《马克思恩格斯选集》第三卷，第334页）但实际上，在实行现代市场经济体制的经济发达国家，也可以逐步做到这一点。

显著缩小，城乡之间的界限越来越模糊。决定这一点的重要因素有：（1）第二次世界大战以后，现代市场经济在经济发达国家的普遍发展，使得社会生产资源得到了优化配置（其中包括生产资源在城乡之间的优化配置）。而且，在现代市场经济条件下，政府在财政、金融、技术、信息和出口等方面都给了农业以前所未有的巨大支持。（2）第二次世界大战后，经济发达国家在完成工业化的基础上进入了后工业化时代，即以现代科学技术的广泛运用作为主要特征的现代化时代。这一点极大地促进了农业生产的工业化。在这个过程中，农业的供应、生产和加工日益一体化，成为一条"生产线"。在现代化生产条件下，现代学技术在农业中得到普遍运用，农业生产进一步集中，兼业农和农业综合企业有了很大发展。美国1950—1969年间，土地面积在500英亩以下的小农场由508.5万个下降到236.3万个，减少了54%；大农场由30.3万个增加到36.7万个，增加了21%。大农场虽然只占农场总数的13.4%，但他们占有的耕地和产量分别占到68.3%和65%[1]。兼业农和农业综合企业在不同程度上具有以下特征：它们的经营范围包括农用物资的加工和销售，以及农产品的生产、加工和销售。这样，就美国来说，农业不仅是占人口4%的农民的工作，而且也包括占人口到20%—30%的其他行业的工作。[2]（3）在上述各种因素的作用下，农业劳动生产率和农民收入水平得到了巨大的提高。据日本学者计算，在日本工业化早期阶段（1885—1919年）和中期阶段（1919—1964年），日本农业收入和城市人口收入之比分别依次为1∶1.3和1∶1.5。但到了现代农业阶段（1964年至今），这个比例变为大于1[3]。（4）在现代，经济发达国家甚至部分地发生了"逆城市化"的新趋势。其主要特征是部分城市人口向郊区和小城镇迁移。这并不是偶然发生的现象，而是由下列因素造成的。一是在现代化生产条件下，技术密集型的小型企业大大发展，于是就发生了这些小企业由城市向农村分散的趋势。二是城乡居民收入差距缩小，甚

---

①　［法］皮埃尔·莱昂主编：《世界经济与社会史》中译本，上海译文出版社1985年版，第242—243页。

②　［美］埃弗里特·M.罗吉斯等：《乡村社会变迁》中译本，浙江人民出版社1988年版，第29页。

③　［日］山田佑武郎：《农业和非农业的不平等》，载《农业经济译丛》1968年第2期。

至部分发生了农村居民收入水平高于城市居民收入水平的状况。三是在现代消费观念指导下，人们要求不断提高生活质量。其中一个重要方面，就是向往居住空气新鲜、环境安静、交通不拥挤的农村。四是高速公路网和现代信息技术的普遍发展，不仅使得城市工厂和居民向农村的转移成为很方便的事，而且也不妨碍他们的生产经营和生活水平的提高。

还需指出：经济发达国家城乡差别逐步消失的趋势并没有停止。完全可以预期：伴随现代市场经济体制的完善和现代科学技术的发展，这种趋势会以更强劲的势头向前发展。

总结经济发达国家的实践经验，我们可以得出以下结论：城乡差别消灭的社会条件，并不依赖于无产阶级革命，以及革命胜利以后的共产主义社会的建设，而是现代市场经济体制以及城镇化和现代科学技术的发展。现代市场经济体制可以使得社会生产资源在城乡之间得到合理的配置，是消灭城乡差别的体制条件。城镇化和现代科学技术可以大大提高农业劳动生产率，使得农民收入可以赶上甚至部分超过城市居民的收入，是消灭城乡差别的社会条件和技术条件。

经济发达国家的实践还启示我们：要消灭城市差别，一是要在城乡统一实行市场经济体制；二是要大力推进城镇化；三是着力推进现代科学技术在农业中的运用；四是要实行农业规模经营；五是要推动兼业农和农业综合企业①；六是政府要在财政、金融、外贸、技术指导和人员培训等方面给予农业支持，要实行工业反哺农业的政策。这些也就是经济发达国家在促进城乡经济协调发展方面提供的可资借鉴的经验。

四　当前我国推进城乡协调发展的途径

城乡经济协调发展是一个涉及诸多方面的复杂问题，这里只拟提及其中的几个重要方面。

（一）大力贯彻统筹城乡经济社会发展的战略

在这方面，新中国成立以后，既有成功的经验，也有失败的教训。

---

①　用当前我国学术界和经济界的流行术语说，大体上也就是实行农业产业化经营。

1949 年 10 月至 1952 年国民经济时期，在经济遭到严重破坏和十分困难的条件下，以短短的三年多时期就恢复了国民经济。仅就其中的工业来说，1952 年比 1936 年（这是新中国成立前经济发展水平最高的年份）还增长了22.5%。取得这种巨大成就的原因，就经济政策来说，除了党中央和毛泽东提出的新民主主义社会的三大经济纲领以外，就是"四面八方"政策①。这样，就使得国民经济的各个方面（包括城乡关系）得到了协调发展。在国民经济恢复时期，城市职工平均消费水平提高了 35% 以上，农民平均收入提高了 30% 以上②。这是这期间城乡关系协调发展的集中表现。但在1953—1978 年期间，除了其中的 1961—1965 年的经济调整时期以外，由于长期推行片面工业化战略，致使城乡关系发展到极不协调的地步。改革开放以来，在调整城乡关系方面取得了一些重要进展，其间 1978—1985 年在这方面的成就更为明显。但总的说来，并未发生根本性转折，以致当前城乡关系还处于很不协调的状态。党的十六大提出："统筹城乡经济社会发展，建设现代农业，发展农村经济，增加农民收入，是全面建设小康社会的重大任务。"③ 党的十六届三中全会又进一步提出"五统筹"。这可以看做是由过去长期实行的片面的工业化战略向全面的工业化战略转变的根本标志。这既是借鉴了国际上城乡关系由对立走向协调的经验，也是我国城乡关系方面经验教训的总结，特别是新中国成立初期"四面八方"政策在新的历史条件下的创造性地运用和发展。完全可以确信，推行这样一条全面的工业化战略，是使我国城乡关系走向协调的根本保证。

（二）积极推进城镇化

理论分析和国内外经验表明：这是城乡关系协调发展的一个根本途径。但就中国当前具体情况而言，以下两点值得重视：（1）实行大中小城市和

---

① 毛泽东说过："没收封建阶级的土地归农民所有，没收蒋介石、宋子文、孔祥熙、陈立夫为首的垄断资本归新民主主义国家所有，保护民族工商业。这就是新民主主义革命的三大经济纲领。"（《毛泽东选集》第四卷，人民出版社，第 1253 页。）中国人民政治协商会议共同纲领规定："中华人民共和国经济建设的根本方针，是以公私兼顾的，劳资两利，城乡互助、内外交流的政策，达到发展生产，繁荣经济之目的。"

② 《伟大的十年》，中国统计出版社 1959 年版，第 188 页。

③ 《中国共产党第十六次全国代表大会文件汇编》，人民出版社 2002 年版，第 22 页。

小城镇并举。由于中国人口基数太大、地域辽阔、民族众多，不同地区的经济发展水平差异很大，各地区城市化水平不可能一样，中国城镇化只能而且必须实行大中小城市和小城镇并举的方针，形成分工合理、各具特色的城市体系，走出一条符合中国国情、大中小城市和小城镇协调发展的城镇化道路。在这方面，在大力发展乡镇企业的同时，积极推进小城镇建设，对于推进中国城镇化具有重要作用，因而是一项重要战略。为此，一是要消除不利于城镇化发展的体制和政策障碍。推进户籍制度改革，加快城镇住房、就业、医疗、教育和社会保障制度改革，为进城农民提供必要的就业和生活环境。二是发展小城镇要以现有的县城和有条件的建制镇为基础，科学规划。在城镇数量布局、规模把握、功能定位上，需要规划，不能遍地开花，盲目铺摊子，搞低水平重复建设。要把小城镇建设的重点放到县城和部分基础条件好、发展潜力大的建镇制，使之尽快完善功能，集聚人口，并发挥农村地域性经济、文化中心的作用。三是发展小城镇的基础在于繁荣小城镇经济。为此，要以农产品加工业和农村服务业为重点，在小城镇形成符合当地特点的支柱产业。并把引导乡镇企业合理集聚、完善农村市场体系和社会化服务等与小城镇建设结合起来。四是要形成促进小城镇健康发展的机制。为此，要在政府引导下主要通过发挥市场机制作用，引导社会资金投入小城镇开发。要在保护耕地和保障农民合法权益的前提下，妥善解决城镇建设用地。还要改革小城镇管理体制，形成符合小城镇经济社会特点的行政管理体制。

（2）充分认识农民工在推进城镇化方面的重要性。当前跨地区打工的农民约有 1 亿多人。农民工进城务工经商是转移农村富余劳动力、推进城镇化必经过程；是扩大农民就业和增加农民收入的重要渠道；是"入世"后发挥劳动力成本低的优势，增强工农业产品国际竞争力的重要因素；是发展城市第三产业、提高城市居民生活质量的重要条件；是现阶段城市文明辐射农村的一个现实途径。因此，要从国民经济和社会发展全局的高度看待农民工的重要性。为此，要按照"政策引导、有序流动、加强管理、改善服务"的方针，做好农民工的各方面工作。主要是：给农民工"减负"，减少各种收费，降低农民工进城打工的成本；搞好"服务"，包括建立劳务市场，提供就业信息，加强就业指导与培训，提供法律援助、劳动安全、子女教育等方面，为农民进城打工创造好的环境；给农民工"留退路"，不要急于收回承包地，农民工失去了工作还可以回乡种田，无后顾之忧。这既有利于降低农民进城务工的成本，也有利于社会稳定。

切实做到以上两点，就可以大大加快中国城镇化进程。但对这方面的作用似乎还未给予足够的估计。比如，当前国内外有些预测机构在预测 21 世纪头 20 年中国城镇化速度时，大都认为每年可以提高 1 个百分点。这样，中国城镇化率就可以由 2000 年的 36.2% 提高到 2020 年的 56%。笔者认为这种预测的速度可能低了一些。似乎并不完全符合某些国际经验，更不完全符合中国的具体情况。日本 1947—1975 年城镇化水平从 28% 提高到 75%，28 年提高了 47 个百分点，平均每年提高 1.67 个百分点。韩国 1960—1981 年城镇化水平从 28% 提高到 56%，21 年提高了 28 个百分点，平均每年提高 1.33 个百分点。中国在这方面的特点是：由于能够做到以上两点，因而城镇化速度有可能高一些，年均大约 1.5—2 个百分点。仅就农民工来说，数量很大，目前已有 1 亿人左右，还有增加的趋势。而且，他们具有由农民向城市工人过渡的特点。与城市工人相比较，由于城乡分割体制还未根本改变，他们享受不到城市工人享有的全部权益，文化素质也差些。但与农民相比，文化素质又相对高些，也熟悉城市某些工种的业务。所以，农民工转变为城市工人比农民要容易得多。此外，还要考虑以下两种情况：一是在城市建设中已包进建成区的城中村；二是在市域范围内的乡村。这两种都是城市化最贴近转化的部分。在全国 660 多个城市中，城中村人口大约占城市人口的 10%，在市域内的农民约 3 亿左右[①]。相对农村中的农民来说，这两部分人转变为城市人口也要容易一些。还要指出：当前中国城镇化水平较低，可以提高的空间较大。而且，当前我国粮食综合生产能力已达 5 亿吨，还有增长的空间；大部分工业消费品均处于供求平衡和供过于求的状态，生产能力利用率不到 60%。这为提高城镇化水平提供了物质基础。总之，只要抓紧推进有关改革和建设，中国在本世纪头 20 年城镇化的速度有可能高一些。

---

① 《中国建设报》2003 年 12 月 25 日第 1 版。

（三）在全面繁荣农村经济和提高劳动生产率的基础上，提高农民收入水平

就当前中国情况而言，这也是城乡协调发展的另一个根本途径。为此，需要抓好以下三项工作：

（1）全面深化农村经济改革，进一步塑造农村市场主体。在这方面多年以来存在一种误解，以为在20世纪80年代上半期实现了家庭承包经营制以后，似乎农村市场主体问题就已经解决了。但后来的实践证明：由家庭承包经营制的实行所确立的农村市场主体远不是完整意义上的市场主体。正像生产资料所有制是生产关系的总和一样，市场主体也是市场经济关系的总和。从这方面来说，当前农村市场主体是存在多方面缺陷的。在已经确立的家庭承包经营制的条件下，农民拥有土地经营权的，而这种经营权常常遭到破坏。这里且不说这一点。要着重提到的是：农民并不拥有土地经营权的流转权，在作为主要农产品的粮食销售、出卖劳动力、资金融通、税费负担乃至在教育、医疗和社会保障等方面均不拥有与城市居民相等的权利。因此，要塑造比较完整意义上的农村市场主体，就必须按照市场经济的要求以及给农村居民与城市居民同等的国民待遇的原则，逐步推行这些方面的改革。而这些改革正是推动当前农村经济发展的根本动力。

这些改革主要包括：一是在长期稳定土地家庭承包经营制度的基础上，推进农村经营体制创新。应该肯定，长期稳定土地家庭承包经营既是由农业生产的特殊规律决定的，也是由现阶段生产关系一定要适应生产力发展要求的规律决定的，而且以家庭经营为基础，是当代市场经济发达国家普遍实行的农业经营体制。这对于坚持农村市场取向改革，发展农业生产力，保持农村社会稳定，具有特别重大的意义。

但同时必须进行经营体制创新，主要包括以下两点：①在稳定家庭承包经营的基础上，有条件的地方可以按照市场经济要求和依法、自愿、有偿、适度的原则，进行土地承包经营权流转，逐步发展规模经营。这是社会主义现代化的必然趋势。但由于承包地承担着双重功能，既是农民的生产资料，也是农民的社会保障，因而土地流转，不能急于求成，并要特别尊重农民意愿，维护农民利益，因势利导。②把家庭承包经营和农业产业化经营结合起来。发展农业产业化经营，通过公司＋农户（包括龙头企业＋

农户，专业合作组织＋农户，行业协会＋农户等形式），实现千家万户与大市场的对接。龙头企业一头接连市场，一头接连农户，通过订单组织生产。公司主要发展加工、销售，提供种苗、技术、饲料等服务，带动农民搞区域化种植和规模化养殖。由此形成小农户、大基地的生产经营格局，实现区域化布局，规模化生产，标准化管理，社会化服务，产生新的规模经济，提高农业的现代化水平。

二是深化粮食流通体制改革。改革20多年来，中国农产品流通的改革取得了重大进展，大部分农产品已经放开市场、放开价格。当前最重要的任务是深化粮食流通体制改革。这是进一步建立农产品市场体系的关键环节。深化粮食流通改革指导思想是：要市场化，要保护农民利益，要保证粮食安全，要减轻财政负担。根本出路还是放开搞活。在粮食主销区实行粮食购销市场化改革的基础上，粮食主产区也要在国家宏观调控下，实现粮食流通市场化。同时，要对粮食主产区农民实行重点保护，调整粮食补贴的范围和方式，把过去补在流通环节的费用，补在生产环节，补给粮食生产者。为此，必须加快国有粮食购销企业改革，不能再吃国家大锅饭；必须加强政府宏观调控，建立有效的吞吐调节机制，灵活运用进出口和国家储备等手段，稳定市场和价格；必须打破地方封锁，用市场经济的办法搞好粮食产销区的衔接。

三是改革农村金融体制。当前农民、乡镇企业、农业产业化龙头企业贷款难和农村资金外流比较突出。解决问题的根本出路在于加快农村金融改革。改革要着眼于两个目标：①加强和改善金融服务；②防范和化解金融风险。据此，今后要在三方面推进农村金融改革：①构造符合社会主义市场经济体制要求、能够支持农村经济发展的农村金融体系，即商业金融、政策金融和合作金融共同发挥作用的农村金融体系。②加快农村信用社改革，重点是明确产权关系，完善法人治理结构，强化自我约束机制。农村信用社要坚持为"三农"服务的方向，发挥支持农业和农村经济发展的金融主力军作用。同时，国家要给农村信用社以必要的政策支持。③改善农村金融服务政策。通过贴息、减税等形式，鼓励金融机构向农村贷款。

四是推进农村税费改革，并创造条件逐步实现城乡税制统一。农村税费改革是新中国成立50年来农村继实行土地改革、家庭承包经营制度之后的又一项重大改革。这项改革要按照减轻农民负担和转变政府职能、建立公共财政的要求,对现行农业和农村领域的税费制度进行改革。其基本思路是"正税清费",取消乡统筹、农村教育集资等专门面向农民征收的行政事业性收费和政府性基金集资;取消统一规定的农村劳动积累工和义务工;调整农业税和农业特产税政策;改革村提留征收使用办法,实行一事一议。农村税费改革以后,农民只负担农业税及其附加。农民照章纳税,政府依法收税。这项改革从分配上理顺和规范国家、集体、农民三者利益关系,将农村的分配制度进一步纳入法制轨道,是减轻农民负担的治本之策,也带动了农村机构改革,对农村上层建筑产生了深远影响。这项改革大大调动了农民的积极性,促进了农村的发展和稳定。

要推进农村税费改革,还要进行各项配套改革。主要有:①改革农村义务教育管理体制,国家保障农村义务教育经费投入。②要推进乡镇机构改革,转变职能,精简机构,压缩财政供养人员。③要健全公共财政,调整财政支出结构,合理确定县乡政府事权和财权,凡是不应该由农民出钱的事都要减下来。

但还需进一步指出:创造条件逐步实现城乡税制统一。我国现行税制是在计划经济体制下形成的,是与农村自然经济相联系的,与市场经济、公共财政和现代税制的要求不适应。目前正在全国推进的农村税费改革,具有重要作用。但这项改革只是在现有条件下的阶段性措施,难以从根本上解决一些深层次问题。因此,要在积极推进农村税费改革,确保实现预期目标的基础上,继续深化农业税制改革,并创造条件逐步实施。改革的方向是根据我国实际情况和市场经济的要求,逐步用现代税收制度替代现行的农业税制,逐步实现城乡税制统一。这有利于逐步改变城乡二元经济结构,进一步规范农村分配关系,减轻农民负担,促进农业和农村的健康发展。但这需要财力支持,只能逐步到位,即在税费改革确定的农业税及附加负担上限8.4%的基础上,逐年下调一定的比例。由此减少的收入通过精简乡镇机构、压缩人员以及财政转移支付等办法解决。

(2)在加强现代农业科学技术运用的同时,大力推进农业和农村经济结构的战略性调整。当前农民收入增长缓慢的一个根本原因是农业和农村经济结构不能适应建设小康社会的要求。必须适应新的形势,对农业和农村经济结构进行战略性调整，由满足温饱需求向满足建设小康社会的要求转变，注重农产品优质和多样；由主要追求产量转到在保持总量平衡的基础上，更加突出质量和效益；由自求平衡转向适应国内外市场，更加注重提高竞争能力。通过调整，逐步建立适应全面建设小康社会要求的农业和农村经济结构，为农民收入增长开辟新的来源。而且，适应入世的新形势，也必须对农业和农村经济结构进行全面升级。为此，要通过区域布局调整，发挥各地的比较优势，加快形成优势产区和产业带；通过产品结构调整，全面提高农产品质量安全水平，加快实现农产品由产量型向质量型、专用型和高附加值型发展；通过农村产业结构调整，加快发展农产品加工业，大幅度提高农产品附加值；通过调整农村就业结构，加快农村劳动力转移。

改革以来，特别是 20 世纪 90 年代下半期以来，中国在推进农业和农村经济结构调整中取得了明显成效。但是，农业结构调整成效还是初步的。农业结构不合理的状况还没有根本改变，需要进行长期努力。主要措施有：一是调整农产品结构，提高农产品质量安全水平。大力发展适销对路的优质专用农产品生产，加快农作物和畜禽良种更新换代，提高农产品的分级、包装、储藏、保鲜和加工水平，控制农业生产的外源污染和农业自身污染。二是调整种养业结构，加快发展畜牧业和渔业，特别是要发展优质安全的畜禽产品和奶类生产，把畜牧业发展成为一个大的支柱产业。三是调整农业布局结构，促进优势农产品区域化布局。选择在国际市场有竞争能力或国内市场前景广阔、生产基础好的农产品，在优势区域相对集中布局，加快发展。四是调整农村就业结构，大力发展农产品加工业，推动劳动力向第二、第三产业转移。

为了迅速有效地推进农业结构调整，要推进农业产业化经营，面向市场，依靠科技，尊重农民的生产经营自主权，特别要高度重视提高粮食综合生产能力，确保主要农产品供求基本平衡，这是进行农业结构调整的前提。中国是人口大国，随着人口增加和生活水平提高，农产品包括粮食的需求还会逐步增加。而农业基础设施还较薄弱，还未摆脱靠天吃饭的局面，对此要有清醒认识。

（3）加大政府对农业的保护和支持力度。这一点，在当前既有特殊重要性，也有众多有利条件。一般来说，农业是国民经济的基础。同时，农业又是一个弱质产业。农业是自然再生产和经济再生产过程的统一，面临着自然和市场双重风险。当前，中国人多地少，人多水少，农业人均资源占有水平低；农户经营规模小，组织化程度低；农业的物质技术基础还较薄弱，抗御自然灾害的能力低。再加上自然环境相对恶劣，还有恶化的趋势。因此，必须加强对农业的保护和支持，保证农业持续稳定发展。而且，中国正处在加快工业化和城镇化的历史时期，农业在国民经济中占的份额逐步下降。但是，农业的基础地位并没有改变。为了避免出现工农业发展失调，也必须加强对农业的保护和支持。还有，中国正处在深化市场取向的改革时期，市场在资源配置中日益起着基础性作用。但市场在配置资源时本身是有局限性的，农业处在比较效益低的情况下，市场不能自动调节社会资源加强农业，必须由政府进行必要的干预。尤其是加入世界贸易组织以后，面对日趋激烈的国际竞争和发达国家实力雄厚的农业补贴，为了增强农业竞争力，更需要加强农业的保护和支持。还要看到：中国已经建立了完备的国民经济体系，2002 年第二、第三产业已经占到国内生产总值的 84.6% 以上，农业降到了 15.4%，经济总量超过 10 万亿元，财政收入超过 18903 亿元。过去靠农业支持国家的工业化，现在到了工业反哺农业的阶段了。随着国家财力增加、政府职能转变和公共财政体制的建立，政府更有条件增加对农业、农村和农民的投入。

加大对农业的保护支持，要依据建立公共服务型政府和公共财政体制的要求以及世界贸易组织的规则，"用好绿箱政策，用足黄箱政策"。① 主要有：一是增加农村基础设施投入。包括农田水利基础设施建设、生态环境

①　世界贸易组织规则允许政府对农业的补贴，主要有两类，一是"绿箱政策"，二是"黄箱政策"。"绿箱政策"是指基本不会对农产品的价格产生影响，从而不会扭曲农产品贸易的政府补贴。如政府对农业基础设施建设的投资，对农业科研和技术推广的投资，由政府负责的农产品市场信息的收集、分析和发布的服务，对农作物和动物重大疫病的防治，由政府提供的对农民的技术培训服务等。总之，"绿箱政策"对农业的补贴，主要表现为政府对农业和农民所提供的公共服务。世界贸易组织的有关规则不限制"绿箱政策"对农业的补贴数额，因此，世界贸易组织的成员完全可以根据自己的实际情况，不断增加符合"绿箱政策"要求的对农业的支持和补贴。"黄箱政策"是指可能对农产品价格产生微小影响，从而可能对农产品贸易产生一定扭曲的政府补贴。因此，世界贸易组织规则对"黄箱政策"的补贴，规定有数量上的限制。总的原则是：发达国家用于"黄箱政策"的补贴，最高不得超过其农业增加值的 5%，发展中国家的这一补贴，最高不得超过其农业增加值的 10%。我国在加入世界贸易组织的谈判中，确定的"黄箱政策"的补贴率，为不超过农业增加值的 8.5%。因此，加入世界贸易组织后，并不是不允许政府对农业进行补贴，而是应当在世界贸易组织规则允许范围内进行补贴。

建设和农村公共设施建设。二是加大农业公共服务投入。包括建立和完善科技推广服务体系、信息服务体系、植物病虫害防治和动物检疫防疫体系。三是增加对农民的直接补贴。包括生产环节和运输环节的补贴等。四是加大扶贫开发力度。为此，要多渠道增加扶贫资金和扩大以工代赈的规模，动员全社会力量参与扶贫。坚持开发式扶贫的方针，改善贫困地区的生产生活条件和生态环境。五是要依据条件逐步探索和建立农村养老、医疗保险和最低生活保障制度。六是加大对农村教育投入，切实做到义务教育由财政负担。这对减轻农民负担，培养农村人才，发展农村经济，实现农村小康具有重大意义。

（原载《中国社会科学院研究生院学报》2005 年第 1 期）

我国现阶段城镇化的主要
任务及其重大意义

一 城市化的历史发展和我国现阶段
城镇化的主要任务①

为了说明本文的主题，有必要简要地回顾一下城市化的历史发展。但先要辨明一个概念：什么是城市化？我国学界流行过一种观点，把城市化的内容仅仅归结为社会人口由乡村向城市转移，以由此形成的城市人口在社会人口中的占比上升和乡村人口占比下降的过程。由此得出的结论：城市化的任务是实现社会人口由乡村到城市的转移过程。

诚然，这种转移确实是城市化的一项内容，是实现城市化的一项重要任务，是考察城市化的一项重要指标。但将城市化仅仅归结为这一点，就是以偏赅全了。问题在于：人不单是自然人，同时是社会人，是社会关系的总和。因此，城镇化就不只是人口在城乡之间的转移过程，同时又是社会关系（包括经济、政治和文化等方面）改变的过程。还需指出，作为社会人，同时意味着这种社会关系的变化，不只是发生在一个经济实体内部，还发生在经济实体之间、地区之间和城乡之间。

笔者认为，这样表达城镇化的内容，比较符合城市化的历史实际，因此就从这个视角来考察城市化的发展历史。

城市早在奴隶社会初期就产生了。但城市化却是资本主义工业化的产

---

① 说明：(1)本文第一部分在说到我国改革以后的城市化时,实际上是指的城镇化。(2)本文所说的现阶段是指的从现在起到 21 世纪中叶基本实现现代化为止。

物。这里先来考察资本主义条件下城市化的主要过程和主要内容。

第一，在资本主义条件下，第一次现代化（即工业化，下同）过程是以大机器工业作为物质技术基础的工业在国民经济总量中占比逐步上升，以致取得主导地位的过程，原来以手工劳动为基础的农业占比相应下降，以致丧失其原来主导地位的过程。而城市是工业发展的主要载体，乡村是农业发展的主要载体。这样，第一次现代化就表现为城市经济在国民经济总量中占比逐步上升以致取得主导地位的过程，在乡村则相应表现为逐步下降以至退居次要地位的过程。与此相联系，城乡劳动力在社会劳动力总量中的占比和城乡人口在社会总人口中的占比，也发生相应的变化趋势。

在第二次现代化过程中，科学技术由原来在第一次现代化中作为生产力的作用上升到第一生产力的作用。这意味着知识经济在经济发展中的作用上升到主导地位。而知识经济尽管是以第一、第二、第三产业作为载体的，但相对说来，特别是以第三产业发展为主要载体。诚然，这时乡村的第二、第三产业也都有很大发展。但由于土地是农业的主要生产资料，农业生产是经济再生产过程和自然再生产过程的统一，而乡村作为发展农业主要载体的作用，仍然是城市无法替代的过程，这样，在第二次现代化中，城市经济在国民经济总量中占比就进一步上升，其中第三产业的占比上升到主导地位，而乡村经济的占比则进一步下降。这就从总体上决定了城乡劳动力在社会劳动力中的占比以及城乡人口在社会人口中的占比相应的变化趋势。

第二，如果从作为社会人的视角来考察，那么与上述人口由乡村向城市转移相联系，原来作为封建主义生产关系人格化代表的封建主中的一部分，则转变为城市的资本家，而大量的原来在人格上依附于封建主的农民则转变为城市的自由无产者。但正像马克思说过的，这种自由有两层含义：在人身上是自由的，而且自由的一无所有。

第三，从作为社会人的视角考察，还要看到：与人口在城乡之间转移相联系，还发生了城乡之间的社会关系的变化。

在第一次现代化的起始阶段，由于作为先进生产力的大机器工业主要是在城市发展的，而农村还是保留着中世纪那种落后的手工工具。前者的劳动生产率比后者要高得多。这就是城乡消费水平急剧扩大的主要物质基础。不仅如此，在这个阶段，城市中资本主义经济基本经济制度的发展比农村要快很多，市场经济的作用范围也比农村广阔得多。在这种情况下，城市资产阶级以其拥有的经济、政治优势，通过经济和法律手段对农村的劳动力和资金实行掠夺。这种掠夺不仅成为原始资本积累的一个重要来源，而且成为尔后加速城市经济发展的一个重要因素。所以，这个阶段的城市化，不仅形成了城乡差别，而且造成了城乡对立。但是，伴随着现代化的发展，特别是到了第二次现代化阶段，城乡之间不仅实现了资本主义基本经济制度一体化，而且伴随古典的自由放任的市场经济向现代的国家干预的市场经济体制的过渡，城乡之间也实现了现代经济体制的一体化。伴随公共财政的建立和发展，基本公共服务（包括就业、教育、医疗和养老以及治理环境污染等）不仅在城市之间而且在城乡之间实现了均等化，在这方面也实现了城乡一体化。伴随农业生产现代化的发展，逐步适应了工业和服务业的现代化的要求，在城乡之间实现了现代化生产的一体化。正是上述四个一体化的共同作用，使得原来存在的城乡差别和对立逐步缩小，并趋于消失。所以，经济发达国家城市化经历了城乡差别和对立的形成发展到逐步缩小和趋于消失的过程。

上述三点就是资本主义条件下城市化的主要过程和主要内容。

现在我们从中国实际情况出发并借鉴经济发达国家的有益经验，来考察我国现阶段城镇化的主要内容和主要任务。

如果撇开我国基本经济政治制度的根本特点，仅从一般意义上说，那么经济发达国家城市化主要内容的许多方面对我国也是适用的。这包括城乡经济占比、就业占比和人口占比的变化，以及城镇差别由扩大到缩小的过程。但在这方面，我国与经济发达国家不仅存在社会经济性质的根本差异，还存在发展阶段的差别。显然，经济发达国家已经实现和完善了城市化，而我国还处于城镇化的过程中，其中的一些重要方面甚至可以说还处于半城镇化状态。

这种阶段性的差别主要源于整个经济发展阶段的差别，经济发达国家早已完成了工业化，并实现了第二次现代化，而我国还处于工业化的中后期阶段。

　　除此以外，同新中国成立后①特有的城镇化过程也有重要的联系。就改革以前的情况来看，在计划经济体制和长期片面推行优先发展重工业战略的双轮驱动下，实行了一系列旨在加速工业化的体制和政策。主要是：第一，把农业的集体所有制搞成了准国有制；第二，在实行农产品统购销的同时，实行工农业产品价格的剪刀差和过重的农业税，过多地把农村资金转移到工业。第三，在1958年"大跃进"期间，甚至过多地把农村劳动力转移到工业。第四，实行了城乡分割的户籍制度，以及与这种制度相联系的、差别很大的就业、教育、医疗和社会保障制度。这些情况表明：尽管实行这些体制和政策的出发点是为了加速工业化，但在客观上，在很大程度上损害了体现农民经济、政治利益的财产所有权、商品交换权、权益分配权和公民自由迁移等方面的权益，大大挫伤了农民的积极性。这样，尽管这期间工业化取得了重大成就，但归根结底是不利于整个经济发展的；尽管城市化取得了一定的成就，不但没有取得应有的进展，而且发生了多种严重的失衡状态。

　　主要是：第一，从相对于农业发展来说，作为城市发展基础的工业劳动生产率以及与之相关联的工业增加值增速过快，以致工业增加值在国内生产总值中的占比上升过快。第二，相对于工业增加值在国内生产总值中的占比上升来说，城市就业人口在全国就业人口中的占比，城市人口在全国人口中的占比又上升过慢。第三，城乡居民的物质文化水平的差距也拉得过大。表1至表5的资料可以表明以上情况。1953—1978年，第一、第二产业劳动生产率年均增速之比高达1:2.4，增加值年均增速之比为1:5.3。这样，第一、第二产业增加值在国内生产总值中的占比分别由51.0%下降到28.2%，由20.9%上升到47.9%。但在这期间，乡村和城市的就业人员在全国就业人员中的占比只是分别由88.1%下降到76.3%，由11.9%上升到23.7%；而乡村和城市人口在全国人口的占比，还只是由87.5%下降到82.1%，由12.5%上升到17.9%。这期间，农村居民和城市居民消费水平的年均增速分别为1.8%和3.0%；二者的差距由1952年的1:2.3扩大到1:2.9。第四，上述三种失衡归根结底是源于实行上述体制和政策而造成的城乡之间的利益失衡：利益过于向城市倾斜，在很大程度上损害了乡村的利

---

　　① 我国计划经济体制和城乡二元社会经济体制是在20世纪50年代下半期最终形成的。所以，严格说来，是在50年代下半期以后。

益。这种失衡同时意味着这期间城乡差别的扩大。

但在这里还需要说明三点：第一，在工业化时期，工业劳动生产率和工业增加值的增速较快，工业增加值占比上升以及城市生活水平提高较快，在一定限度内都是正常现象。这里的问题是：它们都上升得过快了。第二，城乡居民之间消费水平的差别，尽管是它们生活水平方面差别的主要标志，但它并没有反映城乡居民在享受政府提供的基本公共服务（包括教育、医疗、社会保障和生活方面的公共基础设施等）的差别。如果考虑到这些因素，其差别还要大得多。第三，第二产业包括工业和建筑业。这样，乍一看来，上述各种差别的扩大似乎同建筑发展过快也有关系，其实不然。这期间相对工业发展过快来说，建筑业发展也是滞后的。1953—1978 年，工业增加值年均增速高达 11.5%，而建筑业只有 7.2%。前者占国内生产总值的比重由 1952 年的 17.6% 上升到 1978 年的 44.1%，后者只是由 3.2% 上升到 3.8%①。至于这期间第三产业发展滞后更是很清楚。总之，这期间城乡差别的扩大，主要是同工业发展过快相联系的。

改革以来，特别是 21 世纪以来，上述各种失衡状况已经发生了显著变化。这主要是由于经济发展战略已经有了重大转变，经济改革取得了重大进展。在农村还实行了以家庭经营为基础的双层经营体制，取消了农产品的统购统销，缩小了工农业产品价格剪刀差，取消了农业税，对农业生产实行多项直补和科技支持，基本公共服务均等化也开始向农村铺开。这一切都反映了农民作为市场主体和国家公民的主要经济政治利益的诉求，调动了农民积极性，使得城乡之间在经济增速方面的差距趋于缩小。表 1、表 2 的资料表明：1979—2011 年，第一、第二产业劳动生产率年均增速之比已由 1953—1978 年的 1:2.4 大幅缩小至 1:1.6，二者增加值年均增速之比由 1:5.3 缩小到 1:2.5。

但上述各种失衡状况并没有发生根本的改变。这除了部分由于原来的失衡过重，其改变需要经历较长时间以外，主要由于经济、政治体制改革远远没有到位。这方面的突出表现是：一是农民对承包土地的收益权缺乏有效的保证，致使大量的出让土地收入流入地方政府，甚至成为某些年份某些地方财政收入的主要来源。二是由于农村金融改革的滞后，一方面使

---

① 资料来源：《新中国六十年统计资料汇编》，中国统计出版社 2010 年版，第 10、12 页。

得农村资金通过储蓄大量流入城市，另一方面发展农业所需的资金又得不到保证。三是基本公共服务均等化才开始向农村迈开步。四是作为计划经济制度产物的户籍制度改革也刚刚开始破题，这些不仅使得原有的各种失衡状态难以有大的改变，其中有的方面甚至还在加剧。表3至表5的资料表明：2011 年，尽管乡村就业人口的占比已由 1978 年的 76.3% 下降到53.0%，乡村人口的占比甚至由 82.1% 下降到 48.7%，第一次下降到 50%以下。但这年乡村就业人口的占比和人口的占比仍然比第一产业增加值的占比分别高出 42.9 个百分点和 38.6 个百分点。只要把这两个差距同国际上中等收入的国家（我国现在也已达到中等收入国家的水平）做一下对比，就可以清楚看到：这方面的失衡状况并没有根本改变。更有甚者，2011 年城乡居民消费水平的差距由 1978 年的 2.9 倍扩大到 3.3 倍。但这还远没有全面反映这方面的差距。据有的学者估算，如果加上城乡居民在享受政府提供的基本公共服务方面的差别，其差距要达到 5—6 倍。还要提到：原来城乡之间不仅在生产的公共基础设施方面差距悬殊，在生活的公共基础设施方面更是如此。改革以来，城市在这方面的发展起点比农村高，而且发展速度也比农村快，这方面的差距也在拉大。

表 1 第一、第二、第三产业劳动生产率①

年份	绝对数（元/人·年）			劳动生产率对比（以第一产业为1）			年均增速（%）			年均增速对比（以第一产业为1）		
	第一产业	第二产业	第三产业	第一产业	第二产业	第三产业	第一产业	第二产业	第三产业	第一产业	第二产业	第三产业
1952	199.8	926.2	1016.5	1	4.6	5.1						
1978	326.8	512.9	1748.3	1	7.7	5.3						
2011	17940.9	97849.3	74503.3	1	5.5	4.2						
1953—1978							0.2	4.8	0.2	1	2.4	1
1979—2011							4.8	7.5	5.2	1	1.6	1.1

① 表1至表5资料来源：《新中国六十年统计资料汇编》，中国统计出版社 2010 年版；《中国统计摘要（2012）》，中国统计出版社 2012 年版。其中绝对数、倍数和比重都是按当年价格计算的，增速是按不变价格计算的。

表 2   第一、第二、第三产业增加值年均增速及其占国内生产总值的比重 单位：%

	年份	第一产业	第二产业	第三产业
年均增速	1953—1978	2.1	11.1	5.4
	1979—2011	4.6	11.4	10.9
年均增速之比（以第一产业为1）	1953—1978	1	5.3	2.6
	1979—2011	1	2.5	2.4
比重	1952	51.0	20.9	28.2
	1978	28.2	47，9	23.9
	2011	10.1	46.8	43.1

表 3   城乡就业人员在全国就业人员总数中的占比 单位：%

年份	乡村	城镇
1952	88.1	11.9
1978	76.3	23.7
2011	53.0	47.0

表 4   城乡人口在全国人口总数中的占比 单位：%

年份	乡村	城镇
1952	87.5	12.5
1978	82.1	17.9
2011	48.7	51.3

表 5   城乡居民消费水平

年份	绝对数（元）		城乡居民消费水平对比（农村居民为1）		平均增速（%）	
	农村居民	城镇居民	农村居民	城镇居民	农村居民	城镇居民
1952	65	154	1	2.3		
1978	138	405	1	2.9		
2011	5545	18522	1	3.3		
1953—1978					1.8	3.0
1979—2011					6.4	6.5

但我国当前城镇化中的问题，不仅在于各种失衡状况没有根本改变，还在于形成了特有的半城市化状态。据统计，到 2011 年年末，全国农民工总量达到 25278 万人。其中，在本乡镇以外从业 6 个月以上的农民工（简称外出农民工）15863 万人，在本乡镇内从事非农业生产 6 个月以上的农民工（简称本地农民工）9415 万人①。就外出农民工来说，其中绝大部分还只解决了就业问题（其中相当大的部分就业并不稳定），在教育、医疗和养老等方面远远没有享受到与原城市职工同等的待遇。这是我国特有的典型的半城市化状态。如果仅从认识上来说，这种情况是同对城市化概念的片面理解有直接联系，即把城市化只是理解为农民进城就业。但如前所述，城市化是一个包括经济和社会在内的多方面的变化过程。当然，其深层次的根本原因，还是城乡二元社会经济体制改革的滞后。

上述各种问题的实质，仍然是在某种程度上延续了改革以前在这方面形成的格局：在城镇化过程中发生了城乡之间利益的失衡，部分地损害了乡村的利益。这又与改革不到位和政策不完善直接相关，以致在某种程度上在城镇化过程中，利益较多地向城市倾斜，忽视了乡村的经济利益。这种状况很不利于社会主义现代化建设的发展（详见后述），亟须改变。

依据上述我国当前城镇化中的问题，可以认为，现阶段我国城镇化的主要任务就是：积极推进城镇化，特别是要着力解决城镇化中的失衡问题和半城镇化问题，使得城镇化沿着城乡利益相互融合的轨道健康发展。

二　推进城镇化的重大意义及其实现的关键

（一）是实现经济持续平稳和适度快速增长的一个最重要因素

这里所说的持续平稳增长，就是从当前到 21 世纪中叶要实现从中波周期到轻波周期的转变，并稳定在轻波周期状态下运行；适度增长，就是各年经济增速围绕潜在经济增长率这个中心上下小幅波动。

现阶段我国仍处于良好的经济发展战略机遇期，同时，又处于各种经

---

① 资料来源：中国统计局网站，2012 年 2 月 23 日。

济社会矛盾的多发期和突发期。但二者不是平分秋色的关系，前者是主要的，而且只要是坚持中国特色社会主义道路，这个局面是可以巩固下去的。所以，在正常情况下，我国在现阶段实现经济的适度增长，是完全可能做到的①。这里不拟展开分析。

在这方面，成为问题的是经济的持续平稳增长。依据改革以来30多年的经验，做到这一点绝非易事。而且，这方面的问题与城镇化关系极大，故作详细分析。

笔者依据新中国成立以后60多年的经济发展的具体情况，将波谷年与波峰年经济增速的落差在20个百分点以上称作超强波周期，10个百分点以上称作中波周期，5个百分点以下称作轻波周期。详见表6。

表6　　　　　　　新中国成立后历次经济周期波动强度的变化②

经济周期	波峰年增速 （以上年为100）	波谷年增速 （以上年为100）	波谷年与波峰年 增速落差 （百分点）	经济周期波动强度
第一周期	1953 年为 115.6	1954 年为 104.2	11.4	强波周期
第二周期	1956 年为 115.0	1957 年为 105.1	9.9	接近强波周期
第三周期	1958 年为 121.3	1961 年为 72.7	48.6	超强波周期
第四周期	1964 年为 118.3	1967 年为 94.3	24.0	超强波周期
第五周期	1970 年为 119.4	1976 年为 98.4	21.0	超强波周期
第六周期	1978 年为 111.7	1981 年为 105.2	6.5	中波周期
第七周期	1984 年为 115.2	1986 年为 108.8	6.4	中波周期
第八周期	1987 年为 111.6	1990 年为 103.6	7.8	中波周期
第九周期	1992 年为 114.2	1999 年为 107.6	6.6	中波周期
第十周期	2007 年为 114.2	2012 年为 108.0	6.0	中波周期

表6的资料表明：改革前经历5个经济周期。其中第一、第二个经济周期为强波周期或接近强波周期，第三、第四、第五个经济周期均为超强波

---

① 详见摘文《7.5%的预期经济增长目标重在落实》，《国家行政学院学报》2012 年第 3 期。

② 资料来源：《新中国六十年统计资料汇编》中国统计出版社 2010 年版，第 11 页；《中国统计摘要（2012）》，中国统计出版社 2012 年版，第 23 页。2012 年是预计数。

周期。改革以后也经历了 5 个经济周期，均为中波周期。当然，第十个经济周期还没有结束。这个周期已经历的 2007—2011 年的经济增速分别为 14.2%、9.6%、9.2%、10.4% 和 9.2%。预计在正常情况下，2012 年的经济增速约为 8.2% 左右，这年也就是这个周期波谷年。

可见，改革以来，尽管我国处在各种社会经济矛盾多发期，但还是实现了由强波周期、超强波周期到中波周期的转变，这是经济增长方面一个来之不易的重大成就。但这只是问题的一方面。另一方面，在长达 30 多年的时间内，还是停留在中波周期，而没有实现到轻波周期的转变，这又是一个很大的问题。

前一方面的成就表明城镇化在这方面已经起了重要的积极作用；后一方面的问题又表明城镇化在这方面的积极作用还没有得到充分发挥。

为了说明这一点，首先需要回答一个问题：要顺利实现社会扩大再生产，第一、第二产业以及投资和消费的这两个基本比例关系必须协调，否则是难以实现的。但我国改革以来，第一、第二、第三产业比例关系原来存在的严重失衡虽有好转，但并没有根本解决（详见表 2）。至于投资和消费比例关系的严重失衡状况，不但没有缓解，而且进一步恶化。1952—1978 年，消费率由 78.9% 下降到 62.1%，投资率由 22.1% 上升到 38.2%；而 1978—2011 年，消费率又由 63.1% 进一步下降到 48.2%，投资率由 38.2% 上升到 49.3%①。但经济周期却稳定地实现了由强波周期向中波周期的转变（详见表 6）。如何解释上述基本经济比例关系失衡未变甚至加剧，而经济周期却实现了由强波周期到中波周期转变这种看似矛盾的现象呢？这里有必要提到列宁说过的一句话，他说："马克思主义的全部精神，它的整个体系要求人们对每一个原理只是（α）历史化，（β）只是同其他原理联系起来，（γ）只是同具体的历史经验联系起来加以考察。"②

笔者试图按照这个精神和要求具体说明上述看似矛盾的现象③。第一，

---

① 《新中国六十年统计资料汇编》，中国统计出版社 2010 年版，第 13 页；《中国统计摘要 (2012)》，中国统计出版社 2012 年版，第 36 页。

② 《列宁全集》第 35 卷，人民出版社 1963 年版，第 238 页。

③ 这里需要说明：在下面提到的三个原因中，第一、第二个原因与城镇化无关，但却是说明这种矛盾现象所必需的。只有第三个原因不仅与说明这个矛盾现象有关，而且与城镇化有关。

潜在经济增长率的提升。从 20 世纪 70 年代末到 21 世纪中，我国处于良好的发展战略机遇期。由于这个机遇期拥有的多种有利条件①，把这个时期潜在经济增长率的水平抬高了。测算潜在经济增长率的一个简单而又较为可靠的方法，就是计算较长时期的年均经济增长率。改革前 26 年（1953—1978 年）年均经济增长率为 6.1%。改革后 33 年（1979—2011 年）年均经济增长率为 9.9%。这两个数字大体上可以分别看做前后两个时期的潜在经济增长率。正是这种提高了的潜在经济增长率在实现经济周期由强波周期、超强波周期到中波周期的转变中起了重要作用。这突出表现在托谷（低谷年）方面。改革前五个经济周期低谷年中有三年（1961 年、1967 年、1976年）都是负增长，其中增速最低的年份 1961 年为 -27.3%。而改革后的五个经济周期的低谷年中，增速最低的 1990 年也达到了 3.8%。如果以经济增长有无负增长作为经济周期中有无危机阶段的标志，那么可以说，改革前五次经济周期中曾经出现了三次危机阶段，而改革后的五次经济周期中已经实现了无危机阶段的经济增长。当然，形成这种巨大差距的主要原因，还是改革前长期存在的高度集中的计划经济体制和盲目追求经济高速增长的"左"的错误；而改革后这两方面都发生了巨大的变化。但在这方面潜在经济增长率的上升也是一个重要因素。

（二）市场取向改革的进展

经验表明：改革在削峰（波峰年）和托谷（低谷年）两方面均起了重要作用。托谷方面的数据已见前述，这里再补充削峰（波峰年）方面的数据。表 6 的资料表明，改革前五个经济周期波峰年的经济增长最高年份1958 年达到了 21.3%，最低年份 1956 年也达到了 15.0%。而在改革后五个经济周期波峰年份中，其经济增速最高年份 1984 年为 15.2%，最低年份为1987 年为 11.6%②。当然，形成这种差距的原因也是多方面的。但市场取向的改革在这方面也起了不容置疑的重要作用。

---

① 详见汪海波《中国经济发展 30 年》，中国社会科学出版社 2008 年版，第 82—93 页。
② 《中国六十年统计资料汇编》，中国统计出版社 2010 年版，第 12 页，《中国统计摘要》（2012），中国统计出版社 2012 年版，第 24 页。

（三）农业劳动生产率的提高

就我们这里讨论的问题来说，需要着重提到的是这一点。马克思说过："超过劳动者个人需要的农业劳动生产率，是一切社会的基础。"[①] 这是马克思揭示的农业是国民经济基础这一客观规律的基本内容。我国经济周期由改革前的强波周期、超强波周期到中波周期的转变，可以从这个重要方面得到说明。表1的资料表明：1953—1978年，农业劳动生产率的年均增速仅为0.2%，而1979—2011年的年均增速提高到4.8%。与此相联系，在这两个时候的农业增加值的年均增速也由2.1%提高到了4.6%。这表明农业能够承受国民经济发展的能力大大提高，从而为改革前后经济周期波动强度的趋弱奠定了重要的物质基础。

作为农业发展基础的基础，粮食生产劳动生产率的提高数据，也可以证明这一点。1953—1978年粮食生产的劳动生产率，以每个从事粮食生产的劳动力每年生产的粮食计算，年均增速为1.4%，而1979—2011年则提高到3.5%[②]。这里需要说明：由于只有每年从事农业的劳动力数字，缺乏每年从事粮食和种植业的劳动力的数字，故只能从每年种植业占农业总产值的比重中推算出从事种植业生产的劳动力数字，并用这个数字代替粮食生产的劳动力数字。但由于粮食生产在农业总产值中的比重是趋于下降的，因而这里所说的粮食生产劳动生产率不是很准确的提高数字，有低估的缺陷。但由于粮食生产一直在种植业中占有最重要的地位，因而这里所说的粮食生产劳动生产率的变化趋势，大体上是可靠的。这些数据表明：作为国民经济基础的基础，粮食生产能够承受国民经济发展的能力也大大增强了，从而也为改革前后经济周期波动强度趋弱提供了最重要的条件。

以上的分析表明：农业劳动生产率的提高，是实现经济周期由改革前的强波周期、超强波周期到改革后的中波周期转变的最重要的物质基础。

需要进一步指出，相对改革前来说，改革后城镇化进程的加快又是提高改革后农业劳动生产率的一个根本条件。显然，不通过加快城镇化，解

---

① 《马克思恩格斯全集》第25卷，人民出版社1972年版，第885页。
② 《新中国六十年统计资料汇编》，中国统计出版社2010年版，第7、34、37页；《中国统计摘要》（2012），中国统计出版社2012年版，第11、44、118页。

决改革前存在的数以亿计的农村隐性失业人口，要提高劳动生产率是根本不可能的。事实也正是如此。1953—1978 年，我国城镇化率（按城镇人口占全国人口总数的比重计算）每年提高 1.4%，而 1979—2011 年则提高到 3.2%。当然，这期间，农业现代化的发展也是提高农业劳动生产率的一个根本条件。

总之，相对改革前来说，改革后城镇化加快，是实现经济周期由改革前的强波周期、超强波周期到中波周期转变的一个重要因素，使得经济实现了较为稳定的增长，但这只是问题的一方面；另一方面，相对同我国大体处于同等发展阶段的国家来说，我国城镇化发展又滞后得多。基于前面说过的理由，可以认为这是我国改革后又长期处于中波周期，没能进一步实现向轻波周期转变的一个重要因素，没能使得经济实现更为平稳的增长。

这种纵向比较（我国改革前后的比较）和横向比较（国际比较），充分说明解决当前我国城镇化过程中的失衡问题（就这里讨论的问题来说，是指农业劳动生产率提高速度较慢，大大低于工业劳动生产率增速），对于我国实现由中波周期到轻波周期的转变，使经济获得更为稳定的发展，具有重要的意义。

现在我们进一步说明：推进城镇化，改变当前半城镇化的状态，在实现经济稳定增长中的重要作用。这里仍以作为半城镇化的典型形态的外出农民工为例进行说明。

如前所述，投资与消费以及第一、第二、第三产业这两项基本比例关系在实现经济稳定增长中具有极重要作用。但二者当前都存在失衡状态。而推进城镇化，把外出农民工逐步转变为城市职工，对改变这两方面失衡都有重要作用。为省篇幅，这里只拟涉前一方面。这种作用的突出表现在：消除外出农民工与城市职工的工资差别方面。据统计，2011 年城市职工的平均工资为 41799 元；农民工平均月工资为 2049 元，如果也按 12 个月计算，则外出农民工年平均工资为 24588 元，前已提及，这年外出农民为 15863 万人。如果把这年外出农民工的年平均工资也提高到城市职工工资的水平，则全年工资可以增加 27301 亿元，相当于这年居民消费支出总额的

16.7%[①]。这时需要说明：上述计算，是很粗略的。比如外出农民工是按在外工作 6 个月以上统计的，这里是按 12 个月计算的，这种计算偏高。再如，把 2011 年的 15863 万人的外出农民工转变为城市职工，是需要多年才能做到的。当然，外出农民工人数还有增加趋势。为简明计算，这里的计算都忽略了这些情况。但即使考虑到这两点，仍然可以清楚看到：把外出农民工转变为城市职工在提高消费率方面会起多么大的作用。

但提高消费率只是意味着要降低投资率，决不意味着我国现阶段投资重要性。问题在于：我国正处于工业化中后期阶段。这个阶段消费升级的一个重要特点，就是由以衣食为重点向以住行为重点转变。这就必然拉动住宅和汽车产业的发展，并提升其支柱产业的地位，从而推动与其相关联的重点工业的发展，此其一。其二，我国工业化处于知识经济时代和经济全球化大发展时代。这意味着工业化在越来越大的程度上与以信息产业为代表的知识经济的融合。其三，伴随着公共服务均等化在城乡的逐步全面覆盖，不仅生产方面的基础设施，而且生活方面的基础设施都要有巨大发展。其四，我国环境污染严重，在治理环境污染上欠账很多。仅此数端就预示着投资总量的巨大增长。这样，推进城镇化，把外出农民工转变为城市职工，不仅可以大大提高消费率，而且可以大大促进投资的增长。有的学者在 2010 年年初提出，按近些年的情况测算，每增加一个城市人口，可以至少带动 10 万—30 万元城镇固定资产投资[②] 2011 年固定资产投资价格指数比 2009 年上升了 10.4%[③]。依此推算，2011 年每增加一个城市人口，至少可以带动 11 万—33 万元城镇固定资产投资。这样，即使按照至少带动 11 万元计算，把外出农民工转变为城市职工至少可以带动城镇固定资产投资 234517.8 亿元，相当于这年全社会固定资产投资总额 311021.9 亿元[④]的 56.1%。当然，上述农民工转变为城市人口也需要经过多年才能实现。但即使把这一点纳入视线之内，仍然可以大体看到人口城市化在拉动全社会

①《中国统计摘要》（2012），中国统计出版社 2012 年版，第 35、38、39、46 页；《报刊文摘》2012 年 8 月 8 日第一版。

②《十一届全国人大三次会议（政府工作报告）辅导读本》，人民出版社、中国言实出版社 2010 年版，第 272 页。

③ 资料来源：《中国统计摘要》（2012），中国统计出版社 2012 年版，第 90 页。

④ 同上书，第 50 页。

固定资产投资中的重大作用。

总之，推进城镇化，无论是在改变当前城镇化的失衡方面，或者是在改变半城镇化方面，都是实现我国经济持续平稳的最主要因素。

第二，是实现社会政治长期稳定的一个十分重要的条件。

如前所述，尽管我国还会长期处于经济发展的良好战略机遇期，但同时又处于各种社会矛盾的多发期和突发期。而且面临的矛盾和问题也世所罕见①。从总体上和根本上说来，这种世所罕见似乎可以归结为封建主义余毒和资本主义弊病的叠加以及计划经济体制余病和市场经济体制的不健全及其局限性的叠加。这种双重叠加也是世所罕见的。也许可以用后一种世所罕见去说明前一种世所罕见。还要提到：自从20世纪90年代初冷战结束以后，世界形势进一步向着和平与发展这个主题发展。但2008年爆发的世界金融危机是第二次世界大战以后的一次最严重危机。这场危机使得经济发达国家固有的矛盾趋于激化。受到这场危机波及的一些发展中国家（包括我国的一些周边国家）的固有矛盾也呈现大致相同的趋势。这就使得我国面临着冷战结束以后从未有过的严峻国际形势（特别是周边国家形势）。在这种形势下，巩固和发展社会政治的稳定局面，就成为我国实现社会主义现代化建设中的一个十分突出的重要问题。

解决这个问题涉及诸多方面。当前首先要遏止和缓解趋于严重的贫富两极分化以及部分政府官员和国企高管的贪污腐败。但重新构造和完善城乡经济联盟，也是一个不容忽视的方面。因为尽管当前城市人口已经超过了50%，但巩固城乡联盟仍然是当前实现社会政治稳定的大头。

为了说明这一点，首先也要明确一个理论问题：马克思主义认为，"每一个社会的经济关系首先作为利益表现出来"②。据此可以认为，城乡经济联盟首先是以经济利益为基础的联盟。只有从建立和健全城乡之间的共同根本经济利益入手，才能建立良好的巩固的城乡经济联盟，否则，就难以做到。但如前所述，我国现阶段的城镇化正是要解决以往城镇化过程中形成的不平衡性和半城镇化的问题。这就必然导致城乡差别（包括城乡二元社会经济结构、劳动生产率和生活水平的差别等方面）趋向缩小。这是符

---

① 参见吴邦国《充分认识中国发展的阶级性特征》，《求是》2010年第3期。
② 《马克思恩格斯选集》第二卷，人民出版社1972年版，第537页。

合城乡的长期的根本的经济利益的，并能从根本上改变以往城镇化中部分损害乡村经济利益的状况，为构建和完善城乡经济联盟奠定巩固的基础。

但推进城镇化在构建和完善城乡联盟方面的意义，并不能限于经济方面（尽管这是根本方面），还表现在政治方面。因为，消除城乡二元的社会结构，就意味着真正地把城乡居民放在平等社会地位上。这一点，在农民文化水平已经有了很大提高，公民意识有了很大增强和中青年农民逐步成为农村主体的条件下，在巩固的城乡之间的政治联盟方面具有极重要的意义。

推进城镇化，在实现社会政治稳定方面，还要提到以下两点：第一，它有利于扩大中等收入阶层。中等收入阶层的经济地位，决定了他们是社会稳定的中坚力量。而在城镇中工薪阶层在社会人群中的占比较大，其中，中等收入阶层比重也较大。这样，由城镇化带来的城镇人口在社会总人口中所占的比重上升，同时就意味着中等收入阶层的扩大，从而增强稳定社会的中坚力量。第二，它有利于增加贫富人群的流动性。当前我国贫富两极分化已经达到了很严重的地步。毋庸置疑，富二代和贫二代已经形成。所以，如果贫富两极分化得不到有效遏止，而且贫富在代际之间固定化下去，这样长此以往，利益对立的阶级必然最终形成，长期的社会政治稳定局面就会从根本上受到破坏，所以，当务之急是：一方面要千方百计地遏止贫富两极分化的发展，另一方面又要尽力防止贫富人群在代际的固定化，增强它们之间的流动性。而城镇化正是在这方面都可以发挥重要的作用。一方面，城镇化既然可以缩小城乡之间的收入差别，也就有利于抑制贫富两极分化。但这样说，并不是把城乡居民收入差别等同于贫富差别，而是说通过城镇化可以使得城乡居民收入得到普遍的显著提高，从而有助于抑制两极分化。另一方面，城镇化还意味着基本公共服务在城乡的全面覆盖。这样就可以使得包括城乡在内的全社会居民平等地享受到基本公共服务，在平等的起点上进行竞争。显然，这种情况会大大增强贫富人群之间的流动性，从而有利于防止贫富人群在代际的固定化。

在这方面回顾一下第二次世界大战以后经济发达国家的经验很有必要。第二次世界大战以后，经济发达国家在基本经济政治制度没有大的变化条件下，实现了长达 67 年的社会政治稳定。这在资本主义发展史上是前所未有的。形成这种局面有多方面的原因，就我们这里讨论的问题来说，值得提及的是：一是橄榄形社会（即中等收入阶层的占比大，高收入阶层和低收入阶层的占比小）的形成。二是贫富阶级之间的流动性大大增强。从一般意义上说，这些经验值得我国借鉴。

总之，推进城镇化，既是实现经济持续平稳发展的极重要因素，又是实现社会政治的长期稳定的一个十分重要的条件。而前者是深化改革必要的宏观经济环境，后者是经济发展必须的前提。所以，推进城镇化，是关系改革、发展和稳定全局的大事，是关系社会主义现代化建设得以成功实现的根本大计。

但要实现城镇化在这些方面的重要作用，必须以科学发展观为指导，实现城乡统筹发展[①]。当然，统筹城乡发展涵盖的问题很广。但它显然是推进城镇化的指导方针。为此，必须实现城乡市场经济体制一体化[②]，必须在城乡之间实现基本公共服务均等化，必须在实现工业现代化的同时加快推进农业现代化。只有这"三化"同时并举，才能改变当前城镇化中的不平衡性和半城镇化状态，使得城镇化得到健康发展。这就是问题的关键。如果只提农业现代化（实际上农业现代化也远远落后于工业现代化），而忽视城乡之间的市场经济体制一体化和基本公共服务均等化，就难以做到这一点。

（原载《经济学动态》2012年第9期）

[①] 参见《中国共产党十七次全国代表大会文件汇编》，人民出版社2007年版，第14—16页。

[②] 现在农民还远远没有成为完全的市场主体，连承包土地受益权这样的基本权利都得不到有效保障。

三

经济发展方式

试析优化生产要素的投入结构

就我国经济现阶段的情况来看，转变经济发展方式，包括多方面的内容。但其中最重要最根本的一点，就是优化生产要素的投入结构。即经济发展要由当前主要依靠物质资源和简单劳动的投入逐步转变为主要依靠科技进步、提高劳动者素质和管理创新。

一 生产要素投入结构不断优化，是人类社会经济发展的普遍规律

人类社会经济发展的历史表明：社会生产力的不断发展及其某些阶段上的飞跃发展，是一个客观的发展过程。在这方面，社会生产要素投入结构的不断优化，是一个决定因素。

在原始的采集经济和狩猎经济时代，生产要素主要是由单纯的体力劳动力，原始的生产工具和自然资源（包括土地和水等）构成的。这时只有劳动经验的积累在生产中发生作用。但作为揭示客观规律的科学还缺乏形成的社会条件，在生产中并不起作用。

到了古代社会（包括奴隶社会和封建社会），社会生产要素的投入结构已经开始有了明显的优化。劳动者拥有的生产经验和生产工具已有了巨大进步。土地和水等自然资源参与社会生产的广度和深度也是过去所无法比拟的。此外，像煤铁矿石等自然资源也在某些局部领域开始参与生产过程。与农业在社会生产中占主要地位及其发展相适应，天文学和水利学以及医学等自然科学也开始产生和发展，并在某种范围内得到了运用。这一点，在中国封建社会表现得尤为明显。但这时的社会生产都是以家庭为单位，凭经验管理生产已经足够了。因而作为社会科学的管理学也就没有产生和运用的条件。但这个时期社会生产要素投入结构的优化，毕竟是当时社会

生产力发展的极重要因素。

到了以机器大工业作为社会主要物质生产基础的工业时代。社会生产要素投入结构就发生了质的飞跃。随之社会生产力也有飞速的发展。在这个时代，具有一定文化程度的劳动者替代了原来的文盲，机器代替了手工工具，土地和水等自然资源在社会生产中的作用已经由原来仅主要局限于农业，扩展到工业和整个社会生产。而像煤、铁等原有的和新开发利用的自然资源在社会生产中的作用更大，成为在社会生产中占主要地位的工业不可或缺的主要资源。大工业的发展呼唤近代科学的发展，并为以严格试验为基础的近代实证科学提供了有效的实验手段。这样，近代科学（包括数学、物理学和化学等）就应运而生了，并在整个生产中发挥了前所未有的巨大作用。在这个时期，劳动者文化水平的提高，自然资源的开发和利用，特别是在生产工具方面所发生的变革，都是同自然科学的运用紧密联系的，科学也就成为生产力。这里还要提到：社会化大生产也呼唤着管理科学的产生及其在企业管理的开始运用，并推动了社会生产的发展。

到了 20 世纪中叶以后，人类社会的发展又由工业化时代开始进入现代化的时代。随之，社会生产要素的投入结构又发生了一次质的飞跃。社会生产力的发展也超过了以往的所有时代。在这个时代，单纯的体力劳动者几乎在所有的经济领域都已绝迹了，代之而起的是体力劳动和脑力劳动在不同的层次上相结合的劳动者。自动化的生产体系代替了原来的机械化生产。原有的自然资源的利用程度大大提高，新开发利用的自然资源更多。这一切变化主要都是现代科学（如信息、材料和生命科学等）发展及其在生产中广泛运用的结果，科学也就成了第一生产力。当然，现代化生产也极大地推动了管理科学的发展及其运用。这也是社会生产要素投入结构的优化，是推动社会生产力不断发展的一个要因素。

上述历史情况表明：生产要素投入结构优化，既是推动生产力发展的一个极重要因素，也是人类物质文明发展的一个显著标志，这是一条普遍规律。

二　我国当前优化投入要素结构势在必行

在我国社会主义初级阶段，经济发展也必须遵循上述的生产要素投入结构优化的规律。具体说来，就是要由当前主要依靠物质资源和劳动①的投入逐步转变为主要依靠科技进步、提高劳动者素质和管理创新。就我国当前情况来看，这一点，势在必行。

第一，我国的一个基本国情是：尽管众多资源总量很大，但人均占有量都很低。中国拥有 960 万平方公里陆地（包括内路水域）和 473 万平方公里海域，国土面积排在俄罗斯和加拿大之后，位列世界第三位；耕地面积 13004 万公顷，排在俄罗斯、美国和印度之后，位列世界第四位；水资源总量为 28124 亿立方米，排在巴西、俄罗斯、加拿大、美国和印度尼西亚之后，位列世界第六位。② 但由于人口多，大多数资源的人均占有量都低于世界平均水平。人均耕地面积 1.50 亩，为世界人均的 1/3；人均森林面积 1.85 亩，为世界人均的 1/5；人均木材蓄积量 8.73 立方米，为世界人均的 13.7%；人均淡水量为世界人均量的 25.8%。中国有 45 种矿产资源人均量低于世界人均量的 50%，其中已探明的煤储存量仅为世界人均平均值的 1/2；原油储存量仅为世界人均平均值的 1/10；天然气储存量仅为世界人均平均值的 1/25；铁矿石为世界人均量的 42%；铜矿为世界人均量的 18%；铝矿为世界人均量的 7.3%。

第二，尽管资源综合利用规模不断扩大，但综合利用效率较低。据统计，2005 年，中国矿产资源总回收率和共伴生矿产资源综合利用率分别达到 30% 和 35% 左右；黑色金属共伴生的 30 多种矿产中，有 20 多种得到了综合利用；有色金属共伴生矿产 70% 以上的成分得到了综合利用；煤矿矿井瓦斯抽放利用率为 33%。这年资源综合利用量为 7.7 亿吨，利用率达到 56.1%。其中，粉煤灰、煤矸石综合利用率分别达到 65%、60%。利用固体废气资源生产的新型墙体材料产量占我国墙体材料总量的 40%。这年，我国回收利用废钢铁 6909 万吨，废纸 3500 多万吨，废塑料 1096 万吨，钢、有色金属、纸浆等产品近 1/3 左右的原料来自再生资源；50% 以上的钒、22% 以上的黄金、50% 以上的钯、镓、铟、锗等稀有金属来自综合利用。但是，资源综合利用效率不高。当前，我国矿产资源总回收率和共伴生矿

---

① 我国当前改变主要依靠物质资源和简单劳动这两方面的情况都有必要，都很重要。但相对说来，前者显得比后者更为突出和紧迫。故这里主要分析前一方面。

② 《中国统计年鉴》（有关各年），中国统计出版社。

产资源综合利用率分别为 30% 和 35% 左右，比国外先进水平低 20 个百分点。我国木材综合利用率约为 60%，而发达国家一般在 80% 以上。我国能源利用率也不高。每百万美元国内生产总值能耗，中国为 1274 吨标准煤，比世界平均水平高 2.4 倍，比美国高 2.5 倍，比欧盟高 4.9 倍，比日本高 8.7 倍，比印度高 0.43 倍。2005 年，我国国内生产总值按当年平均汇率计算为 2.26 万亿美元，约占世界生产总值的 5% 左右，但我国消费石油 3 亿吨、原煤 21.4 亿吨、粗钢 3.5 亿吨、水泥 10.5 亿吨和氧化铝 1561 万吨，分别约为世界消费量的 7.8%、39.6%、31.8%、47.7% 和 24.4%。即使考虑汇率因素，我国利用率不高，也是不争的事实[①]。

第三，改革开放 30 多年来，尽管实现了经济的持续快速增长。但是，粗放的经济发展方式并没有根本改变，在生产要素投入结构方面，主要还是依靠物质资源的投入。在进入 21 世纪以来，在某些方面甚至进一步强化。2006 年与 1978 年相比，国内生产总值增长了 12.34 倍，原煤产量、发电量和钢材产量分别增长了 2.84 倍、10.17 倍和 20.23 倍。如果以国内生产总值的增长速度为 1，则其与后三者增长速度之比分别为 1∶0.23，1∶0.82，1∶1.64。但 2006 年与 2000 年相比，国内生产总值增长了 0.75 倍，原煤产量、发电量和钢材产量分别增长了 0.83 倍、1.11 倍和 2.57 倍。国内生产总值与后三者增速之比分别为 1∶1.11，1∶1.48 和 1∶3.43。[②] 当然，在这两个时限之间有某些不可比因素。但总的说来，这方面的情况在趋于强化。

第四，在上述各种因素（特别是要素投入结构方面存在的问题）的作用下，已经产生了一系列严重后果。一是许多主要物资的供求矛盾加剧，使得经济的持续快速增长难以为继。二是对自然资源的掠夺性开采，使得这些资源遭到严重破坏。三是生态环境恶化，环境污染严重。四是当代人的生活质量受到严重影响，并贻害子孙后代。五是许多主要物资（包括作为战略资源的石油）对外依存度大幅提升，使得国家经济安全遭到严重挑战。2006 年我国原油产量为 18476 万吨，净进口 13884 万吨，后者为前者

---

① 《中共中央关于制定国民经济和社会发展第十一个五年规划的建议（辅导读本）》，人民出版社 2005 年版，第 133 页。

② 《中国统计年鉴》（2007），中国统计出版社 2007 年版，第 60、552、555 页。

的 75%。①

但在我国当前，优化投入要素结构不仅势在必得，而且具有诸多有利条件。主要是：第一，党和国家已经把节约资源确定为基本国策，并提出了科教兴国战略。这是优化投入要素结构的最重要保证。第二，我国已经初步建立并正在完善社会主义市场经济体制，可以从市场机制和宏观调控两方面推动要素投入结构的转变。第三，我国已经成为工业大国和科教大国，拥有技术手段和人力资本，实现要素投入结构的转变。

上述情况表明：优化生产要素投入结构，实现经济发展方式的转变，必然而且可能极大地推动全面建设小康社会的目标的实现。正因为这样，党的十七大强调：要"由主要依靠增加物质资源消耗向主要依靠科技进步、劳动者素质提高、管理创新转变"②。这是切合我国当前具体情况的、推进全面建设小康社会的一项极重要的战略。

三 优化生产要素投入结构的重要环节

为了改变我国当前在生产要素投入结构方面主要依靠物质资源的情况，从总体上说来，就是要切实全面贯彻党和国家已经确定的建设资源节约型社会这一基本国策。

为此，最重要的是在明确界定自然资源的有权和使用权的基础上，着力建立自然资源市场和推行资源价格改革，切实做到自然资源有偿的开发和使用。如果说，改革以来，我国在建立产品市场和推行产品价格改革方面已经取得了决定性进度，那么，在建立自然资源市场和推行自然资源价格改革方面则显得严重滞后。要清醒看到：我国在资源利用方面与经济发达国家的巨大差距，固然涉及诸多复杂因素。但关键问题还在于：他们拥有先进的自然资源市场和合理的资源价格，真正发挥了市场机制在这方面的配置作用；而我国正是缺乏这些根本因素。因此，解决我国资源利用率过低的问题必须从这个根本点着手。所以，建立自然资源市场和推行自然资源价格，是政府实行其建立社会主义市场经济的职能的一个十分重要的

---

① 《中国统计年鉴》（2007），中国统计出版社 2007 年版，第 552、735、757 页。
② 《中国共产党第十七次全国代表大会文件汇编》，人民出版社 2007 年版，第 22 页。

方面。只有从这个根本点着手，才能切实有效地引导各类经济类型的市场主体有序的合理的开发利用自然资源；否则就很难奏效。

在自然资源价格的改革方面，可以设想：运用影子价格、机会成本、替代价格和补偿价格等方法给自然资源确定价格。影子价格法，是从资源利用的变化引起的产值或效益的变化推算出来的资源边际贡献，比较准确地反映一个单位资源生产率的价格。影子价格不仅包含了正常的经济效益和损失评价，更重要的是把一些不能用价格准确表示的社会效益和损失也纳入其中，既能反映该资源在整个经济运行中所起的作用，又能反映所耗费资源对生态系统的影响。机会成本是在成本—效益分析中，通过引入机会成本概念来确定某一自然资源的最优用途，从而达到综合评价该资源使用状况的目的。替代价格法，是针对不可再生性自然资源的有限性，参照开发和获得替代资源的费用，以确定某种自然资源价格。补偿价格法，是对于可再生性资源，以人为手段促使其恢复更新，由此就产生一笔"补偿费用"，将补偿费用计入自然资源的价格之中。资源有了价格以后，就会促使资源使用者节约使用稀缺资源，并用丰裕资源来代替稀缺资源，使得自然资源得到合理和有效的利用。

我们在上面强调了市场机制在提高自然资源利用中的作用，丝毫都不否定政府宏观在这方面的重要作用；相反，在我国转轨时期，政府在这方面是大有可为的。政府可以综合运用规划（包括其中体现的产业政策）、财政政策和货币政策三大政策，以及经济、立法和行政三大手段，促进资源节约使用。就我国当前情况来看，以下几点值得重视。

第一，要在规划和产业政策方面大力倡导发展循环经济。这是当前建设资源节约型社会的最重要途径。循环经济是对传统经济发展方式的创新。它的要义是要求以最少的资源消耗和环境代价实现最大的发展效益。其主要要求是：（1）减量化，即在生产、生活活动中尽量减少资源消耗和废弃物产生。（2）再利用，即产品多次循化使用和修复、翻新后继续使用，以延长产品声明周期。（3）再循环，即将废弃物最大限度地重新变为资源。总之，是要把传统的线性物流模式（即资源—产品—废弃物排放），改造为物质循环模式（资源—产品—废弃物再生资源），以提高资源使用效率，拉长资源利用链条，减少废弃物排放，全面实现经济、环境和社会的效益。

要建设资源节约型社会，还要大力倡导全面推行节约型的发展方式，在节能、节材、节水、节地等各个领域全面展开；积极开发和推广节约资源的新技术和新工艺。

以上各点，是就政府规划及其体现的各项产业政策的导向来说的。

第二，要在财税、信贷和外贸等方面积极推行有利于节约资源（包括节能、节材、节地和节水等）的政策。还要加大公共财政对节约资源的支持力度，扩大节约资源产品的政府采购范围，建立健全资源开发与生态补偿机制。

第三，要建立健全促进资源节约的法律体系，要制定完善标准，对高消耗、高污染项目，依法实施严格的产业准入标准与整改要求。

第四，在政府行政管理方面要建立资源节约监督管理制度，并要完善相关的资源节约的经济评价体系和统计制度。在这方面，还须指出：为了加大节约资源的力度，还可以在必要的范围内规定一些具有行政指令性的指标。比如"十一五"规划就把单位国内生产总值的能源消耗比"十五"期末降低20%左右作为约束性指标规定下来①，并同行政干部业绩的考核结合起来。实践已经证明，这是行之有效的。

第五，要加强宣传教育工作。让全社会充分认识到自然资源的重要性、有限性，自觉树立起节约自然资源的意识，不仅在生产方面建立起资源节约型的发展模式，而且要在生活方面形成资源节约型的消费模式。

优化社会生产要素投入结构包括逐步改变当前主要依靠物质资源和简单劳动的投入，转变为主要依靠科技进步、提高劳动者素质和管理创新这样紧密结合的两方面。显然，这两方面都离不开科教兴国战略的实施。因此还必须大力推进科教兴国战略。

（原载《中国流通经济》2008 年第 3 期）

---

① 《中共中央关于制定国民经济和社会发展第十一个五年规划的建议（辅导读本）》，人民出版社 2005 年版，第 7 页。

关于中央企业转变经济
发展方式的若干问题

在分析正题前，先做两点说明：第一，当前我国国有企业（或国有控股企业，下同）主要包括国有工商类企业和金融类企业，本文只涉及前一类企业，不涉及后一类企业。第二，当前国有企业还分为中央企业和地方企业。中央企业又分为国务院国资委监管的企业和国务院其他部门监管的企业。地方企业也分为地方政府国资委监管的企业和地方政府其他部门监管的企业。本文主要涉及中央企业，很少涉及地方企业。本文所说的中央企业包括国务院国资委监管的企业和国务院其他部门监管的企业。在单独论到国务院国资委监管的企业时，冠以国务院国资委监管企业，或简称国资委中央企业。

一 国有经济改革的深化，推动中央企业在做强做优和转变经济发展方式方面取得了重大成就

历史经验表明："计划经济体制下国有经济的主要弊病在于：（1）在经济总量方面，国有经济占的比重过大。（2）在产业结构方面，一是国有经济涵盖的面过宽，在第二、第三产业方面，国有经济占主要地位，并部分包括了第一产业；二是国有经济地区布局很不平衡，而且地区产业结构趋同严重；三是在企业结构方面，国有经济包括了第二、第三产业绝大部分中小企业，产业集中度很低。总之，国有经济在包括产业结构、地区结构和企业组织结构等方面存在着严重缺陷。（3）在企业的性质和组织形式方面，企业不过是国有经济这个大工厂的一个车间，并不是自主经营、自负

盈亏的真正意义上的企业;① 企业不仅'大而全'、'小而全',而且办社会,不仅是经济组织,而且是社会组织。(4)在国家对企业的管理方面,是政企不分的。企业供产销、人财物和收入分配等一切生产经营活动均听命于国家的行政指令计划的安排,并由国家统负盈亏。企业不过是算盘珠。正是这些弊病导致了这期间国有工业产值增速大幅下降;也正是这事例清楚地显示了计划经济体制和传统的国有经济体制已经完成了自己的历史使命,亟须改革。如果不进行根本性的改革,不仅会继续阻碍社会生产力的发展,而且不利于国有经济主导地位的巩固,乃至危及整个社会主义制度的生存。"

"依据上述国有经济弊病的分析,可以合乎逻辑地做出以下结论:传统的国有经济改革必须包括以下主要内容:(1)要对国有经济进行战略性调整。这个调整主要包括:大幅度压缩国有经济在经济总量中的比重,调整国有经济的产业结构布局、地区布局和企业组织布局,提高产业集中度。(2)要对国有企业进行战略性改组,根本改变'大而全、小而全'和重复生产,并进行重组,做大做强国有企业。(3)要对国有企业进行公司制、股份制改造,建立现代企业制度,企业内部的人事、劳动和工资制度要进行相应的改革,还要分离企业办社会。(4)要建立与社会主义市场经济和现代企业制度相适应的国有资产管理制度。显然,国有经济改革的这四方面,并不是孤立的,而是一个有机联系的整体。如果以建立现代企业制度为中心,国有经济调整和国有企业改组就是它的根本前提,而建立国有资产管理制度则是它的根本保证。""上述四个方面国有经济改革的内容,是叙述33年来国有经济改革的逻辑前提。"②

我们现在就依据这个基本分析框架,叙述2003年国资委成立以来中央企业在改革方面取得的巨大成就。

(一)中央企业在实现国有经济的战略性调整方面取得重要进展

到2010年年底,中央企业80%的资产集中在石油石化、电力、军工、

---

① 说明:这里用的企业一词只是在借用意义上用的。
② 汪海波:《对国民经济改革和发展现状及其基本特点的分析》,《中国延安干部学院学报》2011年第3期。

通信、交通运输等关系国民经济命脉和国家安全的重要行业和关键领域①。

（二）中央企业在实现国有企业的战略性重组方面取得显著成效

其中，国务院国资委监管企业在这方面的成效更为突出。截至 2009 年年底，国资委系统监管企业的资产总额占全国国有企业的 78%，其中国务院国资委监管的中央企业资产总额占全部中央部委所监管企业的 83%，地方国资委监管企业资产总额占全部地方国有企业的 74%②。到 2011 年 6 月，国务院国资委监管的企业总数已由 2003 年的 196 户，减少到 120 户，减少了 39%③。

（三）中央企业在建立和完善现代企业制度方面迈出重大步伐

主要是：

1. 在"十一五"期间，中央企业及其下属子企业的公司制、股份制改制面已由 2002 年的 30.4% 提高到 70%；共有 52 家中央企业控股的股份公司首次公开发行股票上市，募集资金总额 5725.86 亿元。截至 2010 年年底，中央企业为实际控制人且持股比例在 20% 以上的上市公司共有 322 家，其中境内上市公司 228 家，境外上市公司 94 家（含 27 家 A + H 股公司）；实现主营业务整体上市的中央企业 43 家，除 2 家电网企业、10 家军工集团外，包括石油化工、通信、交通运输、冶金等行业在内，涉及国家安全和国民经济命脉的重要行业和关键领域的中央企业基本实现了主业资产整体上市。中央企业控股的上市公司已成为我国资本市场的重要组成部分。

2. 为推动建立健全现代企业制度，完善公司治理结构，2004 年，开始在中央企业开展建立规范的董事会试点工作。"十一五"期间，试点工作不断完善规章制度，落实董事会职权，建立健全董事会运作基本制度，规范的董事会享有《公司法》规定的有关职权，并行使国资委赋予的部分出资人职权；引入外部董事制度，外部董事在企业董事会中占多数，经理层除总经理外其余人员原则上不进入董事会。中央企业的民主决策、科学决策

---

① 《中国经济年鉴》（2011），中国经济年鉴社 2011 年版。
② 《中国经济网》2011 年 3 月 2 日。
③ 《中国经济时报》2011 年 9 月 22 日第 1 版。

水平不断提高。截至 2010 年年底，在国资委中央企业中，建设规范董事会企业扩大到 30 家，董事会规范运作的制度进一步完善，各专门委员会开始正常运行。外部董事队伍建设进一步加强，外部董事认真履行职责，积极参与决策。与过去相比，试点企业的决策权和执行权基本分开，董事会在科学决策、风险防范和加强管理等方面的作用进一步显现。

3. 扎实推进中央企业内部制度改革，完善激励约束机制。主要有：

（1）中央企业分红权激励试点工作取得突破。2010 年，国资委根据中央企业实际，制度并印发了《关于在部分中央企业开展分红权激励试点工作的通知》，确定了分红权激励试点的基本原则、基本条件、激励方式、激励方案的制订与审批、激励方案的考核与管理、试点工作的组织等。同时，选择了 24 家创新型企业进行试点。

（2）中央企业劳动用工制度改革取得新的进展。中央企业普遍推行公开竞聘、末位淘汰和新的用工制度。

（3）市场化选聘高级经营管理者。自 2003 年以来，国资委连续 6 年面向海内外公开招聘央企高管，累计从 9234 名应聘人员中录用了 111 人，包括 2 名中央管理的企业正职、2 名国资委党委管理的企业正职。

公开招聘一方面扩大了选人用人视野，营造了公平竞争环境，使优秀人才得以脱颖而出；另一方面，发挥了组织人事部门与企业家、人力资源专家共同选人的优势，为企业选拔、发现和储备了一批不同层次的优秀人才[1]。

（四）中央企业的监管制度和监管工作得到了完善和加强

主要是：

1. 国有资产监管体制进一步完善。

（1）国有资产监管组织体系基本建立。"十一五"期间，国务院国资委积极推动地方国资委的组建和完善工作。在指导省级政府全部组建国资委后，积极推动各地落实县级国有资产监管责任主体。通过努力，全国所有的省级政府、计划单列市政府和新疆生产建设兵团全部组建了国资委。中

---

[1] 《中国经济年鉴》（2011），中国经济年鉴社 2011 年版。

央和省、市（地）三级国有资产监管组织体系的建立，为加强国有资产监管工作奠定了体制基础。

（2）国有资产监管法规体系逐步完善。在《企业国有资产监督管理暂行条例》（简称《条例》）以行政法规形式确立国有资产出资人制度的基础上，2008 年 10 月《企业国有资产法》颁布出台，以国家法律形式明确了国资委作为政府授权履行出资人职责机构中的主体地位，规范了国资委与所监管企业之间的出资关系。截至 2010 年年底，国务院国资委制定现行有效规章 22 件、规范性文件 199 件，对企业规划发展、财务监督、统计评价、产权管理、改革改组、收入分配、业绩考核、收益管理、监事会监督、企业干部管理、党的建设以及企业履行社会责任等各项工作进行了规范。"十一五"期间，国有资产监管立法工作实现了三个转变，即立法思路从过去着力规范国有企业经营管理制度，转向重点建立企业国有资产出资人制度；立法重心从过去着力管理国有企业，转向重点监管企业国有资本；制度设计从过去着力明确国有企业权利义务，转向重点规范国资委与国家出资企业的出资关系，落实出资人职责，维护国有资产出资人和国家出资企业的合法权益。目前，以《企业国有资产法》为龙头，以《条例》为基础，以国有资产出资人制度、国家出资企业制度和国有资产统一监管制度三大制度体系为基本框架，以国务院国资委制定的规章规范性文件和地方国资委制定的规章规范性文件为具体内容的国有资产监管法规体系基本形成，为企业国有资产监管工作奠定了制度基础。（3）国资委系统指导监督工作体系初步形成。国务院国资委及地方各级国资委在对国家出资企业履行出资人职责的同时，积极指导下级国资委工作，确保国有资产监管制度得到有效贯彻。2006 年国务院国资委发布《地方国有资产监管工作指导监督暂行办法》（国资委令第 15 号），2009 年印发《关于进一步加强地方国有资产监管工作的若干意见》，2010 年召开国资委系统指导监督工作会议，对指导推动地方国资监管工作进行了全面部署。目前，全国国有资产监管"一盘棋"的局面初步形成。

2. 国有资产监管工作深入开展。

（1）规划管理工作加快推进。国务院国资委通过逐户核定并公布每家中央企业的主业范围，加强企业发展战略规划、业绩考核和投资项目管理，引导推动中央企业聚焦主业，强化主业，鼓励中央企业实施主辅分离、辅业改制。"十一五"期间，一批中央企业精干主业、剥离辅业，压缩管理链条，优化了资源配置，增强了核心竞争力。中央企业的主业投资比重从2006年的97.3%增加到了2009年的98.6%。

（2）业绩考核不断深化。国务院国资委在总结2003年以来业绩考核工作的基础上，在"十一五"期间修订了《中央企业负责人经营业绩考核暂行办法》，在中央企业全面实施经济增加值考核，强化企业的资本成本意识和回报股东意识，引导中央企业提高资本使用率和资本回报水平；引导中央企业提高发展质量，做强主业、控制风险、优化结构；引导中央企业走可持续发展之路，更加注重自主创新，更加注重战略投资，更加重视长远回报。将节能减排和安全生产纳入中央企业负责人经营业绩考核，引导中央企业进一步转变发展方式，努力实现清洁发展、节约发展和安全发展。

（3）推进收入分配和国有资本经营预算工作。国务院国资委探索创新收入分配调控机制，稳步推进中央企业工资总额预算管理办法，职工工资统筹考虑企业经济效益、发展战略、人工成本投入产出效率等因素，工资增长基本实现了合理、适度；在薪酬管理方面，明确中央企业负责人的薪酬由基薪、绩效薪金和中长期激励三部分构成，基薪根据企业经营规模、经营管理难度、所承担的战略责任等因素综合确定，绩效薪金根据企业负责人的年度经营业绩考核级别及考核分数确定；在股权激励方面，在总结国有控股上市公司及高新技术企业、科研设计企业股权激励试点经验基础上，探索研究分别适用于上市公司、非上市公司，与企业发展战略和发展阶段相适应的多元化中长期激励方式。指导和推动中央企业不断规范企业负责人职务消费，积极探索董事会企业高管薪酬管理的方式。在收益管理方面，2007年国务院印发《关于试行国有资本经营预算的意见》，正式建立了国有资本经营预算制度。"十一五"期间，国资委系统进一步明确了国有企业收益的上交范围、申报、核定及具体工作程序，认真开展收益的收取和使用。国有资本经营预算在国有经济布局结构调整、深化国有企业改革、应对重大自然灾害和完善社保基金方面发挥了重要作用。

（4）财务监督进一步加强。"十一五"期间，国务院国资委制定一系列部门规章和管理规范，建立健全企业总会计师职责管理、重要财务事项备案监督制度，不断加强财务预算决算管理、财务动态监测、会计核算监督、经济责任审计、内部审计管理、中介财务审计监督、综合绩效评价、资产损失责任追究等各项工作。根据中央企业整体情况，制定了以资产负债率为核心，综合现金流、营运资金、逾期负债等相关指标的企业债务风险评估体系。各级国资委建立健全了财务动态监测体系，形成了国务院、省、市（地）三级国资委财务快报系统，实行月度和季度经济运行快报制度，为领导科学决策提供及时有效的监测信息。同时，国资委系统通过完善财务监测结果反馈机制，有效促进出资人监管与企业日常经营管理的有机结合。

（5）国有产权管理工作扎实开展。为有效防止国有资产流失，国资委系统制定发布了一系列健全产权管理制度和规范国有产权转让的规章、规范性文件，推动了国有产权转让工作的有序进行。国务院国资委通过建设企业国有产权交易监测系统、会同有关部门对地方国有产权交易情况和产权交易机构运作情况进行检查评审等一系列工作，着力培育规范的产权交易市场。上海、天津、北京、重庆等省市的企业国有产权进场交易顺利通过了六部委的两次联合评审，地方产权交易机构接入监测系统的省区市已达到 26 个。国务院国资委积极稳妥推进完成国有控股上市公司股权分置改革，强化国有股东行为规范，发挥国有控股上市公司在证券市场的导向性作用，维护各类投资者合法权益，有效促进了证券市场的健康、稳定发展；通过规范国有股东所持上市公司股份流转及国有股东与上市公司重组等行为，实施国有股东所持上市公司股份和国有控股上市公司运行情况动态监测，推动了国有资源优化配置，提升了国有控股上市公司质量。

（6）管理创新与风险防控水平进一步提高。国资委系统指导国有企业不断加强和改善基础管理，积极进行管理创新，并逐渐从生产领域向资本经营、科研开发和人力资源管理等新的领域拓宽，企业管理的信息化、现代化水平得到较大提高。2006 年以来，在评选出的全国企业管理创新成果总数和一等奖数目中，国有企业的成果占 90%。同时，国资委系统高度重视指导国有企业加强风险管理。2006 年印发《中央企业全面风险管理指引》，引导组织企业清理高风险业务，搞好风险监控。目前，大多数中央企业建立了风险管理规章制度，一批中央企业境外上市公司建立了较为完善的风险内部控制体系。为应对全球化市场竞争、提升企业经营管理水平、有效防范法律风险，国务院国资委连续实施企业法制建设两个三年目标（2005—2007 年、2008—2010 年），指导推进国有重点企业，特别是中央企业总法律顾问制度和法律风险防范机制建设。截至 2011 年 6 月底，在 120 户中央企业中，有 117 户建立了总法律顾问制度，占 98%。在 1155 户中央企业重要子企业中，有 1058 户建立了总法律顾问制度，占 92%。① 企业法律顾问组织体系基本建立，法律风险防范机制逐步完善，上下联动的企业法律管理链条开始形成。"十一五"期间，全国国有重点企业特别是中央企业规章制度、重大决策和经济合同的法律审核得到明显加强；改制上市、调整重组过程中的法律论证与保障得到进一步落实；企业"走出去"，法律风险防范也要跟着"走出去"的工作机制逐步形成；企业重大法律纠纷案件协调处理的力度进一步加大。

（7）国有企业领导人员管理和人才队伍建设不断加强。"十一五"期间，国资委系统积极推动国有企业实施人才强企战略，全面加强人才队伍建设。为加强对中央企业领导人员的管理，国务院国资委在强化中央企业经营业绩考核基础上，建立了经营业绩考核结果与领导人员薪酬激励挂钩、综合考评结果与领导人员培养使用挂钩的考核评价体系。认真抓好中央企业领导的思想政治建设，加强对领导班子民主生活会的指导，综合考评领导人员政治素质、经营业绩、团结协作和作风形象，建立健全"四好"领导班子创建活动长效机制。同时，国务院国资委会同组织部联合印发《关于董事会试点中央企业董事会选聘高级管理人员工作的指导意见》，积极探索现代企业制度条件下坚持党管干部原则的有效途径，建立了出资人选派和管理董事会、董事会选聘和管理经理层的国有企业领导人员分层分类管理新体制。此外，积极探索市场化选人用人机制，把党管干部原则和市场化选聘相结合，推动中央企业加大市场化选聘工作力度。截至 2010 年 6 月，除了中央企业已连续 6 年面向海外公开招聘了 111 名央企高管以外，还通过公开招聘、竞争上岗等方式选聘各级经营管理人才增加到 52.1 万人。

（8）监事会监督能力明显提高。国务院国资委积极推进监事会工作科

---

① 《中国经济时报》2011 年 9 月 22 日第 1 版。

学发展，监事会监督能力明显提高。2006 年国资委印发《关于加强和改进国有企业监事会工作的若干意见》，此后相继出台多项配套办法及一系列监督检查工作规则，初步形成监事会制度体系，促进了监事会工作规范化、程序化、标准化。2007 年开始，监事会由事后监督调整为当期监督，实现了监督方式的重大转变。2008 年以来，监事会积极实施"三个探索"，增强了监督工作的灵敏性、针对性和有效性。2009 年推进内部组织结构调整，实行大办事处体制，优化配置监督资源，提高了监事会工作的效率。2010 年加大检查力度，积极开展集中重点检查和境外资产监督试点，推进与委内工作协调融合，完善年度报告内容和改进报告成果处理落实工作方式，监事会监督日益深化。在当期监督中，监事会及时揭示监督检查中发现的重大风险，及时报告涉及国有资本权益和国有资产安全的重大事项，及时反映企业生产经营动态和经营管理存在的问题，提交的监督检查报告成为党中央国务院以及有关部门了解企业真实情况的重要渠道和进行决策的重要参考[1]。

作为发展根本动力的国有经济改革的全面深化，强有力地推动了中央企业的发展。

如果从 2003 年国资委成立算起，那么 2003—2009 年，中央企业资产总额由 80019.4 亿元增加到 209759.6 亿元，增长 1.62 倍，年均增长 17.4%；营业总收入由 42489.8 亿元增加到 123236.2 亿元，增长 1.9 倍，年均增长 17.4%；利润总额由 2903.5 亿元增加到 7576 亿元，增长 1.61 倍，年均增长 17.4%；上缴税金总额由 3533.0 亿元增加到 10722.9 亿元，增长 2.04 倍，年均增长 20.4%[2]。

2010 年，中央企业资产总额达到 24.3 万亿元，同比增长 16.3%；营业总收入达到 166322.8 亿元，同比增长 31.9%；利润总额达到 11301.9 亿元，同比增长 37.8%；上缴税金总额达到 13194.2 亿元，同比增长 19.9%[3]。

2011 年 1—8 月，中央企业营业总收入又上升到 151467.8 亿元，同比增长 24.1%；利润总额上升到 10422.4 亿元，同比增长 18.6%；上缴税费

---

① 详见《"十一五"国有资产监管成就辉煌，布局结构调整成效显著》一文，中国经济网，2011 年 3 月 2 日。

② 《中国财政年鉴》（2010），经济科学出版社 2010 年版，第 471 页。

③ 《中国经济年鉴》（2011），中国经济年鉴社 2011 年版。

上升到 20793.9 亿元，同比增长 28.8%。[①]

中央企业在快速发展的过程中，实现了做强做优。其主要表现：一是中央企业户均资产规模急剧扩大。这一点，固然是企业做大的直接体现，但它又为企业做强做优在资金、人才和技术等方面创造了有利条件。从这种相互联系的意义上说也可以把它看做是做强做优的一个重要方面。2003—2009 年，中央企业户均资产规模由 5.2 亿元上升到 11.2 亿元。2009 年，中央企业户均资产规模比全国规模以上的工业企业户均资产规模 1.14 亿元要高出 8.8 倍；比规模以上的私营工业企业户均资产规模 0.36 亿元要高出 30.1 倍，比港澳台投资的工业企业户均资产规模 1.29 亿元要高出 7.7 倍，比外商投资的工业企业户均资产规模 1.95 亿元要高出 4.7 倍[②]。诚然，这里的统计口径不完全一样。中央企业不只包括工业企业，还包括其他非金融类企业，而其他的企业只是包括工业企业。但从上述户均资产规模的巨大差距，还是可以清楚看出中央企业的户均资产规模远超过其他工业企业的户均资产规模。

二是中央企业做大以及与之相联系的做强做优在对外经济贸易方面也明显表现出来。到 2009 年年底，开展国际化经营的中央企业已经达到 108 家，境外资产总额超过 6000 亿美元，占我国对外直接投资累计净额的 63.3%；中央企业境外资产总额已占其总资产的 19%，当年利润占其利润总额的 37%[③]。在当前国际竞争趋于激烈的形势下，这一点也从一个侧面反映了中央企业在做大做强方面取得的重要进展。依据英国《经济学人》杂志 2011 年发布的 2010 年全球最大企业雇主排行榜，在前八大企业雇主中，中国企业占了四家，其中三家都是中央企业[④]。

三是中央企业做强做优集中体现在它在中国企业 500 强的占比上，特别是体现在世界企业 500 强的占比上。2011 年，国资委中央企业列入中国企业 500 强的企业达到 53 户，占企业总数的 10.6%；营业收入到达 90203

---

① 新华网，2011 年 9 月 19 日。

② 《中国财政年鉴》(2010)，经济科学出版社 2010 年版，第 460 页；《中国统计年鉴》(2010)，中国统计出版社 2010 年版，第 507、534、538、547 页；国资委网，2011 年 7 月 29 日。

③ 《国有资产管理》2011 年第 6 期，第 69 页。

④ 《中国财经报》2011 年 9 月 23 日第 6 版。

亿元，占营业收入总额的 47.5%；净利润达到 10603 亿元，占利润总额的 56.5%。2003 年，国资委成立时，中央企业列入世界 500 强的只有 15 户，占企业总数的 3%；营业收入为 3583 亿美元，占营业收入总额的 2.4%；利润为 179 亿美元，占利润总额的 2%。但到 2011 年，中央企业在世界 500 强中的地位有显著上升。2011 年，国资委中央企业列入世界 500 强的企业上升到 45 户，占企业总数的 9.0%；营业收入达到 23927 亿美元，占营业收入总额的 10.36%；利润达到 15165 亿美元，占利润总额的 15.85%[①]。

四是中央企业做强做优必然导致其经济效益的提高。2003—2010 年，中央企业净资产收益率由 3.9% 提高到 8.8%[②]。

国有经济改革不仅促进了中央企业做强做优，而且促进了中央企业经济发展方式的转变，发挥了中央企业做强做优与转变经济发展方式的相互促进作用。显然，中央企业做强做优为转变经济发展方式奠定了重要基础。而中央企业转变经济发展方式又成为中央企业做强做优的一个极重要的促进因素。

中央企业在转变经济发展方式上涉及诸多方面，这里只叙述其中的一个极重要方面，即作为转变经济发展方式的重要支撑的科技进步和创新能力的提高。

总的说来，经过多年的发展，中央企业已经成为和正在成为国家科技进步和创新的主力军。其主要表现是：（1）《国家中长期科学和技术发展规划纲要》确定的我国需要突破的 11 个重点领域，中央企业都有涉及；16 个国家科技重大专项，中央企业参与了 15 个；863 计划的参与率达到 29.5%；科技支撑计划参与率达到 23.3%；在基础研究领域 973 计划中，参与率也达到 13.5%。（2）历年国家科技进步特等奖及绝大部分的国家技术发明一等奖均由中央企业获得，国家科技进步一等奖和二等奖的获奖比例均保持在同类奖项的 60% 和 30% 左右。（3）在载人航天、绕月探测、特高压电网、支线客机、4G 标准、时速 350 公里高速动车、3000 米深水钻井平台、12000 米钻机、实验快堆、高牌号取向硅钢、百万吨级煤直接液化等领域和

---

① 《财富杂志》2004 年 7 月 26 日，财富中文网，2011 年 7 月 13 日。

② 《中国财政统计年鉴》（2010），经济科学出版社 2010 年版；《中国经济年鉴》（2011），中国经济年鉴社 2011 年版。

重大工程项目中取得了一批具有自主知识产权和国际先进水平的创新成果。
（四）中央企业主要专利指标年均增长都在 35% 以上。2010 年，中央企业
申请专利 52283 项，其中发明专利 26563 项；授权专利 30616 项，其中发明
专利 7526 项。"十一五"期间，企业授权专利的增长高于申请专利的增长，
发明专利的增长高于专利总量的增长，专利质量稳步提高（专利申请量年
均增长 37.3%、发明专利 38.8%，专利授权量年均增长 42.7%、发明专
利 43.5%）。

中央企业的这种骨干作用，是与它已经形成的物质条件相联系的。(1)中
央企业科技投入水平逐年提高，研发能力显著增强。"十一五"期间，中央
企业科技活动经费总额由 1244 亿元增长到 3079 亿元，年均增长 25.4%；
研发经费由 701 亿元增长到 1911 亿元，年均增长 28.5%，初步建立了科技
投入稳步增长的长效机制。（2）中央企业培养和凝聚了一支高素质的科技
人才队伍。截至 2010 年年底，中央企业科技活动人员和研究开发人员分别
达到 129.8 万人和 53.5 万人，分别占中央企业职工总数的 10.7% 和 4.4%。
(3) 中央企业建成并拥有了一大批具有较强的国家级科研机构。在"十一
五"建设的企业国家重点实验室中，中央企业获批建设 47 家，占国家总数
的 49%。在国务院国资委与科技部、财政部、教育部等八部门联合开展的
"国家技术创新工程"中，已经先后有 65 家中央企业成为创新型试点企业，
其中 54 家被正式命名为"创新型企业"；56 个产业技术创新战略联盟中，
有 24 个由中央企业牵头或参与组建。(4) 中央企业已经和正在成为我国战
略性新兴产业的主要力量。近年来，中央企业在智能电网、电动车、三网
融合、新能源、新材料、节能降耗、低碳减排、绿色环保等战略性新兴产
业领域已经初步具备了相对完整的产业链和一定的产能规模。企业在很多
领域的技术水平已接近或达到世界领先水平。例如，在等离子点火、循环
流化床、二氧化碳捕集、IGCC 煤电多联产等清洁能源技术方面，达到了世
界领先水平；在特高压、智能电网、高速动车组等技术领域，具有明显的
比较优势；在风能、太阳能、生物质能等新能源领域以及航空装备、海洋
工程装备等高端装备制造领域，具有较好的技术积累。[1]

---

[1] 详见《全面提升科技创新能力，努力打造具有国际竞争力的世界一流企业》，国资委网，2011
年 7 月 29 日。

中央企业在做强做优和转变经济发展方式方面取得的重大进展，在增强国有经济在国民经济中的主导作用，推动我国社会主义现代化建设，抵御国际金融危机影响和加强国际竞争力，以及援助多种严重自然灾害等方面发挥了重要作用。

二　当前中央企业不适应国家"十二五"规划提出的转变经济发展方式要求的主要方面

为了说明这一点，首先需要全面把握转变经济发展方式这一概念的内涵。

党的十七大依据新中国成立后50余年发展经济的经验教训和现阶段我国经济发展方面的基本现实，并参照国际经验和世界形势，在党的文献中第一次提出了转变经济发展方式这一具有重大理论意义和实践意义的科学概念。

按照党的十七大报告的分析，转变经济发展方式的内涵就是："促进经济增长由主要依靠投资、出口拉动向依靠消费、投资、出口协调拉动转变，由主要依靠第二产业带动向依靠第一、第二、第三产业协调带动转变，由主要依靠增加物资消耗向主要依靠科技进步、劳动者素质提高、管理创新转变。"[1]

接着需要说明的问题是：从哪个主要方面，并相应地用什么指标来正确反映中央企业在转变经济发展方式方面与国家"十二五"规划要求的不适应状况？这又包括两个方面：一是在上述转变经济发展方式所包括的三个转变中，其中每一个转变用什么指标来反映中央企业在转变经济发展方式方面与国家"十二五"规划要求不适应状况；二是在总体上（即包括三个转变）用什么指标反映这方面不适应状况。

就前一方面说，第一、第二个转变都是同宏观经济相联系的范畴。这一点就从原则上决定了不能从作为微观经济的中央企业（或国有经济）选出合理指标，来全面反映中央企业（或国有经济）在转变经济发展方式方面与国家"十二五"规划要求的不适应状况。因为在这两个转变中，是无

---

[1] 《中国共产党第十七次全国代表大会文件汇编》，人民出版社2007年版，第22页。

法单从这个领域确定适应转变经济发展方式要求的消费，投资和出口协调的比例关系以及第一、第二、第三产业协调的比例关系。以上分析是就第一种、第二种、第三种转变的整体来说的，并不排除在第一、第二种转变中选出某些指标来反映中央企业（或国有经济）在转变经济发展方式方面与"十二五"规划要求不相适应的情况。比如，在第一种转变中，可以净出口在总需求中的占比较高来反映这方面不相适应的情况。又如，在第二转变中可以选择战略性新兴产业在制造业总额在总需求中的占比较低来反映这方面不相适应的状况。但这些都只能部分反映中央企业（或国有经济）在第一种转变或第二种转变中在转变经济发展方式方面不相适应的状况，而不能从总体上反映这一点。但第三种转变既是与宏观经济相联系的范畴，也是与微观经济相联系的范畴。因此，在这个转变中，可以从中央企业（或国有经济）这个领域选出合理的指标来反映中央企业（或国有经济）在转变经济发展方式方面与"十二五"规划不相适应的状况。这方面的合理指标就是科技进步贡献率。这个指标集中地从整体上反映了中央企业（或国有经济）在第三种转变中在转变经济发展方式方面不相适应的状况。

而且，从某种相互联系的意义上说，科技进步贡献率还可以反映中央企业（或国有经济）在第一种、第二种转变中不相适应的状况。从上述转变经济发展方式的内涵中，我们可以清楚看到：科学技术进步也是实现第一、第二种转变的重要支撑。诚然，实现第一、第二种转变是由我国当前多种因素决定的，但从根本上说来，第一、第二种转变都离不开社会生产力的发展状况。而在科学技术成为第一生产力的时代，它们也都离不开科学技术进步。至于实现第三种转变更是直接依赖于这一点。正是基于这个考虑，可以认为中央企业不适应国家"十二五"规划转变经济发展方式要求的主要方面也就在这一点。因此，这里也像在前面论述中央企业在促进经济发展方式转变一样，主要就是围绕不适应科学技术进步这个中心来展开的，主要以科技进步贡献率及其相关指标来表示的。

据测算，在"十五"末期，科学技术进步对我国经济增长的贡献率只达到40%左右①。"十一五"以来，这个指标有进一步提高。中央企业更是

① 新华网，2009 年 8 月 25 日。

这样。但在这方面，当前中央企业与国务院国资委在"十二五"期间提出的要求相距甚远。当代经济发达国家科技进步的贡献率都在60%—80%。国务院国资委依据在"十二五"期间要努力把中央企业打造成具有国际竞争力的世界一流企业的要求，提出在这期间中央企业科技进步的贡献率要超过60%①。可见，当前中央企业在这方面不适应的情况还是很明显的。

研究与试验发展（以下简称研发）的投入是决定科技进步的一个最重要的因素。2010年，我国共投入研发经费7062.6亿元，进入世界第三位；研发投入强度（研发经费与国内生产总值之比）也已达到1.76%。但按照国家"十二五"规划的要求，到2015年，研发投入强度要提高到2.2%。这是对全国说的，对中央企业还有更高的要求。2010年，中央企业研发经费投入已经占到全国研发经费投入的27.1%；研发经费投入强度（即研发投入经费占销售收入的比重）也由2005年的1.0%提高到1.5%，大大高于全国大中型工业企业的0.93%②。但比当代经济发达国家已经达到的5.0%仍然要低得多。所以，按照把中央企业打造成具有国际竞争力的一流企业的要求，中央企业在这方面的差距也是很大的。

当代科学技术已经成为第一生产力，科技人才特别是高层次创新型科技人才则是第一资源。2010年，我国研发人员接近260万人/年，占全世界总量的1/5，居世界第一位；中央企业的研发人员已经占到全国研发人员的总数的20.5%。但无论是全国研发人员或中央企业研发人员数量，特别是高层次创新型科技人才的数量，都远远不能满足"十二五"期间转变经济发展方式的需要。目前，我国高层次创新型人才仅1万人左右。而按照国家人才发展规划的要求，力争到2020年高层次创新型科技人才要达到4万人左右③。

在经济全球化时代，在经济发达国家在科技领域拥有优势的条件下，科技自主创新能力也是衡量我国科技发展水平的极重要指标。作为当代经

---

① 国资委网，2011年6月23日。

② 新华网，2011年3月16日；国资委网，2011年7月29日；中国统计信息网，2011年9月28日；《中国统计年鉴》（2011），中国统计出版社2011年版，第772页。

③ 《〈中共中央关于制定国民经济和社会发展第十二个五年规划的建议〉辅导读本》，人民出版社2010年版，第183页；《十一届全国八大四次会议〈政府工作报告〉辅导读本》，人民出版社2011年版，第342页；国资委网，2011年6月23日。

济发达国家的美国和日本对外技术依存度仅有5%。当前，尽管我国制造业总量已经居于世界第一位，但总的对外技术依存度高达60%。其中工业新产品开发技术约有70%属于外源性技术，像电子信息这样的高技术产业的对外技术依存度也高达80%以上；在出口产品中拥有自主知识产权和自主品牌的大约只占10%[①]。

总之，就科学技术进步这个集中反映转变经济发展方式的要求来说，中央企业与国家"十二五"规划的不适应状况，主要也就体现在这一点。

三 形成并制约中央企业在转变经济发展方式方面与国家"十二五"规划不相适应的重要因素

（一）有些中央企业在转变经济发展方式方面缺乏应有的紧迫感

这一点是同他们对转变经济发展方式的极端重要性缺乏应有的认识直接相关的。这个重要性主要有以下三个方面。

1. 转变经济发展方式，是实现社会主义现代化建设三步走的宏伟目标的最重要途径。诚然，改革以来，我国在实现社会主义现代化方面已经取得了举世瞩目的辉煌成就。但离社会主义现代化建设三步走的目标（即到21世纪中叶人均国民生产总值达到经济中等发达国家的水平，人民生活比较富裕，基本实现现代化[②]）还相距甚远。2010年，我国国内生产总值达到401202亿元，按当年汇率（即1美元换6.77元人民币）计算，合59261.74亿美元，上升到世界第二位。但人均国内生产总值仅有4419.5美元，居世界第121位。[③]

就国内来说，实现这个目标需要两个基本条件。

（1）经济的快速、稳定、持续增长。就转变经济快速增长来说，实现经济发展方式转变，就是一个重要保证。诚然，从上世纪80年代以来我国面临的良好发展战略机遇期，直到21世纪中叶都不会改变，这又是因为决

---

① 国资委网，2011年6月24日；中国新闻网，2011年9月20日。
② 参见《中国共产党第十三次全国代表大会文件汇编》，人民出版社1987年版，第14—15页。
③ 《中国统计年鉴》（2011），中国统计出版社2011年版，第47、59、1056、1957页。

定这一点的基本条件不会改变。这些基本条件包括：经济全球化条件下改革开放效应；工业化中期阶段效应；积累了适应现代市场经济发展要求的、全过程的宏观调控经验；人口大国和经济大国的效应；仍然可以赢得一个较长时期的稳定的社会政治局面和一个较长时期的国际和平环境[1]。这些条件在该期间各自会有不同程度的漫长变化，但总的说来，不会发生根本变化。

正是这些基本条件决定了中国在今后一个长时期内还能保持8%的年均经济增速。这一点还可以从今后一个时期中国潜在经济增长率得到证实。我国现阶段潜在经济增长率似可定义为：在一定时期内，在既定的社会生产条件下，在适度开发利用资源和保护改善环境的前提下，各种生产要素潜能得到充分发挥所能达到的生产率。潜在经济增长率与现实经济增长率是经济增长中本质和现象的关系。而一切事物的本质都具有稳定性和长期性。确定经济增长率一个简单而又比较可靠的方法，就是依据长时期的年均经济增长率来确定。新中国成立后的1953—1978年、1979—2010年和1953—2010年的年均经济增长率分别为6.1%、9.9%和8.1%[2]。据此可认为，以8%作为今后一个时期的潜在经济增长率是比较稳妥的[3]。

要在这期间实现了年均增速达到8%，无疑可以称得上经济快速增长。但要在这期间真正实现年均增速8%，需要一系列的保证。转变经济发展方式就是其中的一个重要保证。问题在于：尽管潜在经济增长率是经济增长中的本质或规律，但任何规律的作用都是作为总的发展趋势存在的。与此同时存在的还有一种相反的趋势。就我们这里讨论的问题来说，在这方面不利于经济增速提高的最明显的因素有以下四点：①伴随人口老龄化的增长，作为最重要生产要素的劳动力的相对量甚至绝对量都会下降。②伴随工资的增长、要素价格改革的进展和环保的加强，产品成本会上升。这样，改革以来一直存在的低成本的竞争优势就会在世界市场上逐渐削弱。在我国经济对外开放度已经达到很大并将继续扩大的形势下，其对经济增长的负面作用会是很大的。不仅如此，伴随产品成本的上升，作为投资主要源

---

① 汪海波：《汪海波文集》，第9卷，经济管理出版社2011年版，第120—123页。
② 《新中国六十年统计资料汇编》，中国统计出版社2010年版，第12页；《中国统计年鉴》(2011)，中国统计出版社2011年版，第48页。
③ 汪海波：《汪海波文集》第10卷，经济管理出版社2011年版，第346—355页。

泉的积累会相对下降,而且,当前我国投资率过高,需要逐步下降。正是这两个因素作用的叠加,就使得作为经济增长源泉的积累的瓶颈作用也会逐步显露。③新中国成立后60年的经济增长,在很大程度上是依靠牺牲环境和过多消耗资源为代价的。在当前我国生态环境已经遭到严重破坏和资源变得更为紧缺的条件下,必须加强环境保护和资源节约。这样,环境和资源的瓶颈制约作用也就凸显起来。④在新中国成立后60多年的经济增长中多次发生经济过热。经济过热意味着某些年份的现实经济增长率超过甚至大大超过潜在经济增长率。改革以来,在某些领域(如股市和房地产市场)的某些年份还发生过经济泡沫甚至严重的泡沫。这种经济泡沫是一种虚假的经济增长,并不是真实的经济增长。但伴随改革深化和宏观经济调控加强,虽然不能从根本上消除经济过热和经济泡沫,但会使得二者趋于缓解。这一点在一定程度上会降低经济增速。此外,在这方面,还要考虑众多不确定因素以及难以预料的因素对经济增长的负面作用。就不确定因素来说,当前在这方面最突出的事例,要算是2007年由美国次贷危机引发的、从2008年开始的、席卷主要经济发达国家的、第二次世界大战以后的最严重的国际金融危机。表1的资料表明:2008年开始的国际金融危机使主要经济发达国家的经济增速普遍出现了负增长,陷入了经济衰退。2010年出现了复苏。但2010年又发生了逆转,不仅看不到趋于稳定的复苏迹象,而且可能陷入第二次衰退。

表 1　　　　　　**2007—2010 年主要经济发达国家国内生产总值增长率**①　　　单位:%

年份 国别	2007	2008	2009	2010
美国	1.95	0.44	-2.63	2.83
日本	2.36	-1.16	-6.28	3.94
德国	2.78	0.70	-4.67	3.50
法国	2.32	0.09	-2.55	1.49
英国	2.69	-0.06	-4.87	1.25

---

① 《中国统计年鉴》(2010—2011),中国统计出版社。

但如果从长时期看，这方面因素的不确定性会更大。1933年罗斯福实行的新政在实践上首创了有国家宏观经济管理的现代市场经济，宣告了自由放任的古典市场经济的结束。1936年凯恩斯创立的宏观经济学，为现代市场经济奠定了理论基础。第二次世界大战以后经济发达国家普遍实行了现代市场经济，从而推动了这些国家战后经济的大发展。当然，在这方面，现代科学技术的发展也起了极其重要的作用。但这期间经济发展的实践确实证明：在保持资本主义基本经济制度下，实行现代市场经济体制，使得资本主义制度所能容纳的社会生产力的程度大大提高。但实行这种体制并没根本解决资本主义的基本矛盾（即生产社会性与私人资本主义占有之间的矛盾）。因而，第二次世界大战后经济发达国家仍然多次发生经济危机。其中特别引人注意的有两次：一次是上世纪70年经济发达国家发生的滞胀，另一次是2008年发生的国际金融危机。诚然，滞胀和国际金融危机发生的表层原因是有区别的。前者主要是由石油价格大幅攀升引发的；后者主要是由金融的过度杠杆化和金融监控不力引发的。但二者发生的根本原因都是资本主义的基本矛盾。这段历史表明：现代市场经济体制为资本主义制度开辟的所能容纳的生产力空间也是有限的，而且越来越接近其极限。所以，经济发达国家在这次国际金融危机后，在大力推进科技进步和创新的同时，如果在经济体制方面不能进行有效的创新，不能进一步拓展资本主义制度所能容纳的社会生产力的空间，那么，今后发生的危机就会更加趋于严重。在经济全球化趋于发展和我国与经济发达国家的经贸关系趋于密切的形势下，这方面不确定性的增长，对我国今后的经济增速会有更大的影响。

上述情况表明：尽管在我国面临的良好发展战略机遇期内实现年均增速8%是可能的，但要真正实现仍需包括转变经济发展方式在内的一系列保证。而转变经济发展方式在这方面的作用是多方面的，并且是很明显的。比如，调整经济结构是转变经济发展方式的主要内容之一。调整产业结构是调整经济结构的主要内容之一，加快发展服务业又是调整产业结构的主要内容之一。而服务业的加快发展在提高经济增速方面又有某种独特作用。这主要是由以下五个因素决定的：一是在新中国成立后60年经济发展的各个时期内，在发展服务业方面虽有差别，但总的说来，都是滞后的。因而，当前和今后一个时期发展第三产业的潜力是很好的，无论就供给方来说，或是就需求方来说都是如此。二是当前我国已由下中等收入国家进入上中等收入国家。这两个阶段的服务业增加值在国内生产总值中的占比是有很大差别的，前者为53.4%，后者为60.4%。我国2010年在这方面的占比只有43.1%。这主要是因为在后一个阶段，消费需求提高的重点逐步由第一、第二产业的产品转向第三产业。因而第三产业的增速就比第一、第二产业要快得多。三是在我国，作为服务业重要组成部分的文化事业的改革今后会进一步加速。这就会从根本上推动文化事业和文化产业的发展。四是我国优秀的悠久文化在加速文化产业发展方面具有独特的重要作用。这种文化与现代文化相结合，就成为推进文化产业发展的一个重要因素。21世纪以来在这方面的实践已经证明了这一点。五是服务业许多产品的价格决定及其变化都有其特点。

按照马克思主义经济学，商品价格是由其价值决定的，并受到供求关系的重大影响。商品价值是由各个生产部门生产商品的社会必要劳动力量决定的。商品价值量与社会必要劳动量成正比；但与社会劳动生产率成反比。而服务业的许多部门都是个体劳动（如餐饮、旅店、维修和家政等服务业）。它不能像第一、第二产业那样，广泛采用先进的技术和专业分工，因而它的社会劳动生产率比第一、第二产业要低得多，而且很难提高。因而，相对第一、第二产业来说，它的商品价值就高，而且很难降低。由这种价值决定的服务业产品价格就比较高，而且难以降低。这样，在由通货膨胀导致产品（服务）价格上升的条件下，服务业的价格变化也有它的特点。

就第一、第二产业来说，如果由通胀导致的价格上升的速度低于其劳动生产率提高的速度，其价格不仅可以不升，反而会降；如果这两种速度相等，其价格可以不变；只是在前者的速度高于后者的情况下，其价格才会上升。但在这方面，服务业费用变化则不然。由于其劳动生产率提高缓慢，对由通胀导致的价格上升的对冲作用很小。因而，在通胀条件下，其价格上升的速度就比第一、第二产业价格快得多。

据有的学者考察，在我国有的城市，1980年买一台17寸黑白电视机要1000元，雇一位家政服务员一年是500元；而当前，买一台21寸平面彩色电视机也只要 1000 元，但雇一位家政服务员一年却要 15000 元。[①] 服务业不仅在价值决定价格方面有其特点，在需求影响价格方面也有其特点。在服务业的许多部门，特别是文化创意产业的服务费用是远远脱离其价值的。当然，这些部门的创意是一种较高的复杂劳动，其创造的价值也要高得多。但仅有这一点，远远不能说明创意产业的收入之高。其主要原因还是消费者在这方面的特殊偏好。再有，演艺明星收入也远远高于其他部门，其秘密也在这里。上述各点在我国当前已初显端倪。相对我国经济改革来说，文化事业单位改革起步较晚，因而文化事业部分地作为产业来发展也是从新世纪初才开始的。但文化产业的发展却很快。据统计，按现价计算，2004—2008 年，文化产业法人单位增加值年均增速高达 23.3%；2008—2010 年年均增速又上升到 24.4%。其增加值占国内生产总值的比重由 2004 年的 1.94% 上升到 2010 年的 2.75%。[②] 一般说来，文化产业要成为支柱产业，其增加值在国内生产总值中占比要达到 5%。按已有的增速计算，并考虑到可能出现的加速度的作用，预计 2016 年文化产业将成为我国的支柱产业。

但当前流行的观点，在论到加快转变经济发展方式时，往往仅从资源和环境的瓶颈制约以及增强国际竞争力等方面展开的。就当前国内外的情况来看，强调这些是正确的。但如果忽视适度经济增速在保证转变经济发展方式方面的重要作用，也是不全面的。正是针对这种情况，才在这里就这方面的重要性做了比较详细的分析。而且，适度的经济增速也正是在 21 世纪中叶实现社会主义现代化三步走的战略目标所必需的。

就经济稳定增长来说，它对转变经济发展方式也有不容忽视的重要作用。但当前流行的观点，几乎不提这一点，这也不能认为是全面的。

经济稳定增长有多方面的含义，这里专指经济周期波谷年与波峰年在经济增速方面的落差趋于缩小，即波动强度趋弱。

依据新中国成立以后 60 多年的经济发展的具体情况，将波谷年与波峰年经济增速的落差在 20 个百分点以上称作超强波周期，10 个百分点以上称作强波周期，5 个百分点以上称作中波周期，5 个百分点以下称作轻波周期。详见表 2。

[①] 《十一届全国八大四次会议〈政府工作报告〉辅导读本》，人民出版社 2011 年版，第 302 页。

[②] 国家统计局网，2011 年 9 月 16 日。

表2   新中国成立后历次经济周期波动强度的变化①

经济周期	波峰年增速 （以上年为100）	波谷年增速 （以上年为100）	波谷年与波峰年增 速落差（百分点）	经济周期波动强度
第一周期	1953 年为115.6	1950 年为104.2	11.4	强波周期
第二周期	1956 年为115.0	1957 年为105.1	9.9	接近强波周期
第三周期	1958 年为121.3	1961 年为72.7	48.6	超强波周期
第四周期	1964 年为118.3	1967 年为94.3	24.0	超强波周期
第五周期	1970 年为119.4	1976 年为98.4	21.0	超强波周期
第六周期	1978 年为111.7	1981 年为105.2	6.5	中波周期
第七周期	1984 年为115.2	1986 年为108.8	6.4	中波周期
第八周期	1987 年为111.6	1990 年为103.8	7.8	中波周期
第九周期	1992 年为114.2	1999 年为107.6	6.6	中波周期
第十周期	2007 年为114.2	2009 年为109.2	5.0	轻波周期

表2 的资料表明：改革前经历了5 个经济周期。其中第一、第二个经济周期为强波周期或接近强波周期，第三、第四、第五个经济周期均为超强波周期。改革以后也经历了5 个经济周期。其中第六、第七、第八、第九个经济周期均为中波周期，第十个经济周期为轻波周期。当然，第十个经济周期还没有结束。这个周期已经历的2007—2010 年的经济增速分别为14.2%、9.6%、9.2%和10.4%。②预计在正常情况下，这个经济周期的波谷年的经济增速均为9%左右。所以，这里把2009 年的9.2%的增速，看做是这个周期的波谷年，大体上是可以的。

为了说明经济周期波动强度的变化与作为经济发展方式转变之间的联系，现在再将它与农业劳动生产率的变化作一下对比。因为劳动生产率的提高是经济发展方式转变的一个重要指标；而农业劳动生产率的变化对我国经济周期波动强度的变化又有最重要的制约作用。

这里在说明农业劳动生产率在多个经济周期的变化时，是以每个种植

① 《新中国六十年统计资料汇编》，第11 页；《中国统计年鉴》（2011），中国统计出版社2011 年版，第47 页。

② 《中国统计年鉴》（2011），中国统计出版社2011 年版，第47 页。

业劳动力每年生产的粮食产量来表示的。因为粮食一直是新中国成立以后最重要的农产品。而且就农产品对经济周期波动强度的制约来说，粮食又具有最重要的作用。

但由于只有每年从事农业的劳动力数字，缺乏每年从事粮食和种植业的劳动力的数字，故只能用从事种植业生产的劳动力的数字，而且这个数字还是从每年种植业占农业总产值的比重中推算出来的。由于粮食生产在农业总产值中的比重是趋于下降的，因而表3所说的粮食生产劳动生产率的变化不是很准确，有低估的缺陷。但由于粮食生产一直在种植业中占有最重要的地位，因而表3表明的粮食生产劳动生产率的变化趋势，大体上是可靠的。

表2、表3的资料表明：相对后续经济周期来说，第一、第二周期的波峰年与波谷年粮食生产的劳动生产率变化不大。这就能从一个方面说明这

表3　　　　　新中国成立后各个经济周期粮食生产劳动生产率的变化①

经济周期	波峰年每个农业劳动生产力生产的粮食（吨）	波谷年每个农业劳动生产力生产的粮食（吨）
第一周期	1953年为1.15	1954年为1.15
第二周期	1956年为1.26	1957年为1.25
第三周期	1958年为1.58	1961年为0.85
第四周期	1964年为1.08	1967年为1.13
第五周期	1970年为1.15	1976年为1.40
第六周期	1978年为1.35	1981年为1.46
第七周期	1984年为1.78	1986年为1.81
第八周期	1987年为1.88	1990年为1.77
第九周期	1992年为1.86	1999年为2.47
第十周期	2007年为3.24	2009年为3.61

---

① 《建国30年国民经济统计摘要》，第50页；《新中国六十年统计资料汇编》，第33、35页；《中国统计年鉴》（2011），中国统计出版社2011年版，第464、477页。

两个经济周期经济增速波动强度不是很大，处于强波周期。如果不说第五个经济周期，仅就第三、第四个经济周期来说，或者是由于波峰年与波谷年的粮食生产劳动生产率变化太大（如第三个经济周期），或者是由于波峰年和波谷年的粮食生产劳动生产率都太低（如第四个经济周期），使得这两个周期陷入超强波周期。而在第六、第七、第八、第九个周期，其共同特点是粮食生产劳动生产率都大大提高了，而且大多是波谷年的粮食生产劳动生产率高于波峰年（1990 年除外）。这就使得这四个经济周期的波动强度大大下降，进入中波周期。到第十个经济周期，其波峰年和波谷年的粮食生产劳动生产率又显著高于此前的四个周期，从而第一次进入了新中国成立以后的轻波周期。以上十个周期经济增速波动强度的变化，显然是由多种复杂因素决定的。这里的分析仅从粮食生产劳动生产率的变化对其制约作用而言的。但这个分析进一步证明了马克思曾经揭示的农业是国民经济基础的规律。马克思曾就此说过："超过劳动者个人需要的农业劳动生产率，是一切社会的基础。"[①] 这里的分析不过是把马克思揭示的这个规律从一个最重要方面用来说明我国经济周期波动强度的变化，从而说明作为经济发展方式转变的一个重要标志——农业劳动生产率的提高在实现经济稳定增长中的重要作用。诚然，直到目前我国农业和整个国民经济的发展方式还没有发生根本的转变；但这个转变是一个长期的发展过程。实际上，新中国成立以后，在这个方面已经发生了一定程度的转变。所以，用农业劳动生产率的变化来说明转变经济发展方式中重要作用，在理论上是站得住的。

就经济持续增长来看，一般来说，在经济现代化和全球化以及资源和环境瓶颈作用凸显的条件下，任何一个经济大国要实现经济的持续发展，都必须做到消费、投资和出口的协调，第一产业、第二产业和第三产业的协调，劳动力投入、物资投入和科技投入的协调，以及经济增长与人口、资源和环境的协调，否则，就是不可能的。

我国虽然是社会主义国家，但当前这四方面都在不同程度上处于严重的失衡状况。2010 年我国投资率比世界各国平均投资率要高出 20 多个百分

---

① 《马克思恩格斯全集》第 25 卷，人民出版社 2008 年版，第 885 页。

点；第三产业增加值在国内生产总值中的占比比世界平均水平要低 30 个百分点。在资源过度消耗和环境严重破坏方面也是如此。我国在总体上是一个资源大国，但庞大的人口基数使人均资源占有量居于世界后列，当前生存和发展资源都很紧缺。当前人均耕地不到世界平均水平的 30%，人均草地是世界平均水平的 1/3 左右；人均林地不足世界平均水平的 14%，人均水资源不到世界平均水平的 1/4；大多数矿产资源人均占有量不到世界平均水平的一半。但资源过度消耗以及与之相联系的环境破坏却达到了很严重的地步。2010 年，我国单位 GDP 能耗相当于德国的 5 倍、日本的 4 倍、美国的 2 倍；中国以占世界 8% 的经济总量，消耗了世界能源的 18%、钢铁的 44%、水泥的 53%，化学需氧量、二氧化碳排放量、二氧化硫排放量和酸雨面积都居世界首位[1]。诚然，"九五"时期以来，特别是党的十六大提出新型工业化和党的十七大提出科学发展观以来，我国在降低能耗物耗和治理环境方面已经采取许多有力措施，并取得一定成效。但资源过度消耗和环境恶化的趋势并没有从根本上得到扭转。

上述各种严重失衡状况是由多种原因造成的。但有一个共同点：都是长期的历史积累。在资源过度消耗和环境严重破坏方面，需要提及的有四件大事：一是 1958 年开始的"大跃进"；二是上世纪 60 年代下半期到 70 年代上半期的"三线"建设；三是 80 年代开始的农村工业的遍地发展；四是 90 年代下半期以来重化工业的超高速增长。

需要进一步指出：资本主义国家在工业化的过程中也无一例外地发生过资源过度消耗和环境污染问题。但对他们来说，在时间上这些问题绵延在二三百年的时间内发生的；在空间上通过掠夺殖民地使这些问题扩散到世界上的许多国家。而就我国来说，这些问题的发生是集中在半个世纪的时间里发生的，而且密集在本国一国的领土上。如果仅从这个对比意义上看，我国资源过多消耗以及环境破坏强度超过了经济发达国家。这就能从一个方面说明当前我国资源过度消耗以及环境破坏的严重程度。

上述情况表明：实现我国经济快速、稳定、持续增长，对转变经济发展方式来说，是一件极为重要的大事。

---

① 国资委网，2011 年 6 月 24 日。

（2）社会政治局面的长期稳定。矛盾的普遍性是一切事物发展的普遍规律。因此，任何事物都有二重性。我国在面临良好发展战略机遇期的同时，也面临着各种社会矛盾的多发期。诸如经济增长的资源环境代价过大；城乡之间、区域之间、经济和社会之间的发展不平衡加剧；贫富差别加大；部分政府官员和国企高管的贪污腐败严重；生产安全、食品安全和社会治安问题突出；不良的和腐朽的思想文化蔓延，等等。正如吴邦国同志所指出的，"中国是在人口多、底子薄、起步晚的基础上发展起来的，虽然取得的发展成就举世瞩目、发生的变化翻天覆地，但面临的矛盾和问题世界罕见"[1]。

这种世所罕见的矛盾显然是由多方面复杂原因造成的。但除了反映我国经济社会发展阶段性特点以外，似乎可以归结为封建主义余毒和资本主义弊病的叠加以及计划经济体制余病和市场经济体制不完善及其局限性的叠加。这种双重的叠加也是世所罕见的。也许可以用后一种世所罕见，从一个根本方面说明前一种世所罕见。

但就当前的情况来看，在实现社会政治稳定局面的作用方面，良好的发展战略机遇期和各种社会矛盾多发期，并不是平分秋色的关系，前者还占主要地位，后者只占次要地位。因而改革以来我国还是实现了社会政治局面的基本稳定。但任何矛盾的主要方面和次要方面在一定条件下都是可以相互转化的。一般说来，贫富差别扩大和政府官员贪污腐败蔓延是导致社会政治动乱的两个最重要的根源。这是被中外历史反复证明了的一个客观的真理。事实上，多年来我国由生产和食品安全、征地和住房拆迁以及司法不公等因素诱发的群体性事件就在不断发生，并有某种愈演愈烈的趋势。这种情况已经显露了社会政治局面不稳定的端倪。但在当前我国社会政治之所以还能维持基本稳定的局面，除了党的执政能力强以外，最根本的就是改革以来全国绝大多数人民生活水平都有了显著提高。所以，在对待社会政治局面稳定问题上，既不能夸大其词，以致丧失信心；又不能盲目乐观，以致丧失警惕。这两种情绪都是不利于巩固社会政治局面稳定的。

就我国当前情况来看，要巩固和发展社会政治稳定局面，除了要继续

---

[1] 吴邦国：《充分认识中国发展的阶段性特征》，《求是》2010 年第 19 期。

坚定不移地推进包括经济、政治、文化和社会方面的改革以外，在经济方面最重要的就是着力推进经济发展方式的转变。因为转变经济发展方式就可以大幅提高社会劳动生产率。在社会劳动生产率大幅提高的条件下，就可以在适当兼顾投资率的情况下，大幅提高消费率，从而提高人民收入水平，这是其一。其二，通过转变经济发展方式，调整产业结构，适度加快劳动密集型产业的发展，从而扩大就业。而扩大就业是提高民生之本。以上两点是就全国情况说的。其三，转变经济发展方式就意味着要加快农业现代化建设。这就会大大提高在全国人口占有很大比重的农民的收入水平。其四，在制造业方面，当前劳动者报酬占生产总值比重不到40%，比世界平均水平低10%—15%。这主要是由于收入分配不合理造成的，但同劳动生产率较低，以及由此造成的制造业产品增加值率较低也有很大关系。当前我国制造业产品的增加值率只有日本的4.37%、美国的4.38%、德国的5.36%。这样，通过转变经济发展方式提高产品增加值率，就有利于提高劳动报酬水平。其五，在对外贸易方面，转变经济发展方式就意味着要转变贸易发展方式，要大幅提高高技术、高附加值产品出口的比重。在这方面还需着重增强自主创新能力。这就会显著改变出口产品的收入分配格局。当前，我国由于自主创新能力不强，缺乏核心技术和知名品牌。这样，研发设计、关键部件和市场营销都掌握在外国企业手中，只有加工、封装等劳动密集型生产环节由国内企业生产。但这样一来，出口产品大部分收入都流到了外国企业，国内企业占的比重很小。比如，仅专利费一项，当前每部手机售价的20%，计算机售价的30%，数控机床售价的20%—40%，都要支付持有这些产品专利的国外企业。[①] 但通过转变经济发展方式，提高自主创新能力，就可以大大改变这种状况，大大提高国内企业收入，从而为提高劳动者收入创造有利条件。以上是就各部门的情况说的。其六，还要着重指出，转变经济发展方式，意味着要提高智力劳动和脑力劳动者（包括高级技工、工程技术人员、科学技术人员和经营管理人员）的比重。这一点本身就表明劳动力价值的提高，从而推动劳动报酬的上升。但更重要的还在于：脑力劳动者比重的提高，就意味着中等收入阶层的扩大。这

---

① 《求是》2010 年第 19 期。

样，随着转变经济发展方式的逐步推进，再加上收入分配和财税等方面改革的深化，就可以逐步形成橄榄形的社会结构（即中等收入阶层的比重大，高收入阶层和低收入阶层的比重都小）。国际经验表明：这种社会结构是最稳定的社会结构。其七，伴随经济发展方式的转变，以及由此带来的社会劳动生产率的提高，必然大大增加社会经济总量。这样，国家财政收入也可以有适度地较快增长。在这种情况下，用于维持社会政治局面稳定的经费也可以有较大地增加。这也是维护社会政治局面的一个重要因素。事实上，多年来我国用于这方面的费用已经有了大量地增加，从而推动了社会政治局面趋于稳定。总之，在当前形势下，加快经济发展方面的转变，已经成为巩固社会政治的稳定局面，并防止其向不稳定转变的一个重要条件。

2. 转变经济发展方式，是巩固社会主义国有经济主导地位的最重要条件。在我国社会主义初级阶段，必须实行以国有经济为主导、公有制为主体的多种所有制共同发展的基本经济制度。这是由我国现阶段的基本国情和生产力决定生产关系这一社会发展的基本规律决定的。

国有经济必须继续巩固在关系国民经济命脉和国家安全的重要行业和关键领域牢牢占据的支配地位。这对巩固国有经济的主导地位而言，是绝对必需的，是肯定无疑的。

但就当前情况来说，要巩固国有经济的主导地位，还需要它在整个国民经济中创造更高的生产力。按照生产力决定生产关系这一历史唯物主义的基本原理，一种生产关系的产生和发展是由生产力决定的。以此类推，一种生产关系在国民经济中的地位，也必须由生产力的发展来决定。

但当前国有经济还没有做到这一点。其突出表现就是国有经济的经济效益低于非国有经济的状况还没有改变。

表4的资料表明：总资产贡献率、资产负债率和流动资产周转次数这三项经济效益指标，国有及国有控股工业企业均比私营工业企业和外商投资工业企业要低，只有产品销售率略高于私营工业企业以及外商投资和港澳台投资（以下简称外商投资）的工业企业，工业成本费用利润率高于私营工业企业，但低于外商投资工业企业。所以，总体来说，国有和国有控股工业企业经济效益较低的状况还没有改变。

表4   2010 年各种所有制工业企业主要经济效益指标①

	总资产贡献率（%）	资产负债率（%）	流动资产周转次数（次/年）	工业成本费用利润率（%）	产品销售率（%）
国有及国有控股工业企业	13.63	60.31	2.14	8.43	98.78
私营工业企业	20.82	54.82	3.36	7.92	97.60
外商投资和港澳台投资工业企业	15.25	55.23	2.24	8.64	98.16

这样，当前要巩固国有经济的主导地位，就要在继续大力推进国有经济改革的同时，着力提高生产力。因而，转变经济发展方式就成为当前巩固国有经济主导地位的一件十分重要的事。

需要说明的是：从理论上说，国有经济所能容纳的生产力的高度要远远超出私营经济和外资经济。当前国有经济的经济效益之所以低于私营经济和外资经济，主要是因为国有经济的全面改革还没有完全到位，它在促进生产力方面的活力还没有显示出来。在这方面，国有经济与私营经济、外资经济是根本不同的。后者本身就是市场经济，不存在改革问题，存在的只是在政策和法律等方面，为在坚持公有制为主体的前提下，实现公有制经济和私营经济共同发展创造宽松的环境问题。当然，在计划经济体制向社会主义市场经济体制转变过程中，实现这一点也会遇到重重阻力，也不是一件容易的事。但相对国有经济的巩固来说，却要容易得多。因为国有经济改革是包括国有经济战略性调整、国有企业战略性改组、国有企业的公司制、股份制的改革和国有经济监管体制的建立在内的全面改革，是脱胎换骨的改造，是一件十分困难的事。这就是国有经济全面改革至今还没有全面到位的客观原因。当然，这一点同国有经济改革中的众多失误也有很大关系。

因此，国有经济经济效益低于私营经济和外资经济只是短期的状况。在国有经济改革全面到位以后，这种情况就会有根本的改变。

因此，当前有的学者依据这一点，提出国有经济私有化的主张，是完

---

① 《中国统计年鉴》(2011)，中国统计出版社 2011 年版，第 514、515、524—525、534—535 页。

全错误的。这种观点依据的只是短暂时间的状况，显然站不住脚。从根本上说来，这种观点是违反生产力决定生产关系这一社会发展根本规律的①。

但还要进一步指出：在国有经济改革全面到位和经济效益较低面貌根本改变以后，创造更高的生产力水平仍然是巩固其主导地位的根本条件。这仍然是生产力决定生产关系的规律的要求。而且在社会主义市场经济体制和法律框架已经建立和完善的条件下，国有经济和私营经济才能在较为完全的意义上实现平等竞争和共同发展。既然有竞争，就有优胜劣汰。因此，在这种条件下，国有经济要取得竞争优势，以巩固其主导地位，除了要创造出更高的生产力以外，别无他途。所以，不仅在当前，而且在整个社会主义初级阶段，国有经济创造更高的生产力，以及作为实现这一目标的主要手段的进一步转变经济发展方式，都是十分重要的。

以上分析并不意味着当前国有经济就要通过竞争淘汰私营经济。实际上，就我国具体情况来看，在整个社会主义初级阶段，私营经济在我国经济发展中都有不容忽视的重要作用。

以上分析也不否定社会主义的政治和意识形态在巩固国有经济主导地位方面具有不可或缺的重要作用。一般说来，政治和意识形态这类上层建筑在巩固经济基础方面，从来都有重要作用。就我国社会主义初级阶段的具体情况来看，其重要性更加不可忽视。但是，如果以为只是或主要是依靠社会主义的政治和意识形态就可以巩固国有经济的主导地位，那就是主次不分了。按照历史唯物主义基本观点，生产力是决定社会经济发展唯一的、无可替代的根本因素。

还要提到：如果以为国有经济现在掌握了国民经济命脉和国家安全领域，其主导地位就是巩固的，甚至把国有经济的主导地位寄托于其垄断地位，那就更不妥了。因为这些情况在国有经济长期不能创造出更高的生产力的情况下，都是会改变的。至于国有经济的垄断地位，其中的许多方面都是在市场取向改革的范围内，更是不可靠的。

3. 转变经济发展方式，是提高国际竞争力的最重要手段，在改变当前具有明显殖民主义色彩的不合理的国际经济秩序、建立合理的国际经济新

---

① 汪海波：《汪海波文集》第 10 卷，经济管理出版社 2011 年版，第 420—421 页。

秩序方面也有重要意义。

在世界市场上，核心竞争力就是自主的科技创新以及与之相联系的自主知识产权和自主品牌。当前，我国在这些方面的能力都较弱。这样，尽管当前我国已有近 200 种产品的产量位居世界第一，但具有国际竞争力的品牌却很少；尽管我国是贸易大国，但出口产品中拥有自主知识产权和自主品牌的只占约 10%；我国总的对外技术依存度达到 60%，而美国、日本仅为 5% 左右，工业新产品开发的技术约有 70% 属于外源性技术①。诚然，改革以来，我国国际竞争力已有显著提高。但这方面的落后面貌并没有根本改变。依据中国社会科学院最近发布的《国际竞争力蓝皮书》，中国 2011 年的国际竞争力的世界排名已由 1990 年的第 27 位上升到第 17 位②。但这种情况同我国作为第二位世界经济大国的地位仍然很不相称。因此，推进科技创新，转变经济发展方式，就为提高国际竞争力的最主要手段。

同时，它在改变当前带有明显殖民主义色彩的国际不合理的经济秩序方面也有重要的意义。当前，经济发达国家的垄断组织依据其科技优势，居于世界产业链和产品链的高端，并据此获得高得惊人的超额利润和垄断利润。一般说来，超额利润是符合市场经济的原则的，并且是推动社会生产力发展的重要因素。而垄断虽然是自由竞争的必然产物，但它并不完全符合市场经济的原则。因为市场经济发挥其在优化资源配置的作用，是以平等的自由竞争为条件的，而垄断有悖于这个原则，但垄断在市场经济中并不可能完全消除。而且，在网络经济的一定范围内，垄断是有利于提高经济效益的。正因为这样，早在自由竞争的资本主义经济发展到垄断资本主义经济时，19 世纪末，在经济发达的美国就制定了反托拉斯法。但至今垄断组织在经济发达国家中仍居于重要地位。但垄断毕竟是不完全符合市场经济原则的。当代经济发达国家依托其科技优势，从新兴的市场经济国家和不发达国家获得高额垄断利润，其不合理性就更明显。如果再就其历史渊源看，更是带有明显的殖民主义色彩。因为当代经济发达国家在科技方面的优势地位，在很大程度上是依赖于历史上长期掠夺殖民地而形成的物质基础的。

---

① 国资委网，2010 年 6 月 24 日。
② 中国社会科学网，2011 年 10 月 10 日。

在这里之所以把这一点称作带有明显的殖民主义色彩还有以下两个重要原因。第一，经济发达国家之所以能获得高额垄断利润，不仅是依托其科技优势，而且还以第二次世界大战以后形成的带有明显殖民主义色彩的世界货币体系为支撑。这个体系的最重要特点就是少数经济发达国家的货币，都成为世界储备货币。这一点在美元的霸权地位上体现得尤为明显①。在当前美元再一次大幅贬值时更是如此。美元贬值在实际上就等于美国向众多有关国家征收货币税。第二，经济发达国家之所以能够依托其科技优势获得高额垄断利润，还以运用军事手段从不发达国家获取作为战争资源的石油为支撑。上世纪的海湾战争和近年来的利比亚战争是这方面两个最突出的事例。当然，从国内矛盾来说，伊拉克和利比亚旧政权被推翻，反映了这些国家人民追求民主和反对专制的正当愿望。对此，不仅无可非议，而且应该得到道义支持。但经济发达国家用军事手段推翻或协助推翻一个主权国家的政权，就是重演了第二次世界大战以前帝国主义国家对殖民地多次进行的武装侵略行动。其特点不过是披上了"维护人权"的外衣。

以上各点就是当代带有明显殖民主义色彩的不合理的国际经济秩序的最重要内容。

显然，要改变这种不合理国际经济秩序，需要各国进行多方面的长期努力。但就这里讨论的问题来说，推进科技自主创新，转变经济发展方式，就是一个重要支点。

但这只是问题的一方面；另一方面，这样做还可以大大增强我国的经济实力，从而大大增强我国在国际组织（特别是国际经济组织）的话语权，还可以增加对有关国家（特别是不发达国家）的援助。这些都有助于建立以平等互利、合作双赢为主要特征的国际经济新秩序。

（二）国有经济的全面改革还没有到位

国有经济的全面改革，是推动国有经济转变发展方式的根本动力。这方面的改革没有到位，就成为阻滞国有经济转变经济发展方式的一个根本因素。

---

①　美国彼得森国际经济研究所所长伯格斯坦也就此坦言："美元高估，从某种意义上讲，美元汇率决定着美国的竞争力。"《中国经济时报》2011 年 10 月 18 日。

（1）在国有经济的战略性调整和重组方面。当前中央企业在行业分布面方面，仍然显得过宽。据计算，在国民经济 95 大类行业中，中央企业涉足 86 个，其中包括众多一般性竞争行业。而且，中央企业布点又过分散，在许多重要行业的集中度偏低，甚至在同一行业中还存在中央企业相互竞争的局面。再有，许多中央企业主辅业分离还没有解决，主业不突出还很明显。所有这些都与国有经济要在关系国家安全和国民经济命脉的重要行业和关键领域占支配地位的要求，还有很大差距。

这种情况与中央企业战略性调整和重组中众多问题没有妥善解决，是直接相关的。

在国有经济战略性调整方面，最重要的问题是：国有经济究竟在关系国家安全和国民经济命脉的重要行业和关键领域占支配地位，还是同时要广泛涉足一般性的竞争性行业。

在国有企业战略性重组方面也存在众多问题。诸如，在重组主体方面，是以国资委为单一主体，还是在国资委主导下由企业集团参与的权重主体；在重组机制方面，是主要依据国资委提出的具有指令性的行政规划运行，还是要把它与市场经济规律的要求结合起来；在重组目标方面，是单纯地依靠压缩企业数量，追求做大规模，还是既要做大，更要做强，重在优化企业的资本结构和提升企业的竞争力；在重组方式方面，是单纯的"以大吃小"（大企业兼并小企业），还是既要"以大吃小"，又要"以强吃弱"（强势小企业兼并弱势大企业）；在重组内容方面，是单纯地注重物质资源的整合，还是同时更要注重具有不同企业文化的人力资源的整合；在重组进程方面，是重在重组手续的完成，还是重在合并后的企业内部整合；在重组范围方面，是局限于中央企业，还是同时包括地方的国有企业乃至内资和外资企业①。

实践已经证明：正是由于存在上述问题，就不能有效地推进包括中央企业在内的国有经济的战略性调整和重组，不利于在国有经济范围内提高资源配置效益，不利于国有经济发展方式的转变。

（2）在国有经济垄断行业的改革方面。伴随国有经济改革的进展，其

---

① 详见郑海航等《中央企业重组的历史沿革及发展研究》，《财经问题研究》2011 年 3 月。

中垄断行业改革的重要性和迫切性更加凸显出来。因为这不仅是完善社会主义市场经济制度所必需的，而且是促进国有经济科技进步、转变经济发展方式、增强国有经济主导地位所必需的。但相对国有经济其他方面的改革来说，这方面的改革是滞后的。

诚然，改革以来，国有经济中垄断行业的改革也已经取得很大进展。我国的社会主义市场经济是由计划经济转变而来的。而在计划经济体制下，政企是合一的。因此，在改革初期，我国找不到单纯的经济垄断和自然垄断，有的只是与行政性垄断相结合的经济垄断和自然垄断。但伴随改革进展和政企分开，行政性垄断已在很大程度上被破除了；原有的经济垄断也在逐渐受到剥削。在金融业中除了国有或国有控股的大银行以外，其他的由中小资本经营的股份制银行也有了很大的发展；原有的自然垄断中非自然垄断的领域和环节也在逐步改革。如在电力行业中实行厂（发电厂）网（输电网络）分开和竞价上网。

但原有的行政垄断还没有完全破除。当然，行政垄断不能也不应该完全被打破。比如，由于国家特殊的经济利益和安全的需要，烟草专卖和有的军事工业的行政垄断就不能破除。但绝大部分行政垄断都是必须破除的。在经济垄断和自然垄断方面更是远没有破除。当然，在自然垄断行业中，与网络经济直接相关的部分，具有独特的网络经济效益，是市场竞争效益无法替代的，因而不需要破除。但其中与网络经济无关的非自然垄断的领域和环节是必须破除的。所以，总起来说，垄断行业的改革是当前深化国有经济改革的一个很重要的方面。

就我们这里讨论的问题来说，这方面的改革是推动技术进步的一个重要动力。列宁曾经指出：任何垄断"必然要引起停滞和腐朽的趋势。既然规定了（虽然只是暂时地）垄断价格，于是推动技术进步、因而也推动其他的一切进步和前进的动因，也就在相当程度上消失了；于是进而形成一种人为地阻碍技术进步的经济力量"[1]。从一般意义上说，列宁的这个分析，对我国国有经济的垄断也是适用的。还需指出：当前这种垄断已经成为扩大收入差距和形成新的社会不公的一个重要因素。因而必须加快推进国有

---

[1] 《列宁全集》第 22 卷，人民出版社 1963 年版，第 268—269 页。

经济垄断行业的改革。

就当前情况来看,打破国有经济垄断的最重要途径就是在坚持国有经济占主导地位的条件下,充分发展各种所有制之间的竞争,特别要大力引入私有资本的竞争。

(3)在建立现代企业制度方面。在实行公司制、股份制的改革方面,就中央企业母公司层面来说,直到目前还没有取得实质性进展。其下属企业在这方面的改革也没有完成。

在完善公司治理结构方面,需要解决的问题也很多。在作为公司治理结构核心的董事会方面,在现有国有资产监管体制不变的情况下,国务院国资委监管工作的着力点似需更多地转向产权管理和资本管理,需要授权董事会行使部分的出资人职权。这样,董事会的职能就要进一步扩大和完善。在建立规范的董事会组成方面(包括建立外部董事和由外部董事担任董事会主席)的试点也需要进一步推进。在监事会方面,在外派监事会制度,外派监事会的监督内容和方法以及外派监事的激励制度等方面,也都需要进一步完善。在经理人方面,总经理负责制的完善(如是否要由现在的总经理负责制改为首席执行官制度)及经营者的激励约束机制的完善(如实行股票制权)也都需要解决。

可见,当前中央企业在建立现代企业制度方面的任务还没有完成。这不利于有效地发挥现代企业制度在推动国有经济发展方式的转变。

(4)在建立国有资产管理体制方面。2003年国务院国资委建立后,在非金融类的国有资产管理的范围内,克服了原有体制中所有者权利、义务和责任不统一,管资产和管人、管事相脱节,多部门分别管理(统称"九龙治水")等方面的弊病,并在推进国有经济的战略性调整,国有企业的战略性改组,建立现代企业制度以及建立国有资产管理体制方面取得了重要进展。

但多年的实践证明:现有的国有资产管理体制还没有真正做到在政府层面实现政资分开和政企分开,因而不能有效地实现国有经济与市场经济的对接,也就不利于进一步从整体上提高国有经济的效益,也不利于推进国有经济发展方式的转变。

正是基于现有国有资产管理体制还没有在政府层面实现政资分开和政

企分开这个带有根本性的缺陷，有的学者提出了如下进一步改革国有资产管理体制的主张。"概括地讲，进一步改革国有资产管理体制，就是通过建立国有资产的管理、运营、监督体制和机制，在政府层面实现政资分开，进而实现政企分开；通过设立国家投资控股公司建立有效的国有产权委托代理体制，在国有资本运营层面实现所有权与经营权分离；国有资本投资或持股的企业自主经营、自负盈亏，是独立的法人实体和市场主体；国投公司以实现政府意志和提高国有资本效率为目标，有序调整企业国有资本投向，并接受监督。最终使国家从拥有和管理国有企业，转变为持有和运作国有资本。"①

也正是基于这个根本缺陷，还有学者用形象语言提出了类似的建议。"构造'代表团长—教练员—运动员'三位一体的管理体系。中国特色社会主义市场经济的竞争主体，就相当于国家队体制的运动队中坚持国家代表队体制，国资委作为国务院的特设机构，充当赛场上这个体育代表团的'团长'，定位于国有资产的监管者，制订规则并监管国家出资企业，通过规划布局和国有资本经营预算战略性地配置国有资本，是名副其实的；在团长之下，国有资本经营公司作为国有资本运营机构，充当赛场上的'教练员'。国家出资的实体企业定位于国有资产的具体运营，通过国有资产的经营与管理，实现国有资产的保值增值，充当赛场上的'运动员'。"②

上述学者的观点实际上是20世纪90年代以来深圳和上海等地在这方面创造的经验的总结。这些地区对建立社会主义市场经济的国有资产管理、监督和经营体系进行的积极探索，尽管还有不少问题需要研究，但为构建新的国有资产管理体制提供了有益经验。把这些经验概括起来，就是建立国有资产的管理、监督和经营体系。这个体系可以包括以下三个层次：①建立国有资产管理局，承担国有资产的管理和监督职能，但不承担国有资本的经营职能。②建立承担国有资本经营职能的单位，保证国有资本的保值增值。从现有的实践看，可采取以下三种形式：组建新的国有资本经营公司，专司国有资本的营运；对有条件的大型企业或企业集团授权，使其成为国有资本的投资主体；由企业主管部门转变职能，改组为授权的国

---

① 陈清泰：《国有资产管理体制改革尚未到位》，《经济参考报》2011年11月5日。
② 参见刘纪鹏、刘冰《组建大国资委的构想》，《国有资产管理》2011年第1期。

有资本投资主体。③依据现代企业制度所要求的出资者所有权与公司法人财产权分离的原则，在国有资本投资主体的下面，把原有的国有企业改造成为市场竞争主体的现代企业制度①。

据此，可以认为，上述学者的观点符合社会主义市场原则的要求，能够有效推进国有经济与市场经济的对接，有利于从整体上提高国有经济的效益，从而推动国有经济发展方式的转变。

（三）缺乏研发投入和科技、管理创新人才

当前国有企业自主创新能力不强，主要受到以下两个因素的制约。

（1）研发投入强度不足。研发投入强度一般用研发经费占销售收入的比重这个指标来表示。国际经验表明：研发强度低于1%，企业会因创新能力低而无法生存；研发强度为2%，则因创新能力处于一般水平能勉强维持；研发强度达到5%以上，企业则因创新力强而充满活力。② 如果按照这个标准来衡量，我国许多国有企业还是处于勉强维持生存的状态。

（2）缺乏科技创新和管理创新人才，特别是高层次的科技人才和管理创新人才。在这方面，高层次的科技创新人才和高层次的管理创新人才，具有难以估量的作用。前者如我国已故杰出科学家钱学森。在新中国成立初期，钱学森冲破美国政府设置的重重困难回到了祖国。当时美国方面有评论说："一个钱学森，抵得上5个海军陆战师。"③ 后来事实证明，这个评价一点也不为过。钱学森对我国火箭、导弹和航天事业的发展作出了巨大贡献，在这方面使我国在很短时间内缩小了与国际先进水平的差距。后者如美国苹果公司前首席执行官乔布斯。他于2011年10月5日去世以后，美国《财富》杂志有评论说：乔布斯"让苹果公司获得重生，进而颠覆性地重塑了计算机、音乐、电影和电信产业。在一个人的职业生涯中，能够改变一个产业已经很了不起了，再造4个产业是前无古人的"④。

---

① 汪海波：《中国现代产业经济史》，山西经济出版社2006年版，第463—464页。

② 参见《科技管理研究》2008年第8期，第9页。

③ 《〈中共中央关于制定国民经济和社会发展第十二个五年规划的建议〉辅导读本》，人民出版社2010年版，第182页。

④ 转引自新华网，2011年10月9日。

以上是从国有经济本身来分析决定和影响其不适应"十二五"规划提出的转变经济发展方式要求的因素的。但国有经济毕竟只是整个国民经济的一个组成部分。因此，这方面的不利因素不只是存在于国有经济内部，它还会存在于整个社会经济的范围内。举其要者有：

第一，以公有制为主体的多种所有制共同发展的局面还有待发展。因而各种所有制之间的平等竞争还没有充分展开。特别是在实践上还有着国有经济与非公有经济之间不平等竞争，非公有经济在这方面处于劣势地位。这样，竞争给包括中央企业在内的国有经济带来的压力就相对较小。而在市场经济条件下，推动企业技术进步的因素除了追求利润最大化以外，就是企业之间的竞争压力。所以这种情况对国有经济的技术进步是很不利的。

第二，改革以来，已经发生了 5 次经济过热。这种过热经济环境，使得改革以来已经形成的买方市场在过热年份又部分倒退到改革前普遍存在的卖方市场，在一定范围内使得皇帝女儿不愁嫁的局面又死灰复燃。所以，这种过热的经济环境就成为粗放经济方式再生的催生剂，但却是集约增长方式的安眠药。

第三，从上世纪 90 年代以来，股价多次像过山车那样波动，并多次形成严重泡沫。近年来，房地产市场的泡沫又达到巅峰。这种市场给企业带来的暴利达到了十分惊人的程度。以至于中国虽然还是发展中国家，但亿万富翁的数量却跃居世界前列。当然，这种奇特现象是由多方面的原因形成的。如部分政府官员和国企高管的贪污腐败就是一个重要原因。但在股市和房地产市场暴利的诱惑下，致使许多企业领导人不是专心致志推进企业技术进步，以获取它应得的超额利润（即超过平均利润的利润），而是把大量的资金投放到股市和房地产市场。所以，这种市场环境也是很不利于企业的技术进步的。

第四，相对产品价格来说，我国要素价格改革是滞后的，以致许多从事要素生产的国有企业得不到应得的平均利润，削弱了这些企业的积累能力，也阻碍了这些企业的技术进步。

第五，我国基本国情决定了我国在世界市场上具有低成本的竞争优势。财税政策支持和鼓励这种优势是对的。但长期停留在这方面，而不是审时度势地、逐步地、适度地转向支持和鼓励高技术、高附加值产品的出口，就不妥了。值得注意的是：在 2008 年国际金融危机发生以后，我国外贸出口形势趋于严峻的形势下，也未见这方面的财税政策发生明显的变化。这在事实上成为不利于企业技术进步的一个因素。

第六，在我国经济体制和行政体制改革都没有到位的情况下，部门分割和地区分割的情况还很明显。这样，科技资源就不能在国民经济范围内有效地利用，从而不利于企业的技术进步。

第七，当前我国的国家创新体系包括以企业为主体、市场为导向、产学研相结合的技术创新体系，科学研究和高等教育相结合的知识创新体系，各具特色和优势的区域创新体系，军民结合、寓军于民的国防科研体系，科技中介服务体系和新型科技计划管理体系等方面。这些体系还正处于建立的过程中，其在促进企业技术进步作用还远没有发挥出来。

第八，当前企业文化与社会文化相类似，也在相当大的范围内弥漫着一种急功近利的不良氛围。显然，这也是很不利于企业技术进步的。

第九，当前在部分政府官员贪污腐败趋于严重的情况下，有些企业领导人通过寻租获得行政资源，进而获取暴利。很清楚，这更是不利企业推进技术进步的。

总之，以上各点都不利于包括中央企业在内的所有企业推进技术进步，从而不利于经济发展方式的转变。

但这只是问题的一方面。另一方面，无论从中央企业本身来考察，或者从整个社会来考察，当前包括中央企业在内的所有企业在转变经济发展方面都获得了前所未有的有利条件。主要是：作为推动经济发展方式转变的根本动力的经济改革（包括国有经济的改革和要素价格改革）已经取得了重要进展，并在进一步深化；各种所有制之间在市场上的平等竞争已经展开并将进一步充分展开；国家财政和企业在研发方面的投入已经大量增加并会进一步增加；伴随我国高等教育大众化发展，人力资本会更加丰富；国家创新体系正在建立和进一步完善，实施的力度也会加大；科教兴国和人才强国的战略，作为"十二五"经济社会发展主线的转变经济发展方式已经深入人心。这就会在推进经济发展方式转变方面凝聚全国人民的力量；2008 年国际金融危机以后，经济发达国家都把推进科技进步和创新作为增强国际竞争力的最重要战略。这也会从国际市场竞争方面增加我国转变经济发展方式的压力。还要提到，中央企业在这方面具有更有利的条件（已见前述）。所以，在中央企业转变经济发展方式方面，既要有紧迫感，又要充满信心。

（原载《中国延安干部学院学报》2012 年第 2 期）

四

经济运行

试论新一轮经济周期运行的特征及其战略含义

——兼及经济周期的历史发展

用历史的、实证的和比较的方法，考察新一轮经济周期运行的特征，对于认识重要战略机遇期的到来，以及采取相应的对策，都是有益的。

一 经济周期的历史发展

（一）封建社会自然经济条件下的经济周期

封建社会存在政治周期律，史学界多有涉及。但并未论及经济周期律。而实际上，从某种共同意义上说，即使在封建社会自然经济占主要地位的条件下，也周期性地发生过经济危机。当然，相对后续社会来说，这时周期性经济危机是有其固有特点的。其根本的和主要的起因在于：这些社会基本经济制度中内含着统治阶级扩大和强化剥削的机制，导致社会生产的严重破坏，甚至简单再生产都难以进行。其结果必然造成以生产绝对不足为特征的经济危机。这又往往引发社会政治危机，导致同一社会制度下的朝代更迭。朝代更迭尽管在长短不同的时期内可以促进生产的复苏和发展，但由于上述机制的存在及其作用的加强，又会引起下一次经济危机的发生。但由于这时社会生产力不发达，农业在社会生产中占主要地位，因而周期性的经济危机就局限于农业领域。封建社会政治周期律同经济周期律是互为因果的，但后者起决定作用。当然，其终极根源还是这些社会的基本经济制度不适合社会生产力发展的要求。

（二）资本主义市场经济条件下的经济周期

资本主义市场经济经历了两个阶段：古典的、自由放任的市场经济和现代的、有国家干预的市场经济。与此相适应，其经济周期也已经历了各具特点的两个阶段。

第一阶段：古典的市场经济条件下的经济周期。在古典的市场经济条件下，周期性经济危机仍然存在，并发生了质的变化。历史经验表明：在以机械化生产作为物质技术基础的、发达的商品经济条件下，作为社会生产资源配置方式的市场经济比计划经济具有巨大优越性。但私人企业主的生产目的旨在追求利润的最大化。这种经济的内在机制必然造成两方面的结果：一方面是社会生产无限扩张的趋势；另一方面，主要由劳动者消费构成的、作为最终需求的社会购买力，走向相对狭小。同时，作为各个独立的市场主体总是具有一定的盲目性。这样，就会引起周期性的、以相对生产过剩为主要特征的经济危机。

在古典的市场经济条件下，从总的走势看，经济危机是趋于加剧的。其主要表现是：第一，经济周期趋于缩短。1836 年，作为市场经济发展最早的英国发生了第一次经济危机。1847—1848 年发生了第一次世界经济危机。其后在 1857 年、1866 年、1873 年、1882 年、1890 年、1900 年和 1907 年又相继发生过经济危机。每 8—12 年发生一次危机。但在两次世界大战之间就发生过 3 次经济危机，即 1920—1921 年、1931—1933 年和 1937—1938 年各一次，平均每 6 年发生一次。第二，周期过程中高涨阶段的消失。即在危机、萧条和复苏之后，不出现高涨阶段，又步入下一次危机。比如，到 1937 年，世界资本主义工业仅恢复到 1929 年的 95%—96%，但在美、英、法等国又发生了危机。而德、意、日等法西斯国家仅仅因为把经济推向军事化轨道，才避免了这次危机。第三，危机波及经济生活的各个领域。在大机器工业占主要地位以后，近代的农业、建筑业、运输业、商业和金融业等均作为独立的产业有大发展。这样，每次相对生产过剩的经济危机都会袭击这些产业；而这些产业发生的危机，也会加剧工业和整个经济的危机。第四，与上述各种情况相联系，特别是与生产过剩趋于严重的情况相联系，危机对社会生产力的破坏趋于严重。比如，在市场经济最发达的美国，其加工工业的产值在 1907—1908 年危机时下降 16.4%，在 1920—1921 年危机时下降 23%，而在 1929—1933 年危机时下降 47.1%。第五，资本主义经济危机的发展，在很大范围内先后导致了颠覆资本主义制度的政治危机。历史表明：正是经济危机的尖锐化，再加上帝国主义制度固有的其他矛盾（主要是帝国主义国家之间的矛盾以及帝国主义与殖民地的矛盾）的发展，导致部分国家发生严重政治危机，以致第一次世界大战后有社会主义苏联以及第二次世界大战后有欧亚多个社会主义国家的出现。

第二阶段：现代市场经济条件下的经济周期。古典的、自由放任的市场经济向现代的、有国家干预的市场经济的发展，正是在上述历史背景下发生的。这种情况表明：像社会基本经济制度的根本变革一样，由古典市场经济体制到现代市场经济体制的转变，从根本上说，也是由社会生产力发展要求决定的。

1933 年美国总统罗斯福入主白宫以后推行的"新政"，是向现代市场经济转变在实践上的主要标志，1936 年凯恩斯发表的《就业利息和货币通论》是其理论上的主要标志。但在第二次世界大战以前，推行现代市场经济的国家还只限于美国等少数几个国家。在 20 世纪 40 年末到 50 年代初，主要市场经济国家在完成了经济恢复以后，先后都实现了这种转变。尽管其形态各异，但就实现国家干预经济来说，是共同的。

第二次世界大战以后，现代市场经济在主要资本主义国家的普遍发展，并不是偶尔的现象。除了前述的历史背景以外，还有多方面的原因。第二次世界大战后，旨在实现充分就业和经济稳定发展的凯恩斯主义在西方国家的普遍采用，是促进现代的、有国家干预的市场经济形成的最重要因素。除此以外，以下因素也起了重要作用：（1）社会主义国家实行计划管理和福利政策的影响。（2）社会民主主义的影响。这一点，在第二次世界大战后由社会民主党执政的那些国家表现得尤为明显。（3）战时经济体制的影响。诚然，战时经济体制与有国家干预的市场经济是有原则区别的，而且，在战后都消失了。但这种体制也为实行有国家干预的市场经济提供了某些有利条件。这一点在日本表现得很明显。（4）资本集中程度进一步的提高，也为实行有国家干预的市场经济提供了有利的客观条件。（5）垄断组织的进一步发展，妨碍经济效率的提高。（6）资本主义国家贫富差距的扩大，影响到社会的稳定。（7）第二次世界大战后，治理环境污染问题也更为尖锐起来。（8）保护消费者权益问题也显得更加重要。（9）世界经济一体化和区域经济集团的发展，使得各国企业之间的竞争在许多情况下演变成国与国之间的竞争。（10）随着知识经济时代的到来，抢占高新技术制高点，往往成为增强国际竞争力和维护国家经济、政治安全的关键。上述（5）—（10）在客观上也迫切要求国家加强对经济的干预。

我们在下面以美国为例，考察 20 世纪 50 年代以后的经济发达国家的经济周期的发展。

如果把经济周期中增速下降到 0—1% 的年份看做是衰退阶段的低谷年，把负增长最多的年份看做是危机阶段的低谷年，那么，美国在 1950—2004 年发生的经济衰退或经济危机的情况如下：（1）经济增速从 1951 年的 10.8% 下降到 1954 年的 −1.3%。这是一次经济危机，波峰年和波谷年的增速落差为 12.1 个百分点。（2）从 1955 年的 8.8% 下降到 1958 年的 0。这是一次衰退，其落差为 8.8 个百分点。（3）从 1959 年的 6.3% 下降到 1961 年的 0。这又是一次衰退，其落差为 6.3 个百分点。（4）从 1962 年的 7.2% 经过曲折变化下降到 1970 年的 0。这又是一次衰退，其落差为 7.2 个百分点。（5）从 1972 年的 5.8% 下降到 1975 年的 −1%。这是一次危机，其落差为 6.8 个百分点。（6）从 1976 年的 4.8% 经过曲折变化下降到 1982 年的 −3.2%。这是一次危机，其落差为 8 个百分点。（7）从 1984 年 6.3% 下降到 1991 年的 −1%，其落差为 7.3 个百分点。这又是一次危机。（8）从 1998 年的 4.3% 下降到 2001 年 0.5%。这是一次衰退，其落差为 3.8 个百分点。（9）2002—2004 年经济均为正增长，这三年依次分别为 2.2%、3.1% 和 4.4%[①]。但这个经济周期还没有完成。

第二次世界大战以后，主要市场经济国家发生的经济衰退或经济危机，并不都是同步的，差别较大。但这并不妨碍我们从总的发展趋势上，并从共同意义上，就上述美国情况概括出第二次世界大战以后主要市场经济国家经济周期发生的重大变化。第一，尽管衰退或危机仍较频繁，但已由两

[①] 《国外经济统计资料》（1949—1976），中国财政经济出版社；《国际统计年鉴》（1995—1998），《中国统计年鉴》（1998—2004），中国统计出版社；《经济日报》2005 年 4 月 13 日第 7 版。

次世界大战期间平均6年发生一次，延长到平均大约7年一次。第二，更重要的是：如果说1937—1938年那次危机竟然没有出现高涨阶段，那么第二次世界大战以后美国发生的4次衰退中，已经看不到危机阶段。第三，如果可以把经济周期中的波峰年和波谷年在经济增速方面的落差超过10个百分点的称为强波周期，把5—10个百分点的称作中波周期，5个百分点以下称作轻波周期，那么，1950年以后美国发生的8次衰退和危机中，只有第1次可以称作强波周期，后续的6次为中波周期，最后1次为轻波周期。还要提到：1992—2004年，美国经济已经实现了持续13年的正增长。这就根本改变了第二次世界大战以前（特别是两次世界大战期间）呈现出的强波周期的状况。这同时意味着经济周期对经济增长的负面影响已经大大减轻了。

决定上述经济周期变化的根本因素，是由有国家干预的、现代市场经济的形成。当然，也还有其他多种因素。举其要者有：（1）第二次世界大战以后，经济全球化获得了空前未见的大发展，各种国际经济组织（特别是关贸总协定和世界贸易组织）纷纷建立和蓬勃发展。（2）掌握了世界生产和贸易大部分的跨国公司的大发展，由此带来的生产集中度的提高，内部计划性的加强以及经营战略的变化。（3）中间阶层在社会各阶层中比重的上升。（4）公共财政的建立、发展及其国内生产总值中的比重增加。（5）社会福利政策的实施。（6）经济信息化的发展。（7）宏观经济学以及经济预测科学的发展和技术手段的现代化。（8）在政治民主化的条件下，选民意向（如要求低失业和低通胀，反对衰退等）和政治家偏好（如追求政绩、争取连任等）在这方面也起着越来越大的作用。以上各项因素虽然没有从根本上消除产生危机的机制，但却在越来越大的程度上缓解了生产和消费的矛盾以及生产上的盲目性。

在现代市场经济条件下，虽然在经济周期方面发生了积极变化，但只是问题的一方面。另一方面就是强化了多种经济风险。这一点特别突出表现在金融方面。在现代经济条件下，随着金融的深化，特别是金融衍生工具的发展，金融不仅作为独立的产业获得了进一步的发展，而且上升到社会经济体系中的中枢地位；同时，各种金融风险也异乎寻常地加大了。这样，随着金融风险的积累，再加上其他因素的作用，就会引发金融危机，并对其他领域的危机发生重大影响，甚至能起决定性的作用。

但是，随着古典市场经济向现代市场经济的过渡，作为市场经济条件下危机基本形态的相对生产过剩的经济危机是大大缓解了。而且可以设想，随着各种条件的变化，尽管经济的周期发展在市场经济条件下是不可避免的，但作为周期的一个阶段的危机是可以消除的。美国从 1992—2004 年长达 13 年的实践已经开始证明了这一点。

这些情况表明：在基本经济制度已不适应社会生产力发展的条件下，根本变革它，可以大大促进了生产的发展；作为配置社会生产资源配置方式的经济体制的大变革，也可以在发展生产方面发生重大的促进作用。对后一方面的巨大作用，仍需进一步做充分的估计。

上述历史可以给人们以重要启示。第一，经济危机在经济、政治和社会等方面都会造成很大的破坏，必须认真对待。第二，现代市场经济体制在缓解经济危机方面具有巨大的作用，必须充分重视这种体制的作用。

（三）新中国成立后经济周期的历史演变

以经济增长波峰年为标志，新中国成立以后已经经历了八次经济周期。

第一周期。"一五"计划时期开始时，计划经济体制虽然没有完全建立起来，但在国民经济中已占了主导地位。而这种经济体制内含着投资膨胀的机制。于是，作为经济增速第一推动力的投资急剧膨胀，因而 1953 年经济增速达到了 15.6%，成为新中国成立以后第一个经济周期的波峰年。但是，主要由投资带动的经济增速的急剧上升，必然遇到投资品以及作为基础产业的农业产品的供给的强烈制约，在客观上迫使经济增速急促下降。而且，这时政府也主动运用行政命令手段对投资进行了调整。于是，1954 年经济增速下降到 4.2%。这次周期波动幅度达到 11.4 个百分点，是一次强波周期。

第二周期。1956 年，计划经济体制的阵地得到了进一步扩大。由于毛泽东"左"的思想开始发展，从 1955 年下半年起先后发动了对社会主义改造和建设速度方面的所谓右倾思想的批判。于是 1956 年经济增速又猛增到 15%，成为第二周期的波峰年。但由于周恩来和陈云等领导人的努力，1957 年及时进行了调整，使得这年增速下降到了 5.1%，才没有酿成 1958

年"大跃进"那样的大灾难。这次周期经济增速波动幅度达到了9.9个百分点，又是一个近乎强波周期。

第三周期。1958年，我国计划经济体制得到进一步强化。特别是由于毛泽东在经济建设方面急于求成、片面追求经济增长速度的"左"的路线占了上风，于是，1958年经济增长跃进到21.3%，成为第三周期的波峰年。于是，在1959年上半年进行了一定程度的调整。但由于毛泽东"左"的阶级斗争理论的发展，1959年夏季庐山会议后，在全国范围内掀起了批判"右倾机会主义"运动，把"大跃进"延伸到1960年。致使1961年经济负增长27.3%。与1958年增速相比，落差达到48.6个百分点。这样，不仅成为新中国成立后第一个超强波周期，而且第一次形成了由危机阶段构成的经济周期。但这是一次由经济因素和政治因素作用叠加而形成的周期。

第四周期。由于传统体制和战略的作用，1970年经济增速又迅速上升为19.4%，是第四个波峰年。其后，由于"文化大革命"的破坏，1976年竟然负增长1.6%，落差为21个百分点，成为第二个超强波周期和第二次经济危机。但这是一次政治性的经济周期。

第五周期。也是由于传统体制和战略的作用，1978年经济增速又上升到17.7%，成为第五个波峰年，史称"洋跃进"。由于陈云和李先念等领导人的努力，及时进行调整，到1981年，经济增速下降到5.2%，落差为12.5个百分点，也是一次强波周期。

第六周期。由于传统体制和战略的作用，以及转轨时期的特殊矛盾（如新旧体制并存引发的问题），1984年经济增速又上升到15.2%，成为第六个波峰年。接着进行调整，当时国务院主要领导人曾经提出实行"软着陆"，但由于传统体制和战略的强大作用，也由于错误地估计了1986年的经济形势（即误认为1986年已经实现了"软着陆"），于是1987年又一次陷于经济过热。但这个周期的波峰年与波谷年的落差为6.4个百分点，中国经济第一次进入中波周期。

第七周期。1987年是第7个波峰年，经济增速达到11.6%。接着进行调整，由于力度过大，形成了"硬着陆"，致使1990年经济增速下降为3.8%，接近衰退。这个周期的落差为7.8个百分点，也是中波周期。

第八周期。1992年经济增速上升到14.2%，是第8个波峰年。由于宏观调控得当，到 1997 年，增速下降到 8.8%，接近我国现阶段经济增速合理区间的上限①，实现了"软着陆"。其落差为 5.4 个百分点，更是一个中波周期，并接近轻波周期。

总结以上八个周期的发展，可以看出它们之间的基本共同点，也可以看出其中的某些特殊性。第一，就其发生的原因看，前五个周期都是由于计划经济体制占主导地位及其完全形成和强化，以及强速战略和非均衡战略形成的。对后三个周期而言，上述各项因素的作用虽有不同程度的削弱，但还顽强地发生作用。同时转轨经济时期的特有矛盾也起了重要作用。第二，就其运动形态看，主要由行政手段推动投资急剧膨胀，导致经济强速增长，因而必然引起投资品以及农产品的供给严重不足的制约，又导致经济急速下降。但在物价方面，由于计划经济体制下是抑制型物价，因而通胀并不明显。但在进入转轨时期以后，产品价格逐步放开，因而在波峰阶段通胀也明显和尖锐起来。第三，与高度集中的计划经济体制相联系的，是高度集权的政治体制。这样，政治因素对经济增长的作用就很强烈，以致在某些周期竟然能发生以经济总量水平下降为特征的危机，成为政治性的周期。第四，与计划经济占主导地位、完全形成和强化，以及进入改革阶段后逐步弱化这样三个时期相适应，在波动幅度方面，也经历了由强波周期到超强波周期再到强波周期、中波周期的演变。

二 新一轮经济周期运行特征的形成与重要战略机遇期的到来

如果我们以作为低谷年的 1999 年（这年经济增长 7.1%）为起点考察新一轮经济周期的运行，就可以看到以下几点特点。

---

① 按照现代经济学的有关理论，潜在经济增长率，是指一个国家在一定的经济发展阶段内，即在既定的技术和资源条件下，在实现充分就业和不引发加速通货膨胀的情况下，可能达到的可持续的最高经济增长率。但在我国，潜在失业人口数以亿计，要实现充分就业，需要经过很长的历史时期，因而不能完全套用这个定义。但其中提到的"可能达到的、可持续的最高经济增长率"的说法，是可取的。而且可以采取简便而又较为可靠的办法做到这一点。这就是长时间的年均增长率。我国改革开始以后的 1979—2004 年的年均增长率为 9.4%。这可以看做是潜在增长率。但它有一个合理的增长区间，其下限可以定为 7%，上限可以定为 9.5%，合理的增长区间为 7%—9.5%。

第一，就周期的构成阶段看，不仅不会出现由经济因素和政治因素相结合而形成1961年那种危机阶段（这年经济增长 – 27.3%），也不会出现由政治因素形成的1976年那样的危机阶段（这年经济增长 – 1.6%），而且也不会出现1990年那样的近乎衰退的阶段（这年经济增长3.8%），仅仅由经济增长在合理的区间（7%—9.5%）运行的上升和下降两个阶段构成。

第二，在经济上升阶段，不仅在上升时间上是新中国成立以后各个周期的最多年份，更是在合理增长区间上限线内运行的最多年份（年增长8%—9.5%）。在以前8个周期，上升阶段的上升年份（包括波峰年份）最多为3年，最少为1年；在合理增长区间的上升年份更少，最多为1年，最少为0年。而在新一轮周期，这两个数字均为4年。这是到2004年为止的数字。但依据目前的情况看，在合理增长区间上限线内运行的年份至少还可以延续到2010年。

第三，在这个周期的下降阶段，也将在经济增长合理区间下限线内运行（年增长7%—8%）。

第四，就经济增速波峰年份和波谷年份的波动幅度看，不仅不会是以往周期多次发生的超强波周期（波幅在20个百分点以上）、强波周期（波幅在10个百分点以上），也不会是中波周期（波幅在5—10个百分点），而是首次出现的轻波周期（波幅在5个百分点以内）。

将上述四个特点概括起来可以清楚看出：当前宏观经济形势的总体特点真正是经济快速、平稳、持续发展。这在新中国成立以后是第一次。

决定上述特点的有以下重要因素：第一，经济全球化条件下改革开放效应。第二，知识经济时代科技进步效应。第三，我国当前工业化中期阶段效应。第四，积累了适应现代市场经济发展要求的、全过程的宏观调控经验。第五，大国的新内含及其效应。我国原来作为一个发展中国家的人口大国虽然会给我国经济发展带来诸多困难，但同时在市场容量大、廉价劳动力多和储蓄总量大等方面为我国经济发展提供了众多有利条件。而现在我国虽不是世界经济强国，但已俨然是世界经济大国（当然，仍是发展中国家）。2004年，我国经济总量已居世界第六位；制造业总量居第四位，其中172类产品产量居第一位；人力资本总量数额巨大；进出口总额居世界第三位；引进外资位居第二位，2003年还居第一位。这种经济大国地位一方面使得我国拥有更大的强势资源加速经济发展；另一方面，使得我国在世界经济中形成一定优势，为扩大利用国外市场和资源创造了更有利的条件。第六，中国仍然可以赢得一个较长时期的稳定的社会政治局面。第七，就当前的国际形势看，我们仍然可以赢得一个相当长的国际和平环境。总之，中国有许多有利条件，实现经济的快速平稳持续发展。[①] 对此，必须树立坚定的信心。

上述的新一轮经济周期运行特征及其决定因素确凿无疑地证明：中国在 21 世纪初一个相当长的时期内，能够实现经济快速平稳持续发展。这就是新一轮经济周期运行特征的最重要战略含意。

但像世界上的任何事情一样，宏观经济形势的好和坏，是矛盾的统一体。两者在一定条件下相互依存，并相互转化。所以，我们说宏观经济形势好，并不否定它也有严峻的一面，也不否定它在一定条件下发生逆转。就当前宏观经济形势以及与之相关的情况来看，诸如固定资产投资膨胀反弹压力很大，油电煤运的紧张状况并未根本缓解，农业发展滞后的局面也没根本改变，通胀、就业、资源、生态和环境的压力以及财政、金融、外汇和外贸的风险也都很大，安全生产形势严峻，城乡之间、地区之间和行业之间的差别过大，部分的政府官员和国有企业高层经营管理人员贪污腐败严重，在国际市场竞争中面临着经济发达国家拥有众多科技优势的强大压力，在国际的产业和产品的垂直分工中处于低端的不利地位。进一步就深层次问题说，作为市场取向改革的两个基本方面的国有经济改革（特别是其中的大型企业和垄断行业）和城乡二元体制改革还处于攻坚阶段，产业结构调整和增长方式转变缓慢，科技自主创新能力总体上不强。这些问题都会从不同方面、在不同程度上阻滞我国经济的快速平稳持续发展，弄得不好，还可能使形势发生逆转。但历史经验表明：人类社会的大变革和大发展都是在大风大浪中前进的。但又必须高度重视和充分估计各种困难和风险，并认真加以解决。否则，就不可能保持经济的快速平稳持续发展。

---

① 详见收入本书的《论全面建设小康社会的艰巨性和可行性》一文。

三 抓住战略机遇期需要采取的基本措施：加强和改善宏观经济调控

要抓住重要战略机遇期，就必须在一个相当长的时期内实现经济的快速、平稳持续增长。

为此，就必须在经济周期运行中的上升阶段防止经济过热，在下降阶段防止经济过冷。而从某种共同的根本意义来说，在我国现阶段，无论是过热，还是过冷，都是同经济体制改革、结构调整和增长方式转变缓慢相联系的。因此，无论从近期来说，或者从长远来说，都需要着力推进经济改革、结构调整和增长方式的转变。

但十多年来的经验证明：在这方面，加强和改善宏观经济调控也是十分重要的。1992—1997年实行的紧缩的宏观政策，特别是紧缩的货币政策，在实现经济"软着陆"中就起了重要作用。1998—1999年和2000—2002年期间实行的积极的财政政策和稳健的货币政策，在防止经济增速过度下滑和实现经济回暖中也起过重要作用。2003—2004年，虽然还在继续推行积极的财政政策和稳健的货币政策，但前者已经逐步淡出，后者在2004年的取向上已转向适度从紧。同时适时适度地实行了区别对待，有保有压的政策。这就有力地遏制了经济局部过热，避免了经济大起。

但是，这方面的基础并不牢固，当前加强和改善宏观调控仍然十分重要。第一，今年第一季度经济增长率为9.5%，比去年第一季度下降0.3个百分点，与去年第四季度持平，处于我国潜在增长率的上限。第二，一季度全社会固定资产投资增长率为22.8%，比去年同期回落20.2个百分点。但这是以去年同期增长43%为基数的，因而投资规模仍然偏大。更值得注意的是：在建项目投资规模过大。去年是20万亿，今年3月末，同比又增长了26.7%。因此，投资膨胀压力仍然很大。第三，与此相联系，油电煤运的紧张状况并未根本缓解。比如，去年一季度拉闸限电省份为17个，下半年上升到24个，今年一季度为18个。第四，一季度居民消费价格同比上升了2.8%。但其中未包括居民住房价格。如果加上这一点，约为4.5%以上。还有，一季度原材料、燃料、动力购进价格上升了10.1%。可见，通胀压力也很大。第五，作为国民经济发展基础的农业滞后的情况，一时也难以根本改观。第六，居民消费水平虽在稳步上升，但消费率仍在下降。一季度城镇居民人均可支配收入实际增长 11.3%，农民居民人均现金收入实际增长 11.9%。①但其增速比投资增速低得多，这就必然进一步加大消费率已经过低的状况。

为了加强和完善宏观调控，要继续并完善已经实行和正在实行的政策措施，同时要对相关政策做出适当调整。

（一）要下大力气调整投资和消费的比例关系：逐步降低投资率，提高消费率

从价值（货币）形态考察，过高的投资率，是投资膨胀在资金方面的基础。这一点，在当前经济总量已经达到巨大规模的条件下尤为如此。因此，当前消除经济局部过热，实现经济持续、平稳、快速发展，首先就需要降低投资率，相应地提高消费率。

当前我国工业化正处于作为资金密集型产业的重化工业阶段，又要补偿多年积累下来的环保和生态建设的巨额投资，投资率可以而且必须高一些。但现在的问题是：投资率长期偏高，2003 年和 2004 年达到了登峰造极的地步。这两年全社会固定资产投资增长了 27.7% 和 25.8%，大大超过了消费增长速度。于是投资率也上升到 47.39% 和 51.33%。2004 年投资率比三年"大跃进"的最后一年 1960 年还要高出 15.59 个百分点，比经济过热的 1993 年也要高出 13.59 个百分点，真正是历史新高！

但新中国成立后的历史表明：投资是多次发生的经济过热的第一推动力。但投资率过高的另一面就是消费率过低。这就必然会形成局部经济过热与部分消费不足并存的局面。当前我国大部分消费品供求是平衡的，但也有相当一部分是供过于求的。这就是部分消费不足的有力证明。必须清醒地看到：马克思主义经济学关于资本主义条件下相对生产过剩经济危机的最重要、最直接的原因的原理，即生产无限增长的趋势与主要由劳动者消费构成的有购买力需求相对狭小的矛盾的原理，从一般意义上说，对社

---

① 《经济日报》2005 年 4 月 21 日第 1—2 版。

会主义市场经济也是适用的。因此，如果听任上述局面的发展，终究会酿成严重的相对生产过剩的经济危机。

降低投资率和提高消费率是相互联系的，但又是有区别的。因此需分别叙述。在降低投资率方面，当前需要采取的措施主要是：1. 实现由积极的财政政策向稳健的财政政策的转变；稳健的货币政策也需要适时适度调整其取向（详见后述）。这样做的意义，不仅在于它可以直接降低投资率，而且可以通过各种手段间接抑制投资率增长，并从作为主要的宏观经济调整政策方面向各类市场主体传递出一个重要信号，即控制投资的膨胀。2. 2003 年下半年以来发生的局部经济过热主要是由地方政府的投资冲动和企业投资的盲目性的叠加而形成的。针对这两种情况需要采取不同的措施。对地方政府的投资冲动，需要通过深化改革（包括进一步实现政企分开，加快财税改革和建立公共财政以及干部制度改革等），加强依法行政，树立中央权威，广泛宣传科学发展观来加以抑制；对企业投资的盲目性，则需要通过财税政策和信贷政策的诱导以及发布经济信息等手段，把他们的投资引导到符合国家产业政策的方向去。3. 对与经济过热相关的（不只包括投资膨胀）引进外资、外贸顺差和外汇储备的规模也需做出适当调整。毫无疑问，改革以来，引进外资和对外贸易对我国社会主义现代化建设和经济改革起了巨大的推动作用。对我国这样一个发展中的经济大国，适当的、巨额的外汇储备，对于增强国家经济实力，防患金融风险，加强国家安全，是完全必要的。但任何事物的发展均需要一个度。多年来，我国学术界对这个问题已有议论。2003 年下半年以来发生的局部经济过热，使得这个问题凸显起来。2003—2004 年，外商直接投资和外贸顺差依次分别达到了535.05 亿美元和 606 亿美元，354.7 亿美元和 320 亿美元；外汇储备增加了1168 亿美元和 2067 亿美元。这两年增加的外汇储备比 1978—2002 年增加总和还要多出 379.4 亿美元。这些因素无疑是促进这两年我国经济持续快速发展的重要条件。但也不能说同这期间投资膨胀、煤电油运供应紧张和通胀压力加大没有一定的关系。因此，在发展对外经济贸易关系方面，不仅首先要花大力气在提高质量和调整结构上下工夫，而且要依据有利于促进经济持续平稳快速发展的原则，在规模上做出适当安排。

当前我国消费率过低，除了受到投资率过高的限制以外，还受到居民收入率低，消费倾向低和消费预期不佳等因素的制约。但同时在这三方面拓展的空间都很大。因此，从这些方面着手提高消费率，是大有作为的。

当前在这些方面可以采取的主要措施是：1. 提高居民收入。在这方面，当前有两个重点。（1）提高农村居民（特别是西部地区农村居民）收入水平。这是首要的重点。2004 年，全国农村居民人均纯收入 2936 元，城镇居民人均可支配收入 9422 元，后者是前者的 3.2 倍。如果再考虑到城乡福利待遇的差别，这个倍数还要高得多。而在全国近 13 亿人口中，农村人口约占 60%。为此，一要依据工业反哺农业的方针和建立公共财政的要求，财政支出要向农业生产、基础设施和教育、医疗等方面倾斜。二要通过经济改革和科技兴农等措施，提高农业劳动生产率。这样，就可以逐步地提高农民的收入水平。

（2）提高城镇居民（特别是其中的低收入的居民）的收入水平。为此，①要积极扩大就业。这是提高城镇居民收入的基础工程。这就需要提升就业率在宏观经济调控中的地位。当前还是要坚持发展是第一要务的正确方针，就业率的重要性还难以同经济增长率相比，甚至还难以同通胀率相比。但又确实需要把提高就业率放在更加突出的位置，不能仅仅让提高就业率单纯服从经济增长率的需要，而是要兼顾提高就业率的需要。而所谓兼顾又不能只是满足于把失业率控制在预计的城镇登记失业率的限度内。当然，在我国当前情况下，做到这一点是完全必要的，而且绝非易事。但这仅仅是第一步。要有条件、分步骤地把降低农村潜在失业率纳入就业调控的范围。可以设想首先在经济发达地区做起，并将这一点作为考核地方政府官员政绩的重要指标。然后依据条件逐步向全国推广。如果忽视这一点，而单纯讲控制城镇登记失业率，长此以往，势必人为地极大限制了就业面的扩大。当然，要做到这一点，是要以大力推进城乡二元体制改革为前提的。这是其一。其二，要提升劳动密集型产业在我们经济生活中的地位。在这方面，如果把它同现代化建设对立起来，是不妥的。毫无疑问，要推进社会主义现代化建设，必须大力发展资金密集型和技术密集型产业。但在我国具体条件下，劳动密集型产业在一个很长的历史时期内具有重要的战略地位。如果忽视这一点，就不利于充分发挥我国劳动力资源极为丰富的这一基本优势，恰恰是不利于现代化建设的发展的。在这方面，如果把它同经济增长方式的转变对立起来，也是不妥的。经济增长方式转变的本质是要在生产中节约社会生产资源的耗费。就这点来说，无论劳动密集型产业，还是资金密集型产业或技术密集型产业都有一个经济增长方式的转变问题。诚然，如果单纯地孤立地就这三种产业的比较来说，劳动密集型产业在节约劳动资源方面远不如资金密集型产业和技术密集型产业。但如果放眼整个国民经济，那就可以清楚看到，不充分发挥我国劳动力资源的优势那就根本谈不上节约，而是最大的浪费。这里还未提到发展劳动密集型产业在实现社会稳定等方面的极重要意义。其三，还要提升手工业在我国经济生活中的地位。我国是一个发展中国家，经济发展水平具有多层次性，人民生活需求极为复杂，手工业有悠久历史形成的优良技艺。这样，发展手工业不仅有利于扩大就业，而且有利于发挥各种生产潜力，促进生产发展，以及满足人民生活需要。其四，采取更有力措施，充分发挥在扩大就业方面具有极重要地位的第三产业、中小企业和非公有制经济的作用。在以上四个方面都要彻底扬弃那种不符合我国国情的观念。同时还要在财税、信贷和法制建设等方面采取有利于扩大就业的措施。

②在扩大就业的基础上，还要提高劳动力价格。劳动力价格过低是当前我国生产要素价格扭曲的最突出的表现。整体说来，中国工资低于外国工资、中资企业工资低于外资企业工资、农民工工资低于城市工工资。这其中有合理因素，但工资过低则是明显事实，特别是占到城镇就业人数约30%的农民工工资过低，则更是一个不争的事实。劳动成本低，在提高产品的国际竞争力和提高企业的积累等方面都有好处。但它不利于劳动力资源的合理配置（近年来，沿海一些经济发达地区发生的民工荒，就是这方面的最明显的信号），不利于人力资源的培育及其效能的发挥（特别是不利于人力资本的成长），不利于克服内需不足。因此，必须逐步改变劳动力价格过低状况。这种情况的形成，有历史原因，有观念原因，有劳动力市场供过于求的原因，也有由法制不健全导致劳动者合法权益得不到有效保障，特别是由于城乡二元体制没有得到根本改革。因此，解决这个问题需要一个过程。但是，当前需要采取以下措施：要彻底扬弃片面强调劳动成本低优势的观念，要整顿和规范劳动力市场，要建立规范的劳资谈判机制，要调整工资指导线，要加强法制建设，要发挥工会的作用，特别是要大力推

进城乡二元体制改革。要通过这些，逐步提高劳动力价格。

2. 提高消费倾向。农村居民和城市低收入居民是消费倾向最高的两个社会群体，提高了他们的收入水平，同时也就意味着从最主要方面提高了消费倾向。

3. 改善消费预期。当前我国消费预期不佳，主要是由于社会保障制度不健全，公共财政制度建设也没真正到位，义务教育费用部分地还由人民自己负担，再加上乱收费，致使教育费用过高。这样，就大大降低了本来水平就不高的即期消费，致使储蓄率过高。而储蓄率过高，不仅会降低即期消费水平，而且会成为投资率过高的基础，从而会成为加剧投资膨胀的重要因素。因此，为了改善消费预期，需要加速建立覆盖全社会的、不同层次的、包括养老失业和医疗在内的社会保障体系的建设；同时，需要加快公共财政建设，并规范教育收费。当然，为了提高即期消费水平，还需要建立健全社会和个人的信用制度，改善金融业的信贷服务，转变消费观念，以促进消费信贷有一个大的发展。

（二）调整和完善产业结构政策

从使用价值和价值相统一形态（商品）考察，总供给与总需求失衡，不过是结构失衡的表现。因此，要消除经济局部过热，实现经济持续平稳快速发展，还需要调整和完善产业结构政策。这包括三个重要方面：1. 把发展农业放在突出的位置，加速农业的发展。按照经济规律，在工业化过程中，农业增加值、劳动力和人口的比重是会逐步相互适应地下降的。但我国的问题是：一方面，农业增加值在国内生产总值中的比重显著下降；另一方面，农村劳动力和人口还保持了很大的比重。1952—1978年，农业增加值的比重由50.5%下降到28.1%；到2003年，再下降到15.2%。在上述两个时限内，农村劳动力比重和农村人口比重依次分别由83.5%下降到70.5%，再下降到49.1%；由85.6%下降到82.1%，再下降到59.5%[①]。这种状况必然极大地妨碍了农业劳动生产率和农村人均收入的提高。从而极大地限制了农业作为基础产业作用的发挥。特别是在经济周期的上升阶

---

① 《中国统计年鉴》（2004），中国统计出版社2004年版，第54、95、120页。

段，农业的"瓶颈"作用就凸显出来，农产品价格也因供给短缺而上扬，成为推动通货膨胀的最重要因素。而在下降阶段，由于农民人均收入低，又成为消费需求不足和促进通缩发展的最重要因素。所以，要实现经济的持续、平稳、快速发展，发展农业是一项基础工程。

诚然，近几年来，由于党和政府采取了"多予、少取、搞活"农业等一系列方针，2004 年以来，农业生产和农民收入有了很大的提高。这年粮食产量达到 46947 万吨，改变了粮食产量连续 5 年下降的局面；农村居民人均纯收入达到 2936 元，实际增长 6.8%，是 1997 年以来增长最快的一年。但农业基础脆弱的状况，没有也不可能在一年内根本改变。因此，一要大力推行工业反哺农业的方针。如果不说各国的差别，那么在工业化过程中先后相继地都发生过两种趋势：在工业化的初始阶段，农业为工业提供积累；在工业化发展到相当程度以后，工业就要反哺农业。我国是社会主义国家，在启动工业反哺农业政策方面，不能算早，宁可说晚了一步。因而更需大力贯彻工业反哺农业的方针。二要继续推进包括农业经营制度、税收制度、农产品流通制度和金融制度在内的各项改革。三要继续实行科教兴农方针。四要加强作为当前农业发展关键环节的农业综合生产能力的建设。这首先是保证农业（特别是粮食）稳定增产和农民增收的迫切需要，从而是实现经济持续平稳快速发展的需要。1990 年以来，我国曾经多次发生粮食减产。1990 年全国粮食总产量为 44624 万吨，1991 年下降到 43529 万吨；1993 年为 45648.8 万吨，1994 年下降到 44510.1 万吨；1996 年为 50453.5 万吨，1997 年下降到 49417.1 万吨；1998 年为 51229.5 万吨，此后连续 5 年减产，到 2003 年下降到 43069.5 万吨，比 1990 年的产量还要低。发生这种状况，有多重原因。诸如：在 20 世纪 80 年代上半期实现了家庭承包经营制以后，忽视了包括农业生产、流通和金融在内的改革，特别是 90 年代下半期还错误地实行了本质上还是计划经济性质的粮食购销政策；忽视了农业比较效益低对农民生产粮食积极性的严重影响；不仅工业反哺农业政策迟迟没能出台，而且农村税费负担趋于加重，等等。但就粮食生产的物质基础来说，就是由于农业的综合生产能力不强。这个教训表明：加强农业综合生产能力的建设，对于实现农业稳定增产至关重要。显然，这项建设还是保证作为国家最重要战略物资的粮食安全的需要；也是实现农业现代化的需要，因为这项建设过程就是推进农业现代化的过程。

2. 适度地优先发展第三产业，即适当地以比工业增速更高的速度发展第三产业。我国第三产业发展滞后由来已久，当前已发展到很离奇的地步。在1952—1978年建立和实行计划经济体制时期，第三产业增加值占国内生产总值的比重，由28.6%下降到23.7%。改革以来，到1994年这一比重上升到34.3%，其后十年虽有波动，但总的趋势是下降的，到2004年下降到31.8%。这并不符合工业化和现代化的规律。国际经验表明：在工业化和现代化的过程中，首先是第一产业比重下降，第二产业比重上升；接着不仅第一产业比重下降，第二产业比重也下降，只有第三产业比重上升。诚然，我国第三产业比重低，有统计低的因素，但即使考虑到这一点，其比重也是过低的。但从实现经济的持续平稳快速的视角考察，从整体上说来，发展第三产业需要的投资比较少，在经济增速上升阶段，对缓和可能出现的投资膨胀是有益的。但它的就业容量大，扩大需求的作用大，在经济下降阶段，对缓解可能出现的内需不足也大有好处。发展以服务业（包括为生产服务和为生活服务两部分）为特征的第三产业还是发展整个国民经济和提高人民物质精神生活的重要条件。发展现代服务业，也是实现社会主义现代化建设的重要组成部分。发展服务业对缓解环境、生态和资源的压力也有重要作用，对实现可持续发展是有利的。总之，优先发展第三产业会有多方面的好处。

但是，提出适度优先发展第三产业，不仅是以我国第三产业发展严重滞后为依据，还是以第一产业特别是第二产业已有强大发展作为物质基础的。而且，在这方面，第三产业与第一产业是不同的。对第一产业来说，提出加速发展是可能实现的，但如果提出优先发展，则是不现实的。而发展第三产业则不同，从总体上说来，它不像发展农业那样，会受到土地这种自然条件的限制，也不像发展工业那样，会受到资金、人才和资源的限制；而且生产门类极为众多，社会需求极为巨大，发展空间极为广阔，而我国极为丰富的劳动力资源，以及国有企业、集体企业的改革深化和非公有经济的迅速发展，又在这方面提供了极为有利的条件。据此可以认为，适度优先发展第三产业，是能够做到的。实际上，我国经济发展历史也在一定程度上证明了这一点。尽管由于体制、战略和理论等方面因素的制约，我国第三产业没有得到应有的发展，但在 1952—2004 年的 53 年中，仍有 13 年第三产业增加值的增速超过了工业（其中连续 2 年超过的有 3 次，连续 4 年超过的有一次），有 6 年接近工业（即增速比工业约低 1 个百分点）。这样，共有 19 年，约占 53 年的 2/5。这一历史经验证明：优先发展第三产业不仅是必要的，而且是可能的。何况当前优先发展第三产业还有更多的有利条件。

提出这一点，也是借鉴了 20 世纪 80 年代上半期优先发展轻工业的经验。"一五"时期我国依据国内外形势提出和实行了优先发展重工业的方针，对于建立社会主义工业化初步基础起了决定性作用。但后来在一个很长的时期内在"左"的思想指导下，片面推行这一方针，造成了轻重工业比例关系的严重失调。改革以后，就采取了加快发展轻工业的措施。1980 年国务院决定对轻纺工业实行六个优先的原则，即原材料、燃料、电力供应优先；挖潜、革新、改造的措施优先；基本建设优先；银行贷款优先；外汇和引进技术优先；交通运输优先。这实际上就是推行优先发展轻工业的方针。这样，到 80 年代中期，轻重工业比例关系就协调了。这一历史经验又启示我们：在一定条件下，优先发展第三产业也是可行的。

3. 在保持工业适度快速增长的同时，适当降低重工业的发展速度，并相应提高轻工业的发展速度。如前所述，到 1985 年，我国轻重工业比例关系就趋于协调了。此后一直到 1998 年，都大体上保持了这种协调关系。1986—1998 年，轻重工业产值的对比关系是在 46.3—49.4∶53.7—50.6 的幅度内波动。但在 1999 年以后，主要是 2003 年以后，这种对比关系又开始陷入不协调状态。在 1999—2003 年的 5 年间，轻工业产值比重由 41.9% 下降到 35.5%，重工业由 58.1% 上升到 64.5%。这一点同这期间重工业发展过快直接相关。这 5 年重工业增速依次为 13.6%，20.1%，16.3%，19.1%，33.4%；依次比轻工业高出 2.3、6.9、3.8、2.1、18.6 个百分点；2004 年又高出 3.4 个百分点[①]。诚然，当前我国正处于重化工业发展阶段，重工业发展速度可以而且必须高一些。但现在的问题是重工业发展速度过快了。还要说明：1999 年以后，重工业比重上升同统计口径变化也有关系。

---

① 《中国统计年鉴》（2004），中国统计出版社 2004 年版，第 516 页；《经济日报》2005 年 4 月 25 日第 9 版。

在这以后，工业产值的统计范围只包括国有和非国有规模以上的工业，这就会在一定程度上降低了轻工业产值的比重。但即使按同一口径计算，重工业的发展速度也过快。在1999—2003年的5年中，重工业产值比重就提升了6.4个百分点，其中2003年一年就比上年提高了3.6个百分点。

新中国成立以后，每一次经济过热，重工业增速过快都成为带头羊。2003年下半年以来的经济局部过热亦复如此。由于重工业发展速度过快，就会带动固定资产投资的膨胀，并由此引起煤电油运供应紧张和物价上涨。其原因主要在于经济体制。但同重工业本身特点也有一定的联系。重工业产品除了满足其他产业、生活消费和出口的需要以外，相当大部分是满足自身需要的，具有自我循环的特点。因而在一定的时限和程度上，重工业增长并不会受到前一方面的制约。这样，在经济周期的上升阶段，经济趋于过热时，它会掩盖经济过热的程度，并成为促进和加剧经济过热的因素；而在下降阶段，经济趋于过冷时，启动重工业比启动轻工业又要难得多，成为延迟和延长衰退的因素。因此，当前适当降低重工业的增长速度，是治理经济局部过热，实现经济持续平稳快速发展的一个重要条件。

就我国当前情况来看，无论是调整投资和消费的关系，还是调整产业结构，在很大程度上都需要通过财政货币政策和土地政策来实现。下面分别论述这些政策。

（三）实现积极的财政政策向稳健的财政政策的转变；并继续推行稳健的货币政策

适应宏观经济形势由防止过冷到治理局部过热的转变，1998年开始实行的积极（扩张）财政政策，需要转变到稳健（中性）的财政政策。按照财政部的说明，所谓稳健的财政政策，主要内容概括起来就是四句话：控制赤字，调整结构，推进改革，增收节支。[①] 其中最重要有两点。一是适当减少财政赤字。2005年，安排中央财政赤字3000亿元，比上年预算减少198亿元。1998—2003年，在实行积极的财政政策过程中，中央预算赤字由960亿元上升到3198亿元。2004年中央财政赤字与上年持平。2005年，中

---

① 《经济日报》2005年4月9日第1—2版。

央预算赤字七年来首次下降。中央预算赤字占全国国内生产总值的比重，将由 2000 年的最高点 2.9%，大约下降到 2005 年的2%。二是进一步减少长期建设国债发行规模。2005 年，拟发行长期建设国债 800 亿元，比上年减少 300 亿元，同时增加中央预算内经常性建设投资 100 亿元。长期建设国债是从 1998 年开始发行的，当年为 1000 亿元，随后上升到 1100 亿元和 1500 亿元。2003 年减少到 1400 亿元，2004 年再减少到 1100 亿元。2005 年长期建设国债支出结构也进一步发生重大变化，主要用于三项需要：（1）加大对薄弱环节的投入。如加大对"三农"、社会发展、生态建设和环境保护等的投入。（2）支持地区发展。如支持西部大开发、东北地区等老工业基地振兴，支持老少边穷地区发展。（3）还有一部分在建项目需要国债资金继续予以支持。这样，无论从长期建设发行规模或其用途来说，都可以认为，原来实行的以发行大量长期建设国债为主要特征的扩张性财政政策，已经完成了到中性财政政策的转变。

　　1998 年以来，实行了稳健（中性）的货币政策。但在开始一个阶段，适应防止经济增速过度下滑的需要，它们取向是适度从松的。而在 2003 年下半年以来，适应治理经济局部过热的需要，它的取向转到适度从紧。鉴于当前经济局部过热已经得到抑制，而且考虑到去年的适度从紧的滞后效应，为防止紧缩过度，今年取向又回到不松不紧。其内容：一是合理调控货币信贷总量方面。2005 年，货币政策的预期目标是，广义货币供应量和狭义货币供应量均预期增长 15%，低于 2003 年，略高于 2004 年；新增人民币贷款的预期目标为 2.5 万亿元，比 2003 年低 2700 亿元，比 2004 年高 2400 亿元。二是按照区别对待、有保有压的原则，引导金融机构加大信贷结构调整的力度，以促进产业结构的调整和各项消费政策的实现。三是在实现上述两项任务的过程中，要改善金融调控方式，着重完善间接调控机制，灵活运用多种货币政策工具，深化利率市场化改革，进一步发挥利率杠杆的调控作用。四是要继续加强对金融企业的监管，确保金融安全、高效、稳健运行[①]。

---

① 《人民日报》2005 年 4 月 15 日第 9 版；《经济日报》2005 年 3 月 21 日第 9 版。

（四）提升土地政策在宏观经济调控中的战略地位，实行严格管理的土地政策

土地和资金、劳动力都是最基本的生产要素，在宏观经济调控中理应居于重要的战略地位。我国原本人均土地很少，土地是最紧缺的资源。而在当前工业化的中期阶段中，作为支柱产业的建筑业的作用会提升，城镇化也会提速，其战略地位就显得更为重要。这不仅在理论上说是这样，在实践上也是如此。1993 年以来，党中央和国务院针对经济过热的情况，采取了一系列宏观经济调控的措施，特别是在把信贷这个闸门方面采取了强有力的措施。这样，不仅制止了经济过热，而且于 1997 年实现了经济"软着陆"。这在新中国经济史上是一个首创。但从事后总结经验的角度来说，当时由于缺乏经验，没有把土地政策放到应有的地位；否则，其调整效果还可能更好一些。而面对 2003 年下半年以来经济局部过热的情况，党和政府强调同时把好土地和信贷两个闸门；并于 2004 年修改通过了《中华人民共和国土地管理法》，国务院还做出了《关于深化改革严格土地管理的决定》；还依法广泛开展了以开发区为重点的全国土地市场的治理整顿，取得了显著成效。据不完全统计，2004 年全国撤销各类开发区 4813 个，占开发区总数的 70.1%；核减开发区规划用地面积 2.49 万平方公里，占原来规划面积的 64.5%。[①] 可见，提升土地政策在宏观经济调控中的战略地位，完善土地政策，严格管理，在制止这次局部经济过热方面起了十分重要的作用。这是我国宏观调控政策的一大发展。

（原载《经济学动态》2005 年第 10 期；《光明日报》2005 年 11 月 1 日）

[①] 《经济日报》2004 年 8 月 20 日第 5 版；12 月 11 日第 3 版。

试论潜在经济增长率

乍一看来，潜在经济增长率是一个早已解决的宏观经济管理的理论问题。但就我国当前学术界和宏观经济管理实践来看，还是一个没有真正解决但又亟须解决的重要问题，似有讨论的必要。这里讲点粗浅想法，以就教于学术界的同人。

一 潜在经济增长率范畴的提出

就笔者看到的文献看，马克思并未提出潜在经济增长率这个经济范畴。当然，在那个时代条件下，也不可能提出这个范畴。但马克思提出的认识论和生产力理论为我们认识这个问题提供了方法和理论。

潜在经济增长率这个范畴的提出，是与古典的、自由放任的市场经济向现代的、有国家干预的市场经济的转变这个时代相联系的。这个时代呼唤凯恩斯宏观经济学的产生。按照凯恩斯的宏观经济学，总需求等于总供给，是国民经济均衡运行的条件。在这个基础上，哈罗德提出了相互联系的，但又相互区别的三种经济增长率。一是自然增长率。即由人口增长与技术进步所允许达到的长期的最大增长率。二是实际增长率。即本期产量或收入的增长量与上期的产量或收入之比。三是均衡增长率（又称有保证的增长率）。即总需求和总供给相等条件下的增长率。后来，萨缪尔森对自然增长率做了更为明确地概括，将其称为"潜在的国民生产总值增长率"。并将其增长的源泉归结为"投入（资本、劳动、土地）的增长和技术或效率的改进"。① 斯蒂格利茨对此又做了更精练的说明，把潜在国内生产总值

---

① 保罗·A. 萨缪尔森、威廉·D. 诺德豪斯：《经济学》，中国发展出版社 1992 年版，第 303、1343 页。

定义为"经济中所有资源得到充分利用时国内生产总值可以达到的数值"。[①]
显然，现代西方经济学者关于潜在经济增长率的理论，具有科学内容，值
得依据我国具体情况加以运用。但也存在明显缺陷，即未考虑资源和环境
因素（详见后述）。

二　对流行的潜在经济增长率定义的商榷意见

我国学术界曾经流行过这样一种观点：在一定时期内，在不引发或加
剧通胀或失业的条件下，各种生产要素潜能得到充分发挥所能达到的生产
率。需要说明，笔者也曾经引用过这个观点，现在看来不妥。

这个定义包括了西方经济学者关于潜在经济增长率的科学内容，即各
种生产要素潜能得到充分发挥所能达到的生产率。但这个定义比西方经济
学者关于潜在经济增长率定义存在更为明显的缺陷。

一方面它偏离了西方经济学的正确内涵。其表现有二：一是加入了以
不引发通胀为前提的内容。在西方经济学那里，只是以生产要素潜能得到
充分发挥为前提的。这是正确的，因为这是作为总供给范畴的潜在经济增
长率的题中应有之意。实际上，潜在经济增长率就是潜在的总供给的增长
率。而在这个概念中，不仅是以生产要素潜能的充分发挥为前提，而且是
以不引发通货膨胀为前提。这就越出了总供给范围，包括了总供给和总需
求两方面。因为从本质的和根本的意义上说，通货膨胀都是由于社会总需
求超过总供给引起的。要不引发通货膨胀则必须实现社会总需求和社会总
供给的平衡。但这样一来，潜在经济增长率的原意就被改变了，变成了潜
在经济增长率与均衡增长率的混合物。二是加入了以不加剧失业为前提。
这是多余的。实际上，各项生产要素潜能的充分发挥就包含了这项内容。

另一方面，它又沿袭了西方经济学关于潜在经济增长率定义的缺陷。
即忽略了资源和环境因素。如果说，在资源和环境问题还不严重的条件下，
这种观点的缺陷还不明显的话，那么，这个问题在当前世界范畴内变得很
严重的情况下，这个缺陷就显得很突出了。当然，资源和环境问题早在农

---

① 斯蒂格利茨：《经济学》下册，中国人民大学出版社 1997 年版，第 424 页。

业社会就已经开始发生了。当然，那时还是发生在局部范围的事。但随着资本主义工业化的发展，资源过度消耗和环境污染问题就在工业化国家普遍展现出来。第二次世界大战以后，随着帝国主义殖民地体系的瓦解和众多新兴工业化国家的出现，这个问题又在世界范围内凸显出来，成为妨碍经济社会可持续发展的一个极为严重的问题。以致 1972 年联合国第一次在瑞典召开了人类环境会议，通过了《联合国人类环境宣言》，呼吁各国政府和人民为维护和改善人类环境而共同努力。1992 年联合国又在巴西召开了环境与发展大会，通过了《里约热内卢环境和发展宣言》，第一次把可持续发展理念由理论推向实践。

在这种时代条件下，在论到潜在经济增长率时，在供给要素方面不提资源和环境因素，显然是一个更为严重的缺陷。就我国当前情况来说，则更是这样。新中国成立以后，特别是改革开放以后，我国在实现社会主义现代化建设和民族伟大复兴方面已经迈出了决定性步伐，正在改变世界经济格局，赢得了世人的青睐。但在资源过度消耗和环境污染方面都付出了沉重代价。在这方面，我国已经历了两次大的破坏。一是在改革前 30 年发生的。其中尤以 1958—1960 年"大跃进"和 60 年代中期到 70 年代中期的"三线"建设最为突出。二是改革后 30 年发生的。其中，尤以 80 年代乡镇工业的遍地开花和新世纪以来重化工业超高速增长最为明显。这样，当前我国已经成为资源和环境问题最严重的国家之一。这种状况同社会主义经济大国的地位很不相称，亟须改变。诚然，从 20 世纪 90 年代下半期开始，我国就已经把可持续发展列为重要的经济社会发展战略，并相继采取了一系列重大政策措施，取得了一定进展。但在实践方面，资源过度消耗和环境严重污染方面并没有从根本上得到遏制。在这种形势下，我国在资源和环境方面就面临着双重任务：在今后的经济增长中，不仅要严格遵循可持续发展的理念，恪守节约资源和保护环境的原则，而且要补偿过去长时期资源过度消耗和环境严重污染的欠债。还需指出，这个定义忽略资源和环境，也并不符合马克思主义关于社会生产的一般理论。马克思提出："一切财富的源泉——土地和工人。"这里说的土地可以理解为整个自然资源，工人可以理解为全部劳动力。恩格斯还以希腊等地居民因砍完森林造成的严重后果为例，深刻地说明了人类生存和社会生产对自然环境的密切依存关系。[①]

据此，笔者认为，我国现阶段潜在经济增长率似乎可以定义为：在一定时期内，在既定的社会生产技术条件下，在适度开发利用资源和保护改善环境前提下，各种生产要素潜能得到充分发挥所能达到的生产率。

如果这个定义是正确的，那么测算潜在经济增长率的经济计量模型就要做相应的调整。按照前述的西方经济学者关于潜在经济增长率的定义，其测算潜在经济增长率的经济计量模型为：潜在经济增长率＝资本和劳动等要素投入对经济增长的贡献率＋由技术进步等因素导致的效率提高对经济增长的贡献率。而按照笔者修正后的潜在经济增长率的定义，测算潜在经济增长率的经济计量模型则应为：潜在经济增长率＝资本和劳动等要素投入对经济增长的贡献率＋由技术进步等因素导致效率提高对经济增长的贡献率－由适度开发利用资源和保护改善环境对经济增长的缩减率。当然，这个调整对测算现实经济增长率也是适用的。

三 对流行的潜在经济增长率的商榷意见

近来有多位学者发表这样的观点：中国在今后 10 年、20 年甚至 30 年仍然能够实现经济高增长。而他们所说的高增长，其量的界定就是年均增长 9% 以上，甚至接近 10%。在我国"十二五"规划正在制定之际，这是一个很值得关注的理论动向。无论从理论意义或者实践意义上说，这种观点都值得商榷。

这些学者讲的是中国今后长时期经济增长率。所以，把它理解为中国今后的潜在经济增长率，是符合原意的。我们就从这个视角讨论这种观点。

显然，可以想象，这些学者并不是随意拍脑袋提出这个观点的，而是经过多方面论证的。其依据可能有以下三个主要方面：第一，我国历史经验。因为 1979—2009 年我国年均经济增长率就达到 9.9%。但能否由这个历史经验做出结论说，中国在今后 10 年乃至 30 年仍然可以实现 9% 以上乃至 10% 的年均经济增长率？看来，在这方面仍有众多问题需要研究。应该

---

① 详见《马克思恩格斯全集》第 23 卷，人民出版社 1972 年版，第 553 页；《马克思恩格斯选集》第 3 卷，人民出版社 1973 年版，第 517—518 页。

肯定，以长期的历史经验数据为依据来测算潜在经济增长率，从方法论上说是无可置疑的。现实经济增长率是经济增长中的现象形态，而潜在经济增长率是经济增长中的本质（或规律）。按照马克思主义关于本质（或规律）特征的分析，它具有长期性、稳定性的特征。而潜在经济增长率正是具有这样的特点。正如萨缪尔森所说："潜在产出增长是相当平稳的。""从比较长期的观点来看，推动经济在几十年内增长的因素，是潜在的产出和总供给。"[①] 但就新中国成立后历史经验数据来看，也面临着三种选择。1953—1978 年，我国年均经济增长率为 6.1%，1979—2009 年为 9.9%，1953—2009 年为 8.1%[②]。这三个时限都是比较长的时期。但相对说来，以1953—2009 年年均经济增长率 8.1% 为依据，把我国今后一个时期潜在经济增长率定为 8% 左右，更符合作为经济本质（或规律）所具有的稳定性和长期性的特点。因而更为相宜。不仅如此，这样确定还更符合作为潜在经济增长率的质的规定。如前所述，潜在经济增长率应定义为：在一定时期，在既定的社会生产技术条件下，在适度开发利用资源和保护环境的前提下，各种生产要素潜能充分发挥所能达到的生产率。这样，在我国当前资源过度消耗和环境严重污染的情况下，不以 1979—2009 年年均经济增速 9.9%，而以 1953—2009 年的 8.1% 为依据，无疑是更为相宜的。

　　但这里的问题是：这样确定今后一个时期的潜在经济增长率，是否时限太长了。诚然，就这里涉及 60 年和 30 年相比较，时限是长了。但如果纵观中国几千年的经济增长，放眼世界范围内的经济增长，就是另一番景象。按照麦迪森的计算，在 1700—1820 年长达 1200 年的时间内，中国年均增速仅为 0.85%，在 1820—1952 年长达 1332 年的时间，主要由于逐步沦为半殖民地半封建社会，年均增速还下降到 0.22%。在这两个时段内，世界年均增速分别为 0.52% 和 1.64%。[③] 需要说明：列举这些数据的目的，仅仅在于以过去 60 年的年均增速作为预计今后一个时期潜在经济增长率的时限不

　　① 保罗·A. 萨缪尔森、威廉·D. 诺德豪斯：《经济学》，中国发展出版社 1992 年版，第 301、303 页。

　　② 《新中国六十年统计资料汇编》，中国统计出版社 2010 年版，第 12 页；国家统计局网，2010 年7 月 2 日；《中国统计摘要》（2010），中国统计出版社 2010 年版，第 24 页。

　　③ 安格斯·麦迪森：《中国经济的长期表现》，上海人民出版社 2008 年版，第 37 页。

能算长。当然，无论是以30年的历史经验数据为依据，或是以60年的历史经验数据为依据，都不能充分说明今后一个时期的潜在经济增长率。因为尽管历史具有继承性，今天中国是过去中国的历史发展，明天中国是今天中国的历史发展，但明天中国毕竟不同于今天中国。因此，要充分说明今后一个时期中国潜在经济增长率，还必须分析这个时期的供给要素，这一点留待下面展开。

第二，理论依据。就笔者看到的有关文章，持有今后几十年经济增速仍可达到9%以上乃至10%的观点的学者，提出的理论依据主要有以下几点：曾经支撑中国经济过去30年高速增长的要素（包括劳动力和资本投入等）在未来30年仍然存在。再有，就是城市化的加速推进和区域经济的加速发展等。

从一般意义上说，可以认为这些理论依据都是正确的。而且用它来说明今后30年年均经济增速仍能达到1953—2009年年均增速8%也是可以的。但要用它来说明今后仍能维持过去30年的10%的增速，就很难说服人了。问题在于：这些学者片面强调了加速今后30年经济增长的因素，完全忽略了降低今后30年经济增速因素，而且忽略了后一类因素的作用会超过前一类因素的作用。这样，今后30年年均增速由过去30年的10%下降到8%就是难以避免的了。具体说来就是：今后确实存在加速经济增长的因素。诸如城镇化和区域经济的加速发展等。但同时也存在众多降低今后30年经济增速的因素。举其要者有：（1）如前所述，当前我国资源过度消耗和环境污染已经达到了很严重的地步，几乎接近极限。在既定的社会生产技术条件下，降低资源消耗和减轻环境污染的最有效的办法就是降低经济增速。因为在这种条件下，两者呈现一种很强的正相关关系。当然，在这方面科技进步等因素也能起很大的作用。但就我国当前的情况来看，这些因素的作用远不如降低经济增速的作用。在这个限度内，可以说降低经济增速是改变资源过度消耗和环境严重污染的最重要办法。

（2）当前我国经济存在严重失衡，已是公认的事实。就我们这里讨论的问题来说，值得提及的有两个重要方面。一是投资和消费关系的严重失衡。在1952年、1978年和2009年这3个时点上，我国投资率由22.2%上升到38.2%，再上升到47.5%。2010年上半年我国全社会固定资产投资增速虽有回落，但仍达到25.0%，比全社会消费品零售总额增速还要高出6.8个百分点①。而前者和后者分别是投资和消费的最主要组成部分。据此可以判断：2010年，我国投资率仍然保持了上升态势。这样，投资率就在我国历史上达到了前所未有的高度，在世界上也是绝无仅有的。所以，在今后我国经济正常发展的情况下，投资率的逐步下降必将成为一种客观趋势。但问题还在于：投资效益下降局面在短期内也还难有大的改变。据计算，我国投资效益系数，1953—1957年为0.55，1958—1978年为0.24，1979—1984年为0.47，1985—1992年为0.53，1993—2000年为0.43，2001—2008年为0.28。可见，无论从新中国成立后60年看，或改革后30年看，我国投资效益系数都经历了一个先扬后抑的过程。这个下降过程在短期内还难有大的改变。二是重工业和轻工业的严重失衡。本来，改革前轻重工业严重失衡状况，在改革后的一个长时期内逐步得到了缓解。但在新世纪初以来，由于重化工业的超高速增长，这种失衡状况又趋于加剧了。下列数据可以清楚地显示这一点。据计算，1953—1978年，轻重工业年均增速分别为9.3%和13.8%。两者失衡状况趋于加剧。但在1979—1984年、1985—1992年和1993—2000年这三段时限内，两者增速分别依次为12.3%和7.3%、16.0%和15.4%、18.3%和17.1%，两者失衡状况趋于缓解。但在2001—2007年，两者增速分别为16.8%和23.2%，两者失衡状况又趋于加剧。但这种失衡状况本身就表明重化工业超高速增长，是不可持续的。更何况这些年重化工业的超高速增长，正是资源过度消耗和环境严重污染的主要根源。这更说明是不可持续的。现在需要进一步指出：高投资和重化工业的超高速增长，正是推动我国经济高速增长的两个主要动力。这两方面情况的改变，必将抑制我国经济的增速。

（3）我国现阶段市场经济体制的特点是政府主导型的市场经济。这种体制在动员社会资源，推动经济高速增长方面具有特殊巨大的作用。但也极易导致经济的过快增长。当前这一点尤为明显地表现在以地方政府为主的投资膨胀机制的作用上。但是伴随经济政治改革的深化，政资政企政事分开，行政管理体制、财税体制和干部制度改革的进展，以及民主政治监

---

①　《新中国六十年统计资料汇编》，中国统计出版社2009年版，第12页；国家统计局网，2010年2月25日，7月15日；《中国统计摘要》（2010），中国统计出版社2010年版，第36页。

督的增强,这种投资膨胀机制的作用,有望得到逐步削弱。这样,政府虽然仍是推动经济增长不可代替的重要力量,但当前追求经济过高增长的倾向,预期可以得到遏制。

(4)经济总量和经济增速这两方面的现有基数都会在不同程度上制约今后的经济增速。一般说来,在其他条件相等的情况下,经济总量和经济增速两个基数越大,制约经济增速提高的作用越大,经济增速下降的概率也越大;反之亦然。诚然,这两种基数是有联系的,但又是有区别的。如果在论到基数对经济增速的制约作用时,只提前一方面,而不提后一方面,那就不能认为是全面的。而当前我国经济增速方面又恰恰遇到了这两方面的制约。按不变价格计算,2009 年我国经济总量是 1978 年的 18.6 倍,年均经济增长率高达 9.9%[1]。如果将这一点与前述三个因素联系起来看,那么,我国潜在经济增长率下降就是很明显的。还有提到:在经济总量达到一定规模以后,经济增速趋于下降,是一个世界范围内带有规律性的现象。据麦迪森计算,在 1913—1950 年、1950—1973 年和 1973—1998 年这三个时期,欧美日国家的年均经济增速分别依次为 1.19%、4.81% 和 2.11%,2.84%、3.93% 和 2.99%,2.21%、9.29% 和 2.97%[2]。显然,这些国家各个时期经济增速的变化,是由多种复杂因素决定的,基数并不是主要因素。但从中可以看到:基数在这方面也有一定的作用。很清楚,中国今后的经济增速变化,也会受到基数的影响。

第三,经济计量模型的依据。在对历史经验数据和理论依据做了分析以后,对经济计量模型方面的依据的分析,就比较容易了。这个经济计量模型包括的经济变量有四个:(1)资本投入对经济增长的贡献率;(2)劳动力投入对经济增长的贡献率;(3)科技进步等因素导致效率提高对经济增长的贡献率;(4)资源和环境对经济增长率的影响。下面分别就这四个经济变量对经济增长的作用做具体分析。(1)如前所述,在正常情况下,今后一个时期我国投资率是趋于下降的,投资效率下降趋势也难以有大的改变。这样,大致可以确定:在今后一个时期内,投资对经济增长贡献率与过去 30 年相比较,将是下降的趋势。(2)劳动投入在这方面的作用将呈

---

① 《中国统计摘要》(2010),中国统计出版社 2010 年版,第 24 页。

② 麦迪森:《世界经济千年史》,北京大学出版社 2003 年版,第 260 页。

现一种复杂的情况。一方面，如果要说路易斯转折点已经到来或即将到来，那是一种过于乐观的估计。但是，改革初期那种劳动力供给大大超过需求的状况已经有了很大改变，并正在继续加快发生改变。而且，劳动力价格逐步上升也已成了客观趋势。另一方面，我国已经普及了九年制的义务教育，高中教育也有很大发展，甚至高等教育也已经达到了大众化阶段。这样，人力资本在经济增长中的作用就会逐步上升。这样，前一方面因素对经济增长率提升将发生负面作用，后一方面因素则会发生正面作用；正负相抵以后，仍然可以认为劳动力投入对今后一个时期经济增长率提升将会发生积极作用。（3）科技进步等因素造成的效率提高。这一点，在今后一个时期内，无疑仍然是提高经济增长率的积极因素。当前我国科技进步因素对经济增长率仍然远远低于经济发达国家，仍有很大的增长潜力。但也要考虑到：以往30年，我国科技因素在这方面贡献率的增速是很快的。如前所述，作为基数之一的速度对其以后的增速是有制约的。所以，对科技进步对提高我国经济增长率的作用也不宜估计过高。（4）为了补偿以往几十年资源过度消耗和环境严重污染，也为了节约资源和保护环境，资源和环境对今后经济增长肯定会起负面作用。它不仅不能提高经济增长率，还会降低经济增长率。据有的学者估算，资源和环境因素会降低今后经济增长率1—2个百分点。但是，那些持有今后我国经济增速仍能达到10%的学者在论到这一点时，却只字不提资源和环境问题。这是令人十分奇怪的事。综合以上对四个经济变量的分析，我们可以得到这样的结论：今后一个时期内我国年均经济增速将会下降到8%；如果以经济计量模型来证明仍然可以达到10%，似乎也是缺乏根据的。

事实上，我国不仅已有学者明确提出我国今后潜在经济增长率是下降的，而且把资源和环境因素纳入了经济计量模型进行了测算。其结论是：我国潜在经济增长率将由以往30年的10.5%，下降到2010—2015年的9.5%、2016—2020年的7.3%和2020—2030年的5.8%。这个计算结果是否完全准确还可以研究。当然，任何经济计量模型都是抽象的，它只能涵盖若干个主要经济变量，不可能包括实际经济中的全部因素；各个变量所依据的样本数据也很难做到全部掌握；特别是其中某些权重的设置更是难免带有某种程度的随意性。因此，我们对这个测算结果也不能提出完全准确的要求。但是这个测算结果所揭示的我国今后潜在经济增长率的下降趋势，却是可以认同的。

需要提到，笔者也曾指出：中国在 21 世纪初一个相当长的时期内仍然面临着千载难逢的经济可以得到快速平稳持续发展的战略机遇期。并把它归结为：经济全球化条件下改革开放效应，知识经济时代科技进步效应，工业化中期阶段效应（其中包括城镇化加速效应），积累了适应现代市场经济发展要求的、全过程的宏观经济调控效应，人口大国和经济大国的效应，仍然可以赢得一个较长时期的稳定的社会政治局面和国际和平环境。① 现在需要进一步指出：以往 30 年经济增速 9.9% 是高速增长；今后 30 年经济增长 8%，仍然是高速增长。这无论是同中国的历史比较，还是与当代各国比较，都是可以这样说的。

还要说明：以上都是说的潜在经济增长率，即总供给的潜在增长率，并未涉及总需求因素。但如果把总需求因素也列入考察的视线，如果以地方政府为主的投资膨胀机制得不到有效抑制，甚至进一步强化，如果宏观经济调控也显得无力，甚至在某些方面还有意无意地适应或推动这种膨胀，那么，在今后若干年内经济增速达到 10% 甚至 10% 以上，也是完全可能的。但如果真是这样，那么，中国资源和环境就要进入第三个 30 年的大破坏。这就不是原本意义上的中华民族的伟大复兴，而是给中华民族子孙后代造成巨大灾难。这是一个值得严肃思考的问题。

四　这个讨论的意义

概括说来，潜在经济增长率是宏观经济调控在总量调控方面的主要依据。因此，正确确定潜在经济增长率对实现正确的宏观经济调控具有至关重要的意义。在社会主义市场经济条件下，社会总需求和总供给以及两者的增长率也并不总是一致的，两者的不一致是经济增长的常态。但当两者的差别扩大到一定限度时就会导致经济过热，造成经济的周期波动。因此，在社会主义市场经济条件下，宏观经济调控的一个最重要任务，就是要促

---

① 汪海波：《论中国经济社会的持续快速全面发展（2001—2020）》，经济管理出版社 2006 年版，第 82—83 页。

进经济总量的供需平衡，熨平经济周期的波动，实现经济的平稳发展。这样，如果仅就调控经济总量来说，社会总需求和社会总供给的差距，就成为衡量经济热冷的唯一的无可代替的总体指标。因此就是宏观经济调控赖以确定调控方向（紧缩或扩张）、力度（紧缩或扩张强度）和节奏（紧缩和扩张的步伐）的主要依据。

但如前所述，潜在经济增长率是潜在的总供给增长率。而现实经济增长率就其直接的意义上说，是现实的总供给增长率。但它是总需求拉动的结果。从这种相互关系的意义上，也可以把现实经济增长率看做是总需求的增长率。关于这一点萨缪尔森有过这样的说明："经济周期主要是由总需求变动引起的。"但在上述相互联系意义上，他又说："经济周期的产生是因为潜在的与实际的 GNP 之间的缺口扩大或收缩。"① 诚然，在资本主义市场经济条件下，经济周期发生的根本原因，是资本主义的基本矛盾。在我国当前的社会主义市场经济条件下，经济周期发生的主要原因，是以地方政府为主的投资膨胀机制。但就经济周期发生的直接原因来说，萨缪尔森的上述说法，无疑是正确的。而且从一般意义上说，对我国现阶段也是适用的。依据这些分析，我们又可以进一步说，潜在经济增长率与现实经济增长率的差距是衡量社会总供给与总需求唯一的无可替代的总体指标。潜在经济增长率也就成为宏观经济调控在总量调控的主要依据。

现在需要进一步指出：潜在经济增长率是经济增长中的本质（或规律），而现实经济增长率是现象形态。如前所述，像一切规律和现象一样，前者具有稳定性、长期性的特点，而后者则是经常变化的，不稳定的。历史经验也反复证明：前者是决定后者的，后者在经济周期的各个阶段是围绕前者这个中心波动的。正因为这样，潜在经济增长率不仅应该成为制定中长期规划在确定经济总量增长方面的主要依据，而且应该成为制订年度计划在这方面的主要依据，还应该成为调整中长期规划、年度计划乃至季度计划的主要依据。

但就我国当前现实情况来看，似乎并没有在宏观经济调控中把它放到应有的地位。比如，当前观察宏观经济总量增长是否热冷的通行做法，就

---

① 保罗·A. 萨缪尔森、威廉·D. 诺德豪斯：《经济学》，中国发展出版社 1992 年版，第 305、307 页。

是依据国家统计局提供的现实经济增长率和居民消费价格指数。诚然，这样做是有其根据的，而且是国际的通行做法。但也有值得斟酌之处。如前所述，衡量经济冷热唯一的无可替代的总体指标是现实经济增长率与潜在经济增长率的差距。这样，如果孤立地就现实经济增长率增速本身来观察，虽然可以在很大程度上看到经济的冷热，但远不是准确的。比如，在同一国家的不同发展时期，其潜在经济增长率是有高低差别的。这样，一定的现实经济增长率在一个时期可以表示经济过热，而在另一个时期则可以表示经济过冷。甚至在一个经济周期不同发展阶段，也存在某种类似的情况。即一定的现实经济增长率在经济周期的上升阶段，可以表示经济过热；而在经济周期的低谷阶段，则可以表示经济增速向潜在经济增长率的正常回归。

至于以居民消费价格来考察经济冷热，其值得斟酌之处就更多。在这方面，居民消费价格指数与国内生产总值平减指数还是有区别的。在社会劳动生产率不发生变化的条件下，在国内生产总值平减指数单纯由社会总供给和总需求的不平衡引起的条件下，这个指数也可代替潜在经济增长率与现实经济增长率的差异，成为衡量经济冷热的总体指标。而居民消费价格指数尽管也是最重要的价格指数，但不像国内生产总值平减指数那样，涵盖了经济总量价格的变化，并不具有国内生产总值平减指数那样的功能。更何况居民消费价格指数的变化，除了受到社会总需求和总供给的决定以外，也要受到社会劳动生产率升降的影响。

可见，以潜在经济增长率为依据制定中长期规划和年度计划，并以潜在经济增长率与现实经济增长率的差距来观察经济冷热，进行宏观经济调控，是实现宏观经济调控科学化的一个重要方面。

但要做到这一点，需要一个重要条件，即比较准确地测算潜在经济增长率。在这方面，潜在经济增长率与现实经济增长率的确定方法是不同的。如前所述，现实经济增长率是经济增长率的现象，因而只要国家统计局提供的相关统计资料是真实的，现实经济增长率是容易观察到的。而潜在经济增长率中是经济增长中的本质，需要经过对长期的统计资料的分析或经济计量模型才能大体测算得到。

当然，要有效地实现宏观经济管理，仅仅依据正确确定潜在经济增长率是远远不够的。在我国现阶段宏观经济调控体系中，尽管规划居于龙头的地位，但就规划的执行来说，或者抑制经济过冷或过热来说，财政政策或货币政策则具有更大的作用。所以，要有效地实现宏观经济管理，就必须实现规划和财政政策、货币政策的协调。协调得好，就是事半功倍；协调得不好，就是事倍功半。这一点，已为改革后的经验教训反复证明了，这是其一。其二，要有效地实现宏观经济调控，还必须有它赖以实行的微观基础。这个微观基础就是独立自主、自负盈亏并能平等竞争的市场主体。但在我国政资、政企、政事还没有完全分开和国有经济（特别是其中的垄断企业）占的比重过大的条件下，并不完全具备这种微观基础。这样，就存在着以地方政府为主的（就各级政府来说）和以国有垄断企业为主的（就各种经济类型的企业说来）投资膨胀机制。这样，在我国经济增长过程中就存在中央政府的经济增长规划与这些投资膨胀机制的博弈关系。实践已经表明：在这个博弈中，实际的赢家往往不是中央政府的规划，而是这个投资膨胀机制。这一点在近六年来（2005—2010 年）表现得尤为突出。这六年，中央政府制定的经济增长预期目标都是 8%。但在 2005—2007 年这三年，经济增速分别达到了 11.3%、12.7% 和 14.2%，经济发展过热；2008—2009 年在国际金融危机的严重冲击下，经济增速仍然分别达到了 9.6% 和 9.1%（初步核算数字）[①]；2010 年在国际经济复苏局面还不稳定的条件下，预计我国经济增速将会达到 10.0% 左右。如果宏观经济调控得不到有效地加强，2005—2007 年经济过热的局面又将重复出现。诚然，这六年的经济增长，特别是后三年的经济增长，是在险恶的国际经济条件下取得的，是一个来之不易的、重大的并为世人青睐的成就。但它同时表明：在我国经济增长中，在很大程度上起支配作用的是投资膨胀机制。所以，要有效地进行宏观经济调控，必须同深化经济改革结合起来。特别是要着力推进政府行政管理体制的改革以及国有垄断经济的调整和改革。其三，近来有多位学者提出，我国在今后 10 年、20 年乃至 30 年仍能实现 9% 以上甚至 10% 的增长速度，彰显了一个事实，即要实行有效的宏观经济调控，还需要有正确的舆论引导。诚然，作为自由学术讨论，对此无可非议。但

---

① 《中国统计摘要》（2010），中国统计出版社 2010 年版，第 23 页；国家统计局网，2010 年 7 月 15 日。

同时又必须清醒看到：这种观点对人们是有影响的。那么，哪些人最喜欢这种观点呢？要了解这一点，只要回顾一下新世纪以来在经济过热环境中那些特殊人群获得了特殊利益，就可以看得清楚。显然，经济的过快增长，必然造成经济的大幅波动，资源的过度消耗，以及环境的严重污染，似乎难以得到人们的广泛认同。但有三类人群却可以从经济过快增长中获得巨大利益，即追求政绩的某些政府官员，垄断企业的某些高层管理人员，以及既不主张经济倒退、又不主张继续推进改革以维持改革现状的人群。因为借助经济过热环境，第一类人可以大肆推进政绩工程，第二类人可以获得更多的垄断利润和与之相联系的高薪，第三类人则可以巩固和扩大寻租和贪污腐败的机遇和空间。而这三类人群对政府决策的执行，是有重大影响的。所以，当前按照学术民主的原则，通过自由学术讨论，以实现正确的舆论导向，很有必要。因为真理总是越辩越明的。

（原载《国家行政学院学报》2010 年第 5 期）

7.5%的预期经济增长目标重在落实

笔者高兴看到：十一届人大五次会议将 2012 年的经济增长预期目标定为 7.5% 。这对我国经济的持续稳定发展，无疑会起积极的促进作用。但历史经验已经反复证明：如果仅有一个适度的经济增长目标，而没有有力的战略措施跟上，尽管它在有利于把各级政府的注意力吸到转变经济发展方式上来，但在很大程度上仍然不能实现。在这个限度内可以说还是一纸空文。仅以 1996 年以来的情况而论。"九五"计划（1996—2000 年）、"十五"计划（2001—2005 年）和"十一五"计划（2006—2010 年）制定的年均经济增长目标依次分别为 8% 、7% 和 7.5% 。但实际执行结果都远远超过了原定的经济增长目标，而且，在越来越大的幅度上超过了原定目标。"九五"计划、"十五"计划和"十一五"计划执行结果依次分别超过原定目标的 7.5% 、40% 和 49.3%[①] 。

但这样提出问题，又不只是依据历史经验，而且依据现实状况。据报道，各地"十二五"规划绝大部分省都定下国内生产总值年平均增长 10% 以上的目标，约有半数的省市自治区五年要翻一番，这意味着要每年增长 14% 以上。只有北京、深圳是 8% ，上海是 8% 左右[②] 。

这种情况就向人们提出一个尖锐问题：究竟依靠什么有力的战略措施来有效地引导地方政府改弦更张，遵循中央政府确定的 7.5% 的预期增长目标行事，使它能够得到实现。当然，这并不说各地政府一律依照统一的 7.5% 经济增速行事，而是说各地政府要从本地的具体情况出发，在着力推进转变经济发展方式上的前提下确定适度的经济增速。这样，其结果必然

---

① 《中国经济年鉴》（1981、1986、1991、1996、2001、2006），经济管理出版社和中国经济年鉴社；《中国统计年鉴》（2011），中国统计年鉴社 2011 年版。

② 《社会科学报》2012 年 3 月 1 日。

是有的地方的经济增速高于7.5%，有的地方的经济增速低于7.5%，就全国总的情况来看，大体上也就是7.5%。但如果缺乏这种有力的战略措施，就做不到这一点，像以往多年发生的情况那样。所以，这里强调7.5%的经济增长目标重在落实，重在决策层拿出巨大勇气、魄力和决心，采取有力的战略措施，促其实现。在这方面，需要着重提出的有以下三点。

第一，要充分认识实施7.5%的经济增长目标的科学性、重要性和紧迫性，为实现这个目标奠定思想基础。

（1）科学性。笔者依据经济增长理论和历史经验的研究，曾经提出：现实经济增长率是潜在经济增长率的现象形态，而潜在经济增长率是经济增长中的本质或规律。针对我国学界流行的潜在经济增长率定义的缺陷，还提出我国现阶段潜在经济增长率似乎可以定义为：在一定时期内，在既定的社会生产技术条件下，在适度开发利用资源和保护改善环境的条件下，各种生产要素潜能得到充分发挥所能达到的生产率。据此，对测算潜在经济增长率的经济计量模型做了如下的规定：潜在经济增长率＝资本和劳动等要素投入对经济增长的贡献率＋由技术进步等因素导致效率提高对经济增长的贡献率－由适度开发利用资源和保护改善环境对经济增长的缩减率。还依据上述理论和历史经验数据将我国现阶段潜在增长率确定为8%[①]。

现在需要进一步指出：尽管近几年来我国在调整经济结构方面已经取得了重要进展，但并没有从根本上改变这方面的严重失衡，其中有些方面甚至还在加剧。而且要根本改变这种状态，还需要经历一段时间。当然，从经济的协调、持续、稳定发展来看，继续调整经济结构，是绝对必需的。但它是以降低一定的经济增速为前提的。这是调整结构必须付出的代价。这样，上述的测算现阶段经济增长率计量模型还要做以下的修正；现阶段潜在经济增长率＝资本和劳动等要素投入对经济增长贡献率＋技术进步等因素导致效率提高对经济增长的贡献率－由适度开发利用资源和保护改善环境对经济增长的缩减率－由调整经济结构对经济增长的缩减率。就我国当前情况来看，这两种缩减率至少为1个百分点。这样，我国现阶段潜在经济增长率就不是8%，而是7%。

---

① 汪海波：《试论潜在经济增长率》，《国家行政学院学报》2010年第5期。

为了进一步说明上述观点，这里有必要提到最近一项颇有深度的研究成果。这项研究的重要特点：一是建立了包括先后进入工业化进程的几十个国家和地区、上百个重要经济指标和数据库；二是选择了比较准确的国际比较基准尺度，即著名经济史学家安格斯·麦迪逊开发的各国经济长期增长的数据，以1990年的国际元作为比较基准。这项研究在做了扎实的实证研究的基础上，做出的结论是：中国经济潜在增长率有很大可能性在2015年前后下一个台阶，时间窗口的分布是2013—2017年。经济增速下降的幅度大约3个百分点，如由10%降低到7%左右[①]。

基于上述分析，笔者认为7.5%是科学的；而它之所以是科学的，就是因为它大体上反映了我们现阶段潜在经济增长率这个经济规律的要求。

这就产生一个问题，1979—2011年，我国年均经济增速高达9.9%，把2012年经济增速的预期目标定为7.5%，是否低了？需要明确：评价经济增速高低唯一的根本标准是潜在经济增长率，据此就不能认为7.5%的经济增速低了，而宁可认为是合适的。为了说明这一点，需要提到美国著名经济学家斯蒂格列茨最近在国务院发展中心主办的"中国发展高层论坛"的一段讲话。他说："由于中国近年来增长速度非常快，所以大家会觉得7.5%这样的经济增速不是特别高，实际上，这样的增长速度还是非常高的。"[②]这个说法很中肯，值得重视。

（2）重要性。毫无疑问，"十二五"规划确定的"以转变经济发展方式为主线"，"坚持把经济结构的战略性调整作为加快转变经济发展方式的主攻方向"[③]是完全正确的。但要强调：实现这个主线和主攻方向，都是以适当降低经济增长速度作为必要的前提条件。鉴于转变经济发展方式和调整经济结构存在密切的联系，这里仅以调整经济结构为例说明这一点。

当前我国经济结构存在多方面的严重失衡。主要是投资和消费以及内需和外需的失衡，第一、第二、第三产业结构的失衡以及城乡之间和地区

① 刘世锦等：《陷阱还是高墙？——中国经济面临的真实挑战和战略选择》，中信出版社2011年版。

② 《中国经济时报》2012年3月19日第12版。

③ 《中共中央关于制定国民经济和社会发展第十二个五年规划的建议》，人民出版社2010年版，第6页。

之间的失衡。其中最重要的是投资与消费之间的失衡。这里就以这种失衡为例说明：调整经济结构对降低经济增速的客观依存关系。

实际上，这种依存关系已为新中国成立以后的经验和教训反复证明了。1958 年开始的"大跃进"，使得这年经济增速由 1957 年的 5.1% 猛增到 21.3%。在经济增长主要依靠粗放增长方式的条件下，经济增速急剧提高，必然要求投资率的大幅攀升。于是 1958 年的投资率由 1957 年的 25.4% 迅速提高到 33.4%，由此造成了投资与消费关系的严重失衡。1961 年开始的经济调整使得这年经济增速为 - 27.3%。经济增速的下降，也必然导致投资率的下降。这年投资率仅为 21.5%，投资与消费关系趋于协调。

1978 年的"洋跃进"使得这年经济增速由 1977 年的 7.6% 上升到 11.7%。于是投资率也由上年的 34.7% 上升到 38.2%，投资与消费关系进一步陷入严重失衡状态。1979 年开始进行经济调整，到 1981 年调整到位，经济增速下降到 5.2%。由此投资率也下降到 32.5%，投资与消费关系的失衡状态也趋于缓解。

1984 年，我国经济又一次发生过热，经济增速由上年的 10.9% 进一步上升到 15.2%。由此投资率也由上年的 32.8% 进一步上升到 34.2%，投资与消费关系的失衡趋于加剧。当时曾经设想实现经济"软着陆"。但实际上没有"软着陆"就起飞了。1985—1988 年经济增速依次分别高达 13.5%、8.8%、11.6% 和 11.3%。由此投资率也没有降下来，投资与消费关系的失衡进一步加剧。这四年投资率仍然高达 38.1%、37.5%、36.3% 和 37.0%。1989 年开始进行经济调整，到 1990 年，经济增速下降到 3.8%，投资率下降到 34.9%。

1992 年，我国经济再次发生过热，经济增速由 1991 年的 9.2% 上升到 14.2%。由此投资率也由上年的 34.8% 继续上升到 36.8%，投资与消费关系进一步陷入严重失衡。1993 年开始进行经济调整，到 1997 年调整到位，经济增速下降到 7.8%；投资率由 1993 年 42.6% 下降到 36.2%，投资与消费关系的失衡状态趋于缓解。

2007 年，我国经济再次发生过热，经济增速高达 14.2%；由此投资率也高达 41.7%。此后的 2008—2010 年，经济都处于偏热状态，经济增速依次分别高达 9.6%、9.2% 和 10.4%。于是，投资率也依次分别高达

43.9%、47.5%和48.6%，其失衡状态进一步加剧[①]。

上述历史过程表明：（1）经济增速过高必然导致投资率过高。这不仅造成经济过热，而且造成投资与消费关系的严重失衡。（2）经济增速适度下降，必然导致投资率相应下降。这不仅可以使经济过热状态得到改变，而且可以使投资与消费关系趋于协调。（3）经济增速过高状态不改变，投资与消费关系失衡状态也得不到改变。总之，投资率的升降是以经济增速的升降为前提的。这就是投资率升降对经济增速高低的客观依存关系。因此，要调整投资和消费关系，就必须降低经济增速；否则是不可能做到的。

更何况当前我国面临的问题，不只是包括投资与消费关系在内的经济结构失衡，还有经济发展与社会发展之间的失衡，以及环境的严重污染。诚然，当前加快社会事业的发展和环境的治理，对实现我国经济的持续发展和社会政治稳定，具有极重要的意义。但相对作为经济主体的工业发展来说，发展社会事业和治理环境都具有投入多，产出少的特点，其中许多方面甚至只有投入没有产出。所以，加快社会事业发展和治理环境，也必然会在一定程度上降低经济增速。这也是一个不以人们意志为转移的客观依存关系。

总起来说，实现7.5%的经济增速，使经济增速回归到潜在经济增长率的水平上来，是当前转变经济发展方式，调整经济结构，加快社会事业发展和治理环境的必要前提。从这方面来说，它具有不容忽视的极重要意义。

因此，那种忽视这个前提，孤立地强调转方式、调结构，又不真正切实采取有力措施适度降低经济增速的想法和做法，是不切合实际的。其结果只能是经济增速长期处于偏热甚至过热状态，而转方式、调结构又难以取得显著进展。这正是新世纪以来我国经济发展的现状：一方面，2001—2011年年均经济增速高达10.5%，不仅远远超过了1953—2011年8.1%的年均增速，而且超过了1979—2011年9.9%的年均增速[②]；另一方面，在转方式、调结构等方面虽有进展，但并没有发生根本转变。

---

① 《新中国六十年经济统计资料汇编》和《中国统计年鉴》（2011），中国统计出版社。

② 《新中国六十年经济统计资料汇编》、《中国统计年鉴》（2011），中国统计出版社；《中国2011年经济和社会发展统计公报》，国家统计局网。

　　紧迫性。当前我国无疑还面临着良好的发展战略机遇期。决定这一点的主要因素是：经济全球化条件下的改革开放；知识经济时代的科技进步；工业化、城镇化和农业现代化并举；人口大国、经济大国和人力资本大国同在；仍然可以赢得一个较长时期的国内政治稳定和国际和平环境。

　　但我国同时还面临着矛盾的多发期。诸如经济结构严重失衡，社会事业发展严重滞后，贫富差距扩大，资源过度消耗，环境严重污染，自主创新能力不强，市场秩序混乱，社会信用和道德缺失，生产、食品和药品的安全形势严峻以及部分行政官员和某些国企高管贪污腐败严重等。这是世所罕见的。仅就国内来说，它是与社会主义初级阶段的特点相联系的，特别是由于社会生产力水平较低，而且很不平衡。但从根本上来说，似乎可以归结为封建主义余毒和资本主义弊病以及计划经济体制弊端和市场经济体制缺陷的双重叠加。这也是世所罕见的。也许可以用后一种世所罕见从根本上说明前一种世所罕见。

　　但当前良好的发展战略机遇期还是矛盾的主要方面，矛盾的多发期是矛盾的次要方面。但在一定条件下，两者是可以相互转化的。我国改革开放30多年来，在取得举世瞩目的伟大成就的同时，也积累了众多矛盾。其中有些方面已经达到相当尖锐的程度。这意味着当前已经潜伏着严重的社会政治危机。因此，当前警惕和防止这种转化，是一件十分重要的事情。但正是在这方面，实现经济适度增长具有重要意义。因为，实现7.5%的经济增速，不仅是转变经济发展方式和调整经济结构的必要条件，同时又是深化经济改革所必要的宏观经济环境。我国经济改革已经取得了巨大成就，初步建立和发展了社会主义市场经济体制。但改革进程并不快。其重要原因之一，就是经济增速过快，多次发生经济过热，致使许多重要改革措施不能及时出台，甚至某些年份某些方面的改革还发生了一定的倒退。

　　总之，实现7.5%的经济增速，使其大体上回归到潜在经济增长率的水平，是当前关系改革、发展和稳定全局的一件具有紧迫性的大事，切不可以为是一件可以做到，也可以不做到的无关紧要的事。

　　第二，要下最大决心，拿出最大勇气，着力推进经济改革，健全社会主义市场经济体制，为实现7.5%的经济增长目标，构建完善的体制基础。

　　经济的适度增长，是避免经济增速大起大落，实现经济稳定持续的必要条件。从时间维度视角看,这是优化社会生产资源配置的一个集中体现。

历史经验表明:要实现社会生产资源的优化配置,就要建立由政府调控的市场经济体制。由于我国的社会主义市场经济体制是从计划经济体制转变来的,特别是由于社会主义初级阶段具有生产力水平较低,经济存在多方面不平衡等特点。因而政府主导型市场经济就成为自然的选择,至少在改革的一定发展阶段上是这样。

这种体制以其拥有大量资源和经济管理权限,在迅速动员社会资源集中力量办大事,克服重大自然灾害和抵御国际风险等方面具有巨大优势。但同时也不可避免地具有与生俱来的过多干预经济,造成在某些方面资源错配等缺陷。就我们这里讨论的问题来说,就是这种体制在成为推动经济强劲增长动力的同时,也极易导致经济过热。所以,要实现7.5%的经济增长目标,就要改革这种体制在这方面存在的缺陷。这是从总的方面来说的。

具体说来,在这方面当前需要着重注意以下三点:(1)在计划经济体制下,政资和政企都是合一的。在赶超的经济战略的诱导下,由这种体制内生的高速增长机制,推动经济高速增长乃至超高速增长。改革以来,在实现政资分开、政企分开方面已经取得了长足进展。但远没有到位。而且,为应对2008年爆发的国际金融危机,政府又采取了以4万亿投资和振兴十大产业计划为主要内容的一揽子刺激经济措施。这对防止经济增速过度下滑来说,是绝对必需的。但在客观上又发生了计划经济体制某种程度的复归。这意味着这种体制内生的高速增长机制和投资膨胀机制又有了一定程度的强化。

(2)在市场取向改革已取重大进展的形势下,地方政府已经不单纯是中央政府的下属机构,同时又是具有相对独立利益的市场主体。这种市场主体拥有的大量经济资源和经济管理权力,是一般的单个企业所不能比拟的,从而成为最强大的市场竞争力量。事实上普遍存在中央政府对地方政府干部唯GDP是论的考核制度,财政体制方面事权和财权不相匹配,地方政府面临趋于加重的发展社会事业(包括就业、教育和社会保险等)的压力,中央政府监管力量和民主监督力量的薄弱等因素,又大大强化了地方政府以追求政绩为主要目标的竞争。而且,在房地产业成为我国一个重要主导产业、房地产业市场成为重要的市场、房地产金融成为金融的重要组成部分的情况下，各地普遍兴起的土地财政，更进一步加剧了地方政府之间的竞争。这样，地方政府之间的竞争就成为中国当前市场经济的一个显著特点，并成为推动中国高速增长的一个极重要因素，同时也是导致加剧经济过热的一个极重要因素。也正因为这样，在实现经济增速的目标方面，中央政府与地方政府的博弈，地方政府往往是赢家。

（3）在我国由计划经济体制向社会主义市场经济的转轨时期，不仅存在经济垄断和自然垄断，还存在行政垄断，而且前两种垄断在很多情况下又是与后一种垄断相结合的。而垄断行业又主要是由国有经济掌握的。这种国有垄断企业不仅以其本身的强大实力，而且以其与政府的天然密切联系，在信贷等方面拥有巨大优势。这样，中国的国有垄断企业不仅可以获得原本已经很高的垄断利润，而且可以获得比一般垄断利润更多的利润。当前，不仅国有垄断企业本身的公司制和股份制没有完全到位，国家对国有企业的监管更没有到位。在国有企业经营预算、经营责任、利润上缴和高层管理人员的薪酬等方面都不同程度存在这种情况。这样，国有垄断企业不仅可以以其巨额的垄断收入的一部分用于投资，还可以以其一部分用于职工的劳动报酬。因而，当前国有垄断企业职工的工资就远远超过了其他企业职工的工资，而其中的高层管理人员的薪酬又远远超过了本企业一般职工的工资。在这种情况下，国有垄断企业不仅有实力（巨额资金），而且有动力（高额薪酬）去实现经济扩张。这就是国有垄断企业特有的高速增长机制和投资膨胀机制。

上述情况表明：要实现7.5%的经济增长，使经济增速回到潜在经济增长率的水平，就必须深化改革，着力在实现政资和政企分开，治理地方政府和国有垄断企业特有的高速增长机制和投资膨胀机制上下工夫；否则是不可能做到的。

这样说，并不否定一般的国有企业和非公有企业也存在盲目扩张趋势。实际上，在追逐利润和竞争压力下，这些企业也都存在这种趋势。但要根本改变由这些企业本质产生的这种趋势是不可能的。在这方面，只能依靠政府采取经济手段、法律手段和行政手段相结合的办法，对这些企业经营行为进行正确引导，使其按照政府设定的经济增长目标运行。同时，政府还要营造适度宽松的经济环境，而不是过热的经济环境。因为前者有利于抑制这些企业的盲目扩张，而后者则会助长这种盲目扩张。

这样说，也不意味着通过深化改革可以从根本上消除市场经济所固有的经济周期，而是要抑制经济增速的大上大下，降低周期波动的频率和强度。实际上，经济发达国家由古典的、自由放任的市场经济向现代的、有国家干预的市场经济的转变，已经降低了经济周期的频率和强度。在我国社会主义市场经济条件下，更有条件做到这一点。改革以来，我国已经实现了改革前的超强波周期到强波周期、到中波周期、再到轻波周期的转变[①]。随着改革的深入，这种趋势将会更加明显。

第三，要切实把宏观经济调控政策的着力点放在7.5%的上面，为实现这一目标提供政策保证。

在我国社会主义市场经济条件下，如果不说法律手段和行政手段，仅就经济手段来说，那么宏观经济调控体系主要是由计划或规划（主要是指导性的）、财政政策、货币政策、产业政策、区域政策、收入分配政策和对外经济贸易政策等组成的。其中，计划或规划处于主导地位，财政政策和货币政策是两个主要组成部分；其他各项政策也是必要的组成部分。因此，这些所说的切实把宏观经济调控政策的着力点放在7.5%上面，主要指财政政策和货币政策要为实现这个预期的经济增长目标服务。当然，这仅仅是从经济增速这一个宏观调控目标来说的。它并不否定宏观经济调控还存在其他多重目标，因而也不否定各项宏观经济政策也需要为实现这些目标服务。

必须看到：改革以来，我国宏观经济调控方面已经积累了丰富的经验，并成为推动这期间经济持续高速增长的一个重要因素。[②] 但就新世纪初某些年份宏观经济调控的实践来看，财政政策和货币政策是与经济增长预期目标发生了某种脱离，甚至严重脱离。显然，1998年为应对亚洲金融危机的冲击，实行了积极的（扩张的）财政政策和稳健的（中性的）货币政策，是完全必要的。正是由于实行这些政策，防止了经济增速的过度下滑，实现了经济的持续增长。但在2001—2007年，经济增速持续上升，以至又一

---

① 汪海波：《中国经济发展30年（1978—2008）》，中国社会科学出版社2008年版，第78—82页。

② 汪海波：《关于改革以来宏观调控经验的若干思考》，《经济学动态》2008年第12期。

次发生了经济过热。这 7 年的经济增速分别依次为 8.3%、9.1%、10.0%、10.1%、11.3%、12.7% 和 14.2%。而 1998 年实行的积极的财政政策直到 2005 年才转变为稳健的财政政策，稳健的货币政策直到 2007 年才转变为紧缩的货币政策。显然，财政政策和货币政策转变滞后，是促进这次经济过热的一个重要原因，也是财政政策和货币政策偏离预期增长目标的一个集中表现。

2008 年，为应对国际金融危机的严重冲击，将原来的稳健的财政政策和货币政策转变为积极的财政政策和适度宽松的货币政策，也是完全必要的。正是这些政策使得 2008 年和 2009 年的经济增速仍然分别达到了 9.6% 和 9.2%。这不仅避免了经济增速的过度下滑，而且实现了经济高速增长。这确实是来之不易的重大成就。但值得注意的是：2010 年经济增速又迅速回升到 10.2%，趋于偏热。这表明 2008 年实行的扩张性宏观经济政策扩张力度过大，因而经济反弹很快，速度过高；而且延续的时间也过长。上述情况表明："九五"期间实行的财政政策和货币政策是成功的，而"十五"、"十一五"期间实行的财政政策和货币政策则不尽然。尽管实行这些政策也取得巨大成就，特别是成功地抵御了 2008 年国际金融危机的冲击，但并不理想。这些实践充分表明：财政政策和货币政策能否紧紧服务于预定的经济增长目标，是实现 7.5% 这个目标的重要政策保证。

当前为了切实做到把宏观经济调控政策的着力点放在 7.5% 上面，需着重解决以下四个问题：（1）在思想上要明确在中国政府主导型的市场经济条件下，需要着力防止的是经济过热，而不是过冷。事情很清楚：中国高速增长机制和由此派生的投资机制，主要是由地方政府、垄断企业等这样一个庞大的体系组成的。在这种基础上极易发生经济过热。这一点已为 1978 年改革开放以来 33 年经济实践充分证明了。在这 33 年中，只有 3 年经济增速是趋冷或过冷的，即 1981 年经济增速只有 5.2%，1989 年只有 4.1%，1990 年还只有 3.8%；有 4 年经济增速大体上处于正常的潜在经济增长率的水平，即 1979 年为 7.6%，1980 年为 7.8%，1998 年为 7.8%，1999 年为 7.6%，有 10 年经济增速处于趋热，经济增速为 8%—9.9%，即 1982 年为 9.1%，1986 年为 8.8%，1991 年为 9.2%，1997 年为 9.3%，2003 年为 8.4%，2001 年为 8.3%，2002 年为 9.1%，2008 年为 9.6%，

2009 年为 9.2%，2011 年为 9.2%；还有 16 年经济增速过热，即 1983 年为 10.9%，1984 年为 15.2%，1985 年为 13.5%，1987 年为 11.6%，1988 年为 11.3%，1992 年为 11.4%，1993 年为 14.0%，1994 年为 13.1%，1995 年为 10.9%，1996 年为 10.0%，2003 年为 10.0%，2004 年为 10.1%，2005 年为 11.3%，2006 年为 12.7%，2007 年为 14.2%，2010 年为 10.2%。上述数据表明：在这 33 年中，经济趋热的年份占了 30.3%，经济过热的年份占了 48.5%，两者合计占了 78.8%；经济增速正常年份只占 12.1%；趋冷和过冷年份只占 9.1%[①]。

当然，也应看到：我国经济增速确实是一个关系改革、发展和稳定的全局性问题。而且，在国内和国际复杂多变因素的作用下，我国某些年确实出现了经济趋冷的危险。因此，在防止经济过冷的问题上必须采取十分慎重的态度。但历史经验表明：在这方面需要注意：一是刺激经济增长的扩张性的宏观经济政策不能拖得太长；否则，解决了经济过冷，又带来了经济过热。2011 年以后的情况就是这样。二是刺激经济增长力度也需要把握。如果力度过大，虽然迅速制止了经济趋冷，但又埋下经济过热的种子。2008 年以后就有这种情况。当然，国内和国际情况都很复杂，难以预见甚至不可能预见的不确定因素也很多，要真正做到以上两点绝非易事。但要力求争取做到这一点。

（2）要依据百家争鸣方针，展开学术讨论，求得一个比较准确的作为确定经济速度预期目标的依据。如前所述，笔者认为，潜在经济增长率与现实经济增长率是本质和现象的关系，因而前者是确定后者的依据。笔者还认为：我国现阶段潜在经济增长率为 7%，因而现实经济增长率的预期目标也应由此来确定。笔者是依据我国历史经验数据提出这一点的。有关的研究用实证研究方法提出了与笔者大体相同的看法。

但当前有的学者提出：我国未来 10 年甚至更长的时间内仍能实现年均 9% 乃至 10% 的经济增长。

近年来有些学者提出的中国已经出现或即将出现经济滞胀的观点，也折射出这种看法。2011 年我国经济增速出现了逐季回落的态势。这年四个

---

① 《中国统计年鉴》（2011），中国统计出版社 2011 年版；《中国 2011 年经济和社会发展统计公报》，国家统计局网，2012 年 2 月 22 日。

季度的经济增速依次分别为 9.7%、9.5%、9.1% 和 8.9%，全年为 9.2%，比上年回落了 1.2 个百分点。这年 1—7 月居民消费价格指数又出现了逐月上升的态势，由 1 月的 4.9% 上升到 7 月的 6.5%。8—12 月开始回落，但全年仍然达到了 5.4%[①]。在这种形势下，有的学者惊呼中国已经出现了经济滞胀，或即将陷入经济滞胀。

应该肯定，说我国出现了通胀是有依据的。笔者依据我国的历史经验数据，曾将通胀率达到 5% 界定为中度通胀。[②] 所以，可以认为 2011 年我国已经出现了中度通胀。

但要说中国经济增长出现了"滞"，那就值得商榷，甚至可以认为是一种典型的望文生义和食洋不化。在西方经济学那里，"滞"是有特定含义的，并不是泛指任何经济增速的下降。实际上，它所概括的是 20 世纪 70 年代经济发达国家在基本经济制度不变，推行凯恩斯主义快到尽头，又受到石油危机的巨大冲击而出现的经济增速下降和通胀并存的局面。这同我国转轨时期由 2010 年经济增速过热转向下降，物价同时上升的形势，是根本不同的两回事。当然，赋予原有概念以新的内涵，是经济学研究中经常发生的事。但问题在于我国现阶段潜在经济增长率为 7%，2011 年经济增速下降到 9.2%，仍然超过了潜在经济增长率 2.2 个百分点，处于经济增速高位运行的区间，何"滞"之有？但这里之所以提出这一点，是因为这个观点暗含着一个逻辑前提：中国经济增速在 10% 以上区间运行是正常的，下降到 10% 以下，就是经济停滞了。

还要指出，尽管当前我国社会主义民主还有很大的扩展空间，但与改革前"左"的路线占统治地位的那些年代相比，已经发生巨大的变化。就这里讨论的问题来说，改革以来，中央决策越来越重视学术界的意见。在这种情况下，学术界的看法对中央决策是有重要影响的。而且，当前那些主张我国经济增长速度可以长期保持在 9% 以上的学者中，有些是直接参加中央决策咨询的。这样，通过学术讨论，找到一个比较准确的作为确定经济增长预期目标的标准，就显得十分重要了。

（3）要认真研究把经济增速由 2011 年的 9.3% 降低到 7.5%，对就业、

---

① 国家统计局网，2012 年 1 月 17 日。

② 汪海波：《汪海波文集》第十卷，经济管理出版社 2011 年版，第 8—10 页。

中小企业经营和财政金融风险带来的影响，并采取何种有力措施把这个影响减少到最低限度。这一点，是把宏观经济调控着力点放在7.5%上能否迈开步的一个重要条件。显然，这也是关系改革、发展和稳定的重要问题。这些问题需要专题研究，这里不拟展开。但也须说明，这些影响是调整经济增速必须付出的代价。而且，这个代价比由调整经济增速带来的益处要小得多。

（4）要拿出巨大勇气、魄力和决心，克服实现7.5%的经济增长目标的阻力。毫无疑问，实现这一增长目标，有利于促进经济稳定持续增长，有利于转方式和调结构，并为深化改革和巩固社会稳定创造有利的宏观经济环境，显然符合广大人民的根本利益，自然会得到他们的衷心拥护。但在我国已经存在利益主体多元化的条件下，实现这一目标仍然会遇到强大的阻力。这一阻力主要来自作为地方政府投资膨胀机制的人格化代表的那些盲目追求政绩的官员。经济过热的环境也有利于垄断企业的高层管理人员获得高额垄断利益以及与此相联系的高薪。因而他们中的一些人对经济适度增长并不关心，甚至自觉不自觉地加以反对。经济过热的环境也会为寻租拓展更大空间，并且成为股票市场和房地产市场的泡沫得以滋生的温床。因此，那些贪污腐败分子以及依靠寻租和市场泡沫而产生的暴发户更会自发地追求经济过热。这当然不是说那些主张经济高速增长，反对经济适度增长的人群，都是出于自身利益的诉求。实际上，其中的多数人还是源于认识上的差异。但上述情况表明：在我国主张或者实际上主张经济过热、反对经济适度的阻力，是很大的。因此，必须有巨大勇气、魄力和决心，才能实现7.5%的经济增长目标。经验表明：这是实现这一目标的最重要关键。

（原载《国家行政学院学报》2012年第3期）

试析价格指数及其与经济冷热的关系

如果从资本主义发展较早的英国算起，通货膨胀迄今已有 800 多年的历史，是一个很古老的问题。而且这方面的著作已是汗牛充栋。但就我国现状来说，在这方面还有许多问题需要研究。比如，反映通货膨胀的价格指数究竟包括哪些？这些价格指数与经济冷热的关系究竟如何？美国著名学者萨缪尔森早在几十年以前针对当时美国情况就曾指出："令人惊奇的是通货膨胀无所不在而又被广泛误解。"[1] 当前我国学界在这方面也存在不少误解。从这些方面来说，通货膨胀问题又是一个具有重要理论、实践意义的新问题。本文拟就上述问题做点探讨。

一 通货膨胀包括哪些价格指数

这个问题似乎并不存在。其实不然。在这方面，当前我国学界存在多种不同的观点。这里仅就其中两种观点提出商榷意见。一种相当流行的观点认为，通货膨胀只包括消费价格指数。在他们论到通货膨胀时，往往只提消费价格指数的上升，而不提其他指数的变化。这是一种"窄"的观点。还有一种"宽"的观点认为，通货膨胀不仅包括消费品和投资品的价格指数，而且包括证券价格指数[2]。

把通货膨胀仅仅归结为消费价格指数的上升，并不符合马克思主义经济学的原理。马克思曾经提出这样一个公式："商品价格总额/同名货币的流通次数 = 执行流通手段职能的货币量"。他还强调指出："这个规律是普

---

[1] 参见保罗·A. 萨缪尔森等《经济学》下册，中国发展出版社，第 370—371 页。
[2] 参见《稳定物价是今明两年宏观调控的核心任务》，《中国社会科学院院报》2007 年 9 月 20 日第 1 版。

遍使用的。"[1] 正是这个规律从根本上揭示了流通中货币量大小与商品价格升降的正比关系。但需着重指出的是：马克思在这里说的"商品"，显然既包括消费资料又包括生产资料的社会总产品。如果联系到马克思的社会资本再生产理论，还可以更清楚地看到这一点。把社会总产品区分为生产资料和消费资料，正是这个理论的一个最基本原理。可见，通货膨胀是社会总产品的价格指数的上升，而不只是消费品的价格指数的上升。

这种观点也不符合现代西方经济学。被誉为"新古典综合学派"主要代表人物的萨缪尔森在指出消费品价格指数（CPI）是"最重要的价格指数"，"是使用最广泛的价格指数"的同时，又着重说明"GNP 矫正指数"是对 GNP 总体来说的价格指数。它被定义为名义 GNP 对实际 GNP 的比例。GNP 矫正指数有用是因为它包括 GDP 中所有商品和劳务的价格，因此比CPI 更全面，CPI 仅仅衡量消费品价格。"[2] 这也说明不能把通货膨胀仅仅归结为消费价格指数的上升。

在这方面，上述马克思的观点和萨缪尔森的观点都反映了客观经济实际。所以，从根本上说来，上述那种"窄"的观点是不符合客观经济实际的。

需要进一步指出：把通货膨胀归结为国内生产总值矫正指数的上升，同时要充分估计消费价格指数和生产价格指数的上升在这方面的重要作用。这不单纯是一个理论问题，同时又是一个关乎宏观经济调控的实践问题。问题在于：国内生产总值矫正指数、消费价格指数和生产价格指数的变化，虽有一些共同因素的作用，它们之间的数量变化也有一定的联系，但三者数量变化又有各自特定因素的作用，因而必然呈现巨大的差异。在 1953—2006 年的 54 年中，国内生产总值矫正指数大于消费价格指数的有 22 年，前者小于后者有 30 年，两者相等的只有 2 年；大的幅度最少为 0.1 个百分点，最多为 3.4 个百分点；小的幅度最少为 0.1 个百分点，最多为 9.5 个百分点。在 1985—2006 年的 22 年间，原料、燃料、动力购进价格指数（是生产价格指数的重要组成部分）大于消费价格指数的有 14 年，前者小于后者的有 8 年；大的幅度最少为 1.4 个百分点，最多为 20.4 个百分点；小的幅

---

[1] 《马克思恩格斯全集》第 33 卷，人民出版社 1972 年版，第 139 页。
[2] 保罗·A. 萨缪尔森等：《经济学》上册，中国发展出版社，第 367、369、389 页。

度最少为 1.5 个百分点, 最多为 4.4 个百分点。(详见附表)

可见, 如果只是看到消费价格指数的变化, 而看不到国内生产总值矫正指数和生产价格指数的变化, 就不可能从总体上把握通货膨胀的变化, 也不可能看到消费价格指数和生产价格指数变化在总体通货膨胀中所起的作用, 还不可能看到生产价格指数变化在推动消费价格指数变化中的作用, 以及消费价格指数变化对生产价格指数的扩散作用。全面把握上述三种价格指数变化的意义还在于: 它们是核算宏观经济的总量 (国内生产总值) 和基本比例关系 (第一、第二、第三产业的比例关系以及投资、消费和净出口的比例关系等) 变化的重要依据。所有这些都是进行宏观经济调控的必要前提。

但这样说并不否定消费价格指数的重要意义。消费价格指数是最终产品的价格指数, 在一定程度上可以反映生产价格指数的变化。这是其一。其二, 更重要的原因还在于: 这个指数是与人民生活水平直接相关的, 从而是直接影响社会政治稳定的。因此, 即使在经济发达国家, 出于广大选民的需要和政治家的偏好 (如争取选票), 消费价格指数也被置于最重要的价格指数的地位, 并且是最广泛使用的价格指数。在我国当前深入贯彻以人为本的科学发展和和谐发展的两大发展理念的条件下, 消费价格指数就显得尤为重要。在上述两种重要意义上, 用消费价格指数的上升来表现通货膨胀, 也是可以的。只是不能忽视消费价格指数并不是全部价格指数, 其作用也不能代替国内生产总值矫正指数和生产价格指数的作用。

上述的那种关于通货膨胀的 "宽" 的观点也值得斟酌。这里的问题是: 能否把证券 (如股票) 价格指数看做同产品和服务的价格指数一样, 都列入通货膨胀的范畴。笔者认为不能。一般说来, 具有不同质的以及与之相联系的具有不同的量的变化规律的两种事物是不能归入同类项的。因为从根本上说来, 两者缺乏可比性。就我们这里讨论的问题来说也是如此。产品和服务价格的本质是价值, 支配其量的变化规律是社会必要劳动量; 而作为资本一种载体的股票的价格, 其本质是利息的资本化, 支配其量的变化规律是平均利润率以及平均利润在职能资本和生息资本之间的分割。再说, 由产品和服务构成的国内生产总值是属于实物经济的范畴, 而股票是虚拟经济的范畴。所以, 从根本上说来, 两者缺乏可比性。因而不能把股票价格的上升，也看做同产品和服务价格的上升一样，列入通货膨胀的范畴。

诚然，股票与产品和服务都具有商品的形式，都有以货币表现的价格，两者会受到供求关系和投机因素的影响。当然，投机因素在产品和服务价格变化的作用，是根本无法同股票相比拟的。但两者毕竟具有上述的一些共同点。但并不能依据这些共同点把两者都列入通货膨胀的范畴。问题的关键在于：区分事物的根本标准是其本质属性，而不是其非本质属性。比如，货币是特殊商品，它也有商品的一般属性，但他们的本质属性是一般等价物。货币资本也具有货币的一般属性，但它的本质属性是带来剩余价值的价值。所以，既不能因为货币具有商品的一般属性就把它归结为商品，也不能因为货币资本具有货币的一般属性就把它归结为货币。同样的道理，我们也不能以股票价格与产品和服务具有某些共同的非本质属性，就把两者价格的上升都归结为同一的通货膨胀的范畴。

诚然，流通中的货币量过大，确实会成为促进股票价格上升的一个因素。但也不能据此将股票价格的上升归结为通货膨胀的范畴。一般说来，许多复杂事物的发展都会受到多种因素的影响，如果不以事物的本质属性确定其归属的范畴，而是考虑其多种因素的影响，那就根本无法确定其归属的范畴。就股票价格的上升来说，除了受到货币流通量因素的影响以外，还会受到政治因素的影响。而且在一定条件和特定时间内，政治因素的影响远远超过货币流通量因素的影响。显然，我们并不能据此把股票价格的上升归结为政治范畴。同样的道理，我们也不能因为货币流通量对股票价格的影响，就把它归结为通货膨胀的范畴。在这里决定其归属因素仍然是上述的股票的本质属性。

还需要指出：假定[1]可以把股票价格指数列入通货膨胀指数，如果在前者飙升的情况下，就会形成对后者的高估；在前者狂跌的情况下，又会形成对后者的低估。从而会形成对通货膨胀指数的扭曲。[2] 而且，对物价的调控与对股市的监管存在重大差别，两者也不能混淆。所有这些都说明：如

---

① 这里需要说明：我们这样说，暗含一个前提：股票价格指数和物价指数一样都可以归入通货膨胀指数。但如前所述，这个前提是不存在的。

② 比如，据有关部门统计，2007 年上半年，我国消费价格上升 3.2%，但如果将股票价格变动也纳入这个范畴，涨幅会在 100% 以上（国家统计局网，2007 年 9 月 24 日）。

果把股票价格指数也列入通货膨胀的范畴，对于正确实施宏观经济调控是不利的。退一步说，即使在物价上升和股价上升均属通货贬值这种特定意义上把两者均列入通货膨胀范畴，那也需说明前者是原本意义上的通胀，后者是在金融市场发达条件下拓宽了的通胀，而不能把两者不加区别的放在一起"一锅煮"。这在理论上、实践上都是不妥的。

二　价格指数与经济冷热的关系

我国学界流行的观点，不仅把消费价格指数的升降等同于通货膨胀的升降，而且仅仅依据消费价格指数的升降来衡量经济的热冷，这也有值得斟酌之处。

为了分析这个问题，先对这个问题涉及的两个前提做些说明：第一，经济冷热的概念和衡量经济冷热的总体指标。经济冷热是一个经济全局概念，而不是经济局部概念。因为经济冷热是指的社会总需求小于或大于社会总供给；其冷热程度就是前者小于或大于后者的程度。因此，从总体上反映经济冷热的指标，必须是反映经济全局的指标，而不能是反映经济局部的指标。

从比较完整、准确的意义上说，这方面唯一的总体指标，就是现实经济增长率与潜在经济增长率的差距。按照科学发展的理念，并从我国具体情况出发，潜在经济增长率可以定义为在保护和改善自然环境的条件下①各种生产潜力得到充分发挥可能达到的生产率。这样，在社会总需求小于社会总供给的条件下，社会的生产潜力就没有得到充分的发挥，这表明现实经济增长率低于潜在经济增长率。反之，在社会总需求大于社会总供给的条件下，就表明现实经济增长率高于潜在经济增长率。从上述相互联系的意义上，也可以说经济冷热就是现实经济增长率小于或大于潜在经济增长率，经济冷热的程度就是现实经济增长率小于或大于潜在经济增长率的程度。正是这一点，使得经济增长率成为从总体上衡量经济冷热的唯一的、

---

① 把环境保护和改善纳入潜在经济增长率的研究，涉及许多复杂的因素，而且缺乏这方面的数据，故在下面的分析将此舍象了。如果纳入环境保护和改善这个因素，那么，本文后面估算的潜在经济增长率的数字，需做一定的调整。

无可替代的反映经济全局的指标。

但是，潜在生产增长率的精确估算是很复杂的。然而也有一个简便而又较为可靠的方法。这就是按一个较长时期（包括几个经济周期甚至一个经济周期）年均经济增长率计算。但潜在经济增长率的高低主要决定于社会生产力发展的程度。因而它是动态的概念，而不是静态的概念。我国1953—1978年社会劳动生产率年均提高3.2%，1979—1999年年均提高6.6%；2000—2006年年均提高8.2%。[①]据此分析，可以将新中国成立后各个时期年均经济增长率大致估算为潜在经济增长率。具体说来，1953—1978年为6.2%，1979—1999年为9.7%。以1999年低谷为起点的新一轮经济周期还没完，不便算出其潜在经济增长率。但依据上述的这期间社会劳动生产率的提高情况来看，可以将这个经济周期潜在经济增长率大致估算为10%。

我国改革以来经济增长历史表明：年均经济增长率超过潜在经济增长率约2个百分点，就会造成经济过热。1978年、1984年、1987年和1992年四年的经济增长率分别为11.7%、15.2%、11.6%和14.2%；分别高于潜在增长率的2.0个、5.5个、1.9个和4.5个百分点。经济增长率超过潜在增长率1个百分点左右，就形成经济偏热。2003—2006年经济增长率分别为10%、10.1%、10.4%和11.1%。（详见附表）根据这些历史经验，可以认为2003年以来经济趋于偏热。

上述情况表明：现实经济增长率与潜在经济增长率的差距可以比较准确地从整体上衡量经济的冷热。

第二，就新中国成立后的历史经验和现状来看，可以设想按经济增速和消费价格指数的升降幅度，分别设立四个相对应的档次。经济增速方面的4个档次是：（1）经济过热：经济增速超过潜在经济增长率约2个百分点。（2）经济高位增长：经济增速在潜在经济增长率的上限区间运行。为了简化问题，并便于和消费价格指数有关档次相对应，大体上可以将经济偏热（即经济增速超过潜在经济增长率1个百分点左右）归入这个档次。（3）经济中位增长：经济增速在潜在经济增长率中位区间运行。（4）经济

[①]《中国统计年鉴》（有关各年），中国统计出版社；国家统计局网，2007年2月28日，7月11日。

低位增长：经济增长在潜在经济增长率低位区间乃至以更低的速度运行。与上述4个档次相对应，消费价格指数4个档次是：（1）高度通胀：消费价格指数上升幅度10个百分点以上；（2）中度通胀：消费价格指数上升幅度10个百分点以内；（3）低度通胀：消费价格指数上升幅度在5个百分点以内。（4）通货紧缩：消费价格指数为负数。

在对这些前提做了说明以后，再依据改革后①经济发展的实际来说明能否孤立地只是以消费价格指数来衡量经济的冷热。

我国经济改革开始以后，经济增速过热的年份共有8年：1978年为11.7%，1984年15.2%，1985年13.5%，1987年11.6%，1988年11.3%，1992年14.2%，1993年14.0%，1994年13.1%。与上述8年对应的消费价格指数分别是：1978年为100.7，1984年102.7，1985年109.3，1987年107.3，1988年118.8，1992年106.4，1993年114.7，1994年124.1。（详见附表）在这8年中，1978年和1984年这两年为低度通胀，1985年、1987年和1992年这3年均为中度通胀；以上5年消费价格指数均未反映出经济过热。只有1988年、1993年和1994年这3年高度通胀，才反映了经济过热。但这并不能否定这8年确实发生了经济过热。因为这8年现实经济增长率都超过潜在经济增长率约2个百分点。可见，孤立地只以消费价格指数来衡量经济过热是不妥的。还要指出：在衡量经济偏热和过冷方面也存在类似的情况。

改革后，经济偏热的年份共有7年。1983年经济增速为10.9%，1995年10.9%，1996年10.0%，2003年10.0%，2004年10.1%，2005年10.4%和2006年11.1%。与上述7年相对应的消费价格指数分别为：1983年102.0，1995年117.1，1996年108.3，2003年101.2，2004年103.9，2005年101.8，2006年101.5。（详见附表）在这7年中，只有1995年系高度通胀，1996年系中度通胀，其余5年均系低度通胀，后6年均未反映经济偏热的情况。但这也不能否定这6年确实发生了经济偏热。因为这6年现实增长率都超过了潜在增长率1个百分点左右。

改革后，经济低增长的年份共7年：1979年经济增速为7.8%，1980

---

① 在我国，改革前后价格决定机制有根本区别，两者之间不可同日而语。为简单计，这里仅从改革以后说起。

年 7.6%，1981 年 5.2%，1989 年 4.1%，1990 年 3.8%，1998 年 7.8%，1999 年 7.6%。与上述 7 年相对应的消费价格指数分别为：1979 年 101.9，1980 年 107.5，1981 年 102.5，1989 年 118.0，1990 年 103.1，1998 年 99.2，1999 年 98.6。（详见附表）在这 7 年中，只有 1979 年、1981 年、1991 年、1998 年和 1999 年这 5 年经济低增长与消费价格指数表明的低通胀或通缩是对应的。其余两年都是不对应的。1980 年是经济低增长和中度通胀，1989 年是经济低增长和高度通胀。

可见，在上述的改革后的 22 年中，消费价格指数与经济增速在反映经济冷热方面，只有 6 年是一致的，其余 16 年都是不一致的。但改革后 1978—2006 年共有 29 年，除了上述 22 年以外，其余 7 年两者增幅档次是否一致呢？在这 7 年中，1982 年、1991 年、1997 年和 2002 年均为经济高位增长，而消费价格指数为低通胀或通缩。这 4 年两者位次都是不一致的。1986 年、2000 年和 2001 年经济为高增长或中增长、消费价格指数为中通胀或低通胀。这 3 年两者是一致的。（详见附表）

总之，如果脱离现实经济增长率与潜在经济增长率的差距，孤立地仅仅依据消费价格指数来衡量经济冷热是不妥的。诚然，在少数年份消费价格指数也能反映经济冷热。但即使在这些场合，终极说来，衡量经济冷热的总体指标，仍然是现实经济增长率与潜在经济增长率的差距。

这里需要说明：我们在上面对经济增速和消费价格指数在反映经济冷热方面的关系所做的分析，大体上说来，对经济增速与国内生产总值矫正指数在反映经济冷热方面的关系也是适用的。因而尽管消费价格指数与国内生产总值矫正指数多数年份在增减幅度上是有差别的，只有少数年份是一致的（已见前述），但就两者所处的档次来说，多数年份是一致的，只有少数年份有差异。在 1978—2006 年的 29 年中，两者同属通缩的有 1999 年和 2002 年，同属低度通胀的有 1978 年、1979 年、1981 年、1983 年、1997 年、2000 年、2001 年、2003 年、2005 年和 2006 年，同属或接近中度通胀的有 1984 年、1986 年、1987 年、1988 年、1992 年和 1996 年，同属或接近高度通胀的有 1985 年、1988 年、1993 年、1994 年和 1995 年，合计 23 年。两者处于不同档次的只有 6 年：1980 年国内生产总值矫正指数为低度通胀，消费价格指数为中度通胀；1982 年前者为通缩，后者为低度通胀；1989 年前者为中度通胀，后者为高度通胀；1990 年、1991 年和 2004 年前者为中度通胀，后者为低度通胀。（详见附表）正是基于这一点，为了省篇幅，就不需要对经济增速与国内生产总值矫正指数在反映经济冷热方面的关系，再做逐年的分析。

现在的问题是：为什么现实经济增长率与潜在经济增长率的差距总能大体上反映经济的冷热，而国内生产总值矫正指数在少数年份可以做到这一点，而在多数年份却不能呢？原因在于：现实经济增长率与潜在经济增长率的计算，其分子和分母都是按可比价格计算的，排除了名义价格变动的影响，从而能够在较为纯粹的形态上反映社会总供给和社会总需要的关系。如前所述，经济冷热的本质正是在于这一点。但在这方面，国内生产总值矫正指数则有不同。这个指数的分母是按可比价格计算的，其分子却是按名义价格计算的，而且这个指数是与名义价格成正比例变化的。这样，这个指数除了要受到社会总需求和社会总供给这个基本因素的决定以外，还要受到影响名义价格其他各种因素的作用。

在这方面，最重要的因素有：第一，在计划经济体制下，价格主要是由政府行政指令规定，再加上适应赶超战略要求的低成本政策，经常存在严重的抑制型通胀。1978 年由现实经济增长率与潜在经济增长率的差距所显示的经济过热，与由国内生产总值矫正指数所显示的低度通胀这样的巨大反差，主要是由这一点决定的。诚然，1978 年我国经济体制改革已经开始。但物价主要由政府行政指令决定到主要由市场调节的转变，还是经历了一个很长的过程。仅就产品价格体制改革来说，在社会消费品零售总额、农副产品收购总额和生产资料销售总额中，政府指令定价占的比重 1978 年为 97.0%（余下的为政府指导价和市场调节价，下同），1985 年为 47.0%，1992 年为 5.9%，2004 年为 3%①。至于服务价格的改革，总体上说来，还要滞后一些。可见，即使在 1978 年以后，政府指令定价仍在不同程度上抑制了物价的上升。

第二，按照科学含意来说，通货膨胀率与物价上涨率两者内容固然有联系，但又有区别。通胀率只是由产品（包括服务，下同）求过于供导致的物

① 《中国物价年鉴》（有关各年），物价出版社。

价上涨率。但物价上涨率除了决定于这一点以外，还受到其他多种因素的影响。举其要者有：（1）由社会劳动生产率上升而引起的产品价值下降，从而价格下降。（2）由各种生产要素（包括劳动力、土地、矿产和环境等）的成本低（甚至根本不计成本）而导致的产品价格低。（3）竞争的不足和过度，垄断行业改革的进展，政府对价格监管的加强，以及"入世"后以国外高生产率为基础的、大量低价产品的输入等因素，都会在不同程度上导致产品价格下降。因此，全部的通胀率应该等于现实物价上涨率加上由上述各因素导致的物价下降率。诚然，从理论上说来，还有各种与产品求过于供无关的导致物价上升的因素（如农业因严重自然灾害而导致的劳动生产率下降引致农产品价值上升，从而价格上升）。所以，完整的通胀率公式为：通胀率＝现实物价上涨率＋由各种非求过于供而引致的物价下降率－由各种非求过于供因素而引致的物价上涨率。[①] 但就我国当前实际情况来看，相对说来，由各种非供过于求因素导致的物价下降是主要的，而由各种非供过于求因素而导致物价上升是次要的。当然，如何具体计算这种下降率和上升率，还是一个需要探讨的难题。但至少在理论分析上需要看到这一点。

第三，物价上升起点的差异。比如，1978 年国内生产总值矫正指数为101.3，系低度通胀；1992 年国内生产总值矫正指数为 108.2，系中度通胀（接近中度通胀的上限）。但前者比上年提高了 1.2 个百分点，后者比上年也只提高了 1.3 个百分点。因此，这两年通胀之所以有低度和中度的差别，同它们赖以上升的起点有很大的关系。

第四，通胀的心理预期。比如，1988 年上半年已经出现了物价上涨的形势。但这年秋天还大力宣传要闯价格改革关，急剧地加强了通胀的心理预期，从而成为这年达到高度通胀的一个重要原因。当然，这年出现高通胀的基础，还是这年经济增长率在 1987 年高达 11.6% 的基础上又上升了 11.3%。

第五，一般来说，在由经济高速增长带动投资品需求的高速增长，再进一步带动消费品需求的高速增长，这中间有一个传导过程。在我国经济改革远没到位的情况下，传导机制并不很灵，相对说来传导时间较长。这

---

① 作者曾将学界流行的通货膨胀率＝物价上涨率的公式修正为通货膨胀率＝物价上涨率－由各种非需求过旺因素引起的物价上涨率（详见汪海波《试析 2002 年通货紧缩的特征》，载《经济学动态》2004 年第 2 期）。这里再予以补充修正。

一点，也是由现实经济增长率与潜在经济增长率的差距所显示的经济过热，与由国内生产总值矫正指数显示的经济过热发生差距的一个重要原因，比如，1987年的经济增长率比1988年要高0.3个百分点，但国内生产总值矫正指数1988年比1987年要高6.8个百分点。这一点，同物价上升在1988年得到充分的传导就有很大的关系。这一点在1992—1994年间还有更明显表现。这三年经济增长率分别为14.2%、14.0%和13.1%，均超过潜在经济增长率2个百分点，明显属于经济过热。但这三年的经济增速是逐年小幅下降的。而这三年国内生产总值矫正指数却是逐年大幅上升的，分别为8.2%，15.1%和20.6%。形成这种反差的原因有三：一是连续三年的经济高增长，形成逐年增加的巨大社会需求。因为这三年经济增长率虽在小幅下降，但仍然都是高速增长，而且每一个百分点所包含的国内生产总值绝对量也都在逐年增长。二是经过三年的积累，通货膨胀的心理预期在逐步攀升。尽管在这期间政府采取了一系列有力的抑制通胀的政策措施，但仍然难以改变这种攀升趋势。三是在长达三年的过程中，投资品之间、投资品与消费品之间以及消费品之间的价格相互传导得到了比较充分的实现。正是上述三方面的原因，使得这期间由现实经济增长率与潜在经济增长率的差距所显示的经济过热与由国内生产总值矫正指数所显示的经济过热，不仅在方向上是一致的，而且在程度上都是很对应的，既是高增长，又是高通胀或接近高通胀。

第六，改革以来，我国对外贸易依存度和人民币汇率都有很大的变化。1978—2006年，我国外贸依存度由9.7%提高到66.6%。1985年人民币对美元的汇率（中间价）由2.9366元＝1美元降低到1994年8.6187元＝1美元，再上升到2006年的7.9718元＝1美元。① 这样，国际市场价格和汇率对我国市场价格的影响也在逐步加大。

正是由于上述多重因素的作用，使得由现实经济增长率与潜在经济增长率的差异所反映的经济冷热，与由国内生产总值矫正指数所反映的经济冷热，必然发生不同程度的乃至根本性的差异。

这里也需说明：基于前面已经讲过的理由（即消费价格指数与国内生

---

① 《中国统计年鉴》（2007），第56、724页。

产总值矫正指数虽然有差别，但就两者所处的档次来说，多数年份是一致的），上述分析对于消费价格指数也是适用的。

上述经济事实和理论分析表明：现实经济增长率与潜在经济增长率的差异，是反映经济冷热的唯一的无可替代的总体指标。如果只是孤立地依据消费价格指数来判定经济冷热，是不妥的。但这样说，并不否定消费价格指数是反映经济冷热的一个主要指标，也不否定它在一定条件下和某些年份能大体反映经济的冷热。这是其一。其二，在所有年份，无论消费价格指数处于哪个档次（是高通胀、中通胀、低通胀，还是通缩），都必须从当年具体情况出发，具体分析它处于该档次的原因。在这方面主要有三种情况：一是主要由市场供求引起的，二是主要是由其他相关因素引起的，三是由市场供求和其他有关因素共同引起的。如果是第一种情况，那就可以参照现实经济增长率与潜在经济增长率的差距，以确定它反映经济冷热的程度。如果是第二种情况，那也需参照现实经济增长率与潜在经济增长率的差距，以确定消费价格指数与经济冷热基本上是无关的，甚至呈现出相反的状态（如前述的1978年那样）。如果是第三种情况，那还要分析市场供求和其他相关因素在这方面各自的作用强度，并参照现实经济增长率与潜在经济增长率的差距，以确定其与经济冷热的相关程度。在第三种情况下，消费价格指数只是在不同程度上反映经济冷热的变化。

第七，需要着重指出：以上两点结论并不只是学术观点问题，而且直接涉及宏观经济调控的一个基本依据问题。显然，经济冷热及其程度，是宏观经济调控赖以进行的一个基本出发点。

附表　　　　国内生产总值增长速度和价格指数（上年 = 100）

年份	国内生产总值		国内生产总值矫正指数	居民消费价格指数	原料、燃料、动力购进价格指数
	名义增速	实际增速			
1953	121.4	115.6	105.0	105.1	
1954	104.3	104.2	100.1	101.4	
1955	106.0	106.8	99.3	100.3	
1956	113.0	115.0	98.9	99.9	
1957	103.9	105.1	98.9	102.6	
1958	122.3	121.3	100.8	98.9	
1959	110.1	108.8	101.2	100.3	

续表

年份	国内生产总值		国内生产总值矫正指数	居民消费价格指数	原料、燃料、动力购进价格指数
	名义增速	实际增速			
1960	101.2	99.7	101.5	102.5	
1961	83.8	72.7	115.3	116.1	
1962	94.3	94.4	99.9	103.8	
1963	107.4	110.2	97.5	94.1	
1964	117.7	118.3	99.5	96.3	
1965	118.0	117.0	100.9	98.8	
1966	109.1	110.7	98.6	98.8	
1967	95.0	94.3	100.7	99.4	
1968	97.2	95.9	101.4	100.1	
1969	112.5	116.9	96.2	101.0	
1970	116.2	119.4	97.3	100.0	
1971	107.7	107.0	100.7	99.9	
1972	103.9	103.8	100.9	100.2	
1973	108.0	107.9	100.1	100.1	
1974	102.6	102.3	100.3	100.7	
1975	107.5	108.7	98.9	100.4	
1976	98.3	98.4	99.9	102.3	
1977	108.8	107.6	101.1	102.7	
1978	113.2	111.7	101.3	100.7	
1979	111.5	107.6	103.6	101.9	
1980	111.9	107.8	103.8	107.5	
1981	107.6	105.2	102.3	102.5	
1982	108.8	109.1	99.7	102.0	
1983	112.0	110.9	101.0	102.0	
1984	120.9	115.2	104.9	102.7	
1985	125.1	113.5	110.2	109.3	118.0
1986	114.0	108.8	104.8	106.5	109.5
1987	117.4	111.6	105.2	107.3	111.0
1988	124.7	111.3	112.0	118.8	120.2
1989	113.0	104.1	108.5	118	126.4

续表

年份	国内生产总值		国内生产总值矫正指数	居民消费价格指数	原料、燃料、动力购进价格指数
	名义增速	实际增速			
1990	109.9	103.8	105.9	103.1	105.6
1991	116.7	109.2	106.9	103.4	109.1
1992	123.6	114.2	108.2	106.4	111.0
1993	131.2	114.0	115.1	114.7	135.1
1994	136.4	113.1	120.6	124.1	118.2
1995	126.1	110.9	113.9	117.1	115.3
1996	117.1	110.0	106.5	108.3	103.9
1997	111.0	109.3	101.6	102.8	101.3
1998	106.9	107.8	99.2	99.2	95.8
1999	106.2	107.6	98.7	98.6	96.7
2000	110.6	108.9	102.2	100.4	105.1
2001	110.5	108.3	102.0	104.7	99.8
2002	109.7	109.1	100.5	99.2	97.7
2003	112.9	110.0	102.6	101.2	104.8
2004	117.7	110.1	106.9	103.9	111.4
2005	115.0	110.4	104.2	101.8	108.3
2006	114.7	111.1	102.5	101.0	106.0

资料来源:《中国国内生产总值核算历史资料》(1952—2004),《中国统计年鉴》(2007),中国统计出版社;《中国物价年鉴》(有关各年),物价出版社。

(原载《中国社会科学院研究生院学报》2008 年第 1 期)

试析 2002 年通货紧缩的特征

——兼及通缩率和通胀率公式的修正

通货紧缩是与通货膨胀相对应的概念。前者是指由社会总需求增速下降、慢于总供给增速所引起的有效需求（即有购买力需求）不足（即供过于求）而导致物价全面持续下降。后者是指由有效需求过旺（即求过于供）导致物价的全面、持续上升。

但这只是一种抽象的理论概括。在实际经济生活中是不存在这种纯粹形态的通缩和通胀。因为物价的升降总是由许多复杂因素引起的。就 2002 年物价下降来说，值得着重提出的有以下几点：

1. 价值下降。由于价值是决定价格的根本因素，所以分析从这里开始。一般说来，随着社会劳动生产率的提高，生产产品的社会必要劳动时间趋于下降，因而产品价值量也会下降。从中国改革以来，由于体制创新、结构优化、技术进步和管理加强的共同作用，不仅经济快速增长，社会劳动生产率也有显著提高。就 2001—2002 年的具体情况来看，按每个就业人口提供的国内生产总值计算，分别为 1.28887 亿元和 1.38864 亿元，分别比上年提高了 6.6% 和 7.7%。[①] 这当然不是说，这些国内生产总值都是由劳动要素提供的，而是由劳动、资本和全要素生产率共同作用的结果。但这个数据确实表明：这两年社会劳动生产率有很大的提高。这是这两年物价下

---

① 《中国统计年鉴》（2002）第 51、117 页；《经济日报》2003 年 3 月 1 日第 4 版。

降的一个重要因素。①

2. 劳动成本下降。据估算，目前全国进城务工的农民工高达 1 亿人左右，大约相当于城镇就业人员的 40%，在作为支柱产业的建筑业工人中约占 80%。但他们的工资一般仅及城镇工人的 1/2 甚至 1/3。如果考虑到福利方面的不同待遇，那差距就更大了。这种劳动成本低下的状况，也是价格下降的一个重要因素。

3. 供过于求。总的来说，供求关系的变化，使得价格围绕价值上下波动，并与价值趋于一致。但在供大于求的情况下，价格低于价值。从最重要方面来说，2002 年价格下降正是属于这种情况。仅从这方面来说，是一种典型的通缩。

人们分析这种通缩原因时，总是或多或少的过于强调投资率（或积累率）高，消费率高，从而导致最终消费需求不足，而似乎只要降低积累率，提高消费率，就可以解决通缩问题了。

从直接的、根本的意义上，这种观点是对的。因为一般说来，消费总是需求最主要的组织部分，而且它是最终需求，是决定投资需求的。就我国当前的实际情况来说，积累率确实长期过高。在 20 世纪 50 年代下半期，人们曾经认为积累率在 25% 左右是合适的，80 年代末和 90 年代初人们认为投资率 30% 左右是合适的。但在实际上，1997 年投资率达到 33.5%。其后几年，随着以增长国债投资为最重要内容的扩张性财政政策的实行，投资率继续上升，到 2002 年已超过 42%。在国际上，20 世纪 90 年代以来，世界平均消费率约在 80% 左右，而我国在 1990—2002 年期间平均消费率在 60% 以下。② 所以，无论是纵向比，或是横向比，我国消费率都确实过高。

但是，如果由此忽视我国实际存在的投资需求不足，就值得商榷了。

---

① 这里要说明两点：一是改革以来，我国社会劳动生产率一直有很大提高，但人们往往只强调这期间经济增长率的提高（这当然也是必要的），但却多少有些忽视社会劳动生产率的提高。这就好像人们只强调美国在 20 世纪 90 年代初开始的持续 100 多个月经济高速增长，但都忽视了作为这种增长基础的社会劳动生产率的提高。二是改革以来，由社会劳动生产率提高导致产品价值下降，一直是存在的。但在物价上升的年代，人们不容易想到和看到这一点。但到了物价下降但经济增速仍然很高的年代，就促使人们考虑这一点，也比较容易看到这一点，在这方面也有类似对美国经济的看法。在"9·11"事件后，美国经济进一步衰退的时候，但仍有很大活力。这种情况促使人们注意到美国经济即使陷入衰退时，劳动生产率仍然提高很快。这是其经济活力的重要源泉。

② 《经济日报》2003 年 4 月 28 日第 5—6 版。

这里首先涉及一个深层次而又为人们所忽视的经济理论问题。按照马克思主义的观点，由购买力需要不足而引起的生产相对过剩的经济危机，其根本原因是资本主义的基本矛盾（即生产社会性与私人资本主义占有之间的矛盾）。由此派生的两个直接原因是：生产无限增长的趋势与人民消费购买力相对狭小之间的矛盾，以及企业生产的组织性与社会生产无政府状态的之间的矛盾。如果说，前一个直接矛盾发展的结果，主要是消费需求不足，而后一个直接矛盾发展的结果，就绝不仅是引起消费需要不足，同时还会引起投资需要不足。还要看到：在技术进步和资本有机构成提高条件下实现扩大再生产，尽管不会改变消费需求在社会总需求中占主体地位的状态，但投资需求的比重是会上升的。如果仅从这方面来说，投资需要不足的情况更为严重。从一般意义上，上述两个派生矛盾的作用，对社会主义条件下的市场经济也是适用的。

就我国的实际情况来看，消费需求不足的矛盾暴露很突出。1997 年以来，我国消费品供过于求的状况逐年加重。到 2002 年下半年，在 600 种主要商品中供求平衡的商品占到 16%，供过于求的商品高达 84%，没有供不应求的商品①。但投资需求不足的矛盾也很尖锐。据有关单位统计，1997 年 900 多种工业产品中（其中相当大的部分是投资品），有半数以上生产能力利用率在 60% 以下。此后几年这种情况并无根本好转，甚至有所加剧。还有，1998—2000 年，共发行国债投资 6600 亿元，连同配套投资 3 万亿元，大约每年拉动经济增长率 1—2 个百分点。这说明以发行国债投资为重点的扩张性财政政策在促进这几年经济增长中起了十分重要的作用。但同时也表明我国投资需要不足的情况是严重的，从而为发行国债投资提供了巨大的发展空间。

所以，无论是消费需求或者投资需求均存在不足的状况，由此拉动物价下降。这是一种真正意义上的通缩状态。

4. 竞争的不足和过度。一般来说，竞争的总趋势是使供求关系趋于平衡，从而使价格接近价值。并且通过价值下降引起价格下降。但在中国当前除了这些以外，还有许多特殊因素促使价格下降。一是竞争还未充分展

---

① 《经济日报》2003 年 2 月 20 日第 2 版。

开。这是由于国有企业改革还没真正到位，还没有形成退出机制。还由于发展非国有经济存在不少限制（如市场准入和融资等），不能依靠市场竞争的力量迫使诸如生产已经过剩而又经营亏损的国有企业退出市场。这种状况使得许多产品供过于求的状况迟迟难以改变。二是过度竞争。其在生产领域的突出表现是过多的重点建设。必要的重复建设，是竞争得以展开的必要条件，是市场经济发展的常态。但中国当前的问题是重复建设过多。这有两方面因素：一方面是旧体制内含的行政性因素。诸如政企还未真正分开、地方保护主义、各级行政官员追求政绩。另一方面是市场经济内含的盲目性。这种盲目性在各种所有制经济中都是存在的。但由于改革深化，国有经济在国民经济中的比重逐步缩小，非国有经济比重逐步加大。所以，后者在过多的重点建设方面的作用也在加大。而且，中国现阶段已处于产业结构急剧变化的时期，而某些急需发展的行业往往是高利润的行业（如当前的汽车和住宅业）。而在市场竞争无序的情况下，政府和国有企业和非国有企业都争着上①。于是某些行业很快出现过多的重复建设。过度竞争在流通领域的表现，就是在市场竞争无序和监管不力的情况下，大打超常的价格战。价格战是与市场经济发展相伴随的正常现象。但把价格降到成本甚至成本以下的价格战则是不正常的。同时出现的还有假冒伪劣产品盛行，而这些产品价格要低得多。上述各点都是导致价格下降的重要因素。这里需要指出，人们在谈到过度竞争时，往往只提流通方面，忽视甚至不提生产方面。这是不全面的。

5. 垄断行业的改革。一般来说，垄断包括自然垄断、经济垄断和行政垄断。而由于垄断利润高于平均利润，垄断价格高于生产价格，因此，充分发挥市场经济在优化资源配置方面的作用，必须破除垄断，由此可以导致价格的下降。中国当前在这方面的特点是：由于传统计划经济体制的影响，不仅存在自然垄断和经济垄断，特别是行政垄断，而且第一、第二种垄断总是与第三种垄断相结合的。但是，随着中国国有企业改革的发展，必然深入垄断行业。而且，国际经验表明：随着专业化分工的发展和科学水平的提高，人们越来越清楚地看到：几乎所有的自然垄断行业都可以区

---

① 房地产业在 2003 年上半年已经出现了某些过热现象。但在这方面不仅有国有企业的参与，也有非国有企业的参与。比如，北京市近年来民营企业投资的 70% 以上都是投资了这个领域。

分为两个部分：既有自然垄断性业务（生产环节），又有非垄断性业务（生产环节）。比如，在电力行业中，只有高压输电和低压配电属于自然垄断性行业，而电力设备供应、电力生产和供应则是非自然垄断性业务。这种认识的发展，也促进了我国垄断行业改革的深化，由此导致相关行业价格下降。近几年来，这种情况在电力、铁路、民航和通信等方面，已经表现得越来越明显。

6. 价格监管。国家的宏观经济管理，是现代市场经济不可分割的重要组成部分。价格监管是其中的一个重要内容。改革以来，特别是近几年来，政府在价格监管工作方面的力度大大加强，促进了价格的下降。这一点在改变药价虚高方面表现得尤为明显。当然，这项工作也仅仅是有了一个良好的开端。

7. 加入世界贸易组织。从本质上说，经济全球化是生产资源在世界范围内的优化配置。其根本倾向是价格下降。我国在 2001 年 12 月 11 日加入世界贸易组织。2002 年是"入世"后的第一年。"入世"意味着我国经济在更大范围、更深程度上融入世界经济，在各方面都会发生深刻的影响。就价格来说，由于关税的下降，与放宽进口限制相联系的大量商品（特别是廉价商品）的进口，加剧了国内市场的竞争，从而成为 2002 年价格下降的一个因素。

总结起来说，2002 年通缩具有以下几个特点：第一，通缩程度不深，属于轻型的。第二，就 2002 年从年初到年末各月相比较，以及 2002 年与 2003 年相比较而言，通缩程度是下降的，属于缓解型的。第三，就导致物价下降的原因来看，是由多种因素引起的。而就导致纯粹形态通缩来说，只有上述三点（即由消费和投资需求不足导致的供过于求），其余点均不是。因而，严格说来，2002 年物价下降，其中一部分属于纯粹的通缩，一部分则不是。所以 2002 年的通缩是混合型的。第四，就 2002 年物价下降的作用来说，上述第 1、2、5、6、7 点都是中国改革开放和现代化建设的巨大成果，因而是有益的。第 4 点是有害的。但终极说来，也不是由物价下降造成的，而是由于改革不到位造成的。只有第 3 点对经济发展是有害的。诸如由价格下降导致资本利润、投资能力和投资信心下降。但事物都有两重性，即使在这点上也有积极作用的一面。诸如促进企业改进技术和管理，降低成本。所以总起来说，2002 年这种混合型通缩的作用是具有两重性的。

但其积极作用是主要的。从这点说属于有益型的。这一点已由前述的 2002 年经济增速的提升和经济效益的改善（如社会劳动生产率的提高）充分证明了。这样说，当然不否定 2002 年政府继续采用的、旨在制止通缩的积极财政政策和稳健货币政策的作用，恰恰是以这一点为前提的。因为如果不继续采取这些刺激需求的政策，通缩的程度及其后果都会严重得多。

这样，就可以说明人们心中常存的一个疑问：为什么 2002 年经济增速上升了，但物价反而下降了。然而只要全面把握了上述 2002 年通缩的四个特点，这个问题也就清楚了。问题的关键在于：导致这年物价下降的大部分因素（如上述的第 1、5、6、7 点），既是提高经济增速的因素，也是促进物价下降的因素。

这里还要澄清两个决然相反的观点：一是笼统地把 2002 年的通缩看做是经济不稳定的因素。这是一种流行的观点。实际上，如前所述，只有那部分纯粹的通缩才是经济不稳定的因素，而作为混合型通缩主要不仅是经济不稳定的因素，而且还是促进经济发展的因素。二是把 2002 年的物价下降笼统地称之为"有效降价"。① 这种观点从主要方面来说是正确的。但也有不全面的地方，忽视了 2002 年物价下降确实包含了一部分典型的通缩，以及由此带来的消极作用。

但这样也给理论研究提出了一个重要课题。人们习惯于把通缩等同于物价下降，自觉不自觉地信守这个恒等式：通货紧缩率 = 物价下降率（以下简称公式①）。但依据上述分析，只有在纯粹的通紧形态下，这个公式才能成立。而在混合型的通缩情况下，物价下降率应该首先减去由上述的第 1、2、4、5、6、7 个因素导致的物价下降率，才等于纯粹的通缩率。这样，公式①需做如下修正：通货紧缩率 = 物价下降率 – 由各种非需求不足因素引起的物价下降率（公式②）。

依据上述大体类似的道理，通货膨胀率 = 物价上涨率（以下简称公式③）的流行公式，也有值得斟酌的地方。这个公式也只是在纯粹的通胀形态下才能成立。但在实际上，通胀也往往是混合型的。仅就问题的基本层面说，价格是价值的货币表现。所以，在实行金属货币制度的条件下，商

---

① 参见《经济研究》2003 年第 7 期，第 5—7 页。

品价值的上升和货币价值的下降都会引起物价的上涨。但这都不是典型的通货膨胀。在当前实行纸币制度的条件下，由货币价值下降导致物价上升的因素不存在了。但由于商品价值上升而引起物价上升的因素还是存在的。这一点在农业和矿业中表现得较为明显。农业大面积受到严重自然资源和重要矿产资源的衰竭，都会引起这些产业社会劳动生产率的下降，从而导致价值上升，并进一步造成价格上升，从而在不同程度上影响物价指数的上升。由成本推动的价格上升，也是属于这个情况。基于此，公式③需做出修正：通货膨胀率 = 物价上涨率 − 由各种非需求过旺因素引起的物价上涨率（公式④）。

上述分析，无论在理论上和实践上都是必要的。因为这是正确地估计通缩或通胀形势和恰当地掌握宏观经济调控力度的重要前提。特别是在通缩方面，我国工业化和现代化以及深化经济改革的进程中，由于社会劳动生产率的迅速提高而导致价值下降从而导致价格下降，以及由深化改革直接导致价格下降的情况是经常存在的，而且在物价下降中占有很大的比重。这样，上述分析对于比较科学地估计通缩形势，以及采取相应宏观经济政策，是尤为重要的。

当然，结合各个年度的具体情况，如何将上述公式进一步具体地量化，还是一个难度很大的研究课题。

（原载《经济学动态》2004 年第 2 期）

五

经济效益

对我国经济效益变动特征成因的分析

在 1979 年以来我国经济效益变动的诸多特征中，最基本的就是周期波动和水平低下的状况还没有改观。下面对经济效益变动特征成因的分析，就是围绕这个中心展开的。

由于经济效益变化几乎涉及所有经济变量，并且同许多非经济因素相关，尤其本文考察的 1979 年以来的改革时期，是我国传统的经济体制和经济发展战略实现双重转换的一个特殊时期，经济效益变动涉及的方面就更为广泛和复杂。本文只拟主要讨论对经济效益变动直接产生重大影响的若干经济因素。经济体制无疑是影响经济效益的最重要、最基本的因素，但我们在后面对这若干因素的分析中都涉及了经济体制，故不做专门分析。

一 经济增长速度与经济效益:宏观 经济政策对经济效益变动的影响

改革以来，随着经济管理权限的下放和国家预算内投资占全社会投资比重的下降，以及多种非全民所有制经济成分的发展，中央政府通过原有计划体制调控宏观经济运行的能力有了很大削弱。另外，有了不同程度生产与投资自主权的企业对银行的依赖加强，中央银行的货币政策对宏观经济活动水平开始发挥举足轻重的作用。宏观调控方式的这些变化，虽然使调节过程较改革前缓慢和复杂，经济实际运行结果往往偏离政府预期;但中央政府掌握的调控手段，特别是货币发行量的控制、国家预算内固定资产投资规模的扩大或缩小以及其他行政性措施，仍然有力地影响着宏观经济全局。作为表示宏观经济活动水平的经济增长速度，在一定程度上可看成是中央政府宏观经济政策作用的结果。在这个意义上，速度与效益的关系可以具体地归结为宏观经济政策与经济效益的关系。

为了说明这里的问题，我们先一般地、简要地分析一下经济增长速度与经济效益的关系。

对均衡增长的经济而言，在增长速度未上升到足以使已有生产能力得以充分利用的水平时，生产的固定成本较高，因为要把不变的固定成本分摊到较少的产品上去。在这个范围里，速度上升伴随着固定成本的下降，速度与经济效益有正相关关系。然而，如果不加修正地把这个结论搬到存在着长线和短线间供求缺口的非均衡增长的经济中去，就会出现错误。在非均衡增长的经济中，速度与效益的关系大体有三种状态：第一，当速度过低时，较多的已有生产能力（既包括长线部门，也可能包括短线部门）由于总需求不足而处于闲置状态，单位产品的固定成本因此而较高。此时，短线产品一般能满足长线的需要，即使二者有矛盾也不突出。第二，当速度上升到一定程度后，由于整个生产能力利用率提高，产品的固定成本随之降低；另外，在整个经济加速的同时，长线部门的增长速度显著快于短线部门，二者之间出现供求缺口，且不断加大。部分长线生产能力由于得不到短线产品供给而处于闲置状态，从而引起产品固定成本的增加。这样，便出现了减少和增加生产成本的两股力量。当两股力量相等时，生产成本处在由低变高的转折点上。与这个转折点对应的经济增长速度，就是非均衡增长条件下效益状况最好的增长速度，也可以看做通常所说的适当增长速度。第三，如果速度进一步提高，长、短线间的缺口便持续拉大，促使生产成本上升的力量越来越强于促使生产成本下降的力量，于是生产成本逐渐上升，效益状况随之转差。

显然，适当增长速度的确定，是以长、短线间缺口既定为前提的。如果这一缺口缩小，适当增长速度值便会相应上升；当这一缺口消失，经济处于均衡增长状态时，适当增长速度值就达到了最高点。由此而引出的一个推论是：只有当经济处于均衡增长状态，按效益优先原则确定的适当增长速度才能达到最大；反之，对非均衡增长的经济来说，其适当增长速度必定低于最大值，或者说，致使已有生产能力不可能实现充分利用。

因此对以上的讨论可以归结于下：第一，在非均衡增长条件下，按效益优先原则确定的适当增长速度，就是与生产成本由高变低转折点对应的增长速度。第二，以适当增长速度为尺度衡量的增长速度过低和过高两种状态，都会提高生产成本，引起效益下降。第三，非均衡经济中的适当增长速度随长、短线间供求缺口的缩小而上升。第四，在经济处于均衡增长状态时，适当增长速度才有可能达到最大。

以上主要是从理论一般意义上讨论了非均衡增长经济中速度和效益的关系。下边我们以此为依据，展开分析 1979 年以来宏观经济的运行与政策，对经济效益的影响。

首先比较改革以来社会总产值与国民收入的增长情况。

表1 　　　　　　　　　　社会总产值与国民收入增长速度　　　　　　单位：%

指标　　　年份	1979	1980	1981	1982	1983	1984	1985	1986	1987	1988
社会总产值	8.5	8.4	4.4	9.5	10.2	14.7	17.1	10.2	14.1	14.8
国民收入	7.0	6.4	4.9	8.2	10.0	13.6	13.5	7.7	10.2	11.1

注：本表按可比价格计算。

资料来源：《中国统计年鉴》（1989），第31、46页。

国民收入作为社会总产值扣除物质消耗部分后的净产出，它与社会总产值增长速度之比，可以看成是一个反映经济效益状况的指标。从表1可直观地看出，国民收入与社会总产值同向变动，即社会总产值增长速度较低的年份，国民收入增长速度亦较低；反之，社会总产值增长速度较高的年份，国民收入增长速度也随之上升。但两者之间的差距。以1984年为界，后期比前期显著加大。前期差距平均为0.93个百分点，最大为2个百分点（1980年），1981年国民收入增长速度还超过社会总产值增长速度0.5个百分点；后期差距平均为3.67个百分点；最大为4.7个百分点（1988年），最小为2.5个百分点（1986年）。相应地，国民收入与社会总产值增长速度之比，1979—1984年为0.91：1，1985—1988年为0.74：1。

国民收入与社会总产值增长速度差距的变动与社会总产值中物耗系数的变动是一致的。1984年与1979年相比，物耗系数仅上升0.9个百分点，而1988年比1984年上升了3.5个百分点。物耗水平上升部分地来源于产业结构的转换。由物耗较低的农业比重下降（1984年物耗系数0.30，产值占社会总产值的比重为 24.4%；1988 年物耗系数 0.35，产值占社会总产值的比重为 19.7%）、物耗较高的工业比重上升（1984 年物耗系数 0.67，产值占社会总产值的比重为 51.8%；1988 年物耗系数 0.70，产值占社会总产值比重为 46.2%）而引起的新增物耗额为 183 亿元，占 1988 年与 1984 年相比新增物耗额 1044.7 亿元的 17.5%。

新增物耗额的其余部分主要应由以下几方面原因共同说明：第一，1984 年高速增长带动下瓶颈缺口加大，引起长线生产能力的大量闲置。比较一致的估计是，近年来由于能源、交通、原材料供给不足而造成闲置的工业生产能力占总生产能力的 30% 左右。第二，短线产品，主要是紧缺原材料价格上涨幅度超过加工工业产品价格的上涨幅度。1984—1987 年原材料购进价格平均每年上涨 5.21%，工业品出厂价格平均每年上涨 4.95%。1988 年这两项指标分别为 20.2% 和 15.0%。第三，由价格双轨制引起的企业囤积物资倾向，以及企业内部部分投入品实物利用效率的降低。据对 44 项重点工业企业单位产品物耗指标变动情况的分析，好于和持平于上一年的指标比重 1981—1984 年平均每年为 62%，1985—1988 年平均每年为 44%。

我们再观察一下物价上涨率与进出口差额的变动情况。

表2　　　　　　　　　　　　物价上涨率与进出口差额

指标　　年份	1979	1980	1981	1982	1983	1984	1985	1986	1987	1988
物价上涨率（%）	3.1	3.3	1.9	0.3	1.5	4.4	8.9	1.8	6.8	13.5
进出口差额（亿美元）	-20.3	-19.0	-0.1	+30.3	+8.4	-12.7	-149.0	-119.7	-37.7	-77.1

注：（1）物价上涨率按社会总产值平减指数计算。（2）进出口差额中的"＋"表示出口大于进口，"－"表示进口大于出口。

资料来源：《中国统计年鉴》（1989），第 44、46、633 页。

物价上涨率除了反映总需求超过总供给，经济货币化过程所引起的价格上升外，很大程度上是由于瓶颈部门滞后的推动。对外贸易中的逆差则从另一个方面反映了国内瓶颈部门的短缺状况。1985 年以前，物价上涨率低于

4.4%，对外贸易除三年有少许逆差，一年基本持平外，还出现了十年间仅有的两年顺差的情况。1985 年以后，物价上涨率的最低值（4.8%）超过了 1985 年以前的最高值，对外贸易连年大量逆差，最多达到 149.0 亿美元。

国民收入与社会总产值增长差距的加大，物耗系数的增加，物价总水平较大幅度的上涨，以及对外贸易的大量赤字，这些宏观总量水平指标的变动，都说明 1985 年以后，随着国民经济的加速增长，长、短线间缺口的加大，推动生产成本上升的力量超过了促使生产成本下降的力量。或者说，实际增长速度超过了非均衡经济中与生产成本由低变高的转折点对应的适当增长速度。经济过热加剧了经济发展的不稳定性。1985 年高速增长，1986 年便不得不放慢速度。经过 1987 年恢复后，1988 年又进入过热状态，当年下半年就被迫开始调整，1989 年经济增长率大幅度下落。两三年就来了一次大的起伏。就经济效益而言，必然受到速度过高和过低两个方面不利因素的轮番冲击。

值得研究的是 1984 年。这一年国民收入和社会总产值增长速度分别为 13.6% 和 14.7%，二者之比达 0.93∶1，而物价上涨率为 4.4%，外贸逆差 12.7 亿美元。在我们所考察的 1979—1988 年期间，这一年是国民收入和社会总产值增长较快、二者差距较小、物价上涨率较低、外贸逆差较少，虽然经济略热，但综合经济情况最好的一年。形成这种有利局面的原因之一，是这一年农业获特大丰收，产值增长率达 12.3%，是十年间增长最快的一年。当年工业总产值增长率为 16.3%，工农业两大部门增长率之差也是这十年间最小的。在工业内部，由于 1981 年后增长速度较慢，1984 年偏高的增长速度尚不足以导致基础产业与加工工业间的严重失衡。因此，1984 年经济的较快增长，是在产业结构相对均衡的条件下达到的，由瓶颈问题而引起的物价上涨压力和进口压力不明显。尽管这一年农业劳动力向非农产业的转移速度和农村工业的增长速度很高，物耗系数不仅没有上升，反而比 1983 年下降了 0.5 个百分点。

因此，宏观经济政策对经济效益的影响，可分为两个时期予以评价。1985 年以前，除 1981 年因工业调整速度偏低外，其他年份的增长大体适度，其标志是社会总产值与国民收入接近同步增长，物价上涨率低，对外贸易基本平衡，大部分效益指标较好且稳定。这一时期政府适中的总量政策，重视农业改革和发展的政策，调整工业结构的政策，显然都起了至关重要的作用。1985 年以后，除 1986 年增长略缓外，其他年份 15% 左右的社会总产值增长率，20% 左右的工业增长率，明显地超过了短线部门的支持能力，物耗水平随之上升，并引起了严重的通货膨胀和大量外贸赤字。这一时期强烈的增长势头，固然与 1984 年城市经济体制改革全面推开以后的某些失误有关，但松动的宏观总量政策，也起了推波助澜的作用。进入改革时期以后，我们吸取以往经济建设中的经验教训，提出了以提高经济效益为全部经济工作中心环节的指导思想，防止经济发展的大起大落。但在实际经济决策中，急于求成的思想相当普遍。在中央，支持高速增长的愿望集中体现在货币的超量投放上。1979—1988 年，各项贷款余额由 1850 亿元增至 10552 亿元，增长 4.7 倍；同期货币发行量总计达 1922 亿元，为 1949—1978 年货币发行量的 9 倍以上，平均达 26%，远高于同期国民生产总值、社会总产值和国民收入的增长速度。其中 1984—1988 年货币发行量达 1604 亿元，为 1949—1978 年货币发行量的 7.6 倍。据国家统计局测算，1984—1988 年，我国社会总需求超过总供给累计达 4000 亿元左右。另外，当过高速度不能维持，不得不调整时，惯于倚重行政办法控制投资规模和消费需求，冻结物价，其结果既容易造成生产滑坡过猛，又不能有效消除那些当行政管制放松后重新推动经济过热的因素。宏观扩张和紧缩政策在指导思想与具体操作上的失误，在很大程度上造成了经济发展的不稳定性，使实际增长速度对适当增长速度的偏离增加，国民经济不得不处于速度过高和过低交替的状态，经济效益周期波动和水平低下的状况也不可能得到改变。

二 部门产业结构与经济效益:结构转换与结构失衡

(一) 部门产业结构对劳动生产率提高的贡献：以农村非农产业为例

按照经济发展理论，人均国民生产总值在 300—1000 美元，是产业结构急剧变动的时期。随着农村改革的初步成功，我国国民经济迅即开始步入这样一个时期。

产业结构转换对经济效益的影响是多方面和复杂的，这里先考察它对经济效益提高的影响。用效率的改善作为一个实例分析，我们着重考察改革以来结构转换中变动量最大，影响最广泛和最深远的一个方面，即农业劳动力向农村非农产业的转移，农村非农产业的迅速扩张；它所引起的一个重要结果，就是农村乃至全社会劳动生产率较大幅度的提高。

农业劳动力向农村非农产业的转移，是基于农村改革以后的一系列重要变化：农村联产承包责任制推行后农业劳动生产率的迅速提高；与这种提高相联系的农村劳动力过剩问题的突出；国家采取鼓励农村地区非农产业发展的政策；农村劳动力流动屏障的减弱，产品市场和生产要素市场的开辟与成长；农业与农村非农产业之间悬殊的收入差距，等等。1979—1988年，共有6650万农村劳动力转向非农产业，年均增长11.7%。若减去农村劳动力年均增长2.7%，则向非农产业转移劳动力的速度为年均9%。在转移高峰的1983—1986年，年均转移速度达18.3%，扣除这一时期农村劳动力年均增长2.9%，净转移率年均也有15.4%。即使按照国际标准，这样的转移速度也是很高的。

农村剩余劳动力大规模转移，带动了农村产业结构急剧变动和农村经济的迅速增长。1988年，农村社会总产值12534.69亿元，按当年价格计算，比1980年增长3.5倍。其中工业总产值达4781.16亿元，占全国工业总产值的1/4，而1980年这一比例仅为1/10，非农产业产值占农村社会总产值的比重，1980年为31.1%，1987年首次超过农业产值，1988年又上升到53.2%。

由农业转入非农产业的劳动力，对非农产业的高速增长起了相当重要的作用。1986年以前，非农产业新增劳动力对非农产值增长的贡献度每年平均达50%以上，其中1984年新增产值几乎全由新增劳动力创造。1987年和1988年，随着农业劳动力转出量的减少和支持非农产业增长的其他因素作用的增强，非农产业新增劳动力的贡献度才有所下降。

由于农业和非农产业的劳动生产率相差悬殊，大量劳动力由农业转入非农产业，必然带动农村地区劳动生产率的大幅度增加。

1980—1988年，按当年价格计算的农村地区劳动生产率增长了3.63倍。其中农业劳动生产率增长了2.74倍，非农业劳动生产率增长了2.95倍，二者之间的差距经历了一个由大到小再到大的变动过程，1988年与1980年

表3　　　　　　　　　　　农村劳动力转移对非农产业增长的贡献

指标＼年份	1980	1983	1984	1985	1986	1987	1988
非农产业产值（亿元）	869.52	1373.78	1853.42	2720.55	3541.22	4755.91	6669.42
非农产业占农村社会总产值（%）	31.1	33.3	36.5	42.9	46.9	50.4	53.2
非农产业新增劳动力创造的产值（亿元）		261.4	478.6	451.4	463.5	331.5	392.5
非农产业新增劳动力对非农产业增长的贡献度（%）		51.8	99.8	52.0	56.0	27.3	20.5

注：（1）非农产业产值指农村工业、建筑业、运输业、商业、饮食业产值。（2）非农产业新增劳动力对非农产业增长的贡献度，指由农业转移过来的劳动力所创造的产值占非农产业新增产值的份额。（3）本表按当年价格计算。

资料来源：《中国统计年鉴》（1989），中国统计出版社1989年版，第120、164页。

比，二者之比由1：5.4扩大到1：5.8。在这种格局下，劳动力由农业进入非农产业对提高劳动生产率的贡献是显而易见的。1981—1986年，每年劳动力由农业转入非农产业对农村地区劳动生产率增长的贡献度均在30%以上。要是不发生这样的转移，劳动生产率较高的非农产业就不可能在农村地区立足和发展。另外，农业劳动生产率的增长速度虽然不及非农产业，但与改革前相比，应该说是相当快的。这既与改革后农民积极性的提高有关，在很大程度上也得益于农业内部大批明显的和隐蔽的过剩劳动力的转出。所以，大批劳动力由农业进入农村非农产业，在非农产业和农业两个领域都有效地促进了劳动生产率的提高。

这一点，在经济效益提高的年份，成为促进提高的一个重要因素；而在那些经济效益下降的年份，又成为阻滞下降的一个重要因素。当然，这只是说它对经济效益的积极作用。另外，这一点也是这期间经济总量失衡（这一点前面已经说过）和结构失衡（这一点留待后面再说）的一个因素，因而对经济效益也有消极作用。但总的说来，在这期间它的积极作用是主要的。

表4　　　　　　　　　　　　　农村劳动生产率的变动情况

指标＼年份	1980	1983	1984	1985	1986	1987	1988
（1）	909	1200	1490	1800	2100	2560	3300
（2）	678	906	1069	1192	1317	1510	1860
（3）	3650	4610	4660	5700	6455	8065	10760
（4）	5.4	5.1	4.4	4.8	4.9	5.3	5.8
（5）		223	385.6	366.74	377.9	277.4	346.1
（6）		20.3	39.3	33.2	34.9	16.2	12.0

注：1.（1）农村地区劳动生产率（元/人）。（2）农业劳动生产率（元/人）。（3）非农产业劳动生产率（元/人）。（4）非农产业劳动生产率与农业劳动生产率之比。（5）农业劳动力转入非农产业后由劳动生产率提高而增加的产值（亿元）。（6）当年劳动力转移对农村地区劳动生产率提高贡献度，等于（5）占农村地区劳动生产率提高而增加的产值份额（%）。2. 本表按当年价格计算。

资料来源：《中国统计年鉴》（1989），中国统计出版社1989年版，第120、164页。

　　上面分析的只是1979年经济改革以来我国经济结构转换的一个实例。除此之外，这期间在坚持社会主义国家所有制占主导地位的前提下，发展了多种经济成分（包括集体所有制企业、个体所有制企业、资本主义企业和"三资"企业等），加速了轻工业和第三产业的发展，对于改变原来存在的轻工业和重工业以及第三产业与第一、第二产业的严重失衡状态，从而对于提高社会劳动生产率也起了有益的作用。

（二）部门产业结构失衡与经济效益（a）：农业与工业

　　劳动生产率提高是产业结构变动的积极效果之一。产业结构变动对经济效益的另一方面重要影响，是与产业结构失衡相联系的。我们首先讨论农业与工业之间的失衡对经济效益的影响。

　　农业与工业之间的失衡问题由来已久。在改革前的长时期里，由于种种原因，除少数年份外，农业的发展经常滞后于工业。从1979年农村改革开始，到1984年农村获得特大丰收，我国农业出现了新中国成立以来增长最快的繁荣局面。1985年以后，农业发展减缓，进入一个徘徊阶段。

　　与此同时，工业经过80年代初期的调整后逐渐加速。工业与农业两大部门有过一个短暂的较为协调时期，但不久就被拉大的供求缺口所替代。

表5 工业、农业、种植业增长速度和食品价格上升速度 单位:%

指标＼年份	1979	1980	1981	1982	1983	1984	1985	1986	1987	1988
工业增长速度	8.8	9.3	4.3	7.8	11.2	16.3	21.4	11.7	17.7	20.8
农业增长速度	7.5	1.4	5.8	11.3	7.8	12.3	3.4	3.4	5.8	3.9
农业与工业增长速度之比	1:1.2	1:6.6	1:0.7	1:0.7	1:1.4	1:1.3	1:6.3	1:3.4	1:3.1	1:5.3
种植业增长速度	7.2	-0.5	5.9	10.3	8.3	9.9	-2.0	0.9	5.3	-0.2
食品价格上升速度	5.5	10.5	3.7	2.8	2.4	2.6	14.4	7.4	10.1	23.0

资料来源:《中国统计年鉴》(1989),中国统计出版社 1989 年版,第 46、166、689 页。

表5 显示,农业、种植业增长速度与食品价格上升速度大体呈正相关。1985 年以前,除 1980 年因受严重自然灾害农业增长过慢外,其他年份农业与工业增长速度之比均在 1:1.4 以下,1981 年与 1982 年农业增长速度还超过了工业。这 5 年食品价格上升幅度也不大。1985 年以后,农业与工业增长率之比上升到了 1:3 以上,1985 年与 1988 年分别达到 1:6.3 和 1:5.3。这是工业增长过快与农业增长过慢,特别是种植业停滞以至下降综合作用的结果。同时食品价格大幅度上扬。由于城镇居民口粮、食油等保持平价供应,食品价格上升指标不足以充分反映农产品的短缺程度。

农业滞后以两种主要方式作用于工业经济效益。首先,食品价格上升,降低了城镇职工的实际收入水平。为减少和补回个人损失,政府要求城镇企业增加对职工的价格补贴,企业成本开支随之增加。据统计,1988 年与 1980 年相比,全国职工工资总额新增额中津贴增加额占 23.3%;1988 年与 1987 年相比,这一比例上升为 31.3%。其次,工农业增长差额的拉大,加剧了作为工业原料的农产品的短缺。这一短缺首先引起价格上涨,1979—1988 年,全国农副产品收购价格上升了 1.5 倍。近年国家减少或取消了对工业用农业原材料的价格补贴,农产品涨价部分大都进入了工业生产成本。

仅以工农业两个部门间的价格变动看,农产品短缺引起的涨价,推动了工业部门职工工资和物耗价值量的上升,直接降低了工业部门的经济效益。工业之所失，便是农业之所得，发生的只是收益在两个部门间的转移，不会降低国民经济的总体效益。但是，农业滞后对工业和整个国民经济的实际影响远不止于此，至少还包括以下一些方面：第一，农产品短缺使部分企业因缺少原料而处于闲置状态。近年来发展很快的棉、毛纺织加工等行业就突出地存在这个问题。第二，食品价格上升和票证配给的部分恢复，不能不降低居民生活消费的数量和质量，从而直接或潜在地影响职工的生产积极性。第三，近年来农副产品合同定购价随市价上调，而城镇居民用粮销价基本未动，国家用于补贴购销倒挂差价的财政支出持续上升，1979 年为 136.02 亿元，1988 年达 226.36 亿元。这项支出已成为连年发生赤字的国家财政难以承受的负担。为消除赤字而采取的发票子等办法对经济效益的不利影响，部分地归结于对农产品购销差价倒挂的补贴。此外，在国家财力一定的条件下，农产品价格补贴的增加也相应减少了对基础产业部门的投资，削弱了国家改善宏观经济效益的能动力。

农业与工业之间的缺口，对整个国民经济的非均衡增长，有着始发性的作用。基础产业与加工工业之间的矛盾，在一定意义上说就是农业与工业矛盾的延续。而农业发展过慢与工业增长过快，则是近些年改革与发展过程由一系列矛盾共同作用的结果。首先，就农业而言，1984 年农业特大丰收后，一度出现了盲目乐观的判断，忽视了对农业基础地位的强调，在政策和投入两方面都减少了必要的努力。其次，农村地区农业与非农产业、种植业与经济作物之间的收入差距悬殊且有扩大，引导资源向非农产业和经济作物流动，减弱了农业特别是种植业的供给后劲。而这种收入差距，很大程度上决定于不利于农业发展的定价制度，即非农产业与部分经济作物主要接受市场调节，粮、油、棉等为城镇居民基本生活所需的产品收购价大部分仍由国家控制在市价之下。再次，农村非农产业的发展是在实行了三十多年城乡隔离政策后出现的，放松对农民流动的限制，必定产生非常强大的离土进城压力，长期积累的能量在短时间释放，形成了加工工业扩张的另一个重要来源，使加工工业与基础产业间的缺口拉得更大，同时，也出现了务农劳力素质下降的问题。所以，近些年的农业滞后，虽然与政府的重视程度有关，但深层根源还在于长时期推行的工农业发展政策、城乡关系政策、价格体制和劳动力管理体制。

（三）部门产业结构失衡与经济效益 (b)：基础产业与加工工业

基础产业与加工工业之间的供求缺口，是困扰国民经济的另一个重要矛盾。

在改革以前，能源、交通运输、邮电、部分原材料就是国民经济的薄弱环节，只不过那时实行"以钢为纲"的方针，重工业与农业、轻工业的矛盾更为突出，经过 80 年代初的工业调整，以市场需求为导向的消费品工业在结构上和数量上开始了迅速扩张。随着 1984 年以后工业的加速，包括能源、交通运输、邮电、原材料在内的基础产业与加工工业的矛盾日趋尖锐。

表6　　　　　　　　　　基础产业与加工工业增长速度　　　　　　　单位:%

指标 ＼ 年份	1979	1980	1981	1982	1983	1984	1985	1986	1987	1988
轻工业	10	18.9	14.3	5.8	9.3	16.1	22.7	13.1	18.6	22.1
重工业　采掘工业	2.4	-0.1	-1.5	3.5	3.2	11.1	7.1	5.8	5.0	15.4
重工业　原料工业	12.0	3.9	-0.9	6.5	9.3	8.8	14.8	9.6	13.1	23.8
重工业　制造工业	5.9	0.1	-8.3	15.2	17.9	19.4	22.8	6.5	17.5	29.7
能源总量	2.8	-1.3	-0.8	5.6	6.7	9.2	9.9	3.0	3.6	5.0
电力	9.5	6.6	2.9	6.0	7.3	7.3	8.9	9.5	8.3	9.6
货物周转量	15.8	5.6	10	7.5	7.7	11.7	15.4	12.3	9.2	7.2

注：（1）1988 年采掘、原料、制造业增长速度按当年价格计算，其余均按可比价格计算。（2）能源、电力、货物周转量均为实物生产增长速度。

资料来源：《中国工业经济统计资料》（1986），中国统计出版社 1987 年版，第 125 页；《中国统计年鉴》（1988），中国统计出版社 1988 年版，第 313 页；《中国统计年鉴》（1989），中国统计出版社 1989 年版，第 53、273、366、420 页。

从表 6 可以看出：第一，由轻工业和重工业中的制造业构成的加工工业的增长率，显著高于由重工业中的采掘工业和原料工业、电力工业和交通运输业等构成的基础产业增长率。第二，基础产业与加工工业之间增长差距与工业增长速度相关。在工业低速增长年份，二者增长差距较小；在工业高速增长年份，二者的增长差距扩大。第三，1984 年以前，基础产业与加工工业的供求缺口问题尚不突出。因工业结构调整，1980 年和 1981 年重工业处于停滞状态，轻工业增长率却分别达 18.9% 和 14.3%。此后的两年，轻工业降速至两位数以下，重工业则有较大回升。总起来看，这期间加工工业的增长率不算低，但还没有对基础产业形成很强压力。1984 年以后，工业除 1986 年因紧缩速度偏低外，其他年份均处在高速和超高速增长状态。增长的主体是加工工业，它们与基础产业的增长差距不仅比 1984 年以前显著扩大，而且其后尚有继续扩大趋势。

基础产业与加工工业的供求缺口，还可以通过基础产业产品价格的上涨得到证实。1978—1988 年，重工业产品出厂价格上升了 64.5%，其中采掘工业产品价格上升近 1 倍，原料工业产品价格上升 72%，制造业产品则上升了 33%。采掘工业、原料工业产品价格上涨幅度分别高于制造业产品价格 2 倍和 1 倍以上。

基础产业滞后于加工工业对经济效益的影响，主要表现在由于基础产业产品供给不足而引起的部分加工工业生产能力的闲置。据估计，全国约 1/4 的生产能力因供电不足而闲置。再以交通运输为例。据分析，交通运输在超负荷运输的情况下，客、货运输能力的总供给只占运输总需求的 65%—70%，就是说，全国交通运输能力的缺口达 1/3 左右[1]。基础产业严重滞后于加工工业，成为仅次于经济总量严重失衡的，导致经济周期波动的一个重要原因，并由此引起经济效益的周期波动和水平低下。

基础产业与加工工业之间的缺口，是在工业高速增长的背景下，基础产业加速，加工工业速度更快的情况下，出现和进一步拉大加工工业的过快扩张和基础产业的相对滞后，虽然有技术方面的原因，但主要还是基于改革以来这两个领域增长机制的差异。

比价偏低通常被认为是基础产业投入不足的重要原因。我们已经指出，近年来基础产业产品的价格已有较大幅度提高。但由于原有的基础产业与加工工业产品比价偏差过大，基础产业产品价格上调幅度不一，尤其是加工工业产品价格上升对基础产业产品价格调整的抵消作用，基础产业产品价格依然较低。据估计，若以国外同类产品价格为 1，则我国各类产品的相对价格大致如下：煤炭 0.5，原油 0.3，铁路货运 0.4，原木 0.5，钢材（线材）1.0，钢 1.2，铅 1.0，烧碱、纯碱 1.0，水泥 0.7，汽油 0.9，轻柴油 0.85，水运 0.8，汽车运输 0.75，纺织、轻工 1.1，机械 1.4，电子 2.0（其中各项原材料均以计划价和市价的混合平均价计算，人民币和外币按官方汇率折算）[2]。按照这一比较，我国的采掘业和铁路、货运大大低于国际价，

① 引自汪海波主编《中国国民经济各部门经济效益研究》，经济管理出版社 1990 年版，第 203 页。
② 引自戴国庆《工交部门上、中、下游产品价格改革战略研究》，《中国物价》1989 年第 3 期。

水陆运输、原材料、轻纺产品与国外大体相当，机电产品则高于国际价格。

进一步的问题是，即使基础产业产品价格上升到足够高的水平，或者发展基础产业有明显的宏观效益，已占据主体地位的预算外资金不一定能对基础产业作出积极反映。近年来预算外资金增长很快。1981年国家预算外固定资产投资占全社会固定资产投资的72%，1988年进一步上升到91%。预算外资金对基础产业持消极态度的原因有：第一，基础产业多属大、中型项目，投资常达几亿、十几亿以至上百亿。预算外资金虽然增长迅速，但按行政区域切块分割后，作为投资主体的地方政府和企业能支配的资金量并不大，一般不足以支持基础产业的投资规模。金融市场落后和地区之间的行政封锁，又限制了分散资金的横向融通。第二，投资主体的短期眼界。基础产业项目投资长，回收慢，少则三五年，多则十几年以至更长时间，是地方政府首长任期制，财政包干制和企业承包制条件下决策者的眼界所不及的。当大量与任期实绩有关的紧迫问题需要解决，而这些问题的解决又与长期投资有矛盾时，决策者通常更多地照顾眼前利益。第三，其他进入屏障。如基础产业建设长期由计划体制包揽，形成了相应的利益集团，它们对预算外资金进入某些基础产业部门持不合作态度。又如地方政府下属的企业中小型居多，技术档次低，从事技术高的大型企业难度较大。

因此，尽管近年部分基础产业产品价格上涨幅度很大，预算外资金增加也很快，但进入基础产业的却不多，对基础产业的投资不得不主要由必须最终对宏观经济平衡负责的国家预算内资金承担。

在加工工业部门，地方政府和企业则表现出强烈的扩张冲动。大批原来直属中央的企业管理权限的下放，地方财政包干体制的实施，预算外资金的筹集和使用，以及紧缺产品的调配等条件，使地方政府在资源配置中的地位大为加强。同时，地方政府对下放企业和原来自己就管理的企业的自主权，有或多或少的截留。即使在全面推行承包经营责任制后，地方政府在物资产品和收入分配，企业干部任用，投资方向，价格管理和对外经济联系等方面，对企业仍保持着一定的直接控制。处在地方分权体制下的企业，经过利润留成、两步利改税、承包制的逐次改革，自有资金虽有较大增长、生产和投资活动有了不同程度的自主权。然而，不论是地方政府还是企业，预算软约束这个传统体制下的基本特征并没有多大改变，而且侵蚀公有资产、转嫁经营损失的活动通过某些新渠道而有所增加。另外，投资扩张对地方政府来说，服务于产值增长以显示政绩、保证地方财政收入、解决当地就业问题等多重目标；对企业来说，则受到增加职工和经营者收入的强烈驱动。

进入加工工业的另一股重要力量是乡镇企业。这里仅列举一组数据说明乡镇企业的发展速度。1988 年与 1978 年相比，乡镇企业由 152.42 万个增加到，1888.16 万个，增长了 11.4 倍；企业职工人数由 2826.56 万人增加到 9545.46 万人，增长 2.4 倍；乡镇企业总产值由 493.07 亿元增加到 6495.66 亿元，增长 12.2 倍。乡镇工业总产值占乡镇企业总产值的 70%，其中大部分属于加工工业。①

行政性分权体制下的地方政府及其所属企业和乡镇企业之所以不愿进入基础产业，而挤入加工工业，首先是因为加工工业产品一般价高利大。其次，加工工业项目所需投资少，建设周期短，比较适合地方政府和企业现有的筹资能力和眼界。但行政性分权体制下的地方政府和企业的投资和经营特点，又使加工工业的扩张处于分散、粗放、低效益的状态。

这样，一个时期以放权让利为主调，在很大程度上是行政性分权的改革，与经济协调发展之间形成了日益加深的矛盾。即权利增强的地方政府和城市企业，在农村改革背景下迅速崛起的乡镇企业，都竞相涌入加工工业，由此而拉开的基础产业瓶颈缺口都要以比重渐趋缩小的预算内资金去填补。这样，这类改革进展越快，基础产业与加工工业的矛盾势必越突出。

加剧基础产业和加工工业矛盾的另一个重要因素，是在基础产业和加工工业的发展中都存在的低效状态。加工工业中的重复建设，规模不经济，技术老化，无疑加大了对基础产业产品的需求。主要由中央预算内资金投资的基础产业项目建设，仍未摆脱传统计划体制所固有的诸多弊端。近年来，不少基础产业项目建设存在着惊人的浪费，其结果必然是降低投资效率，减少对加工工业的供给量。显然，如果基础产业和加工工业某一方面或同时两个方面的效率有所改善，二者的结构性矛盾可望大为缓解。

加剧并固定基础产业与加工工业严重失衡状态的另一个极为重要的因

---

① 据《中国统计年鉴》(1989)，中国统计出版社 1989 年版，第 245—247 页数字计算。

素，是资产存量调整受阻。这个因素在经济周期的上升阶段和波峰阶段起着加剧基础产业与加工工业失衡状态的作用，在经济周期的下降阶段和波谷阶段又起着巩固失衡状态的作用，以致这个矛盾迟迟不能得到真正解决。

资产存量调整受阻，当然是与部分资产存量由于专用性强而不能相互代替的情况相关的。但这并不是主要原因，主要原因是在于即时体制。第一，与就业刚性相联系的企业生存刚性。改革以后，虽然已经对传统劳动制度进行了某些改革，并且允许企业破产，但由传统劳动制度所形成的"铁饭碗"并未根本打破，以致由工人不能失业而导致的企业不能破产的问题，并没真正解决。第二，在中央对地方实行行政性的分权以后，地方出于增加财政收入、应付外地贸易壁垒和维持社会安定的需要，也极力阻碍资产存量的调整。第三，改革以来，由传统体制所形成的条条分割的状态并未真正改变。这种情况对资产存量的调整也是很不利的。第四，改革以来，资金市场虽然有了某些发展，但借助金融资产形成企业兼并，改组的机制，基本上还没有建立起来。第五，这样，就只能在即时体制下来解决基础产业与加工工业失衡的矛盾；而在这方面可采用的手段不多，作用有限。就目前具有可行性的办法来看，可以通过政府组织和企业自行协调来进行改组活动。如企业承包企业，企业兼并企业等。但通过这种改组活动，由加工工业转入基础产业的为数甚少。即使在加工工业内部，资产存量的重新组合一般也超不出同一所有制、同一主管部门或同一财政上缴渠道的范围。

三 地区产业结构与经济效益：结构严重趋同，老工业基础传统产业比重较大和结构变化相对滞后

我国地区产业结构趋同由来已久。传统经济体制是根本排斥商品生产和商品交换的。在这种体制下，企业的组织结构是"大而全"和"小而全"。在经济发展战略上又长期提倡建立地方独立的经济体系。1958年提出：要求大行政区建立独立的经济体系，有条件的省也要建立独立的经济体系。1964年提出备战，又要求在"三线"建立独立的经济体系。1970年以后又提出要建立工业省，强调什么都要省里自给，而且层层往下套。这些因素就导致了地区产业结构的趋同化。

1979 年经济体制改革开始以后，由于发展社会主义商品经济的需要，注重发挥地区优势，地区产业结构趋同状况一度有某种缓和，并促进了经济效益的提高。但由于受到中央对地方实行行政性分权的影响，情况又发生了逆转，致使地区产业结构严重趋同。据有关研究单位依据联合国工业发展组织提出的相似系数法，对各地区工业产值结构的相似系数所做的计算，1981 年按全部工业部门计算的相似系数达 0.9 以上的地区为 18 个，占地区总数的 62.1%；到 1986 年则增加到 22 个，占地区总数的 75.9%。如果剔除煤炭、石油和森林三个属于资源开发型的产业，1981 年相似系数达 0.9 以上的为 24 个，占地区总数的 82.8%；到 1986 年又增加到 25 个，占地区总数的 86.2%。而且绝大多数地区 1986 年的相似系数均大于 1981 年[①]。这些数据表明：地区产业结构趋同现象进一步加剧了。

这首先是同中央向地方实行行政性分权，特别是财政包干制度相联系的，这种分权增强了地方政府在管理地区性社会经济事务的相对独立性，使其拥有更多的自主权，具有独立的经济利益。这样，一方面加强了地方政府为了增加本地财政收入的利益动机，把资金投向那些投资少、见效快、收益大的产业。即使从宏观经济效益的观点来看，这些投资是不必要的，但增加本地财政收入的利益驱动，也促使地方政府这样做。另一方面，加剧了地方之间的竞争，这种竞争不仅有产品数量的竞争，而且有产品种类齐全的竞争，以新兴家电工业为例，1988 年，中国大陆 30 个省、市、自治区中，生产电视机的有 27 个省，生产电冰箱的有 23 个省，生产洗衣机的有 27 个省[②]。为了保护本地产品的市场和防止"肥水"外流，各地还实行地区封锁和市场分割，采用行政手段，建立各种非关税贸易壁垒，阻止外地商品的进入和本地资源的流出。在上述的中央财权与地方财权格局下，价格体制不合理和价格体系的扭曲，就成为诱使地方纷纷投资价大利高的加

---

① 《经济工作者学习资料》1990 年第 17 期，第 36—37 页。说明：相似系数为 S_{ij} ($\sum_{n=1}^{m} X_{in} X_{jn}$) /

($\sum X_{in2} \cdot \sum_{n=1}^{m} X_{jn2}$) 1/2

其中 X_{in} 和 X_{jn} 是部门 n 在 i 地区和 j 地区工业结构中所占的比重。相似系数越接近于 1，表明地区产业结构越相似。

② 据《中国统计年鉴》(1989)，中国统计出版社 1989 年版，第 310、311 页的资料计算。

工工业的极重要的推动因素。

其次，改革以来，中央不仅对地方，而且对企业下放了很大的一部分权力（包括财权），使得中央支配的财力在国民生产总值和财政总收入的比重大幅度下降了。1988 年，财政总收入占国民生产总值的比重下降到18.6%，中央财政收入占财政总收入的比重下降到47.2%，中央的固定资产投资占全社会固定资产投资比重下降到25%。这就大大削弱了中央调控经济的能力。同时，中央在向地方实行分权的过程中，主要是通过建立利益激励机制来调动地方发展经济的积极性，而并没有同时相应地建立起系统的、完善的、有力的约束机制来规范地方的行为。而且，也没有提出完善的、可行的、有效的地区产业分工政策。比如，对因价格扭曲而形成的与地区产业分工相联系的利益分配不合理的问题，缺乏适当的补偿办法。对各地竞相发展的价大利高的行业，以及沿海地区发展高能耗、高物耗的加工工业，也缺乏有力措施进行控制。

最后，总的说来，地区产业结构严重趋同，还是社会主义商品经济不发达，统一市场没有形成，竞争没有充分展开，地区之间的经济联合不发展的结果。

与地区产业结构趋同化相伴随的还有投资项目小型化，技术结构低度化。投资项目规模过小，乃是按行政区域分散投资的逻辑结果。投资项目规模过小，必然造成技术档次低。加工工业快速扩张，主要采取外延方式，这既有过度需求的拉动，也受到技术能力的限制。近年来各地尤其是乡镇企业陆续发展起一批设备和技术落后、物资消耗大的传统加工项目，使产业技术结构退化，使零部件仍依赖进口，未能有效地与国内相关产业联结，带动其技术进步。

地区产业结构趋同化，还意味着"小而全"的企业组织结构的进一步发展。

地区产业结构趋同化，企业规模小型化，技术结构低度化，以及"小而全"的企业组织结构的发展，必然降低地区比较优势效益、企业规模效益、技术进步效益和专业化分工协作效益。这些也是我国经济效益低的状况没有改变的最重要因素。据有关部门分析，即使按照我国当前经济技术和劳动力素质等条件计算，在我国机电部门中，达到适度规模的企业占企业总数的4.5%，产量占总产量的50%；达到起始规模的企业占企业总数的7.6%，产量占总产量的56%。

诚然，就西部地区发展某些加工工业来说，在价格扭曲的情况下，可以在某种程度内提高本地区的经济效益。但在原材料供应短缺的条件下，这就必然挤占经济效益较高的东部地区所需的原材料，致使东部地区的生产能力不能得到充分发挥，因而是以东部地区损失更大的经济效益为代价的。所以，从总体上说，是不利于我国国民经济效益提高的。这种情况不只是存在于西部地区发展某些加工工业的场合，在中部地区发展某些加工工业也会带来这种后果。这种情况在加工工业最为发展的上海表现得尤为突出。据有关研究单位计算，1981年上海工业全要素生产率为2.45%，比中部地区工业全要素生产率最高省份（湖北为0.97%）和最低省份（内蒙古为0.53%）分别高出1.48个和1.92个百分点，比西部地区最高省份（四川为0.71%）和最低省份（甘肃为0.36%）分别高出1.74个和2.09个百分点。到1987年，上海工业全要素生产率下降到1.92%，比中部地区最高省份（安徽为1.31%）和最低省份（内蒙古为0.72%）只分别高出0.61个和1.2个百分点，比西部地区最高省份（四川为1.06%）和最低省份（甘肃为0.62%）只分别高出0.86个和1.3个百分点[①]。

无可否认，上海经济效益相对下降，不只是由于地区产业结构趋同化引起的，还有其他许多复杂的原因。其中，传统产业比重大，以及产业结构变化相对滞后，也是一个重要原因。当然，这种情况也不只是存在于上海，辽宁等老工业基地也都类似。据统计，1988年，上海和辽宁拥有的机械、冶金、纺织和化工四个传统产业产值占该地区工业总产值的比重分别达到45.2%和43.6%；而全国平均数这一比重只有37.1%。在传统经济体制下，长期忽视现有企业的技术改造，致使这些传统产业技术层次低，在很大程度上制约着这些老工业基地经济效益的提高。当然，上海、辽宁等老工业基地产业结构变化相对滞后也有多方面的原因。重要的有：（1）改革以来国有企业远不如其他经济成分搞得活，国有经济的优越性远没有得到充分的发挥。而上海、辽宁等老工业基地的国有工业占的比重大。据统计，1988年，上海、辽宁的国有工业产值分别占该地区工业总产值的75.9%和72.1%；而全国平均数为68.2%。（2）这些地区上交国家财政的

负担较重。比如，上海每年财政收入的 80% 都要上交国家财政。但从地区产业结构的角度看，在全国经济中居于重要地位的这些老工业基地中，传统工业比重大及产业结构变化滞后，不仅制约着这些地区经济效益的提高，而且影响到全国经济效益的增长。

四 企业技术进步与经济效益：以技术进步为主要内容的内涵扩大再生产进展缓慢，甚至陷于困境

为了说明 1979 年以来经济效益的变化特征，我们在前面第一、第二、第三部分分别从宏观经济的角度探讨了资源配置效益，在下面第四、第五部分拟从微观经济的角度探讨主要生产要素（即技术与劳动力）的利用效益。

我国原来农业在国民经济中占主要地位，工业基础十分薄弱，人口众多，幅员辽阔，各地经济文化的发展又很不平衡。这样，我国要实现以外延扩大再生产（以追加生产资料和劳动力为主要内容）为主向以内涵扩大再生产（以技术进步为主要内容）为主的过渡，必将经历较长的历史时期。如果想在很短的时期内完成这个过渡，是很不现实的。但在新中国成立以后的一个长时期内，实现这个过渡的过程甚为缓慢，这主要是由阻碍技术进步的传统经济体制和经济发展战略决定的。

改革开放以来，增强了企业技术进步的活力，促进了企业内涵扩大再生产的发展，并成为增进企业经济效益的积极因素。据有关部门对近十年现有企业已建成的技术改造项目的调查，大体上是投入 1 元钱，产出 1.5—2.0 元的产值和 0.4—0.5 元的利税；投入产出周期一般是 1—3 年；新增产值和利税的 60%—70%，都是靠企业技术改造和技术进步取得的。但在这期间并没有摆脱外延扩大再生产为主向内涵扩大再生产为主过渡缓慢的局面。

设备、工具和器具的重新购置，可以在同一技术水平上进行，也可以在技术水平提高的基础上进行（见表 7）。以后一种意义说，可以把设备、工具和器具的重新购置费在全社会固定资产投资中比重的提高，部分地看做是企业技术进步和技术改造的发展。但在 1981—1985 年，这个比重由 23.3% 提高到 28.2%，只提高了 4.9 个百分点。而在此以后，又趋于下降，1988 年只有 27.5%，比 1985 年还减少了 0.7 个百分点。由于实行经济调整，1989 年

表7				全社会固定资产投资用途构成				
用途　　　　　　　年份	1981年	1982年	1983年	1984年	1985年	1986年	1987年	1988年
一、绝对数（亿元）								
1. 总额	961.01	1230.40	1430.06	1832.87	2543.19	3019.62	3640.86	4496.54
2. 建筑安装工程	690.01	871.12	993.32	1217.58	1655.46	1992.76	2377.56	2908.56
3. 设备、工具、器具购置	223.96	291.41	358.31	509.23	718.08	823.28	997.00	1221.03
4. 其他费用	47.04	67.87	78.43	106.06	169.65	203.62	266.30	317.00
二、比重（%）								
1. 以总额为100	100.0	100.0	100.0	100.0	100.0	100.0	100.0	100.0
2. 建筑安装工程	71.8	70.8	69.5	66.4	65.1	66.0	64.1	64.0
3. 设备、工具、器具购置	23.3	23.7	25.0	27.8	28.2	27.3	27.4	27.5
4. 其他费用	4.9	5.5	5.5	5.8	6.7	6.7	8.5	8.5

资料来源：《中国固定资产投资统计资料》（1950—1985），第17页；《中国统计年鉴》（1987），中国统计出版社1987年版，第467—468页；《中国统计年鉴》（1988），中国统计出版社1988年版，第559—560页；《中国统计年鉴》（1989），中国统计出版社1989年版，第477—478页。

以来，技术改造投资大幅度下降。比如，1989年社会主义国家所有制企业、事业单位的技术改造投资为780亿元，比上年下降20.5%，扣除物价上涨因素，实物工程量下降30%。与此相联系，企业的技术改造并没有取得应有的进展。依据有关部门的调查，在近十年中，现有大中型骨干企业的关键设备和关键工艺已经得到全面改造的约占15%—20%，得到部分改造的约占40%—50%，没有改造的约占30%—40%；在设备总数中，已经老化的仍高达60%左右。至于小型企业的技术改造程度还要低得多。

1979年以来，没有摆脱过渡缓慢状态的原因，主要有以下几项：

第一，在传统经济体制下，政府在国有经济中是包括技术改造投资在内的固定资产投资的经济主体。诚然，由于这种体制本身的缺陷，政府从来没有真正负担起企业技术改造投资主体的职能，以致企业技术改造的进展甚为缓慢。经济体制改革开始以后，企业技术改造投资由国家财政拨款改为由企业间银行贷款，在事实上是要企业承担投资主体的职能。但在当前新旧体制交替的时期，企业投资的动力和实力虽然有了增强，但并没能承担起投资主体的职能。

一是当前实行的企业承包经营责任制，尽管是改革进程中必须采取的、具有重要意义的过渡性制度，但这种制度并不能使企业成为自负盈亏的商品生产者，因而不可能在企业内部形成不断实现技术改造的动力机制。而且，当前这种制度还不完善（比如就技术改造来说，没有把技术改造真正有效地列入承包指标，对企业的考核主要就是限制在产值和利税增长方面，缺乏技术进步的要求），再加上宏观经济环境不利（如多次出现经济过热和市场秩序混乱），因而易于诱发企业拼设备、忽视技术改造等短期经济行为。

二是在资金方面，企业缺乏自我改造能力。首先，技术改造投资主要属于生产资料补偿基金的范畴，部分属于积累基金的范畴。但作为生产资料补偿基金最重要组成部分的固定资产折旧基金严重不足。其原因有：（1）我国国有企业固定资产基本折旧率，没有考虑精神损耗，甚至连物质损耗也考虑得不充分，因而折旧率一直偏低。尽管国有企业固定资产基本折旧率已由1978 年的 3.7% 上升到 1987 年的 4.9% ，[①] 但仍然偏低。（2）基本折旧还没有考虑到通货膨胀的因素。如果说，这一点在过去通货膨胀率较低的情况下对折旧基金的影响还不明显的话，那么，在 80 年代中期以后通货膨胀率显著上升的情况下，影响就很大了。据有关部门的调查资料，70 年代购置的设备原价与当前重置价比较，一般通用设备相差为 2—3 倍；专用设备相差 3—4 倍；建筑物的价差也很大。据测算，当前仅仅由于折旧没有考虑设备原价与重置价的差异，一年少提折旧基金 500 亿元。（3）折旧基金本来提的就少，但按政府有关规定，企业还必须从中提取 15% 的能源交通建设基金和 10% 的预算外调节基金上交国家。（4）有些企业违反国家规定，少提或不提折旧基金，甚至把已提的折旧基金挪作流动资金、福利基金和奖励基金。

其次，企业留利是企业推行企业技术改造的重要资金来源。但企业留利也严重不足。据有关部门 1990 年上半年对 193 户国有工业企业的调查，通过以下四个环节，使得企业收入的大部分向税金、费用、利息、债券和各种社会摊派转移，把企业留利降到了根本无力适应技术改造要求的地步。（1）从成本中列支的税费。近年来，工业企业产品成本大幅度上升，除了

---

① 《中国统计年鉴》（1989），中国统计出版社 1989 年版，第 25—26 页。

原材料涨价和工资上升两大因素以外，就是在成本中列支的利息和税费（包括土地使用税、车船使用税、房产税、印花税、资源税、烧油特别税等）的增长。（2）从销售收入中征收的流转税（包括产品税、增值税、营业税等）。这是企业税负的重头。（3）从实现利润中征收的承包利润（包括所得税和调节税）。（4）从企业税后留利中征收的税费，主要是能源交通基金和预算调节基金。1989 年这 193 户企业拥有 95.36 亿元纯收入，经过以上四个环节，有 81.6% 以税、利、费、券等形式上交各级政府，10.2% 用于归还专项贷款，企业实际留利仅占 8.2%，比 1986 年下降了 26.2%。每人平均实际留利也由 1986 年的 1122 元下降到 1989 年的 742 元。这里所说的企业实际留利还没有扣除来自四面八方的乱摊派、乱集资、乱收费、乱罚款。如果扣除这"四乱"，企业实际留利还更少。

最后，在技术改造投资由国家财政拨款改为银行贷款以后，贷款一般都占企业技术改造投资的 60% 以上。但当前不仅银行不能满足企业技术改造投资的需要，而且贷款利息率高于企业资金利润率。1989 年，全国大中型工业企业资金利润率是 10.52%，而当时的贷款年利率已达 11.34%，企业已无力承担贷款的利率。

在那些与技术引进相联系的、实行技术改造的企业，不仅缺乏资金，而且缺乏外汇。

三是在技术开发方面，企业也缺乏足够的自我改造能力。直到 1989 年，在 1.22 万个大中型工业企业中，只有 0.64 万个企业建立了技术开发机构，占总数的 52.5%。同年，这些机构拥有的科学家和工程师只有 14.4 万人，占其全部人员的 44.34%。这年大中型工业企业技术开发经费支出额占当年产品销售收入额的比例只有 1.44%，其中新产品开发经费占的比重还不到 0.5%。而当前经济发达国家新产品开发经费一般都占当年产品销售收入的 5%—10%，甚至更多一些，可见，大中型工业企业在技术开发的机构、人员素质和经费等方面都是不足的。这样，近几年来，大中型工业企业新产品的产值率和销售率一直在 7%—8% 之间徘徊，没有明显的进展。至于小型工业企业的技术开发能力就更低了。

企业技术开发能力不足，同我国科学研究与技术开发的格局、科学研究管理体制、企业与科学研究单位横向联系不发展，以及技术市场欠发育都是紧密相关的。

当代经济发达国家科学研究与技术开发工作的重心在企业，而我国一直侧重于研究院所和高等院校。工业企业用于科学研究与技术开发经费占全国科学研究与技术开发经费总额的比重，1983 年美国为 73.7%，联邦德国为 69.4%；1984 年日本为 71.6%。同年，在日本企业中的开发研究人员占全国开发研究人员总数的 63.2%，科学家和工程师占全国科学家和工程师总数的 57.1%。而我国 1989 年，大中型工业企业用于科学研究与技术开发的经费占全国总数的 44.2%，研究与开发人员占全国开发研究人员总数的 37.1%，科学家与工程师占全国科学家和工程师总数的 26.7%。这个对比表明：我国科学研究与技术开发的格局，是制约我国企业技术开发能力的一个重要因素。

随着科学研究管理体制改革的开始进行，促进了研究院所研究工作与企业生产的结合。但并没有显著改变二者相互脱离的局面。据调查，我国共有产品工艺研究院所近 5000 家，而真正进入工业企业的不到 10%，大部分游离于工业企业之外。这也很不利于增强企业的技术开发能力。

就是在即时体制下，企业与研究院所的横向联合也没得到应有的发展。1989 年，大中型工业企业组织实施的 1 万元以上的技术开发项目共 34999 项，其中 33143 项都是在企业内部进行的，占总数 94.7%。这种小范围、低层次、封闭式的技术开发，必然水平不高。在这年完成的 17100 项技术开发项目中，经省、部级以上鉴定，达到 80 年代国际水平的只有 963 项，占总数的 5.63%。

随着经济体制和科技体制改革的进行，我国技术市场已经有了发展，促进了科学研究成果在生产中的运用。但技术市场还很不发达，科技成果应用状况还很不理想。这也限制了企业技术开发能力的增长。诚然，当前我国科技成果的应用率已经达到了 70%。但大多是在小范围内小规模的发生作用。形成规模经济、并在大范围内应用的并不多。据有关专家估计，在科技成果中，能广泛地应用于社会的不超过 5%，能形成一定经济规模的不超过 19%[①]。

---

① 《光明日报》1990 年 2 月 15 日第 2 版。

第二，企业没有成为独立的自主经营的经济实体。由于地区性的市场分割和贸易壁垒，统一市场还没有真正形成，平等竞争也未充分展开。因而价值规律赖以发生作用的经济机制很不完善，价值规律作为迫使企业不断实现技术进步的一种经济强力，也不可能充分发挥其作用。

第三，在宏观经济管理方面，1979 年以来实际上还是延续了改革以前长期存在的片面追求经济增长速度和忽视经济效益的错误，并把企业注意力继续引导到外延扩张，忽视技术进步。由此造成的经济周期波动，对企业的技术进步也造成了很不利的影响。在经济周期的上升阶段和波峰阶段，经济过热，加强了卖方市场，并伴有市场秩序严重混乱，企业产品（甚至包括劣质产品）是"皇帝女儿不愁嫁"，助长了企业忽视技术改造的倾向。在经济周期的下降阶段和波谷阶段，经济增长速度和经济效益下降，市场销售疲软，企业依持其生存刚性，再加上资金匮乏，无力进行技术改造。此外，对于开发新产品，在资金、外汇、原材料、产品销售和价格等方面，还没有形成一套完善、有效的鼓励措施；对于淘汰落后产品，也没有相应地提出一套严格有效的制裁措施。

正是上述原因，使得这期间并没有摆脱技术进步缓慢的局面。近年来，以技术进步为主要内容的内涵扩大再生产甚至陷入困境。而技术进步是企业提高经济效益的最有力的杠杆。因而，企业技术进步缓慢、甚至陷于困境的局面，正是这期间我国经济效益低下状况没有改变，近年来甚至大幅度下降的一个极重要原因。

五　劳动力利用与经济效益:劳动纪律松弛

粉碎"四人帮"以后，在政治上极大地鼓舞了广大劳动群众的革命激情。党的十一届三中全会以后，又实行了一系列旨在纠正曾经长期存在的平均主义，体现按劳分配原则的一系列措施。如提高计时工资，恢复计件工资和奖金，实行企业利润留成等。因而一段时间内企业劳动纪律是良好的。

但后来企业劳动纪律逐渐趋于松弛，以致达到了相当普遍的范围。由此造成的一个严重后果，就是有效劳动时间在制度规定的劳动时间（一般为 8 小时）中占的比重很低。据国家科委所属的中国科技发展研究中心 1986 年的抽样调查，当时我国工业企业职工每周平均实际工时为 40.66 小时，仅占制度工时的 84.7%；有效工时为 19.2—28.8 小时，只占制度工时的 40%—60%①。这次经济调整开始以后，劳动力利用效益低的状况更为严重。

诚然，劳动力利用效益低的原因是多方面的。第一，当前我国经济体制改革已经取得了巨大成就，但并没有根本完成。这样，在微观基础、市场和宏观经济管理等方面，并没有真正形成强有力的激励和约束相结合的机制、压力机制和诱导机制，以促进企业劳动力利用效益的提高。第二，1979 年以来，我国加工工业与基础工业、基础设施之间的失衡状况，不仅没有改善，而且趋于严重，致使许多企业因原材料、动力和运力供应不足而不能充分发挥包括劳动力在内的生产能力。第三，我国长期实行的低工资、多就业政策，虽然起过积极作用，但却造成了大量的在职失业或隐性失业。据有关部门估计，在这次经济调整以前，我国国有企业在职失业人数就达到了 1500 万人。这次经济调整开始以后，这种情况更有发展。

当然，企业劳动纪律相当普遍的松弛也涉及诸多方面。第一，在当前新旧两种体制交替时期，尽管平均主义仍然是分配方面的主要问题，但也出现了某些不合理的、过大的收入差别。第二，近几年来，物价上涨幅度过大，致使部分人实际生活水平下降。第三，1984 年以来，在推行厂长负责制方面取得了巨大成绩，但企业的民主管理和职工作为企业的主人翁地位却没有很好地确立起来。第四，党风和社会风气不正，某些人以权谋私。凡此种种均对劳动者的积极性和劳动纪律以不利影响。明确这些原因，并采取相应的对策，无疑是十分重要的。但在理论上和政策上没有明确社会主义经济中劳动纪律的基本格局，也是一个重要原因。

这里有必要先来明确这个基本格局②。传统的经济理论把社会主义经济中的劳动纪律仅仅归结为劳动者的自觉纪律，即靠劳动者的觉悟自觉维持的纪律。但社会主义有计划的商品经济的实践，已经对这种理论提出了挑战和置疑。我们依据这种实践，把社会主义经济中劳动纪律的基本格局归

---

① 《经济参考》1988 年 3 月 11 日第 4 版。
② 详见汪海波《论社会主义劳动纪律的基本格局》，《经济管理》1988 年第 8 期。

结为不可缺少的、相互联系的、地位各异的三个方面：第一，按劳分配，多劳多得，少劳少得，不劳动者不得食的纪律（以下简称按劳分配纪律），在社会主义劳动纪律中居于主要地位。第二，失业纪律在社会主义劳动纪律中居于辅助地位。第三，自觉纪律在社会主义劳动纪律中也居于辅助地位。

在明确了社会主义经济中劳动纪律的基本格局以后，就便于我们揭明劳动纪律松弛相当普遍的根源。第一，改革初期分配上的平均主义虽有某种程度的克服，但直到当前平均主义仍是分配中的主要问题。其集中表现是反映社会收入分配平均程度的基尼系数仍然偏低。依据当前国际通用标准，基尼系数小于 0.2 表示收入分配绝对平均，在 0.2—0.4 之间表示收入分配相对平均，在 0.4 以上表示收入差距较大。1980 年，我国农民收入分配的基尼系数为 0.24，城市职工为 0.16；到 1988 年，农民为 0.3，城市职工为 0.23①。可见，改革以来，农民收入分配中的平均主义已经得到了较好的解决；而城市职工的收入分配则刚刚脱离绝对平均分配的状态，分配上平均主义问题并没根本解决。农民和职工收入分配上的这个差别从一个重要方面揭明了当前许多农民劳动积极性高于城市国有企业多数职工的原因。同时说明了在农村集体经济中，按劳分配纪律得到了较好的贯彻，而在城市国有经济中按劳分配纪律的作用则因平均主义没有根本克服而在很大程度上被麻痹了。

这不是偶然的现象。改革以来，在农村实行了家庭联产承包责任制，为在农业集体经济中克服平均主义，实行按劳分配纪律提供了一个基本经济条件。而在城市国有经济中先后相继实行的利润留成、利改税和企业承包经营责任制，虽然能够在一定的程度上有利于克服平均主义，但并不能根本解决这个问题，不能从根本上实现社会主义有计划的商品经济条件下按劳分配的要求。

第二，改革以来，对私人资本主义企业和"三资"企业来说，已经实行了失业纪律；而对国有企业来说，尽管国有工业企业法已经确认了"企业有权依照法律和国务院规定录用、辞退职工"②，但限于条件和固于传统

---

① 《经济日报》1990 年 10 月 2 日第 3 版。

② 《中华人民共和国全民所有制工业企业法》，《人民日报》1988 年 4 月 16 日第 2 版。

观念，迄今仍未普遍实行。这一差别也从一个重要方面揭明了当前许多私人资本主义企业和"三资"企业的劳动纪律好于许多国有企业的原因。同时说明了失业纪律在前一类企业中已经发生了作用，而在后一类企业还没有起作用。

第三，改革初期针对过去长期存在的片面强调精神鼓励、忽视物质鼓励，片面强调思想政治教育、忽视按劳分配原则的"左"的错误，强调了物质鼓励和按劳分配原则，这是必要的。但后来又走到了另一个极端，片面强调物质鼓励，忽视精神鼓励，放松思想政治教育。而这种错误又是发生在实行改革开放、发展社会主义商品经济的历史背景下，特别是发生在国际敌对势力加紧对社会主义国家推行"和平演变"政策的国际背景下。这些背景提出了加强和改善思想政治工作的迫切要求。但恰恰这时放松了思想政治工作，从而使得作为社会主义制度特有优越性的自觉劳动纪律的作用，不仅没有得到有效的发挥，而且大大下降了。

从以上的分析并不能得出私营经济优越于集体经济、集体经济优越于国有经济的结论。但是，可以而且必须做出这样的结论：要充分发挥社会主义制度的优越性，必须正确安排社会主义劳动纪律的基本格局，并加以切实有效的实施。如果像近几年来那样，按劳分配纪律的作用在很大程度上被麻痹了，失业纪律没有实行，自觉纪律的作用又大大下降了，要充分发挥社会主义制度的优越性，则是绝对不可能的。因为由此造成的后果，必然是作为首要生产力要素的劳动者的积极性不仅不能得到充分发挥，甚至会下降。这就不仅会在工时利用方面，而且会在经营管理，市场开拓；技术进步，新产品开发，原材料和能源节约，以及产品质量提高等方面发生消极影响。这样，我国长期存在的经济效益低下的面貌，也就不可能有什么根本变化。

六　商品流通与经济效益：寻租活动及其社会成本

我们在前面五部分主要从生产领域探讨了我国经济效益变化特征的原因。下面两部分将分别从流通领域和分配领域探讨其原因。

商品流通领域特别是生产资料流通的收益显著高于生产领域，是人们普遍感受到的一个社会经济现象。由于流通领域秩序混乱，收入的透明度低，通过正式渠道统计的收益水平显然要低于实际的收益水平。即使如此，公开的统计数字也大体反映出了基本趋势。以国家所有制物资供销企业为例，1981 年其利润率水平低于工业部门 8.7 个百分点，1987 年反而高出工业部门 0.6 个百分点。

流通领域的高收益固然与改革以来的某些积极变化（如资金周转速度加快，流通费用率下降）有关，但更大程度上则来源于新旧体制过渡时期的某些特殊条件。

第一，流通落后引起的地区间高额价差。这种情况主要发生在改革初期。传统体制下商品流通主要采取计划调拨形式，供求失调和价格扭曲在所难免。当改革网开一面，把部分商品划给市场调节后，原来被压抑的价格依据各地供求关系状况而有了程度不同、有时是很大的差别。一批率先进入流通领域的经营者，获得了由价差构成的丰厚利润的优先占有权。他们是涉足流通领域最先富起来的一部分人。随着流通领域进入者的增多，由地区差价而形成的利润逐渐减少。

第二，价格双轨制引起的非生产性收益的流失。非生产性收益在经济分析中又被称为租金（rent），经常表现为行政控制价格与市场价格的差额。谋求非生产性收益的活动被称为寻租（rent seeking）活动。实施价格双轨制的初衷，是利用市价刺激供给，节约消费，利用平价保证重要生产活动的需要，抑制物价水平过快上升。1984 年后推行双轨制的实际经验说明，双轨之间的屏障很难有效确立，相反，"低进高出"利用双轨价差寻租却成了交易者的普遍行为，也是近年流通领域"公司热"几度兴盛的基本原因。据国家统计局城市社会经济调查总队的调查，1984—1988 年，全部原材料出厂价格平均每年增长 9.3%，而购进价格平均每年增长 14%。就是说，原材料出厂价格上涨部分的 1/3 落入流通领域。据初步匡算，1988 年双轨价差达 1500 亿元以上。[①]

第三，其他形成非生产性收益的流失。除了价格双轨制下的价差以外，在流通领域还有大量其他价差形成。它们的流失也构成流通领域的收益。据估计，1988 年国家组织贷款的利差（等于市场均衡利率与政府控制的银

---

① 引自胡和立《1988 年我国租金价值的估算》，《经济社会体制比较》1989 年第 5 期。

行贷款实际利率之差）为 1134 亿元；进口所用牌价外汇的汇差（等于市场均衡汇率与官方汇率之差）达 930 亿元；由于不收地租和低价出租土地而流失的地租超过 100 亿元；进出口许可证价值（等于进出口商品国际价格，各种税费和正常商业利润之差）约为 150 亿元以上[①]。

第四，各种税收的流失。近年由于市场秩序紊乱，管理落后，流通领域偷漏税现象十分严重。据估计，1988 年个体户偷漏税面达 80%—95%，偷漏税额达 50%—70%；国营和集体企业偷漏税面达 20%—30%（其中集体企业占 40%—50%），偷漏税额达 20%[②]，许多税收的流失也是寻租活动的结果。

第五，产品短缺拉动生产领域利润进入流通领域。产品价格双轨制和其他行政管理办法当然是形成价差式租金的体制原因，但某些产品，特别是部分原材料价差不是逐步缩小，而是趋于扩大。因为供不应求的短缺环境，哪些产品越紧俏，牌市差价就越大，落入"倒爷"腰包的就越多。双轨制固然截留了部分产品的部分高价收益，减弱了对生产供求的刺激，但只要国民经济总量和结构不平衡，并允许价格浮动，价格上涨就具有必然性。

流通领域改革所带来的活跃局面无疑促进了生产发展，如引导企业按照市场需求调整产品结构，提高产品质量，增强企业间的竞争等。但在寻租等特殊条件下出现的流通领域高收益对生产领域和整个国民经济的消极影响也是显而易见的。第一，分配不公挫伤了生产领域诚实劳动者的积极性。流通领域的从业者收入经常高于生产企业的职工收入，至于那些违法乱纪的"官倒"、"私倒"者收入高出更多。生产企业的职工当然不会满于这种努力与报酬的严重扭曲，必然影响到工作情绪由此引起的一个结果是，生产企业职工收入向流通领域攀比，增加了消费基金膨胀的压力。第二，高收益进一步引导其他领域资源向流通领域的流入，使流通规模急剧膨胀。据统计，截至 1988 年年底，全国共有各种公司 47.7 万家，其中 11.49 万家是 1982 年年底以来成立的。以工农业总产值表示的生产规模或流通实际需要的产品量，1987 年比 1981 年增长了 103.1%，但同期物资流通部门固定资产总额增长了 164.2%。如果考虑到生产企业自销比例的扩大，流通规模

---

① 引自胡和立《1988 年我国租金价值的估算》，《经济社会体制比较》1989 年第 5 期。

② 同上

超过生产规模的幅度就更大。在商品流通量一定的条件下，流通单位增加，必然增多流通环节。有的物资要经过几次、十几次倒手才能到达用户手里，流通费用随之上升。理论分析和实际经验都证明，双轨制条件下的流通规模大于正常的流通规模，这就相应地减少了对生产领域的资源投入。第三，流通领域截留短缺产品的部分高价收入，起了抑制生产、维护和强化短缺的作用。在短缺状态下产生的停工、待料和强制替代，也会增加生产领域的成本。

七　收入分配与经济效益：居民收入迅速增长的双向效应

近年来国民收入分配的变动方向是重心向下倾斜。1978—1988 年，居民货币收入按当年价格计算由 1622 亿元上升到 8837.5 亿元，增加了 4.4 倍，而同期国民收入增加了 2.9 倍，居民货币收入占国民收入的比重由 53.9% 增至 75%。

居民收入迅速增长形成的市场需求，在改革开始的一个时期内，对发展市场导向的消费品工业、调整以重工业为中心的工业经济流程，推动企业由生产型向生产经营型的转变，并由此提高经济效益，起过积极的作用。

但是，由于居民收入增加过快，也引出一些不利于效益改善的问题。第一，居民消费品货币化程度低，粮油等基本生活消费品和城市居民住宅等耐用消费品仍实行低价和近乎无偿的供给。当居民收入大量增加后，便集中涌向档次较高的消费品，引导消费结构和与消费结构配套相关的产业结构不适当的超前调整。第二，新兴耐用消费品生产能力，主要依赖大量进口装配线，重要零部件和部分原材料，短期内难以衔接原有的产业结构。于是一方面兴起了面对国内市场的用汇产业，加剧了外汇的紧张；另一方面又无助于原有生产能力的调整和发挥，在制造业内部形成短缺和过剩并存的局面。第三，由居民收入形成的消费需求在短期内的急剧膨胀，诱使生产和投资主体一哄而上，反应过度。当某些新兴消费品工业尚未进入成熟时期，就面临着市场萎缩的前景。

从生产领域考察，作为居民收入主要来源的职工工资收入的大幅度上升，是生产成本增加的重要原因。1979—1988 年，全部职工工资总额增长了 3.1 倍，而按现价计算的国民收入增长了 2.9 倍。从劳动生产率与居民收入增长速度的对比关系看，同期全社会劳动生产率平均增长6%，居民消费水平年均增长7.7%，二者之比为1:1.3；同期工业劳动生产率年均增长5.7%，工业职工年均实际工资增长9.1%，二者之比为1:1.6[①]。

社会集团消费膨胀和非生产性积累比例过大，是分配和投资向下倾斜的另一重要形式。1988年与1978年相比，社会集团购买消费品的货币收入增长了4.2倍，大大高于同期职工工资总额和国民收入的增长速度。非生产性积累的比重1978年为28.2%，1982年升至53.6%，此后几年虽有下降，但仍偏高。其投向多在住宅、楼堂馆所和其他福利设施。

职工各种形式收入的过快增长，对经济效益产生了多方面的不利影响。首先，工资超过劳动生产率的增长速度，表明工资侵蚀利润，直接影响了利润水平。其次，在上缴利税不变的条件下，工资挤占利润的结果就是企业留利的减少。由此而形成的资金不足的部分要通过银行贷款等途径解决，企业的筹资成本增加了。据统计，1987年全民所有制工业企业为流动资金平均余额超过定额流动资金平均余额部分而支付的利息，就使利润下降0.73个百分点。再次，由于工资刚性的存在，工资水平并不随经济的周期波动而波动，事实上成为一部分固定成本。在经济跌入低谷时期，工资的这一特点加剧了利税的滑坡。如1986年工业总产值增长率为11.7%，工业劳动生产率增长2.5%，工业职工平均工资增长20.7%，工业利税仅增0.6%。

（本文与刘世锦合写，原载《经济工作者学习资料》1991年第9—10期）

---

① 据《中国统计年鉴》（1989），（中国统计出版社1989年版）第29、624、124页资料整理。

我国工业经济效益的现状及其提高的途径

新中国成立以后，在党的领导下，经过全国人民 40 余年的艰苦奋斗，我国工业已经取得了举世瞩目的伟大成就。其集中表现就是建立了具有巨大规模和先进水平的、独立的、比较完整的工业体系。但在这期间工业发展也有明显不足之处。其突出表现就是工业经济效益水平低下状况并无改变。

第一，要把当前我国包括工业在内的低效益型经济转变为高效益型经济，一要实现经济发展的周期波动型向持续稳定协调型的过渡；二要实现扩大再生产外延为主型向内涵为主型的过渡；三要基本实现社会主义有计划产品经济旧体制向社会主义有计划商品经济新体制的过渡。

第二，要实现国民经济持续稳定协调发展，最重要的是要实现经济总量的基本平衡。其中最主要的是要确定适度的经济增长速度。适度的经济增长速度，必须以尽可能地最大限度地有利于提高经济效益为前提，并为国力所能够承受，这里需要着重研究我国经济非均衡增长和周期波动条件下适度经济增长的特点。依据我国当前具体情况，90 年代适度经济增长速度，以国民生产总值年增长率 7% 左右为宜，其上限约为 9%，下限约为 5%。要实现经济的适度增长，必须严格而又适当地控制货币发行量、财政支出、固定资产投资和消费基金的增长。

第三，要推进以企业技术改造和技术进步为主要内容的内涵扩大再生产，一要通过改革使企业具有进行技术改造的动力、压力机制；二要使企业在资金、技术方面具有自我改造的能力；三要进一步完善企业技术改造和技术进步的政策。

第四，要基本建立起社会主义有计划商品经济的新体制，重要的是朝着这个目标模式继续推进改革，彻底摆脱传统体制框架内的某些改革措施，主要是行政性分权和局限于对企业的分权让利；正确安排社会主义有计划商品经济中劳动纪律的基本格局，即以按劳分配纪律为主，失业纪律和自觉纪律为辅。

一 当前工业经济效益的低下状况与提高工业经济效益的重要性和紧迫性

新中国成立以后，我国工业经济效益变化具有多方面特征[①]。其中，最重要的是工业经济效益的波动曲线趋于下降和水平低下。表1—表3的资料可以说明这一类问题。

工业经济效益变化的下降趋势首先表现在各个经济周期波峰年份全要素生产率的变化上。表1—表2表明：第一经济周期波峰年份1953年社会主义国家所有制独立核算工业企业全要素生产率为15.9%，其后相继的五个经济周期的波峰年份（即1956年、1958年、1970年、1978年和1985年）全要素生产率分别为3.7%、34.9%、25.1%、12.9%和2%。这六个波峰年全要素生产率在产出增长率中所占的比重分别为42.5%、11.3%、46.5%、69%、60%和20.2%。可见，尽管从第一周期到第三周期各个波峰年份的全要素生产率有波动，但都是趋于上升的；然而在此以后，第四、第五、第六周期波峰年份的全要素生产率是趋于下降的，特别是第六周期波峰年份全要素生产率只有2%，成为各个周期波峰年份的最低水平。就全要素生产率在产出增长率中所占的比重来看，第一周期至第四周期也有波动，但也是上升的，其后两个周期又趋于下降了。

再就各个经济周期年平均全要素生产率的变化来看，表1—表2提供的资料说明，前六个经济周期社会主义国家所有制独立核算工业企业年平均全要素生产率。分别为5.1%、3.4%、－0.4%、0、2.3%和－4.2%；年平均的全要素生产率在产出增长率中所占的比重分别为24.3%、13.6%、负数、0、27.4%和负数。就前一组数字看，第一经济周期至第三经济周期是下降的，其后，主要是第五经济周期有明显回升，达到2.3%，但仍低于第一、第二经济周期。而到第六经济周期又大幅度下降了，成为六个周期

---

① 汪海波：《工业经济效益问题探索》，经济管理出版社1990年版，第92—176页。

的最低水平。所以，这里虽有波动，但总的趋势是下降的。就后一组数字看，第一、第二、第三、第四、第六经济周期的情况与第一组数字是相似的，特点在于第五经济周期回升幅度很高，达到27.4%，成为六个周期的最高水平。但问题在于第六经济周期的经济效益水平很低。

表1　　　社会主义国家所有制独立核算工业企业历年全要素生产率
及其在产出增长率中所占的比重

（增长率比上一年 ±）

年份	产出增长率		资金投入增长率		劳动投入增长率		全要素投入增长率合计（%）			全要素生产率（%）	全要素生产率在产出增长率中占的比重（%）
	亿元	%	亿元	%	亿元	%	资金	劳动	合计		
1952	66.9	—	147.1	—	29.5	—	—	—	—	—	—
1953	91.9	37.4	170.2	15.7	38.4	30.2	9.4	12.1	21.5	15.9	42.5
1954	108.9	18.5	214.7	26.1	41	6.8	15.7	2.7	18.4	0.1	0.5
1955	118.5	8.8	246	14.6	41.1	0.2	8.8	0.1	8.9	-0.1	—
1956	157.3	32. ?	315.7	28.3	53.4	29.9	17	12	29	3.7	11.3
1957	185.1	17.7	369.5	17	59.2	10.9	10.2	4.4	14.6	3.1	17.5
1958	324	75	515.1	39.4	83.6	41.2	23.6	16.5	40.1	34.9	46.5
1959	467.5	44.3	699.7	35.8	113.3	35.4	21.5	14.2	35.7	8.6	19.4
1960	542	15.9	898.1	28.4	121.3	7.2	17	2.9	19.9	-4	—
1961	274.5	-49.4	927.6	3.3	94.1	-22.4	2	-9	-7	-42.4	—
1962	212.3	-22.7	873.6	-5.8	75.2	-20.1	-3.5	-8	-11.5	-11.2	—
1963	272	28.1	872	-0.2	76.6	1.9	-0.1	0.8	0.7	27.4	97.5
1964	329.8	21.3	932.1	6.9	80.8	5.5	4.1	2.2	6.3	15	70.4
1965	420.9	27.6	1073	15.1	84.4	4.5	9.1	1.8	10.9	16.7	60.5
1966	527.8	25.4	1064.9	-0.8	88.7	5.1	-0.5	2	1.5	23.9	94.1
1967	396.8	-24.8	1293.9	21.5	93.9	5.9	12.9	2.4	15.3	-40.1	—
1968	360.9	-9	1408.8	8.9	98.1	4.5	5.3	1.8	6.3	-15.3	—
1969	524	45.2	1545.8	9.7	103.3	5.3	5.8	2.1	7.9	37.3	82.5
1970	714.7	36.4	1729.1	11.9	114.1	10.5	7.1	4.2	11.3	25.1	69
1971	795.4	11.3	1938.5	12.1	127.4	11.7	7.3	4.7	12	-0.7	—

续表

年份	产出增长率		资金投入增长率		劳动投入增长率		全要素投入增长率合计（%）			全要素生产率（%）	全要素生产率在产出增长率中占的比重（%）
	亿元	%	亿元	%	亿元	%	资金	劳动	合计		
1972	846.4	6.4	2197	13.3	142.5	11.9	8	4-8	12.8	-6.4	—
1973	880.6	4	2569	16.9	147.4	3.4	10.1	1.4	11.5	-7.5	—
1974	815.8	-7.4	2623.8	2.1	152.5	3.5	1.3	1.4	2.7	-10.1	—
1975	924.2	13.3	2850	8.6	160.5	5.2	5.2	2.1	7.3	6	45.1
1976	872.1	-5.6	3099.4	8.8	168.4	4.9	5.3	2	7.3	-12.9	—
1977	1011.3	16	3266.2	5.4	174.5	3.6	3.2	1.4	4.6	11.4	71.3
1978	1228.3	21.5	3545.7	8.6	189.3	8.5	5.2	3.4	8.6	12.9	60
1979	1337.4	8.9	3624.2	2.2	216.3	14.3	1.3	—	7	2.9	32.6
1980	1415.2	5.8	3766.9	3.9	237.1	9.6	2.3	3.8	6.1	-0.3	—
1981	1440.1	1.8	3872.6	2.8	244.1	3	17	1.2	2.9	-1.1	—
1982	1516.2	5.3	4064.7	5	256.9	5.2	3	2.1	5.1	0.2	3.8
1983	1604.7	5.8	4242.4	4.4	265.1	3.2	2.6	1.3	3.9	1.9	32.6
1984	1774.4	10.6	4403.2	3.8	315.5	18.9	2.3	7.6	9.9	0.7	6.6
1985	1949.3	9.9	4717.5	7.1	343.9	9.1	4.3	3.6	7.9	2	20.2
1986	1954.7	0.3	5263.8	11.6	391.3	13.8	7	5.5	12.5	-12.2	—
1987	2091.6	7	5663.9	7.6	433.2	10.7	4.6	4.3	8.9	-1.9	—
1988	2372.1	13.4	5941.6	4.9	451.3	4.2	2.9	1.7	4.6	8.8	65.7
1953—1987年平均	10.3		11		8	6.6	3.2	9.8	0.5	4.9	
1953—1988年平均		10.4		10.8		7.9	6.5	3.2	9.7	0.7	6.7

注：α（资金产出弹性系数）=0.6；β（劳动产出弹性系数）=0.4。

资料来源：《中国统计年鉴》（1987、1988、1989）；《中国工业经济统计资料》（1986），《中国国民收入统计资料》（1949—1985）；《中国劳动工资统计资料》（1949—1985）；《中国社会统计资料》（1987）。

　　前面说明了新中国成立以来工业经济效益的下降趋势。而我国工业经济效益水平本来就不高。因而这同时就说明了当前我国工业经济效益水平的低下。但为了进一步说明这一点，我们还可以举出下列数字。在全要素生产率的变化方面，就 1987 年（这是第六经济周期工业经济效益低的年份）与 1952 年相比较的 35 年的情况来看，社会主义国家所有制独立核算工业企业年平均全要素生产率仅 0.5%，产出增长率中所占比重只有 4.9%。即使就 1988 年（这是第七经济周期的波峰年，系工业经济效益高的年份）与 1952 年相比较的 36 年的情况来看，上述两个数字分别也只有 0.7% 和 6.7%（详见表 2）。这些数字集中地反映了我国工业经济效益水平的低下状况。

表 2　　　社会主义国家所有制独立核算工业企业各个周期年平均全要素
生产率及其在年平均产出增长率中所占的比重

单位：%

时期	产出增长率	资金投入增长率	劳动投入增长率	全要素投入增长率合计			全要素生产率增长率	全要素生产率增长率在产出增长率中所占比重
				资金	劳动	合计		
第一周期 （1953—1955 年）	21.0	18.7	11.7	11.2	4.7	15.9	5.1	24.3
第二周期 （1956—1957 年）	25.0	22.6	20.0	13.6	8.0	21.6	3.4	13.6
第三周期 （1958—1969 年）	9.1	12.7	4.8	7.6	1.9	9.5	-0.4	—
第四周期 （1970—1977 年）	8.6	9.8	6.8	5.9	2.7	8.6	0	0
第五周期 （1978—1984 年）	8.4	4.4	8.8	2.6	3.5	6.1	2.3	27.4
第六周期 （1985—1987 年）	5.6	8.8	11.2	5.3	4.5	9.8	-4.2	—

资料来源：《中国统计年鉴》（1987、1988、1989）；《中国工业经济统计资料》（1986），《中国国民收入统计资料》（1949—1985）；《中国劳动工资统计资料》（1949—1985）；《中国社会统计资料》（1987）。

当然，作为第七经济周期波峰年的 1988 年，其经济效益水平较高。这年全要素生产率达到了 8.8%，在产出增长率中所占的比重达到了 65.7%。但 1989 年以来，工业经济效益水平又大幅度下降了。表 3 的资料表明：1989 年，国有独立核算工业企业全员劳动生产率仅比上年提高了 1.6%，比上年增长幅度回落了 6.7 个百分点。这年国家预算内工业企业可比产品成本降低率为 −22.4%，比上年增加了 −10.1 个百分点；工业销售利税率为 17.08%，比上年下降了 2.22 个百分点；工业资金利税率为 19.39%，比上年下降了 2.60 个百分点；万元工业总产值能耗为 4.83 吨标准煤，比上年下降了 0.06 吨。可见，工业可比产品成本降低率、工业销售利税率和工业资金利税率这三项指标所反映的经济效益状况，1989 年比上年有了大幅度的下降。工业全员劳动生产率虽是上升的，但上升幅度比以往多年大大下降了。万元工业总产值能耗虽是下降的，但下降幅度比以往多年也小多了。前四项指标所反映的经济效益状况，1990 年又比上年大幅度下降了。只有万元工业总产值能耗降低率好于上年。但总的说来，1990 年工业经济效益又在 1989 年大幅度下降的基础上进一步滑坡。基于上述分析，可以认为，我国工业经济效益低下的状况并无改变。诚然，新中国成立以后，我国工业取得了举世瞩目的伟大成就，建立了具有巨大规模和先进水平的、独立的、比较完整的工业体系。但我国工业发展也有不足之处，其突出表现就是工业经济效益水平低下。

表 3 　　　　1989—1990 年社会主义国家所有制工业经济效益下降状况

年份	工业全员劳动生产率增长率（%）		工业可比产品成本降低率（%）		工业销售利税率（%）		工业资金利税率（%）		万元工业总产值能耗（吨标准煤）		
	本期	上年	本期	上年	本期	上年	本期	上年	本期	上年	降低率(%)
1989	1.6	8.3	−22.4	−12.3	17.08	19.30	19.39	21.99	4.83	4.89	1.23
1990	0.8	1.6	−7.0	−22.4	13.45	17.08	13.76	19.39	4.73	4.83	2.07

注：工业全员劳动生产率统计范围为全民所有制独立核算工业企业；工业销售利税率、工业资金利税率、工业可比产品成本降低率统计范围为全民所有制预算内企业，其中可比产品成本降低率栏内的"−"号表示成本超支；工业能源消耗降低率统计范围为县及县以上全民所有制工业企业。

资料来源：《人民日报》1990 年 2 月 6 日第 2 版；《人民日报》1991 年 2 月 5 日第 2 版。

显然，改变当前工业经济效益的低下状况，对于克服目前国家的财政困难，防止新一轮的通货膨胀，对于实现经济发展的第二步战略目标，对于完成经济体制的根本改革，对于进一步发挥社会主义经济制度的优越性，对于实现长期的社会稳定和政治稳定，都具有极端的重要性和紧迫性。

工业经济效益的低下状况，几乎反映了所有的经济变量，并且涉及许多非经济因素。因此，提高工业经济效益的途径也涉及上述各个方面。但要把我国包括工业在内的低效益型经济转变为高效益型经济，主要取决于下列三个因素：一是实现经济发展的周期波动型向持续、稳定、协调型的过渡；二是实现扩大再生产的外延为主型向内涵为主型的过渡；三是基本实现社会主义有计划产品经济旧体制向社会主义有计划商品经济新体制的过渡。

二　要实现国民经济的持续、稳定、协调发展

我国经济发展的周期性波动，是工业经济效益低下的一个十分重要的原因。因此，工业经济效益的提高，是以整个国民经济的持续、稳定、协调发展作为基本前提的。要实现国民经济的持续、稳定、协调发展，也有多种途径。但最重要的是实现国民经济总量的基本平衡和产业部门结构的基本平衡。这里也是限于篇幅，只拟分析前一种平衡，不去涉及后一种平衡。

我国社会主义建设的实践证明：要实现国民经济的稳定、持续、协调发展，首先必须实现经济总量的基本平衡。而要实现经济总量的基本平衡，最重要的是要确定适度的经济增长速度。当然，要达到经济总量的基本平衡，还需要在物资供需、财政收支、信贷存放和外汇收支方面实现平衡，特别是要做到货币按社会主义商品经济发展的需要发行。但所有这些，都会受到经济增长速度的制约。所以，实现经济总量的基本平衡的关键，是确定适度的经济增长速度。

（一）适度的经济增长速度的提出

适度的经济增长速度这个概念的提出，既是我国社会主义建设的经验教训的总结，也是人们认识发展的结果。在 1979 年以前的一个长时期内，社会主义经济建设中曾有过急于求成的"左"的错误倾向。其主要表现就是盲目地、片面地追求经济增长的速度，忽视了经济效益的提高、经济的

协调发展和人民生活的改善。这种经济发展战略，给我国社会主义现代化建设造成了严重的危害。党的十一届三中全会以后，人们总结了这方面的教训，批判了"左"的错误，把过去经济发展的运动轨迹概括成一条高速度、低效益、低消费的道路。这个结论，无论就其批判的主要锋芒所向而言，或者是就其总结的历史过程而言，无疑都是正确的。但是，这个结论并没有对经济增长速度过低的情况做出评价，从而也没有提出经济适度增长的问题。

在此以后，人们又发现，经济增长速度过高，固然会引起经济的失衡和效益下降；但速度过低，经济效益也不好。这种情形在 1979 年以前的某些年份里也曾多次发生，只不过那时人们尚未明确树立提高经济效益是社会主义建设的核心问题的观念，并把低速度增长年份看做是前续高速增长年份向后续高速增长年份过渡的必经环节。因此，这一点并没有引起人们的广泛注意。但在后来，人们在树立了经济效益的观念以后，就敏锐地意识到了这一点。因此，也就提出了经济的适度增长问题。

（二）适度的经济增长速度的内容

什么是适度的经济增长速度？笔者认为，就当前我国的具体情况来说，需要把握以下三点重要内容。

第一，适度的经济增长速度，必须以尽可能地、最大限度地有利于提高经济效益为前提。

这里所说的"有利"，不只是指当前一个生产周期，还应包括后续的各个生产周期。从再生产过程的观点来看，好的经济效益不仅是适当的经济增长速度赖以确定的前提，而且是它赖以发展的基础。这样，一方面可以避免速度和效益之间的不良循环，即确定经济增长速度时忽视经济效益，实行结果导致经济效益的下降；经济效益的下降又制约经济速度的增长，甚至导致速度的下降。另一方面又可以在速度和效益之间建立良性循环，即确定经济增长速度时以提高经济效益为前提和基础，实行结果就可以促进经济效益的提高，并进一步促进经济的稳定增长。

要做到适度的经济增长以提高经济效益为前提和基础，一个必要的条件，就是国力能够承受。而且，这种"承受"也不仅是就当前一个生产周期而言，也包括后续各个生产周期。这样的速度就可以使国民经济持续、稳步地增长，从而使经济效益也持续、稳定地提高。

第二，我国经济非均衡增长条件下适度的经济增长速度的特点。

由于传统的经济体制和经济发展战略的影响，以及改革和发展中的失误，1988 年我国经济又一次陷入严重失衡状态。近年来的经济调整已经取得了显著的成效，但并没有根本改变经济失衡的状态。而要根本改变这一点，特别是改变加工工业和基础产业的失衡状态，则需要较长的时间。这是其一。我国经济非均衡增长更为长期的原因还在于：要改变当前的二元经济结构，不是短期就能奏效的。但工业中的现代技术基础，为工业的迅速增长提供了可能；而农业中的传统技术基础，则限制了这一点。这是其二。我国经济非均衡增长的深层原因，在于传统的经济体制，但传统经济体制的根本改革，也不是短期的事。这是其三。因此，即使宏观经济政策是正确的，也只能在一定时期内大大缓解经济失衡状态，仍然很难根本避免经济失衡状态。在这种情况下，讨论我国经济的适度增长，必须考虑非均衡增长的特点。

在经济均衡增长的条件下，当经济增长速度还未上升到足以使各产业部门已有生产能力都能得到充分利用时，生产的固定成本较高。因为在这种情况下，只能把不变的固定成本分摊到较少的产品上。在这个范围内，伴随着经济增长速度的上升，不变的固定成本分摊到较多的产品上，生产的固定成本逐步下降，直到各产业部门已有的生产能力得到充分利用，固定成本也下降到最低点。与这个最低点相对应的速度，就是适度的经济增长速度。可见，在这里，经济增长速度与经济效益呈现正相关关系。

但在经济非均衡增长条件下，情况则有所不同。在这种情况下，经济增长速度和经济效益的关系大体上有三种状态：（1）当经济增长速度过低时，较多的已有生产能力（既包括长线产品部门，也可能包括短线产品部门）由于总需求不足而处于闲置状态，单位产品的固定成本因此而较高。这时短线产品能够满足长线产品的需要；即使二者之间的供求有缺口，也不会大。（2）当经济增长速度上升到一定程度以后，由于整个社会生产能力利用率的提高，产品的固定成本随之降低。但在整个经济加速增长的同时，长线产品与短线产品之间的供求缺口会扩大，致使部分长线产品生产能力由于得不到短线产品的供给而处于闲置状态，从而引起产品固定成本的增加。于是出现了降低生产成本和提高生产成本的两股力量。当这两股力量相等时，产品生产成本就处于由低到高的转折点上。与这个转折点相对应的经济增长速度，就是经济非均衡增长条件下经济效益最佳的增长速度，即适度的经济增长速度。（3）如果经济增长速度进一步提高，长线产品与短线产品之间的供求缺口会进一步拉大，于是促使生产成本上升的力量会越来越强于促使生产成本下降的力量，结果生产成本上升，经济效益随之下降。

如前所述，在这里，适度的经济增长速度的确定，是以长线产品与短线产品之间存在缺口为前提的。如果这个缺口缩小，适度的经济增长速度值就会相应上升；而当这一缺口消失，经济处于均衡增长状态时，适度的经济增长速度值就会达到最高点。可见，只有当经济处于均衡增长状态时，适度的经济增长值就会达到最高点。反之，对非均衡增长的经济来说，其适度的经济增长速度值必然低于最大值，因而已有生产能力不能得到充分利用。

我们从前面的分析，可以得出这样几点结论：（1）在经济的非均衡增长条件下，按经济效益优先原则确定的适当增长速度，就是与生产成本由低到高转折点对应的增长速度。（2）以适度增长速度为尺度衡量的增长速度过低和过高两种状态，都会提高生产成本，引起经济效益下降。（3）非均衡经济中的适度增长速度随长线产品和短线产品之间的供求缺口的缩小而上升。（4）直到经济处于均衡增长时，适度的经济增长速度才能达到最高值：

第三，我国经济周期波动条件下适度的经济增长速度的特点。

在传统的经济体制下，存在投资膨胀的机制，导致周期性的经济失衡和经济波动。经济体制改革以来，中央政府向地方政府、经济部门和企业实行了扩权让利，形成了多元的经济利益主体。但与此同时，并没有在企业、市场和宏观调控力而形成相应的约束机制、诱导机制和调控机制，因而导致了投资需求和消费需求的双膨胀。然而，要完成传统经济体制的根本改革，基本实现由旧体制到新体制的过渡，则需要一定的时间。在这段期限内，经济的周期波动还是难以避免的。即使在宏观经济调控方面采取了正确措施，也只能减小经济波动幅度，而难以根本改变经济的周期波动状态。这样，如果我们忽视经济周期波动这个条件，那就不能把握适度的经济增长速度的特点。

为了说明问题，我们可以按照经济增长速度的高低，把一个经济周期分为以下三种年份：（1）经济增长速度最高的年份；（2）经济增长速度中等的年份；（3）经济增长速度最低的年份。这样，在经济周期波动条件下，适度的经济增长速度的存在形式就有它的特点。在经济增长不存在周期波动的条件下，适度的经济增长速度则大体上是可以存在于各个年份中的。而在经济周期波动条件下，适度的经济增长则大体上只是存在于经济发展速度中等的年份；在最高年份或最低年份，由于速度过高或过低，都偏离了适度的经济增长速度。当然，就一个周期来说，也可以把该周期的年平均增长速度，看做是适度的经济增长速度。

（三）如何确定本世纪90年代我国适度的经济增长速度

现在需要进一步探讨的问题，是如何确定本世纪90年代适度的经济增长速度。大体上可以有三种办法：一是历史经验法，二是经济数学方法，三是上述两种方法的结合。这里拟采取第一种方法。乍一看，这种历史经验法似乎没有经济数学方法可靠。但实际上，经济数学方法也还是一种抽象的方法，它无可避免地要舍弃许多具体条件。但历史经验法也有其可靠之处。当然，对历史经验的考察，不能代替对今后条件的分析。但由历史经验考察中得出的数据，却能为今后的经济增长速度提供重要的参照系数。

这里首先遇到的问题是：选择什么指标来反映经济增长速度。用社会总产值指标当然未尝不可，但有两个缺陷：一是不能覆盖整个国民经济，因为它只包括农业、工业、建筑业、运输业和商业五个物质生产部门，而把第三产业中的许多部门排除在外；二是未能排除重复计算，内含了一定程度的虚增因素。采用国民生产总值这个指标来反映经济增长速度，则可以避免这两个缺陷。但是，目前我国经济统计中，还没有1952—1977年国民生产总值的统计，只有1978—1989年国民生产总值的统计，不过却有1952—1988年社会总产值的统计。因此，尽管社会总产值有上述缺陷，我们还是只能用它来反映新中国成立以后的经济增长速度，并据此确定本世纪 90 年代适当的社会总产值增长速度。当然,在确定了这个速度以后,还可以依据近十年国民生产总值与社会总产值速度的对比关系,进一步确定适当的国民生产总值的增长速度。

为了正确地总结历史经验,据此提出的参照系数具有更大的参考价值,选用新中国成立后长时期内各个经济周期的年平均增长速度,是较为可靠的。这里需要强调两点:一是各个经济周期包括了经济增长速度的中等、最高和最低年份。这样,按一个周期计算出来的年平均增长速度,可以大体上反映出该周期内同国力相适应的适度速度。二是各个周期由于经济、技术和政治因素作用不同,其年平均增长速度也可以有很大差别的。这样,按新中国成立以后包括各个周期在内的一个长时期计算出来的年平均增长速度,就更能可靠地反映出该时期内同国力相适应的适度速度。因此,我们对包括经济增长第一周期(1953—1955 年)、第二周期(1956—1957 年)、第三周期(1958—1969 年)、第四周期(1970—1977 年)、第五周期(1978—1984 年)和第六周期(1985—1987 年)在内的 1953—1987 年社会总产值年平均增长速度做了计算,结果为 8.6%,以此作为确定今后经济增长速度的参照系数。

现在,我们再依据社会总产值与国民生产总值的年平均增长速度的对比关系,计算出作为今后年平均经济增长速度参照系数的国民生产总值的增长速度。由于统计资料的限制,这里只能计算 1979—1988 年的社会总产值与国民生产总值年平均增长速度的对比关系。据计算,1979—1988 年,社会总产值与国民生产总值的年平均增长速度的对比关系为 1:0.86。按这个对比关系计算,作为今后 90 年代年平均经济增长速度参照系数的国民生产总值增长速度为 7.4%。

当然,这也仅仅是参照系数,要确定这个参照系数在多大程度上适用于本世纪 90 年代适度的经济增长速度,需要着重考虑以下两个方面的情况:一方面,由于传统的经济体制和经济战略的影响,即便是依据长期历史经验提出的国民生产总值增长 7.4% 的速度,也是偏高的。另一方面,如果今后我国经济体制和经济战略的转换,以及与此相联系的社会主义现代化建设能够顺利进行的话,我国便有了提高经济增长速度的有利条件。基于以上两方面的考虑,可以设想 20 世纪 90 年代我国国民生产总值适度的增长速度为7%左右。

然而，如前所述，在存在经济周期波动的条件下，这种适度的经济增长速度只存在于经济增长速度中等年份，最高年份或最低年份则会高于7%或低于7%。那么，高于7%的上限或低于7%的下限以多少为宜呢？这就需要对制约上限和下限的因素进行分析。

我国社会主义建设的历史经验表明：经济高速增长的主要危险来自工业。而且，在今后一个时期内也还是如此。这不是偶然的。在新旧经济体制交替时期，作为工业主体的国有制工业中，既存在着投资膨胀的机制，又存在着消费需求膨胀的机制。而分配方面存在的某种供给制因素（如低房租和粮食、食油等方面的价格补贴），又大大助长了消费需求膨胀。因而，在投资和消费两方面都存在着推动工业高速发展的强大动因。而工业的现代技术基础，又为这种高速增长提供了强有力的物质手段。农业方面实行的家庭联产承包责任制，则把激励机制和约束机制结合起来，不存在工业方面那样的膨胀机制，也不存在工业中那种供给制。农业中传统的落后技术还限制了农业的发展速度。

基于这样的分析，我们可以从主要的意义上把制约经济高速增长上限的因素，归结为制约工业高速增长上限的因素。而工业的高速增长，受到农业、能源、原材料和交通运输等基础产业的制约。当前工业与这些基础产业的严重失衡，在许多方面都是新中国成立以来少有的。这就从根本上限制了我国工业增长的最高速度。因此，从主要意义上说，电就限制了我国经济增长的最高速度。在这种情况下，经济增长最高速度的上限区间，以国民生产总值年增长率9%左右为宜。

制约下限的因素与制约上限的因素很不相同。在这方面，既有社会主义经济发展的要求，又有我国当前具体情况的限制。主要有以下几点：

第一，社会主义经济要求不断地实现扩大再生产。因此，一方面需要逐年增加一定数量的固定资金和流动资金，特别是需要满足作为当前国民经济发展瓶颈的基础产业对于基本建设投资的需要。另一方面外延扩大再生产方式在当前仍占有重要的位置，每年需要增加一定数量的劳动力。1988年，我国社会劳动者总人数达到54334万人，比1978年增加14182万人，每年平均增加1418.2万人①。在本世纪90年代，每年增加的劳动者的数量仍然是很大的。因而每年需要增加巨额的劳动报酬基金。

第二，在社会主义经济正常发展的条件下，伴随着生产的增长，需要不断提高人民物质文化水平。而在这方面，我国正面临着巨大的压力：既有原有人口提高生活水平的压力；又有新增人口提高生活水平的压力；既有在职劳动者提高生活水平的压力，又有退休劳动者提高生活水平的压力。在所有这些方面，需求数额都是很大的。到1989年年末，我国人口总数已经达到111191万人。在1986—1989年这四年中，每年增加人口1500万人左右。这种情况还将持续多年。到1989年年末，全国职工人数已达到13740万人。1978—1988年，我国离休、退休和退职职工人数由314万人增加到2115万人，他们与在职职工人数之比由1:30.3提高到1:6.4②。今后，退休职工人数还会有巨大增长。根据有关单位的抽样调查和预测，当前我国60岁以上的老龄人口在全国人口中的比重为9%；2000年将达到10.18%。

现在的问题是：上述各项需求的满足，主要是靠由提高经济效益带来的新增国民收入，还是主要靠由经济增长速度带来的新增国民收入？在本世纪90年代，我国仍处于由外延扩大再生产为主向内涵扩大再生产为主过渡的过程中。这样，由提高经济效益带来的国民收入在新增国民收入总额中比重虽然会上升，但仍不会占主要地位；而由经济速度带来的国民收入在新增国民收入总额中的比重虽然会下降，但仍占主要地位。正是这一点，从根本上规定了在上述期间内我国经济增长速度不能太低，下限以国民生产总值年增长率5%左右为宜。如果经济增长速度太低了，就难以满足上述各项要求。

总之，在本世纪90年代，我国经济适度的增长率以7%左右为宜；其上限约为9%，下限约为5%。

这里需要着重指出：在我国今后一段时期经济增长难以避免周期波动的情况下，探讨这些问题，对于国家实行宏观经济调控是十分重要的。这是因为：第一，它为实行正确的宏观经济管理确定了一个重要目标，即实

---

① 《中国统计年鉴》(1989)，第101页。
② 《中国统计年鉴》(1989)，第87、152页；《人民日报》1990年2月21日第2版。

现适度的经济增长率。第二，在经济过热年份，为实行有效的宏观调控划出了一条警戒线，即经济增长率达到上限时，就必须实行紧缩政策。第三，在经济低速增长年份，也为实行有效的宏观调控划出了一条警戒线，即经济增长率达到下限时，就必须实行宽松政策。

（四）控制经济适度增长的措施

在现阶段双重体制并行的条件下，即使中央计划机构能够提出比较适当的增长速度指标，对社会也只能起到某种导向或指令作用。根据一个时期以来的经验，实际达到的增长速度往往与政府提出的指标相去甚远。这在一定程度上反映了中央政府对宏观经济运行的调控能力的减弱。目前，按市场调节原则建立的资源配置机制，尚处在发育不足且比较混乱的阶段，适当加强中央政府的权力是必要的。但与此同时，不能放弃借助间接手段调控宏观经济的努力，因为后者代表了宏观经济管理体制改革的长期方向。具体地说，近期应在如下几个方面取得进展：

第一，严格控制货币发行量。无论影响货币发行的原因多么复杂，要求增发货币的压力来自何方和多么强大，通货膨胀毕竟是由银行多发钞票造成的。这个关口应该有一套严格的把关制度。今后一个时期内，可按照国民收入增长、经济货币化进程和货币流通速度减慢的需要，加上一定的余数确定每年的货币发行量。要加强货币发行的独立性、科学性和可监督性，建立中央银行定期向全国人民代表大会报告货币发行工作、发行方案由全国人大批准的制度。

第二，严格控制财政支出，努力减少直至消除财政赤字。十年改革，九年财政有赤字；如果扣除债务收入，则年年有赤字。总额达 600 多亿元的财政赤字，构成了总需求膨胀的重要推力。出现大量财政赤字的原因，在收入方面，是国民收入分配重心的转移，中央收入份额减少；在支出方面，主要是行政管理费用和各种补贴开支的迅速增加。近年的财政赤字主要靠发行公债平衡。但借债要还本付息，必然增加以后的财政负担。特别是我国已开始进入还债高峰期，这方面的压力会显著增加。因此，从财政口子堵住需求膨胀的根本办法，仍是采取严格有效的措施控制支出，尤其是行政管理费用和财政补贴的支出。同时，要努力提高经济建设和科教文卫等方面支出的使用效率，争取用较少的钱办较多的事。在收入方面，鉴于目前中央政府责任与财力不对称的状况，可以适当提高财政收入占国民收入和中央财政收入占全部财政收入两个比重。但幅度不宜过大，避免以往集中过多的弊端。

第三，多种方式配合，事先控制固定资产投资规模。有关研究表明，固定资产投资增长速度与社会总产值增长速度的正相关系数达 0.9 以上。所以，控制固定资产投资是防止经济过热的关键环节。近年来对固定资产投资的机制，具有以行政性方式为主、力度过大、事后实行等特点。这套方法虽有见效快的优点，但也伴有经济降速过猛、半截子工程浪费严重、放松控制后投资冲动、恢复迅速等问题，因而其调控成本是相当高的。解决投资膨胀问题的基础，是改变投资者收益与风险不对称的机制。在微观层次的改革短期内没有大的进展的条件下，宏观层次对投资规模侧重于行政手段的控制，几乎是不可避免的。但目前的控制办法需要从多方面改进：（1）控制的着眼点应由事后转向事先，根据已定的适当的国民经济总量增长速度，测算出相应的固定资产投资增长速度。（2）运用投资计划指标、信贷规模、贷款利率、税率等杠杆，把投资限定在已定的规模之内。（3）不论采取何种控制手段，都应把总量控制与产业结构、企业结构的调整结合起来，以增加投资的有效供给，提高投资的经济效益。

第四，控制消费规模，引导个人收入的合理增长与分配。消费膨胀是总需求膨胀的又一重要原因。消费膨胀更多地涉及个人，控制难度大于对投资膨胀的控制，必须采取综合治理的方法：（1）把收入增长等同于消费增长，包含了一个概念上的错误。个人收入实际上分为个人消费与个人储蓄两部分。不过，个人收入增加终究是个人消费增长的前提。个人收入不适当地过快增长，很容易引起消费的相同反应。在企业内部尚未形成有效地抵制工资侵蚀利润行为的机制时，国家要进一步推广并完善工资总额与经济效益增长挂钩的办法。完善的方向，一是确定更恰当的挂钩系数，既要使职工收入增长低于劳动生产率的增长，又要切实贯彻多劳多得的原则，尤其是重视提高奖金的刺激力。二是建立一套严格的督察制度，增加收入分配的透明度。对目前为数不小的"灰色"和"黑色"收入，要通过单位和个人申报，他人举报，有关单位核查等办法使之"曝光"，并纳入收入分配管理渠道。（2）作为职工收入增长另一重要形式的实物发放，不具备转向投资的可能性，有很强的消费膨胀推力。实物性收入的透明度低，控制难度更大，应从控制集团消费入手，并定期由独立的审计机构对企业会计账目实行严格检查。（3）相对地说，职工收入仍是国家比较容易控制的一个领域。而在国家直接控制不及、间接控制又未确立的领域，如流通领域的某些方面，寻租活动集中，大量收入非法流入个人腰包，更导致消费畸形超前。在这些领域，政府必须改变其软弱无力的形象。要坚决打击各种非法牟利活动，坚持以法治税，加强税收队伍建设，尽快扭转偷漏税面广量大的局面。（4）引导个人收入向储蓄和投资转化，是抑制消费膨胀的另一个重要方面。近年虽然居民储蓄大幅度增加，但金融结构仍以银行储蓄存款为主。这种金融结构一旦遇到严重的通货膨胀预期，极易出现储蓄向消费的回流，短期内形成大的消费高峰，引起市场和整个经济的剧烈波动。维持和适当提高储蓄在居民收入中的比重，对保持金融和经济形势的稳定无疑是必要的。与此同时，应逐步增加居民储蓄中能够在通货膨胀条件下保值和增值的中长期金融形式（如股票和金融债券）的份额。

三　要推进以企业技术改造和技术进步为主要内容的内涵扩大再生产

我国工业经济效益低下，是同长期实行的以外延为主的扩大再生产相联系的。因此，要提高工业经济效益，必须逐步改变这种状况，积极推进以企业技术改造、技术进步为主要内容的内涵扩大再生产的发展。

但在探讨推进企业技术改造的途径之前，有必要先来分析企业技术改造进展缓慢的状况及其形成的原因。

过去，农业在我国国民经济中占主要地位，工业基础十分薄弱，人口众多，幅员辽阔，各地经济文化的发展很不平衡。这样，我国要实现由外延扩大再生产为主向以内涵扩大再生产为主的过度，必将经历较长的历史时期，那种想在短时期内完成这个过渡的想法，是很不现实的。但是，在新中国成立以后的一个长时期内，这个过渡的过程甚为缓慢，则主要是由阻碍技术进步的传统经济体制和经济发展战略决定的。实行改革开放政策以来，增强了企业技术进步的活力，促进了企业内涵扩大再生产的发展，并成为提高企业经济效益的积极性因素。据有关部门对近十年来现有企业已完成的技术改造项目的调查，大体上是投入 1 元钱，产出 1.5—2 元的产值和 0.4—0.5 元的利税；投入产出周期一般是 1—3 年；新增的产值和利税的 60%—70%，都是靠企业技术改造和技术进步取得的。但是，在此期间，并没有彻底扭转过渡缓慢的局面，从表 4 可以在一定程度上看出这个问题。

表 4　　　　　　　　全社会固定资产投资用途构成

用途	1981 年	1982 年	1983 年	1984 年	1985 年	1986 年	1987 年	1988 年	1989 年
一、绝对数（亿元）									
1. 总额	961.01	1330.40	1430.06	1832.87	2543.19	3019.62	3640.86	4496.54	4137.3
2. 建筑安装工程	690.01	871.12	993.32	1217.58	1655.46	1992.72	2377.56	2908.56	2766.19
3. 设备、工具、器具购置	223.96	291.41	358.31	509.23	718.08	823.28	997	1221.02	1048.71
4. 其他费用	47.04	67.87	78.43	106.06	160.65	203.61	266.3	317	322.83
二、比重（%）									
1. 以总额为 100	100	100	100	100	100	100	100	100	100
2. 建筑安装工程	71.8	70.8	69.5	66.4	65.1	66	64.1	640	66.9
3. 设备、工具、器具购置	23.3	23.7	25	27.8	28.2	27.3	27.4	27.5	25.3
4. 其他费用	4.9	5.5	5.5	5.8	6.7	6.7	8.5	8.5	7.8

资料来源：《中国固定资产投资统计资料》（1950—1985），第 17 页；《中国统计年鉴》（1987），第 467—468 页；《中国统计年鉴》（1988），第 559—560 页；《中国统计年鉴》（1989），第 477—478 页；《中国统计年鉴》（1990），第 154 页。

设备、工具和器具的重新购置，可以在同一技术水平上进行，也可以在技术水平提高的基础上进行。从后一种意义上说，可以把设备、工具和器具的重新购置费用在全社会固定资产投资中比重的提高，部分地看做是企业技术进步和技术改造的结果。1981—1985 年，这个比重由 23.3% 提高到 28.2%，只提高了 4.9 个百分点。而在此之后又趋于下降，1989 年只有 25.3%，比 1985 年还减少了 2.9 个百分点。由于实行经济调整，1989 年以

来，技术改造投资更是大幅度下降。1989 年，国有企业、事业单位的技术
改造投资为 780 亿元，比上年下降 20.5%，扣除物价上涨因素，实物工程
量下降 30%。与此相联系，企业的技术改造并没有取得应有的进展。据有
关部门的调查，在近十年中，大中型骨干企业的关键设备和关键工艺已经
得到全面改造的约占 15%—20%，得到部分改造的约占 40%—50%，没有
改造的约占 30%—40%，在设备总数中，已经老化的仍高达 60% 左右。小
型企业，技术改造的程度更低。

1979 年以来，没有摆脱过渡缓慢状态的原因主要是：

第一，在传统的经济体制下，政府在国有经济中是包括技术改造投资
在内的固定资产投资的经济主体。由于这种体制本身的缺陷，政府从来没
有真正发挥过企业技术改造投资主体的作用，以致企业技术改造的进展甚
为缓慢。经济体制改革开始以后，企业技术改造投资由国家财政拨款改为
由企业向银行贷款，事实上改为由企业承担投资主体的职能。可是，在当
前新旧体制交替的时期，企业投资的动力和实力虽然有了增强，但仍不能
真正成为投资主体。

一是因为当前实行的企业承包经营责任制，尽管是改革进程中必须采
取的、具有重要意义的过渡性制度，但这种制度并不能使企业成为自负盈
亏的商品生产者，因而也不能在企业内部形成不断进行技术改造的动力机
制。何况，当前承包制还不太完善（比如就技术改造来说，还没有把技术
改造列入承包指标，对企业的考核主要局限在产值和利税增长方面，缺乏
对技术进步的要求），再加上宏观经济环境不利（如多次出现经济过热和市
场秩序混乱），因而易于诱发企业拼设备，忽视技术改造等短期经济行为。

二是因为在资金方面，企业缺乏自我改造的能力。首先，技术改造投
资主要属于生产资料补偿基金的范畴，部分属于积累基金的范畴。但作为
生产资料补偿基金最重要组成部分的固定资产折旧基金严重不足。其原因
是：（1）我国国有企业固定资产基本折旧率，没有考虑精神损耗，甚至连
物质损耗也考虑得不充分，因而折旧率一直偏低。尽管国有企业固定资产
基本折旧率已由 1978 年的 3.7% 提高到 1988 年的 5%[①]，但显然仍然偏低。

---

① 《中国统计年鉴》（1990），第 31 页。

（2）基本折旧，还没有考虑到通货膨胀的因素。这一点在过去通货膨胀率较低的情况下对折旧基金的影响还不明显，但在80年代中期以后通货膨胀率显著上升的情况下，影响却很大。据有关部门调查，70年代购置的设备原价与当前重置比较，一般通用设备相差2—3倍，专用设备相差3—4倍，建筑物的价差也很大。据测算，当前仅仅由于折旧没有考虑设备原价与重置价的差异，一年即少提折旧基金500亿元。（3）折旧基金本来提得就少，而按政府的有关规定，企业还必须从中提取15%的能源交通建设基金和10%的预算外调节基金上交国家。（4）有些企业违反国家规定，少提或不提折旧基金，甚至把已提的折旧基金用做流动资金、福利基金和奖励基金。其次，企业留利是企业推行技术改造的重要资金来源，但企业留利也严重不足。据有关部门1990年上半年对193户国有工业企业的调查，企业收入的大部分，通过以下四个环节向税金、费用、利息、债券和各种社会摊派转移，企业留利降到了根本无力适应技术改造要求的地步。（1）从成本中列支的税费。近年来，工业企业产品成本大幅度上升，除了原材料涨价和增加工资两大因素以外，主要是在成本中列支的利息和税费（包括土地使用税、车船使用税、房产税、印花税、资源税、烧油特别税等）的增长。（2）从销售收入中征收的流转税（包括产品税、增值税、营业税等）。这是企业税负的重头。（3）从实现利润中征收的承包利润（包括所得税和调节税）。（4）从企业税后留利中征收的税费，主要是能源交通基金和预算外调节基金。1989年，这193户企业拥有95.36亿元纯收入，经过以上四个环节，其中的81.6%以税、利、费、券等形式上缴各级政府，10.2%用于归还专项贷款，企业实际留利仅占8.2%，比1986年下降了26.2%；人均实际留利也由1986年的1122元下降到1989年的742元。这里所说的企业实际留利，还没有扣除来自四面八方的乱摊派、乱集资、乱收费、乱罚款。如果扣除这"四乱"，企业实际留利更少。再次，在技术改造投资由国家财政拨款改为银行贷款以后，贷款一般都占企业技术改造投资的60%以上。但当前不仅银行不能满足企业技术改造投资的需要，而且贷款利息率高于企业资金利润率。1989年，全国大中型工业企业资金利润率是10.52%，而当时的贷款年利率已达11.34%，企业无力承担贷款的利率。至于那些与技术引进相联系的、实行技术改造的企业，则不仅缺乏资金，而且缺乏外汇。

三是在技术开发方面，企业也缺乏足够的自我改造能力。直到 1989 年，在 1.22 万个大中型工业企业中，只有 6400 个企业建立了技术开发机构，占总数的 52.5%。同年，这些机构拥有的科学家和工程师只有 14.4 万人，占其全部人员的 44.34%。这年大中型工业企业技术开发经费支出占当年产品销售收入的比例只有 1.44%，其中新产品开发经费占的比重还不到 0.5%。而当前经济发达国家新产品开发经费，一般都占当年产品销售收入的 5%—10%，甚至更多一些。可见，大中型工业企业在技术开发的机构、人员素质和经费等方面都是不足的。所以，近几年来，大中型工业企业新产品的产值率和销售率一直在 7%—8% 之间徘徊，没有明显的进展。小型工业企业的技术开发能力就更低了。

企业技术开发能力不足，同我国科学研究与技术开发的格局、科学研究管理体制、企业与科学研究单位横向联系不发达，以及技术市场欠发育，都是紧密相关的。

当代经济发达国家科研与技术开发工作的重心在企业，而我国一直侧重于研究院所和高等院校。工业企业用于科学研究与技术开发的经费占全国科学研究与技术开发经费总额的比重，1983 年美国为 73.7%，联邦德国为 69.4%；1984 年日本为 71.6%。这年日本企业的开发研究人员占全国总数的 63.2%，科学家和工程师占全国总数的 57.1%。而我国 1989 年大中型工业企业用于科学研究与技术开发的经费占全国总数（包括自然科学研究院所、理工农医高等院校和大中型工业企业）的 44.2%，研究与开发人员占全国总数的 37.1%，科学家与工程师占全国总数的 26.7%。这个对比表明：我国科学研究与技术开发的格局，是制约我国企业技术开发能力的一个重要因素。

1979 年以来，科学研究管理体制的改革，促进了研究院、所研究工作与企业生产的结合，但并没有改变二者相互脱离的局面。据调查，我国共有产品工艺研究院所近 5000 家，而真正进入工业企业的不到 10%，大部分游离于工业企业之外，这也很不利于增强企业的技术开发能力。而即使在这样的体制下，企业与研究院所的横向联合也没有得到应有的发展。1989 年，大中型工业企业组织实施的 1 万元以上的技术开发项目共 34999 项，其中 33143 项都是在企业内部进行的，占总数的 94.7%。从多数情况来看，这种小范围、低层次、封闭式的技术开发，必然水平不高。在这年完成的17100项技术开发项目中，经省、部级以上鉴定，达到80年代国际水平的只有963项，仅占总数的5.63%。

随着经济体制和科技体制改革的深入，我国技术市场已经有了发展，促进了科学研究成果在生产中的运用。但技术市场的发育还很不够，科技成果应用状况很不理想。这也限制了企业技术开发能力的增长。当前我国科技成果的应用率虽有提高，但大多是在小范围内小规模地发生作用，在大范围内应用、并形成规模经济的不多。据有关专家估计，在科技成果中，能广泛应用于社会的不超过5%，能形成一定经济规模的不超过19%。①

第二，企业没有成为独立的自主经营的经济实体；由于地区性的市场分割和贸易壁垒，统一市场还没有真正形成，平等竞争也未充分展开，因而价值规律赖以发生作用的经济机制很不完善，价值规律作为迫使企业不断实现技术进步的一种经济强力，也不可能充分发挥作用。

第三，在宏观经济管理方面，1979年以来实际上还是继续了改革以前长期存在的片面追求经济增长速度和忽视经济效益的错误，并把企业注意力继续引向外延扩张、忽视技术进步。由此造成的经济周期波动，对企业的技术进步也造成了很不利的影响。在经济周期的上升阶段和波峰阶段，经济过热，加强了卖方市场，并伴有市场秩序严重混乱，企业产品（甚至包括劣质产品）是"皇帝女儿不愁嫁"，助长了企业忽视技术改造的倾向。在经济周期的下降阶段和波谷阶段，经济增长速度和经济效益下降，市场销售疲软，企业苦于资金匮乏，又无力进行技术改造。此外，对于开发新产品，在资金、创汇、原材料、产品销售和价格等方面，还没有形成一套完善、有效的鼓励措施，对于淘汰落后产品，也没有相应地提出一套严格、有效的制裁措施。

技术进步是企业提高经济效益的最有力的杠杆。企业技术进步缓慢，当前甚至陷入困境，正是这段期间我国经济效益低下状况未能改变，近年来甚至大幅度下降的一个极重要的原因。

要推进企业的技术改造，需要采取一系列措施。

---

① 《光明日报》1990年3月15日第2版。

第一，要使企业具有进行技术改造的动力机制和压力机制，不断地推动企业的技术进步。要通过深化改革，建立社会主义有计划商品经济的管理体制，使价值规律能够充分地发挥其推动企业技术改造的诱导作用和强制作用。而这种作用又是与国家的计划调节有机地结合在一起的。这样，企业技术改造就能获得持续的、稳定的推动力。

第二，要在资金方面使企业具有自我改造的能力。为此，一是是要使企业提取的折旧基金能够满足固定资产更新的需要。其办法是：（1）首先把国有企业固定资产基本折旧率由目前的5%提高到7%，其中高新技术产业可以提高到15%—20%。（2）改变目前按固定资产原值价格提取折旧的办法，按重置价格提取折旧。（3）取消目前实行的对折旧基金征收15%的能源交通基金和10%的预算外调节基金。（4）采取各种办法，促使企业按照国家的规定提足折旧基金，并保证将折旧基金真正用于固定资产更新。二是要使企业的留利水平能够适应技术改造的要求。这就需要随着价格和税收改革的深化，调整和减轻国有企业的税负，使它们也像其他经济成分的企业一样，能够获得同资金平均利润率相适应的利润水平。同时要采取法律手段，坚决制止对企业的乱摊派、乱收费、乱集资、乱罚款，保证企业留利能够真正用于技术改造。三是要使银行贷款能够适应企业技术改造的要求。这一点，在当前显得尤其重要。为此，首先要使得银行贷款计划与国家的技术改造投资计划相适应，改变当前二者在某种程度上互相脱节的情况；否则，企业技术改造的资金来源在很大程度上就要落空。同时，贷款利息率要依据低于资金平均利润率的原则来确定，不能让前者高于后者。这样，才能使企业有款可贷，而且贷得起。四是要进一步完善新产品开发费用的提取办法。该项费用要从产品成本列支，占产品销售额的比例目前可以提高到1%—3%，高技术产业还可以再高一些。五是要增加国家用于技术引进的外汇；地方政府的留成外汇也要确定一定的比例（可以考虑为20%）用在这个方面；还可以允许创汇达到一定标准的企业（或企业集团）按销售收入的一定比例提取外汇留成，以保证企业进行技术改造对于外汇的需要。

第三，要在技术方面使得企业也拥有技术改造的能力。为此，一是要提高企业职工的技术素质，提高研究与开发人员和技术工人在职工中的比重，加强和发展企业（特别是大中型企业）的研究和开发机构。二是要进一步发展科研设计单位与企业在技术开发方面的协作关系，并进一步发展技术市场，加快新技术在生产中应用的进程。三是要进一步推进技术引进工作，并把技术引进与消化、吸收、创新和推广应用紧密地结合起来。四是要发展企业集团。发展企业集团，不仅对于改变科研单位与企业生产脱节，在技术方面提高企业的研究和开发能力，在资金方面增强企业技术改造和技术引进能力有重要作用，而且对于当前深化经济体制改革，调整资产存量，增强出口产品在国际市场上的竞争能力，也都具有重要的意义。

第四，要进一步完善企业技术改造和技术进步的政策。其主要内容是：

（1）在当前，企业（主要是大中型企业）技术改造资金和技术力量不足而长期进展缓慢的情况下，国家对企业技术改造在资金、技术方面的支持，无疑具有重要的作用。但是，必须进一步改变过去长期在传统体制下形成的、企业技术改造重点依靠国家投入的局面，把重点转移到依靠企业自己的力量上来。国家必须支持的重要技术改造项目的选择，要依据产业政策的要求，实行公开竞争的原则，严格项目管理，改变当前这方面存在的各地区、各部门和各企业争项目，以及与之相联系的争投资、争外汇，为本单位捞实惠的不正常现象，使这些项目在这些单位的技术改造方面切实有效地发挥作用，并带动本部门的技术进步。

（2）进一步改变过去形成的科学研究的重点在研究院、所和高等院校的局面，把重点转移到作为国民经济主战场的企业中来，从根本上克服科学研究与企业生产脱节的现象，有效地发挥科学研究在企业技术改造中的作用。为此，需要采取有力措施，促使科研和设计单位进入大中型企业。

（3）今后必须继续坚持并扩大技术引进，以促进企业的技术改造，但重点还是要放在自力更生上。对于技术引进已经达到一定规模的行业来说，在一定时期内，要把重点转到吸收、创新、国产化和推广上来，克服当前存在的重复引进，重引进、轻吸收创新，以及国产化等方面存在的困难重重、进展迟缓的局面。

（4）要继续逐步地把固定资产投资的重点转到技术改造方面来。同时还要注意克服技术改造方面的"外延化"现象。为此，在银行贷款方面也要采取相应的措施。

（5）高技术产业在技术进步中起着先导作用，是产业技术升级的重要条件。而且，我国已经初步建立了高技术产业，并拥有高技术攻关的能力。因此，对高技术产业的技术进步和技术改造必须给以足够的重视。但是，它并不能成为这方面的重点。重点要放在主体产业上。所谓"主体产业"，包括农业、基础设施业、基础工业、装备工业和消费品工业，它们是提供基础设施、技术装备、消费品和出口产品的主要产业，并制约着高技术产业的发展，是国民经济的支柱。因此，如果只重视高技术产业，而不把重点放在主体产业上，对社会主义现代化事业，将会发生不利的影响。

（6）长线产业和短线产业都要注意技术改造。但从相对意义上看，更需要看重短线产业的技术改造，使其具有一定的超前性。

（7）企业技术改造无疑具有增加产量的作用，但重点要放在节约能源，降低原材料消耗，提高产品质量档次，发展名、优、新产品和短线产品的生产，增加出口和进口替代产品方面。需要着重指出的是：强调把企业技术改造的重点首先放在节约能源和原材料消耗方面，不仅因为它们是当前严重制约我国经济发展的短线产品，而且在于这方面的节约潜力很大，并对降低生产成本起着决定性的作用。据有关专家对1987年我国国有工业企业产值构成的分析，劳动成本占产值的2.4%，固定资产折旧成本占7.3%，原材料成本占63.6%，其他成本和盈利占26.7%。

（8）电子技术对各产业部门的渗透程度，已经成为当代衡量技术进步的重要标志。电子和机械的结合，也已成为现代技术装备的主流。我国在这方面已经取得了显著成就，但传统工业的多数还是使用五六十年代的落后的技术装备。因此，要努力用电子技术改造传统产业，各企业也要着重抓好与电子技术相结合的产品开发。

要实施上述政策，需要相应地建立支撑体系加以保证。主要是国家要在财政税收（包括税种、税率和折旧率等）、信贷（包括贷款规模、构成和利息率等）、价格（包括优、名、新产品价格等）、物资供应和教育（包括教育投入和教育结构的改革等）等方面采取促进企业技术改造的措施，并在行政和立法等方面给予保证。在某些重要方面，还需要从当前具体情况出发，采取有利于企业技术改造的特殊措施。比如，我国"一五"计划以来陆续建立的许多大中型企业，至今仍在国民经济中占有重要地位。但它们长期没有得到改造，设备严重老化，亟待改造和更新。而在当前，单纯依靠企业自己的力量，又难以承担这项任务，这就需要国家在税收、信贷和外汇等方面给予支持。此外，要在加强和改善宏观经济管理以及实行配套改革的条件下，允许这些大中型企业（以及其他的大中型企业）发行股票和利用外资。如果对这类企业不在银行贷款、利用外资和发行股票等方面采取有力措施，那要在近期内迅速推进它们的技术改造在很大程度上还是纸上谈兵。又如，1979年以前，由于受到"左"的错误影响，包括科技人员在内的知识分子问题并没有得到解决，他们的积极性受到了压抑。在此以后，这方面的情况有了很大改进，但有些问题（如脑力劳动和体力劳动报酬倒挂问题）仍然没有解决。如果在这些重要问题上继续顾虑重重、迟疑不决，就势必贻误时机，对企业技术改造产生不利影响。

四　要基本建立起社会主义有计划
商品经济的新体制

我国工业经济效益低下的深层原因，是传统经济体制还没有得到根本改革，因此，要提高工业经济效益，必须完成经济体制改革，基本建立起社会主义有计划商品经济的新体制。这里涉及的问题也是多方面的，但只拟分析以下几点。

（一）要建立社会主义有计划商品经济的新体制，改革必须彻底摆脱传统体制框架内的某些做法

党的十一届三中全会以来，逐步形成了我国经济体制改革的目标：建立社会主义有计划的商品经济。为此，要把企业变成独立的商品生产者，相应地建立统一开放的、平等竞争充分展开的市场体系和以间接调控为主的宏观经济管理体系。

社会主义有计划商品经济的提出，可以看做是马克思主义关于社会主义经济理论在我国的一个具有划时代意义的发展，并已在我国经济体制改革实践中取得了巨大的成就。主要表现是：正在从单一的社会主义公有制结构，逐步变为以公有制为主体、多种经济成分并存的所有制结构；国有企业正在从国家行政机关的附属物逐步变为独立的商品生产者；正在从单一的按劳分配制度，逐步变为以按劳分配为主体、其他分配方式为补充的分配制度；过分集中的计划经济体制，正在逐步变为计划经济与市场调节相结合的体制。理论和改革实践都证明：只有循着社会主义有计划的商品经济这个目标继续推进改革，改革才有可能取得完全成功。

但是，1979 年以来的改革并没有完全摆脱传统体制框架内的某些做法。尽管这些做法只是部分的，但却是偏离上述目标的，从而不利于上述目标的实现。这主要是行政性分权和局限于对企业的扩权让利。为了说明这一点，有必要简要地回顾一下这种做法的历史发展。

这种做法的起源，可以追溯到 50 年代后半期的改革。我国曾经长期实行的高度集中、主要实行直接行政管理、排斥市场机制的经济管理体制，是在"一五"时期形成的。这种体制的形成有它的历史条件，并在历史上发挥过它的积极作用。但就是在"一五"时期也暴露了它的明显缺陷。依据这个历史经验的总结，1956 年 11 月，国务院依据党的八届三中全会的决定，讨论通过并公布了《关于改进工业管理体制的规定》（简称《规定》）。《规定》指出了现行工业管理体制存在两个主要缺点：一个是有些企业适宜于交给地方管理的，现在还由中央工业部门直接管理；同时地方行政机关对于工业管理中的物资分配、财务管理、人事管理等等方面的职权太小。另一个是企业主管人员对于本企业的管理权限太小，工业行政部门对于企业中的业务管得过多。这两个主要缺点限制了地方行政机关和企业主管人员在工作方面的主动性和积极性。

据此，《规定》在管理企业、物资和利润分配以及人事管理等方面都扩大了地方政府在工业管理方面的权限；在减少指令性计划指标和在国家与企业之间实行全额利润等方面，扩大了企业主管人员在计划管理和财务管理等方面的管理权限[①]。1958 年经济管理体制改革，就是依据上述《规定》及其他有关规定，循着这条改革思路进行的。这就是行政性分权和局限于对企业扩权让利的改革思路的起源。

1970 年经济管理体制改革基本上也是这样进行的。

---

① 详见国务院《关于改进工业管理体制的规定》，《新华半月刊》1957 年第 24 期。

上述历史经验证明：行政性分权和局限于对企业的扩权让利，并没有超越传统经济体制的框框，而是可以在这个框架内进行的；并没有超越传统的产品经济理论，而是可以为这个理论所允许的；并且因此从根本上招致以往两次经济体制改革的失败。

党的十一届三中全会以来经济体制改革的主线，是循着建立社会主义有计划商品经济的轨迹前进的。但在改革的某些重要方面，不仅没有摆脱传统体制框架内的改革，甚至有所发展。就行政性分权来说，1979年以来，先后实行了地方财政大包干制度、重要工业交通部门的包干制和大批建立的行政性公司（这些公司的大部分在近年来的治理整顿过程中被取消了）。其中的地方财政大包干在70年代初就实行过；而重要工业交通部门的包干制和大批建立的行政性公司，则是在这次改革过程中新发生的。这些行政性的分权虽然对经济发展起过不同程度的积极作用，但有一个共同点，就是巩固甚至强化了国家行政机关对企业的行政干预，同把企业变成独立的商品生产者这个改革方向是背道而驰的，并对经济发展产生了严重的阻碍作用。就财政大包干来说，对于调动地方政府增收节支、发展地方经济的积极性起过有益的作用，但同时大大强化了地方政府对企业的行政干预，助长了经济的盲目发展，经济过热，重复生产、重复建设和重复引进，地区结构趋同化，产业结构低度化，企业规模小型化和企业组织结构的"大而全"、"小而全"，以及地区之间的垄断和市场分割。

就改革以来国家对企业先后实行的利润留成、经济责任制、利改税和企业承包经营责任制来说，流行的观点只是把它看做改革的措施。这是有道理的。但严格推敲起来，也有值得斟酌的地方。实际上，对待这些措施，是可以而且需要从两方面来考察的。一方面，从它们是由企业作为国家行政机关附属物这个基点向企业作为独立商品生产者这个目标前进来说，可以把它们看做是建立社会主义有计划商品经济必经的过渡环节，是旨在建立这种商品经济的过渡性改革措施。另一方面，从它们与传统体制下已经实行过的某些改革的联系看，它们也并没有从根本上摆脱传统体制下曾经采用过的分权让利的框框。因此，如果把改革局限到这一步，就可能把它们由建立社会主义商品经济必经的过渡性的改革措施，变成产品经济理论和传统体制也能接受的东西。正因为这些改革措施还没有从根本上摆脱传统体制下分权让利的框框，因而也就没有改变这个框框下改革的运行轨迹。就是说，在经济宽松的环境下，国家行政机关可以对企业放权：而到了实行经济紧缩的时候就要收权。1979 年以来实行的改革，情况有所变化，但并没有从根本上跳出这个怪圈。

明确这一点，无论对于在理论上正确把握社会主义有计划商品经济的真谛，或者对于在实践上深化经济体制改革，都有重要的意义。显然，要建立社会主义有计划的商品经济，就必须积极创造条件，并且依据条件的变化，在现有改革措施的基础上，把改革继续推向前进。否则，实际上就要在某些重要方面把改革停留在传统体制也能接受的范围内。

即便就当前国有企业普遍实行的企业承包经营制而论，一方面要看到它是当前巩固和进一步发展企业改革所必须采取的现实选择，它对于调动企业积极性、促进经济发展也有不容忽视的重要作用。如果在条件不具备的时候，轻率地否定它，对于经济改革和经济发展都是很不利的。另一方面也要看到实行这种承包制，并不能真正实行政企分离和所有权与经营权的分离，因而不能使企业真正成为自主经营、自负盈亏、自我发展和自我约束的独立商品生产者。与此相联系，这种承包制还有助长投资和消费膨胀、经济过热和阻碍资产存量调整等不利于经济发展的消极作用。

总之，要进一步建立社会主义有计划的商品经济，就必须要积极创造条件改革上述的行政性分权，并把上述的分权让利措施推向前进，彻底摆脱传统体制框架内的这些改革措施。

但值得注意的是：尽管上述的行政性分权和分权让利措施的局限性已经有了明显的暴露，而当前似乎还缺乏改变这种状况的紧迫感，也缺乏把这些改革继续推向前进的得力措施。

不仅如此，就当前正在采取的增强企业活力的某些措施（如赋予企业权利；发展企业集团等）来看，也还没有从根本上摆脱分权让利和行政性分权的框框。这样说，并不否定在当前情况下这些措施在增强企业活力方面的重要意义。例如，《企业法》规定给企业的 13 条权利，北京市的大多数企业只拿到 2.5 条，连首钢那样的改革试点单位，至今还没有外贸自主权和完整的投资自主权①，显然，在这种情况下，赋予企业自主权（即使是不完整的自主权），对于在某种限度内增强企业的活力，是有重要作用的。这样说，也不否定真正按《企业法》的规定把企业应该享有的权利还给企业，同时在市场和国家的宏观管理方面进行相应的改革，可以使得企业成为独立的商品生产者。但从当前的情况来说，能够真正落实到企业的自主权会是很有限的。

问题还在于：由于行政性分权和分权让利等项改革措施的惯性作用；由于深化改革本身及其依存条件的复杂性；由于深化改革是一种权利（包括传统体制形成的权利格局，以及1979年以后某些改革失误所形成的不合理权利格局）的再分配，因而会遇到这样那样的阻力，并且会同传统观念发生更加深刻的冲突；由于理论界和经济界在改革目标的选择及其措施等问题上还存在着分歧（其中包括一些人在这个问题上的动摇）；由于深化改革存在着巨大的风险，因而，进一步深化改革存在着很大的难度。

基于上述各种情况和各项原因的分析，上述的行政性分权和分权让利措施，还可能持续一段时间，甚至可能出现某种凝固化状态。而如果出现这种状态，对实现90年代的改革任务是很不利的。所以，要在90年代初步建立起社会主义有计划商品经济的经济体制，就必须及早采取得力措施，预防这种凝固化状态的出现。这些措施要涉及诸多方面，但最根本的途径就是要不断提高各级干部的马克思主义水平和党性，坚持走党的十一届三中全会以来形成的并由十三届七中全会进一步总结的建设有中国特色的社会主义道路。

（二）要正确安排社会主义有计划商品经济中劳动纪律的基本格局

所谓要正确安排社会主义有计划商品经济中劳动纪律的基本格局，就是要以按劳分配纪律为主，辅之以失业纪律和自觉纪律。既不能像1979年以前那样，长期片面强调自觉纪律，忽视甚至否定按劳分配纪律和失业纪律，也不能像1979年以后某些年份那样，片面强调按劳分配纪律，忽视自觉纪律，否定失业纪律；更不能像80年代中期以后那样，既在实际上忽视

---

① 《人民日报》1991年3月8日第3版。

按劳分配纪律，又不承认失业纪律，还忽视自觉纪律。

鉴于这个问题很重要，而在当前学术界、经济界还没有完全取得共识，因而有必要作深入的分析。

传统的经济理论把社会主义社会的劳动纪律仅仅归结为劳动者自觉的纪律，即靠劳动者的觉悟自觉维持的纪律。但是，社会主义有计划的商品经济的实践，已经对这种劳动纪律的基本格局提出了挑战。

1. 这种传统的理论忽略了在社会主义劳动纪律中占主要地位的按劳分配、多劳多得、少劳少得、不劳动者不得食的纪律。（以下简称按劳分配纪律）作为社会主义经济中个人消费分配的基本原则的按劳分配，有其存在的客观必然性，对此是没有争论的。但按劳分配是否作为一种主要劳动纪律（即在社会主义经济中主要依靠按劳分配来维持劳动纪律），似乎远没有广泛被人们所注意。在社会主义历史阶段，劳动还不是人生的第一需要，而是谋生手段。因而，按劳分配也就会作为一种客观存在的经济强制力，推动着人们从事劳动。对此，列宁曾作过清楚的说明：作为"资产阶级法权"的按劳分配"在共产主义第一阶段是不可避免的，如果不愿陷入空想主义，那就不能认为，在推翻资本主义之后，人们立即就能学会不需要任何法权规范而为社会劳动，况且资本主义的废除不能立即为这种变更创造经济前提"。"可是，除了'资产阶级法权'以外，没有其他规范。所以在这个范围内，还需要有国家来保卫生产资料公有制，来保卫劳动的平等和产品分配的平等。""因为如果没有一个能够迫使人们遵守法权规范的机构，法权也就等于零。"又说：社会主义"整个社会将成为一个管理处，成为一个劳动平等、报酬平等的工厂"，认为这是"无产阶级在战胜资本家和推翻剥削者以后在全社会推行的这种'工厂'纪律"[①]。

这里需要着重指出：列宁在这里设想的社会主义经济，直接继承了马克思《哥达纲领批判》中的思想，把它看做是产品经济。后来，斯大林在30年代在苏联创立的高度集中的经济管理体制，就是以这种理论为依据的。现在，社会主义各国的实践已经充分证明：在这种体制下，必然形成企业吃国家"大锅饭"和职工吃企业"大锅饭"的局面，按劳分配原则不能真

---

① 列宁：《国家与革命》，《列宁选集》第三卷，人民出版社1972年版，第252、256、258页。

正地贯彻，不能有效地成为一种经济强力和主要劳动纪律。但在社会主义有计划的商品经济的条件下，情况就有了重大变化。在这里，企业成为商品生产者，企业职工的劳动报酬取决于企业的生产经营成果及其对企业的劳动贡献。企业之间、劳动者之间以及企业和劳动者之间都存在着竞争。这就可以有效地改变传统体制下企业"吃国家大锅饭"、职工"吃企业大锅饭"的局面，使按劳分配原则能够真正得以贯彻，使它真正成为一种经济强力和主要的劳动纪律。

我国目前处于社会主义初级阶段，按劳分配作为一种经济强制力和主要的劳动纪律，具有特殊的必要性和重要性。这首先是因为，我国的社会主义社会，不是在发达的资本主义基础上建立的，而是在半殖民地半封建社会基础上建立的。社会主义劳动者的大多数，都是由小生产者转变而来的。他们不像现代的无产阶级那样，有过机械化生产的训练以及由此形成的纪律。而且他们在对待等量劳动取得等量报酬方面，比无产阶级有着更强烈的要求。其次，在社会主义初级阶段，也不可能很快在全社会范围内实现机械化生产，手工生产和半机械化生产在一个很长的时期内还将在社会生产中占有很大的比重。这样，就不可能在全社会范围内运用机械化生产来训练劳动者的劳动纪律。最后，在社会主义初级阶段，除了占主导地位的社会主义经济成分以外，还有一定数量的、作为社会主义经济必要补充的其他经济成分（包括个体经济、私人资本主义经济和外国资本主义经济）。在这种条件下，如果不充分发挥作为主要劳动纪律的按劳分配的作用，就难以充分显示社会主义经济成分对于其他经济成分的优越性，就不利于社会主义经济的巩固和发展。

应该指出：在社会主义历史阶段，按劳分配原则（包括不劳动者不得食的原则）作为一种经济强力和主要劳动纪律，对社会主义经济中的全体成员都是适用的。但是，曾经长期流行的观点认为，不劳动不得食的原则仅仅适用于少数的没有改造好的剥削阶级分子或懒汉。其实，不劳动者不得食的原则，是按劳分配原则的一个重要组成部分。否认了这一点，实际上就等于否定了按劳分配的原则。

2. 这种传统的理论还忽略了在社会主义劳动纪律中占辅助地位的失业纪律。这里首先需要解决的问题，就是在社会主义有计划的商品经济中，究竟是否存在失业？传统的经济理论把失业看做是资本主义经济的特有现象，否认社会主义制度下也有失业。其实，在社会主义有计划的商品经济中，也存在着失业的客观必然性。首先，社会主义企业也是商品生产者；而自由选择企业所需要的劳动力，则是企业实现价值增值和进行竞争的一个重要条件。另外，在社会主义历史阶段，劳动者不仅在人身上是自由的，而且，劳动是劳动者谋生的手段，因而劳动力也是归劳动者个人所有的。在社会主义经济中，生产资料是公有的，是属于社会主义国家所有的、又带有部分企业集体所有制因素的国有企业和集体所有制企业所有的。劳动者要实现同生产资料的结合，还必须经过在企业和劳动者之间的劳动力的买卖过程。所以，在社会主义历史阶段，劳动力仍然是商品，劳动者也就有选择职业的自由。企业对劳动者的自由选择以及劳动者对企业的自由选择，必然导致部分劳动者在一定时期内的失业。

其次，在社会主义经济中，企业之间还存在着竞争。在竞争过程中，经营状况好的企业会发展壮大，经营状况不好的企业就会破产，必然引起部分劳动者在一个时期内的失业。

再次，马克思说过："现代工业的技术基础是革命的，而所有以往的生产方式的技术基础本质上是保守的。现代工业通过机器、化学过程和其他方法，使工人的职能和劳动过程的社会结合不断地随着生产的技术基础发生变革。这样，它也同样不断地使社会内部的分工发生革命，不断地把大量资本和大批工人从一个生产部门投到另一个生产部门。因此，大工业的本性决定了劳动的变换、职能的更动和工人的全面流动性。"[①] 社会主义经济制度根本不同于资本主义经济制度。但两者都是以大工业作为物质技术基础的、发达的商品生产。因此，马克思所揭示的由大工业本性决定的大批劳动力在部门之间流动的规律，对社会主义社会也是适用的。与这个规律的要求相适应，在社会主义有计划的商品经济的条件下，为了实现资源配置的优化，不仅需要调整资产增量，而且需要调整资产存量。而这些就不可避免地使部分劳动者在一定时期内失业。

如果考虑到我国社会主义初级阶段的某些特点，那就更容易看出这种

---

① 《马克思恩格斯全集》第 23 卷，人民出版社 1972 年版，第 533—534 页。

失业的必然性和必要性。就必然性来说，在这个阶段，由于社会生产力发展水平比较低，因而有可能出现劳动力增量超过生产资料增量的情况。在资金有机构成迅速提高的条件下，就更加如此。如果出现这种情况，要想坚持在提高劳动生产率的条件下实行就业，就必然在一定时期内形成部分工人的失业；要想牺牲效率实行就业，又必然形成"在职失业"或隐性失业。但更主要的原因还在于：在这个阶段，由于缺乏经验及其他原因，无论在建立体制方面，或者在实行经济政策方面，都难以避免失误。比如，我国20世纪50年代，把有些学者提出的计划生育的正确主张当做马尔萨斯的理论来批判，结果在人口政策这个基本国策方面发生了重大的失误，导致在基数本来已经很大的情况下的人口急剧膨胀，形成了大量的待业人口。同时，在经济体制方面又盲目追求单一的社会主义公有制（主要是社会主义国有制）和高度集中的经济管理体制，从而大大限制了就业门路。这样，在低工资、多就业方针的指导下，就造成了大量的隐性失业。当前，传统的经济发展战略所带来的经济结构失衡问题，尽管在某些方面已有较大的改善，但并没有根本解决；而且还产生了一些新的失衡。当前我国人民生活开始实现由温饱型向小康型的转变，消费结构已经和正在发生的急剧变化，要求产业结构进行相应的调整，而已经形成的产业结构，还带有自给自足的封闭型的特征，显然不能适应进一步扩大对外开放的要求，更远远不适应世界新的技术革命的要求。这一切，使得调整和改造产业结构成为现阶段实现社会主义现代化的一项迫切要求。这种产业结构的调整，也会带来部分劳动者在一定时期的失业。

就必要性来说，目前阶段的劳动者，大多是由小生产者转化而来的，他们的思想和文化素质远不如现代产业工人，同时又缺乏现代化的生产手段来制约劳动纪律。这样，作为经济强力的失业纪律，在这个阶段也就有了特殊的需要。当前我国存在着多种经济成分，其中的私人资本主义企业和外国资本主义企业无疑是要自由选择劳动力的。而这就会带来失业。如果人为地不允许社会主义经济中存在失业，那就会把它们放在与非公有制企业不平等的竞争地位上。显然，这是不符合社会主义有计划的商品经济发展要求的，不利于社会生产力发展的。

既然社会主义经济中还必然存在着失业，失业当然就成为巩固和加强社会主义劳动组织的强有力的杠杆。但在社会主义有计划的商品经济中，有必要也有可能把失业限制在很小的范围内。因此，作为经济强力的失业纪律，实际上只是在有限的范围内起作用。就是说，它在社会主义劳动纪律中，只处于辅助地位。

这里所说的作为社会主义劳动纪律的失业，指的是劳动者的非自愿失业，并不包括劳动者的自愿失业。但实际上，既然在社会主义经济中劳动者有选择职业的自由，也就必然存在着一定数量的和一定时限的自愿失业。

3. 传统的理论还把本来在社会主义劳动纪律中处于辅助地位的自觉纪律，夸大为唯一的纪律。毫无疑问，在社会主义经济中，已经消灭了剥削和压迫，劳动者为社会、为集体、为自己劳动。因而，经过对社会主义意识形态的宣传，劳动者可能认识到劳动会带来个人利益、集体利益和社会利益，从而可能形成自觉的劳动纪律。这是社会主义经济制度优越于资本主义经济制度的一个重要方面。

但是，即使在社会主义制度下，由社会意识形态的作用而形成的劳动者的自觉纪律，也只居于辅助地位，不占主要地位，更不是唯一的纪律。在任何社会经济制度下，主要的劳动纪律都是一种经济上的强力。这种经济强力只能根植于社会的经济关系，而不是社会的意识形态。人类历史发展的实践，已经充分证明了这一点。

在已有的五种社会经济制度下，每一种主要的分配方式，都是作为客观存在的、主要的经济强力，驱使劳动者从事劳动的，因而是作为主要的劳动纪律而存在的。在原始公社的经济制度下，原始的平均分配方式就曾作为一种主要的经济强力，驱使公社成员（没有劳动力的公社成员除外）去从事劳动。在各种剥削经济制度（包括奴隶经济制度、封建经济制度和资本主义经济制度）下，剥削者凭借生产资料的所有权去占有被剥削者的剩余劳动。他们是脱离生产劳动的。对他们来说，分配方式自然不会作为一种经济强力驱使他们去参加劳动。但对被剥削者来说，获取必要产品的分配方式，则毫无例外地作为经济强力驱使他们去从事劳动。在社会主义制度下，劳动既然还是谋生手段，按劳分配也就还是一种推动人们从事劳动的经济强力。我们并不否定一定的社会意识形态对一定的劳动纪律的作用。实际上，即使在各种剥削制度一下，这种作用也是存在的，各个剥削阶级也总是运用体现本阶级利益的意识形态，企图形成劳动者的某种自觉性，以维护该剥削制度的劳动纪律。社会主义的意识形态在这方面的特点及优越性，就在于它能形成真正自觉的劳动纪律，并在维护主要劳动纪律方面能发挥更大的作用。但是，这种自觉纪律显然不可能取代按劳分配而成为主要的纪律，更不可能成为唯一的纪律。

应该承认在社会主义历史阶段，对于少数具有共产主义觉悟的先进分子来说，自觉的劳动纪律可以成为劳动纪律的主要方面。但对大多数社会成员而言，则不可能做到这一点。

上述分析表明：在社会主义历史阶段，由于社会主义意识形态的作用而形成的自觉纪律，只是居于辅助地位。

把自觉的纪律夸大为唯一的社会主义劳动纪律，是同错误理解列宁的下述论断有关的。列宁在 1919 年苏维埃政权建立初期曾说过："共产主义（其第一步为社会主义）的社会劳动组织则靠推翻了地主资本家压迫的劳动群众本身自由的自觉的纪律来维持，而且愈往前去就愈要靠这种纪律来维持。"①

首先，列宁并没有否定按劳动分配纪律是社会主义社会的主要劳动纪律。相反，正是他自己明确提出：整个社会主义社会将成为一个劳动平等、报酬平等的工厂，按劳分配就是这种工厂的纪律②。其次，列宁在进行上述论述时，还是以马克思《哥达纲领批判》中的思想为前提的，即以否定社会主义存在商品生产为前提的，因而不可能看到这个社会还存在着失业纪律。但半个多世纪以来各个社会主义国家的实践已经充分证明：社会主义社会还必然存在商品生产。与此相联系，还必然存在失业。

需要指出，列宁在这里把劳动者的自觉纪律同"推翻了地主资本家压迫的劳动群众"联系在一起。而在俄国苏维埃政权建立初期，地主资本家的被推翻给劳动群众带来了巨大的、基本的经济利益和政治利益。正是这种利益激发了劳动群众的劳动热情和自觉的劳动纪律。列宁还认为："这种新的纪律不是从天上掉下来的，也不是出自善良的愿望，它是从资本主义大生产的物资条件中成长起来的，而且只有在这种条件下才能成长起来。

---

① 列宁：《伟大的创举》，《列宁选集》第四卷，第 9 页。
② 列宁：《国家与革命》，《列宁选集》第三卷，第 258 页。

没有这种物质条件就不会有这种纪律。"① 这是列宁对社会主义制度下自觉的劳动纪律所作的唯物主义的分析。它同在我国曾经长期流行的、把自觉劳动纪律的形成仅仅归结为思想教育的唯心主义观点是大相径庭的。

根据上述的分析，我们可以得出这样的结论：社会主义有计划商品经济中劳动纪律的基本格局似乎可以归结为按劳分配纪律居于主要地位，失业纪律和自觉纪律居于辅助地位。

要实现社会主义劳动纪律的基本格局，需要做多方面的工作。但最重要、最直接的，还是要改革不适合按劳分配纪律要求的传统的工资管理体制，以及不适合失业纪律要求的劳动管理体制，建立适合这两种纪律要求的新的工资管理体制和劳动管理体制。为此需要创造一系列的条件。就改革劳动管理制度来说，需要着重建立失业保险制度。还要进一步切实改变前几年放松思想政治工作的状况，加强和改善这项工作，使得这项工作在巩固和加强劳动纪律方面真正有效地发挥作用。

（三）要坚持和完善厂长（经理）负责制

为了坚持和完善厂长（经理）负责制，要解决两方面的认识问题：一是要正确认识厂长和职工群众在发展生产方面各自具有的独特的、不能互相代替的作用，并建立相应的制度，以保证这种作用的实现。就生产力而言，在以现代化生产作为物质技术基础的、发达的商品生产条件下，厂长是生产经营的指挥者，在这方面处于中心地位。职工群众是生产的主体。就生产关系来说，厂长和职工群众都是社会主义生产的主人，不过前者是领导者，后者是被领导者。但这种领导关系，仍然是社会主义的平等、互助关系。因此，既要确认厂长的指挥者和领导者的地位，又要确认职工群众的生产主体和主人翁地位。既不能像 1979 年以前那样，长期片面强调职工群众的作用，长期忽视厂长的作用。也不能像 1979 年以后某些年份那样，片面强调厂长的作用，忽视职工群众的作用。一方面，必须坚持和完善厂长负责制；另一方面，又要健全并切实实行企业的民主管理制度，并把两者恰当地结合起来。二是要正确认识党委在企业政治思想方面的领导

---

① 列宁：《伟大的创举》，《列宁选集》第四卷，第9页。

地位和厂长在生产经营方面的中心地位，既不能像 1979 年以前那样，长期忽视厂长的作用，也不能像在这以后的某些年份那样，忽视党委的作用。当然，也不能像近年来有些企业那样，对厂长的作用又有所忽视。

要坚持厂长负责制，除了要有正确的认识，并实行正确的制度外，还要有一个重要条件，即经济管理干部和企业管理干部要忠实地按照马克思主义和党性原则办事。如果按"左"的或右的观念和个人主义原则办事，那就必然不断地"翻烧饼"，始终跳不出这样的怪圈：在反"左"的时候，犯右的错误；在反右的时候，又犯"左"的错误。其结果必然是挫伤劳动者积极性，包括技术改造在内的企业生产必然受到影响。总结并吸取这个教训，在当前具有重要的现实意义。

基本建立起社会主义有计划商品经济的新体制，使得企业成为独立的商品生产者，就有利于充分发挥企业的主动性。坚持和完善厂长（经理）负责制，就有利于充分发挥企业经营者的积极性。这些积极性就是提高工业经济效益的最基本的源泉。

但要在 20 世纪 90 年代基本建立起社会主义有计划商品经济新体制的基本框架，还需要许多条件。其中也包括正确处理经济体制改革与经济发展和社会政治稳定的关系。下面再对这两方面的问题作进一步分析。

（四）正确处理经济体制改革与经济发展的关系

依据马克思主义的理论和我国当前的具体情况，经济体制改革和经济发展的关系似乎可以归纳为：一是改革要为发展服务，要促进发展；二是发展要为改革创造条件，要有利于改革。可以认为，这是马克思主义关于生产关系与生产力相互关系的基本原理在我国当前具体条件下的运用。

就总的来说，十多年的改革，是促进了发展的，而发展又为改革创造了条件。比如，从 1978—1990 年，按可比价格计算，国民生产总值每年平均增长 8.8%，显著高于 1953—1977 年每年平均增长 6.1% 的速度。1979—1990 年居民平均消费水平，扣除物价因素，平均每年提高 6.5%，比 1953—1978 年平均每年提高 2.2% 的速度也要快得多[①]。

---

① 《人民日报》1991 年 2 月 27 日第 4 版。

显然，经济增长和生活提高，主要是由改革推动的，并在物质和精神等方面为今后深化改革准备了条件。

这一点在农村表现得尤为明显。比如，1953—1977 年，农业总产值平均每年增长 3.1%，而 1978—1990 年平均每年增长 6.2%，其中 1978—1984 年平均每年增长 7.7%[①]。改革以后的十多年，农村的非农产业（包括工业、建筑业、运输业和商业）增长速度更高。1978 年农村非农产业占农村社会总产值的比重为 31.4%，1990 年上升到 54.6%[②]。改革后农村经济的迅速发展，是以下三项改革的巨大成果：一是家庭联产承包责任制的普遍实行；二是农产品价格的调整和改革；三是以公有制为主体的多种经济成分的巨大发展。就 1978—1984 年这段时间来看，可以毫不夸张地说，农业改革和发展之间形成了良性循环：家庭联产承包制的逐步普及，推动了农业生产的发展；农业生产的逐步发展，又促进了家庭联产承包制的普及。

但改革十多年来，在改革与发展的关系上，不仅有成功的经验，也有沉痛的教训。当然，这方面的情况，同 1958 年和 1970 年的改革是有重大区别的。1958 年改革的失败，除了由于改革方向上的失误以外，也由于在急于求成思想的指导下，错误地采取了群众运动的方法，并在 1957 年年底至 1958 年 6 月中旬的半年多的时间内仓促地把当时中央政府所属的 80% 左右的企业事业单位下放给地方管理[③]，但没有（也不可能有）相应地形成中央政府对地方政府有效的调控机制。这样，这次以中央政府向地方政府下放经济管理权限为主要内容的经济管理体制改革，虽然有利于调动地方政府发展地方经济的积极性，但却造成了国家在管理经济方面的严重失控，大大助长了国民经济盲目发展和"大跃进"，以致这种即使在产品经济框架内的改革，也缺乏必要的宏观经济环境，而不得不从 1958 年年底开始陆续收回中央政府下放给地方政府的各项经济管理权限，宣告了这次改革的失败。1970 年的改革，在这方面差不多犯了同样的错误，也导致了改革的失败。1979 年以后，在党的十一届三中全会正确思想指导下，不仅在改革方向上发生了根本性的转变，而且批判了上述与急于求成指导思想相联系的错误

① 《中国统计年鉴》（1990），第 57 页；《人民日报》1991 年 2 月 23 日第 2 版。

② 《中国农村统计年鉴》（1989），第 49 页；《人民日报》1991 年 2 月 23 日第 2 版。

③ 汪海波主编：《新中国工业经济史》，经济管理出版社 1986 年版，第 220—227 页。

做法，因而对经济发展起了良好的作用。这一点在 1979—1983 年间表现得尤为明显。但这期间，无论是急于求成的指导思想，或者是一哄而起的做法，都没有完全改变。其突出表现就是：改革的各个方面，由于它们依存的条件及其作用的差别，在一定期限内当然有先后之别，但总的说来是要配套进行；而我们的许多改革是不配套的。这就形成了两方面的后果：一方面，形成了多元的经济利益主体（包括多种所有制企业，以及国有经济中的国家、部门、地区和企业），以及与此相联系的多元的利益激励机制；另一方面，并没有在企业、市场和宏观经济管理方面形成有效的约束机制、诱导机制和调控机制。这样，不仅没有消除传统经济体制中的投资膨胀机制，而且在 1984 年以后强化了这种机制。不仅把传统体制下长期以隐蔽形式存在的人民购买力超过商品供应量的状况外表化了，而且形成了新的消费膨胀机制。因而，在 1984 年和 1988 年又发生了两次经济过热。这是说的经济改革对经济发展所造成的不利影响及其教训。这是一方面。

另一方面，在这期间经济发展对经济改革也发生过不利影响。诚然，这里发生的情况，与 1958 年和 1970 年的情况也有重大区别。1958 年，在急于求成思想指导下，实行以经济增长速度为中心的经济发展战略，盲目追求经济增长的高速度，推行"大跃进"，结果造成经济超级过热和超级失衡，导致改革的失败。1970 年的情况虽然好一些，但就其推行的经济发展战略和对改革造成的后果来说，是有相似之处的。1979 年的改革，则有很大的不同。党的十一届三中全会以后不久，1979 年上半年针对 1978 年以大规模引进技术设备为重要特征的"洋跃进"所造成的经济过热和严重失衡，正确地提出从 1979 年起，集中三年时间对我国国民经济进行调整、改革、整顿、提高。尽管国民经济调整工作在 1979—1980 年进行得不力，但在 1981 年取得了显著的成效。1978—1981 年，社会总产值的年增长速度由 13% 下降到 4.4%，农业在工农业总产值的比重以及轻工业在工业总产值的比重，分别由 24.8% 上升到 28.8%，由 43.1% 上升到 51.5%，积累率由 36.5% 下降到 28.3%[①]。上述各项主要经济总量指标表明：到 1981 年，原来存在的经济过热状况已经有了基本改观，原来存在的经济失衡状况也趋

---

① 《中国统计年鉴》（1990）第 42、51、59 页。

于基本协调①。这就为 70 年代末和 80 年代初的农村改革（以实行家庭联产承包责任制为主要内容）和城市改革（以对国有企业扩权让利为主要内容）创造了良好的、相对宽松的宏观经济环境。

但在这方面也有不足。比如，由于理论和经验准备不足，没有有效地利用 80 年代初开始出现的某些重要生产资料（如机电产品）买方市场，大踏步地推出价格改革，致使失去了一次作为改革关键的价格改革的良机。

然而更严重的问题还在于：1982 年以后，经济增长方面的急于求成思想故态复萌，提前"翻番"之风又起，终于导致了 1984 年和 1985 年的经济过热和失衡。1986 年虽然进行了经济调整，但由于急于求成思想的强大惯性作用，再加上错误运用西方经济学的影响（如鼓吹"通货膨胀有益论"和"财政赤字无害论"等），这次调整工作实际上并未认真进行，终于导致 1988 年更为严重的经济过热和失衡。这两次经济过热和失衡，给改革带来了严重后果。主要是：不仅已经拟定的改革措施不能出台，而且已有的改革成果不能巩固（如不合理的比价复归和平均主义的复归等）；不仅不能进一步改革旧体制，而且在经济过热的环境下还需要在某种程度上复活旧体制的某些要素；不仅不能进一步发挥计划调节的优越性，而且会强化它的局限性；不仅不能充分发挥市场调节的正效应，而且在经济过热以及与此相联系的经济秩序混乱的情况下，会诱发、放大它的负效应；不仅不能赢得改革的时间，而且需要耗费时间先来治理经济环境和整顿经济秩序，为深化改革创造必要的宏观经济条件。

诚然，1989 年下半年开始的治理整顿，在消除经济过热、缓解经济总量失衡方面已经取得了显著的成效。主要表现是：第一，国民生产总值的年增长速度由 1988 年的 10.9% 下降到 1989 年的 3.6%，1990 年只微升到 5%②。第二，1989 年国内总供给大于总需求的正差率达到 15%，1990 年上半年进一步上升到 17.7%③。1989 年，包括煤炭、钢材、有色金属和化工原料在内的 22 种主要物资资源总值 2036 亿元（包括国内生产和进口，下同），比上年增长 3.5%；使用总值 1985.7 亿元，比上年减少了 1.5%；年

---

① 这里没有论及加工工业和基础工业以及直接生产和基础设施的失衡状况。

② 《中国统计年鉴》（1990）第 33 页；《人民日报》1991 年 2 月 23 日第 1 版。

③ 《中国社会科学院研究生院学报》1990 年第 6 期。

末库存411.4亿元，比上年末增长13.8%。1990年，22种主要物资资源总值2054亿元，比上年增长1%；使用总值2012亿元，比上年增长1.3%；年末库存453.6亿元，比上年末增长10.3%。1989年，县以上工业全部产成品库存总值1530亿元，比上年增长了61.6%；1990年1—11月，库存达到1978亿元，比上年同期增长了33.6%。1989年12月末，社会商业商品库存中粮食和食用植物油库存分别达到9435.5万吨和306.7万吨，分别比上年同期增长了14.3%和14%；1990年12月末二者分别达到了11981.9万吨和371.6万吨，分别比上年同期增长了27%和21.2%。第三，全国零售物价总指数，1988年比上年提高了18.5%，1989年比上年提高了17.8%，1990年只比上年提高了2.1%[①]。需要着重指出：近年来，计划内外价差大大缩小，有些产品甚至出现倒差价现象。主要作为生产资料的煤炭计划内外价差率从1989年的134%缩小到1990年的62.3%，钢材从24.1%缩小到6.8%，纯碱从310%缩小到10%，烧碱从150%缩小到11%。在消费品零售价格中，1990年上半年与上年同期相比，国家定价的商品价格上涨8%，国家指导价的商品价格下降0.4%，市场调节价的商品价格下降5.3%[②]。由于1989年、1990年农业连续两年丰收，主要农产品计划内外的差价也已大大缩小。这些主要数据表明：经过近年来的治理整顿，相对宽松的经济环境已经开始出现。这就为深化改革创造了有利的宏观经济环境。

本来应该利用这种环境来推进作为改革关键的价格改革，但由于多种原因（其中包括缺乏充分的经验准备），又一次失去了这个良机。诚然，有关部门已经决定，从今年4月1日起，取消统配水泥企业生产的水泥价格双轨制，实行计划内外统一出厂价格[③]。但是，近年来我国实行的紧缩政策，实际上只是财政上的紧缩，在信贷方面仍然是很宽松的。1989年银行贷款达到了1850亿元，比上年增长了17.6%，为国民生产总值增长幅度的4.9倍；1990年11月末又上升到2125亿元，全年增长幅度同1989年不相上下，又成几倍地超过了国民生产总值的增长幅度[④]。这就意味着近年来我国

---

① 《中国统计年鉴》（1990）第251页；《人民日报》1991年2月23日第2版。
② 《中国物价》1991年第3期。
③ 《经济日报》1991年4月3日第1版。
④ 《经济日报》1990年10月7日第1版，1991年1月10日第1版。

经济中已经潜藏着通货膨胀的危险。而今年第一季度全国乡及乡以上工业企业完成工业总产值 5142 亿元（按 1990 年不变价格计算），比上年同期增长 13.7％。即使把去年第一季度基数较低的因素考虑在内，这种速度也是很高的。特别是其中主要作为加工工业的轻工业增长了 15.9％，远远超过了原煤增长 2％，钢增长 5.2％ 的速度。这就开始露出了经济走向过热的苗头。在这种情况下，即使要在价格改革方面迈出大步（如把当前实行价格双轨制的许多重要生产资料实行单轨），也比去年要难得多了。

依据上面的分析，可以得出这样的结论：第一，经济改革要为经济发展服务。这不仅因为改革是实现发展的最重要手段，而且因为发展是改革能否起步、起多大步和能否继续进行的最重要条件。实践已经反复证明：那种把改革放在首位的看法，并不符合经济发展的实际。第二，经济发展要为经济改革提供有利的条件，主要是创造相对宽松的经济环境和提供相对充裕的、支持改革的财力。实践也已证明：那种认为改革不需要相对宽松经济环境，可以在紧张的经济环境中实现的想法，也是脱离实际的。第三，经济改革要有效地利用经济发展提供的有利经济环境。在传统经济体制没有根本改革以前，作为经济周期波动的最主要根源就没有消除，这种波动就不可避免，即使宏观经济决策是正确的，也只能降低波动幅度，而不可能根本消除这种波动。这样，避开经济周期的上升阶段和波峰阶段，抓住经济周期下降阶段和波谷阶段的有利时机，大踏步地推进作为改革关键的价格改革，就是一件具有十分重要意义的事。这样说，当然不排除在经济周期的上升阶段和波峰阶段，实行小步、持续、均衡、配套的价格改革。经济改革要有效地利用经济发展提供的有利时机，特别是利用经济周期下降阶段和波谷阶段推进价格改革，也是正确处理改革和发展关系的一个重要方面。而这一点，直到目前为止，实际上并未真正引起有关人员的充分注意，并付诸实践。因而提出这一点是很有必要的。历史经验提示：能否正确地处理经济改革与经济发展的关系，是顺利实现 90 年代改革任务的一个重要条件。

（原载《当代百名经济学家自述我的经济观》，江苏人民出版社 1991 年版）